HSK 1·2급 고수들의 합격전략

4주 단기완성

시대고시기획

"百发百中"

– 백 번 쏘아 백 번 맞추다 –

PREFACE

중국어를 배운 지 얼마 되지 않은 분들은 HSK가 중국어를 2~3년 이상 배운 뒤 유창하게 할 수 있을 때 치르는 시험이라고 생각합니다. 하지만, 우리가 학교에서 중간고사, 기말고사를 통해 자신의 실력을 점검할 뿐만 아니라, 단기간에 실력을 끌어올리는 기회로 삼듯이, HSK시험도 중국어 실력을 점검하는 기준뿐만 아니라 단기간에 실력을 끌어올리는 기회로 활용할 수 있습니다. 학원이나 학교에서 치르는 외국어 테스트는 난이도가 너무 쉽거나 학습의 범위가 좁다는 한계가 있기 때문에, 중국 정부에서 공인한 HSK를 활용하는 것이 좋습니다.

1-2급 시험은 중국어의 기초가 되는 단어부터 문장을 구성하는 원리인 기초 어법을 바탕으로 출제됩니다. 따라서 시험 준비를 통해 중국어의 기본기를 탄탄히 다질 수 있습니다. 먼저 1-2급 필수 단어를 학습하여 각 단어의 뜻과 품사를 함께 외워야 합니다. 둘째로 문장을 구성하는 원리를 알아야 합니다. 술어, 목적어와 같은 생소한 용어를 익혀 기초 어법을 파악해 둬야만 중고급 수준의 시험도 대비할 수 있습니다. 마지막으로 대화하는 상황, 즉 언어 환경을 파악하고 상황에 맞는 표현을 익혀야 합니다.

본서는 최근 출제된 HSK 1-2급 시험의 출제 경향을 분석하고 수년간 현장에서 중국어를 가르친 노하우를
담아 완성하였습니다. HSK가 낯설고 어렵게 느껴지는 분들을 위해 시험에 반드시 나오는 문제 유형들을
엄선하였고, 반복적으로 출제되는 문제 유형을 쉽게 파악하여 정답률을 높이도록 하였습니다. 또한 학생들
로부터 자주 받았던 질문들과 오답률이 높은 문제도 함께 실었기 때문에 HSK를 독학하시는 분들은 본 교
재를 통해 합격을 넘어 고득점까지 얻으실 수 있을 거라 확신합니다.

특히 본서는 중국어를 3개월 이상 공부한 초급 중국어 수준의 학습자들에게 적합한 도서입니다. 저희 집필
진은 본서가 중국어의 기본기를 탄탄히 다져 자신감을 얻고 더욱 유창한 실력을 갖게 되는 기초석이 되길
바라는 마음으로 집필하였습니다. 학습자 여러분들의 성공을 기원합니다.

저자 김혜연, 김보름, 이선민, 이지현

HSK 소개

✚ HSK란?

HSK(汉语水平考试)는 제1언어가 중국어가 아닌 사람의 중국어 능력을 평가하기 위해 만들어진 중국 정부 유일의 국제 중국어 능력 표준화 시험입니다. 생활 · 학습 · 업무 등 실생활에서의 중국어 운용 능력을 평가하며 현재 세계 112개 국가, 860개 지역에서 시행되고 있습니다.

✚ 시험 방식

- HSK PBT(Paper-Based Test) : 시험지와 OMR답안지로 진행하는 시험
- HSK IBT(Internet-Based Test) : 컴퓨터로 진행하는 시험

✚ HSK의 용도 및 등급별 수준

HSK는 국내외 대학(원) 및 특목고 입학 · 졸업 시 평가 기준, 중국 정부 장학생 선발 시 평가 기준, 각급 업체 및 기관의 채용 · 승진 시 평가 기준이 되는 시험입니다. 총 1급~6급으로 구성되어 있으며, 등급별 수준은 하단의 표와 같습니다.

급수	수준
HSK 6급 (5,000 단어 이상)	중국어로 정보를 듣거나 읽는 데 있어 쉽게 이해할 수 있으며, 구두상 또는 서면상의 형식으로 자신의 견해를 유창하고 적절하게 전달할 수 있다.
HSK 5급 (2,500 단어 이상)	중국어 신문과 잡지를 읽을 수 있고, 중국어 영화 또는 TV프로그램을 감상할 수 있다. 또한 중국어로 비교적 완전한 연설을 할 수 있다.
HSK 4급 (1,200 단어 이상)	여러 분야의 화제에 대해 중국어로 토론을 할 수 있다. 또한 비교적 유창하게 중국인과 대화하고 교류할 수 있다.
HSK 3급 (600 단어 이상)	중국어로 일상생활, 학습, 업무 등 각 분야의 상황에서 기본적인 회화를 할 수 있다. 또한 중국 여행 시 겪게 되는 대부분의 상황에 중국어로 대응할 수 있다.
HSK 2급 (300 단어 이상)	중국어로 간단하게 일상생활에서 일어나는 화제에 대해 이야기할 수 있다.
HSK 1급 (150 단어 이상)	간단한 중국어 단어와 문장을 이해하고 사용할 수 있으며, 기초적인 일상 회화를 할 수 있다.

✚ 접수 방법 & 준비물

인터넷 접수	HSK한국사무국 홈페이지(www.hsk.or.kr)를 통해 접수
우편 접수	구비 서류를 준비하여 HSK한국사무국에 등기우편으로 발송 ❖ 구비 서류 : 응시원서(홈페이지 다운로드), 사진 2장(1장은 응시원서에 부착), 응시비 입금영수증
방문 접수	서울공자아카데미에 방문하여 접수 ❖ 구비 서류 : 응시원서(홈페이지 다운로드), 사진 3장, 응시료

✚ 시험 당일 준비물

- 수험표 : 인터넷/우편 접수 시 홈페이지에서 출력, 방문 접수 시 접수처에서 배부
- 유효신분증 & 필기구 : '주민등록증, 운전면허증, 기간 만료 전의 여권, 주민등록증 발급신청확인서, 청소년증, 청소년증 발급신청확인서' 등의 신분증 & '2B연필 및 지우개' 등의 필기구

✚ HSK 1급 & 2급 시험의 구성

1급			2급		
시험 내용		문항수(시간/점수)	시험 내용		문항수(시간/점수)
듣기	제1부분	5	듣기	제1부분	10
	제2부분	5		제2부분	10
	제3부분	5	20문항 (약 15분/100점)		제3부분	10
	제4부분	5		제4부분	5
듣기 영역에 대한 답안 작성시간 3분					
독해	제1부분	5	독해	제1부분	5
	제2부분	5		제2부분	5
	제3부분	5	20문항 (17분/100점)		제3부분	5
	제4부분	5		제4부분	10
총계		40문항(약 35분/200점)	총계		60문항(약 50분/200점)

➡ 1, 2급 모두 각 영역별 만점은 100점으로 총점 120점 이상이면 합격
➡ 성적 조회 : HSK IBT는 시험일로부터 2주 후 조회 가능, HSK PBT는 시험일로부터 1개월 후 조회 가능, 수험표 상의 수험번호와 성명을 입력하여 조회할 수 있음 (중국고시센터 홈페이지 : www.chinesetest.cn)
➡ 성적표는 시험일로부터 45일 후 수령 가능하며 시험 성적은 시험일로부터 2년간 유효함

HSK 1급 영역별 소개

듣기

듣기 **제1부분** ▶ **짧은 단어를 듣고 일치/불일치 판단하기**(총 5문항 / 1번~5번)

⋯▸ 짧은 단어를 듣고 문제의 사진과 같은지 다른지를 판단하는 유형으로, 녹음은 두 번씩 들려줍니다.

듣기 **제2부분** ▶ **한 문장을 듣고 일치하는 사진 고르기**(총 5문항 / 6번~10번)

⋯▸ 한 문장을 듣고 보기 A, B, C 중 일치하는 사진을 고르는 유형으로, 녹음은 두 번씩 들려줍니다.

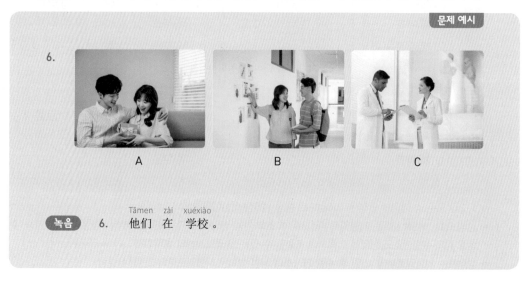

듣기 제3부분 **대화를 듣고 일치하는 사진 고르기**(총 5문항 / 11번~15번)

···▸ 두 사람의 대화를 듣고 제시된 사진 A~F 중에서 일치하는 것을 고르는 유형으로, 녹음은 두 번씩 들려
줍니다.

11.

녹음 11. 男: Nǐ zuò le jǐ ge cài
你 做 了 几 个 菜?
女: Sān ge
三 个。

듣기 제4부분 **한 문장을 듣고 질문에 알맞은 정답 고르기**(총 5문항 / 16번~20번)

···▸ 한 문장을 듣고 질문에 알맞은 정답을 보기 A, B, C에서 고르는 유형으로, 녹음은 두 번씩 들려줍니다.

16. A 3 diǎn 点   B 5 diǎn 点   C 8 diǎn 点

녹음 16. Míngtiān diǎn Wǒ qù kàn diànyǐng
明天 5 点 我 去 看 电影。
问: Tā jǐ diǎn qù kàn diànyǐng
他 几 点 去 看 电影?

HSK 1급 영역별 소개

HANYU SHUIPING KAOSHI

독해

독해 **제1부분** **사진과 단어의 일치/불일치 판단하기**(총 5문항 / 21번~25번)

⋯ 제시된 사진과 단어가 일치하는지 또는 일치하지 않는지를 판단하는 문제입니다.

문제 예시

21.

huǒchē
火车

독해 **제2부분** **제시된 문장과 일치하는 사진 고르기**(총 5문항 / 26번~30번)

⋯ 제시된 문장의 내용과 일치하는 사진을 보기 A~F 중에서 고르는 문제입니다.

문제 예시

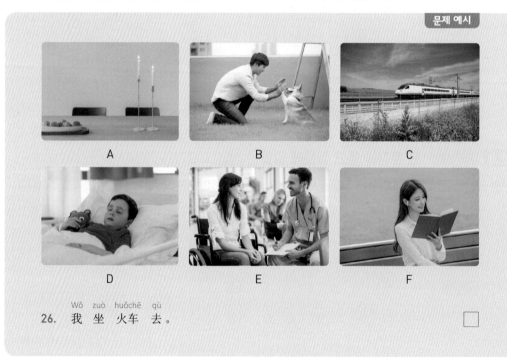

A   B   C

D   E   F

Wǒ zuò huǒchē qù
26. 我 坐 火车 去。

독해 제3부분 ▶ 연결되는 문장 고르기(총 5문항 / 31번~35번)

⋯ 제시된 문장과 의미가 연결되는 문장을 보기 A~F에서 고르는 문제입니다.

문제 예시

보기

A 很 漂亮。
Hěn piàoliang

B 她 在 医院。
Tā zài yīyuàn

C 明天 下午 四 点 见面 吧。
Míngtiān xiàwǔ sì diǎn jiànmiàn ba

D 不 下。
Bú xià

E 是 的，你 是 哪 位？
Shì de, nǐ shì nǎ wèi

F 好 的，谢谢！
Hǎo de, xièxie

31. 喂，你 是 李 老师 吗？
Wéi, nǐ shì Lǐ lǎoshī ma

독해 제4부분 ▶ 빈칸에 알맞은 단어 넣기(총 5문항 / 36번~40번)

⋯ 문장의 빈칸에 들어갈 알맞은 단어를 보기 A~F에서 고르는 문제입니다.

문제 예시

보기

A 漂亮
piàoliang

B 认识
rènshi

C 回
huí

D 名字
míngzi

E 学生
xuésheng

F 月
yuè

36. 你 的 衣服 很 （   ）。
Nǐ de yīfu hěn

HSK 2급 영역별 소개

듣기

듣기 **제1부분** **한 문장을 듣고 일치/불일치 판단하기**(총 10문항 / 1번~10번)

⋯ 한 문장을 듣고 문제의 사진과 같은지 다른지를 판단하는 유형으로, 녹음은 두 번씩 들려줍니다.

듣기 **제2부분** **대화를 듣고 일치하는 사진 고르기**(총 10문항 / 11번~20번)

⋯ 두 사람의 대화를 듣고 제시된 사진 A~F 중에서 일치하는 사진을 고르는 유형으로, 녹음은 두 번씩 들려줍니다.

녹음 11. 女：别 看 电视 了，睡觉 吧。
Bié kàn diànshì le shuìjiào ba

男：好 的。
Hǎo de

듣기 제3, 4부분 대화를 듣고 질문에 알맞은 정답 고르기(총 15문항 / 21번~35번)

⋯ 남녀의 대화를 듣고 질문에 알맞은 정답을 보기 A, B, C에서 고르는 유형으로, 녹음은 두 번씩 들려줍
니다.

제3부분 문제 예시

21. A 老师   B 医生   C 服务员
      lǎoshī   yīshēng   fúwùyuán

녹음 21. 女：你 的 哥哥 现在 做 什么 工作？
Nǐ de gēge xiànzài zuò shénme gōngzuò

男：他 是 医生，每天 都 很 忙。
Tā shì yīshēng měitiān dōu hěn máng

问：男的 哥哥 做 什么 工作？
Nánde gēge zuò shénme gōngzuò

제4부분 문제 예시

31. A 宾馆   B 火车站   C 公司
      bīnguǎn   huǒchēzhàn   gōngsī

녹음 31. 女：请 问，小 李 在 宾馆 吗？
Qǐng wèn Xiǎo Lǐ zài bīnguǎn ma

男：不 在，他 出去 了。
Bú zài tā chūqù le

女：他 去 哪儿 了？
Tā qù nǎr le

男：他 去 买 火车 票 了。
Tā qù mǎi huǒchē piào le

问：小 李 现在 可能 在 哪儿？
Xiǎo Lǐ xiànzài kěnéng zài nǎr

HSK 2급 영역별 소개

독해

독해 제1부분 제시된 문장과 일치하는 사진 고르기(총 5문항 / 36번~40번)

⋯ 제시된 문장의 내용과 일치하는 사진을 보기 A~F 중에서 고르는 문제 유형입니다.

문제 예시

A

B

C

D

E

F

Wǒ dìdi cóng xiǎo jiù kāishǐ tiàowǔ
36. 我 弟弟 从 小 就 开始 跳舞。

독해 제2부분 빈칸에 알맞은 단어 넣기(총 5문항 / 41번~45번)

⋯ 문장의 빈칸에 들어갈 알맞은 단어를 보기 A~F 중에서 고르는 문제입니다.

문제 예시

보기
　shuìjiào　　　　　　　　zúqiú　　　　　　　　lí
A 睡觉　　　　　　B 足球　　　　　　C 离
　bǐ　　　　　　　　　　guì　　　　　　　　　rè
D 比　　　　　　　E 贵　　　　　　　F 热

Wǒ xiǎng hé nǐ tī　　　　　hǎo ma
41. 我 想 和 你 踢 (　　　), 好 吗?

독해 **제3부분** ▶ **문장의 일치/불일치 판단하기**(총 5문항 / 46번~50번)

··· 제시된 문장이 지문과 일치하는지 일치하지 않는지를 판단하는 유형입니다.

문제 예시

46. Jīntiān wǒ tài máng le, míngtiān wǒmen yìqǐ qù kàn diànyǐng zěnmeyàng
    今天 我 太 忙 了， 明天 我们 一起 去 看 电影 ， 怎么样 ？

    ★ Jīntiān tāmen yìqǐ qù kàn diànyǐng le
      今天 他们 一起 去 看 电影 了。　　　　　　（　　　）

독해 **제4부분** ▶ **연결되는 문장 고르기**(총 10문항 / 51번~60번)

··· 제시된 문장과 의미가 연결되는 문장을 보기 A~F 중에서 고르는 문제입니다.

문제 예시

보기
A Nǐ chīfàn le le
   你 吃饭 了 吗？

B Huǒchēzhàn lí zhèr bù yuǎn, wǒmen zǒu zhe qù ba
   火车站 离 这儿 不 远， 我们 走 着 去 吧。

C Tā shénme shíhou qù Běijīng
   他 什么 时候 去 北京？

D Nǐ zěnme zhème gāoxìng
   你 怎么 这么 高兴？

E Tā zài nǎr ne Nǐ kànjiàn tā le ma
   他 在 哪儿 呢？ 呢 看见 他 了 吗？

F Nǐ yǎnjing hóng le, téng ma
   你 眼睛 红 了， 疼 吗？

51. Wǒ hěn lèi zuò chūzūchē qù ba
    我 很 累， 坐 出租车 去 吧。　　　　　　□

HSK 1·2급 Q & A

"선생님, 저는 중국어 회화를 배운 지 이제 두세 달 됐는데 HSK 1, 2급 시험을 보는 게 필요할까요? 1, 2급은 기초 수준이라서 입학이나 취업에 사용할 수도 없잖아요.

"저는 발음기호(병음)가 익숙해요. 한자는 너무 어렵고 복잡해서 한자만 보고 뜻을 파악하기가 어려워요. 한자는 어떻게 공부하면 좋을까요?"

❓ 문법을 체계적으로 배운 적이 없는 분들
❓ 한자가 어렵게만 느껴지시는 분들
❓ HSK 1-2급 시험을 봐야 하는지 고민하는 분들

이러한 고민을 가지고 있는 학습자들에게
완벽한 해법이 될 HSK 고수의 답변을 이제 공개합니다!!!

Answer

누구든지 처음에는, 어학 시험이라고 하면 막막함을 느낍니다. 무엇을 어디서부터 얼마만큼 공부해야 하는지 '감'이 오지 않거든요. 그래서 2~3년 이상 공부한 뒤에야 시험에 도전하는 분들이 많이 계세요. 하지만 어학 시험은 내 실력을 가늠하는 기준이기도 하지만, 단기간에 실력을 끌어올릴 수 있는 견인차 역할도 합니다. 목표가 있으면 그것을 달성하기 위해 집중하고 노력하잖아요. 그래서 중국어의 대표적 어학 시험인 HSK를 단지 입학/졸업/취업을 위한 '자격증서'만으로 생각하기보다는 학습에 동기를 부여하고, 단기간 실력을 끌어올릴 수 있는 '작은 디딤돌'로 활용하셨으면 좋겠습니다.

HSK 1, 2급 시험이 필요한 이유는, 완벽한 기초가 완벽한 집을 완성하기 때문입니다. 우리가 집을 지을 때 튼튼한 주춧돌을 놓지요. 마찬가지로 HSK라는 시험이 어떤 형식으로 출제되는지 문장이 어떻게 구성되는지에 대한 기초 어법을 가장 쉬운 난이도로 준비할 수 있는 게 바로 1, 2급입니다. 보통 외국어는 회화부터 배우기 때문에 초급 학습자들은 어법이 가장 약할 수밖에 없어요. 그래서 문장을 구성하는 능력을 기초부터 확실히 다잡는 게 매우 중요합니다.

한자를 자유자재로 익히기 위해서는, 발음기호(병음)에 의존해서 학습하던 습관을 빨리 버려야 합니다. 한자는 특히 표음문자를 쓰는 우리나라 사람에게는 골칫거리로 느껴지는 게 당연해요. 한글은 따로 '외울 필요'가 없이 소리 나는 대로 쓰기만 하면 되니까요. 물론 한자는 문자와 발음을 연결해서 외워야 하는 번거로움이 있지만 한자에도 규칙이 있답니다. 한자는 뜻을 나타내는 문자이기 때문에 같은 부수가 사용된 한자를 보면 무슨 뜻인지 예측할 수 있어요. 그래서 병음을 보고 읽을 수 있는 수준이라면 이제는 한자를 직접 '쓰며' 익히는 방법을 권해 드립니다. 직접 손으로 쓰면서 한 획, 한 획을 머리에 각인시켜야 동일한 부수가 사용된 한자를 보고 빠르게 암기할 수 있습니다.

HSK는 오랜 기간에 걸쳐 준비하는 것보다는 전략적으로 단기간 준비하는 것이 좋습니다. 평소에는 회화 위주로 공부하다가 시험 목표를 세운 뒤 일정 기간 동안 공부하는 것이지요. 시험 목표를 세웠다면 본 교재의 합격 공략법 60개를 공략1부터 꾸준히 학습하면 됩니다. 학습 플랜에 따라 꾸준히 학습하다 보면 4주 후에는 중국어에 대한 자신감과 실력이 모두 향상된 자신을 발견하게 될 것입니다.

여러분 모두의 성공을 기원합니다.

교재의 구성 & 합격 전략

HANYU SHUIPING KAOSHI

「HSK 1-2급 고수들의 합격전략」은 HSK 전문 강사들이 다년간 축적한 HSK 1-2급 합격 공략법 60개를 단기간에 효과적으로 학습할 수 있도록 구성한 교재입니다. 교재는 '영역별 유형 분석 및 풀이 전략 파악 ⋯ 유형별 기본기 다지기 ⋯ 유형별 합격 공략 비법을 익혀 실전 문제 풀어보기 ⋯ 실전 테스트 풀기 ⋯ 영역별 미니모의고사 풀기 ⋯ 실전모의고사로 마무리'의 효과적인 흐름으로 구성하였습니다. 합격에 필수적인 기본기를 다지는 것부터 시작해 실전모의고사까지 풀어볼 수 있어 교재 한 권만으로도 '기본 개념 탑재 + 실전 대비'가 가능합니다. 아래의 도표를 보면 각 영역별 합격 공략을 한눈에 파악할 수 있어 학습량을 예상할 수 있습니다.

1급 듣기
합격 공략 16개

2급 듣기
합격 공략 16개

고득점 고수들의 1-2급 합격 공략
60개
마스터

1급 독해
합격 공략 14개

2급 독해
합격 공략 14개

FEATURES

1

1급 듣기 제 1 부분

유형 분석 & 풀이 전략

유형 분석 | 시험에는 이렇게 나온다!

출제 방식

1급 듣기 제1부분(1번~5번)은 짧은 녹음을 듣고, 녹음의 내용이 문제의 사진과 같은지 또는 다른지를 고르는 문제이다. 듣기 영역의 모든 문제의 녹음들은 모두 두 번씩 들려준다.

출제 경향 & 유형별 출제 비율

듣기 제1부분에서는 사람의 행동을 나타내는 사진이 가장 많이 출제된다. 그래서 행동을 나타내는 동사를 꼭 알아야 한다. 그 다음으로 사물과 동물의 사진이 많이 나오고 사람의 감정과 상태를 나타내는 사진도 출제된다. 그래서 이러한 뜻을 나타내는 동사, 명사, 형용사의 단어를 꼭 외워야 한다. 최근에는 사진의 세부적인 내용뿐만 아니라 전체적인 상태를 파악하는 문제도 자주 출제되고 있다. 듣기 영역 중 지문의 길이가 가장 짧기 때문에 순간적인 집중력이 필요하다.

행동 50%
감정 및 상태 10%
사물 및 동물 40%

문제를 알고 푼다!
유형분석 & 풀이전략

듣기·독해·쓰기의 영역별 문제 유형 및 출제 빈도를 분석하였고 HSK 전문 강사의 노하우가 담겨 있는 '문제 접근법+정답률을 높이는 방법'을 수록하였습니다. 또한 영역별 문제 풀이 STEP을 실전 문제를 통해 익힐 수 있어, 학습자들은 본격적인 학습을 시작하기 전에 문제에 대한 자신감을 가질 수 있습니다.

2

합격 공략 **14** 질문을 여

문제에서 나오는 질문은 보통 의문대사를 사용한다. 예를 들어 장소를 묻는 질문은 哪儿(어디), 물건의 개수를 묻는 질문은 几(몇)를 사용한다. 질문에 자주 사용하는 의문대사를 알아야 무엇을 묻는지 알 수 있다.

필수 암기! 의문대사 (🎧 따라 읽어보세요. 🎧 32.mp3)

ㅁ 哪儿 nǎr 어디 (장소)
ㅁ 几 jǐ 몇 (개수)
ㅁ 多少 duōshao 얼마 (개수, 가격)
ㅁ 什么时候 shénme shíhou 언제 (시간)

ㅁ 谁 shéi 누구 (신분, 관계)
ㅁ 什么 shénme 무슨, 무엇 (사물)
ㅁ 怎么 zěnme 어떻게 (방법)

실전문제 🎧 33.mp3

fànguǎn	xuéxiào	yīyuàn
A 饭馆	B 学校	C 医院

STEP 1 보기의 공통점을 파악하고 질문 예상하기

보기는 모두 장소이므로 질문에 장소를 묻는 의문대사인 哪儿(어디)이 나올 거라고 예상할 수 있다. 주어가 어디에 가려고 하는지, 어디에서 무엇을 하는지 등을 주의해서 듣는다.

STEP 2 녹음을 듣고 정답 고르기

Zuótiān bàba qù yīyuàn le
昨天 爸爸 去 医院 了.
　　　　Bàba qù nǎr le
问: 爸爸 去 哪儿 了 ?

어제 아빠는 병원에 갔다.
질문: 어제 아빠는 어디에 갔는가?

녹음에서 장소 医院(병원)이 들렸다. 질문에서 아빠가 어디에 갔는지 의문대사 哪儿(어디)를 사용해서 물었으므로 정답은 C 医院(병원)이다.

정답 C

어휘 饭馆 fànguǎn 명 식당 | 学校 xuéxiào 명 학교 | 医院 yīyuàn 명 병원 | 昨天 zuótiān 명 어제 | 爸爸 bàba 명 아빠 | 去 qù 통 가다 | 了 le 조 ~했다(완료) | 哪儿 nǎr 때 어디

HSK 1-2급 듣기·독해 전 영역에서 가장 많이 출제되는 문제를 60개로 분류한 뒤 이에 맞는 합격 공략법 60개를 제시하였습니다. 각 합격 공략은 '① 공략법 및 주요 문법·어휘 학습 → ② 공략법에 따라 실전 문제 직접 풀어보기'의 2단계로 구성됩니다. 또한 합격을 넘어 160점 이상의 고득점까지 얻을 수 있도록 고득점 공략도 함께 수록하였습니다.

시험 문제 여기서 다 나온다!
60개 합격 공략법

교재의 구성 & 합격 전략

HANYU SHUIPING KAOSHI

3

실전 테스트 정답 & 해설_해설편 p.069

1–5

[보기]

Wǒ yě bù zhīdào   nǐ qù wèn lǎoshī ba
A 我 也 不 知道 ， 你 去 问 老师 吧 。

Nǐ lái Běijīng duō cháng shíjiān le
B 你 来 北京 多 长 时间 了 ？

Méi guānxi   xià cì zǎo diǎnr lái
C 没 关系 ， 下 次 早 点儿 来 。

Shéi shì nǐ de nǚ'ér
D 谁 是 你 的 女儿 ？

Míngtiān yǒu kǎoshì   kǎo wán zài qù ba
E 明天 有 考试 ， 考 完 再 去 吧 。

Zhè ge zì shì shénme yìsi
1. 这 个 字 是 什么 意思 ？

Chuān hóngsè yīfu de jiù shì wǒ de nǚ'ér
2. 穿 红色 衣服 的 就 是 我 的 女儿 。

Wǎnshang qù bu qù tī zúqiú
3. 晚上 去 不 去 踢 足球 ？

Yǐjing liǎng nián le
4. 已经 两 年 了 。

Duìbuqǐ   wǒ de biǎo màn le   fēnzhōng   suǒyǐ lái wǎn le
5. 对不起 ， 我 的 表 慢 了 5 分钟 ， 所以 来 晚 了 。

252 | HSK 1 · 2급 고수들의 합격전략 4주 단기완성

문제량으로 승부한다!
실전테스트&미니모의고사

각 문제 유형별 합격 공략 비법을 학습한 뒤엔 배운 내용을 점검할 수 있도록 10문제 분량의 '실전테스트'를 수록하였습니다. 또한 듣기와 독해의 영역별 실전 감각도 종합적으로 기를 수 있도록 '영역별 미니모의고사'를 수록하였습니다.

60개의 합격 공략과 영역별 미니모의고사를 모두 푼 뒤에는 실제 시험 형식으로 자신의 실력을 테스트해 볼 수 있도록 1급과 2급의 실전모의고사를 각각 2회분씩 수록하였습니다. 실제 시험 시간을 설정하여 교재 뒷면에 수록한 OMR 답안지에 직접 기입함으로써 시간 분배 감각을 익힐 수 있습니다.

시험장 분위기 그대로!
최종모의고사 4회분

4

新汉语水平考试
HSK（一级）
模拟考试一

注　意

一、 HSK(一级)分两部分：
　　1. 听力(20题，约15分钟)
　　2. 阅读(20题，17分钟)

二、 听力结束后，有3分钟填写答题卡。

三、 全部考试约40分钟(含考生填写个人信息时间5分钟)。

5

읽기만 해도 정답노하우가 내 것!
명쾌한 해설

교재의 실전테스트, 영역별 미니모의고사, 실전모의고사의 해설·해석·어휘가 담긴 해설편을 학습의 편의를 위해 분권으로 수록하였습니다. 옆에서 직접 강의하는 듯한 저자의 명쾌한 해설이 담겼으며 꼭 외워야 하는 주요 팁 등을 수록하였습니다. 모든 문제의 해설은 문제 풀이 STEP에 따라 전개되기 때문에 해설을 읽는 것만으로도 문제 푸는 방법을 자연스럽게 익힐 수 있습니다.

6

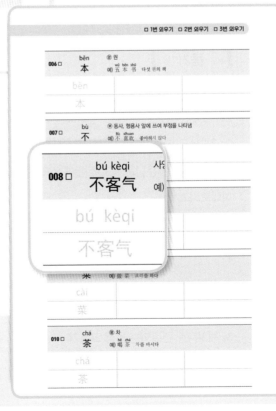

HSK 1-2급 필수 어휘는 총 300개입니다. 시험 난이도가 높지 않기 때문에 단어의 뜻을 파악할 수 있다면 쉽게 정답을 고를 수 있습니다. 따라서 국가 한반에서 제공한 1-2급 필수 어휘 300개를 꼭 쓰면서 암기하십시오.

단어를 알면 90%는 합격!
1-2급 필수 어휘 단어장

이 책의 차례

HSK의 기초

1급

▌ 듣기 ▌

▌ 독해 ▌

CONTENTS

2급

▎ 듣기 ▎

▎ 독해 ▎

실전모의고사

4주 완성 학습 플랜

✚ 학습 플래너 활용법

❶ 아래의 학습 플랜에 따라 1–2급 합격 공략법 60개를 4주 동안 학습할 수 있습니다.

❷ 학습 플래너의 각 날짜별로 배정된 학습 내용을 그날그날 학습합니다.

❸ 학습을 완료하면 '학습 완료'에 체크(V) 표시를 합니다.

❹ 학습 플래너는 자신의 학습 속도 및 분량에 맞게 조절해서 사용할 수 있습니다.

  (ex) 만일 한 급수만 준비할 경우 '2주 완성 학습 플랜'으로 활용할 수 있습니다.

❖ 학습 시작 날짜 : _____월_____일   ❖ 학습 종료 날짜 : _____월_____일

❖ 하루 평균 학습 시간 : _____시간   ❖ 시험 예정일 : _____월_____일

1주차

DAY 01
_____월_____일

한자와 병음

학습 완료 (   )

DAY 02
_____월_____일

HSK 기초 어법

학습 완료 (   )

DAY 03
_____월_____일

1급 듣기 제1부분
합격 공략 01~04
+ 실전테스트

학습 완료 (   )

DAY 04
_____월_____일

1급 듣기 제2부분
합격 공략 05~08
+ 실전테스트

학습 완료 (   )

DAY 05
_____월_____일

1급 듣기 제3부분
합격 공략 09~12
+ 실전테스트

학습 완료 (   )

DAY 06
_____월_____일

1급 듣기 제4부분
합격 공략 13~16
+ 실전테스트

학습 완료 (   )

DAY 07
_____월_____일

1급 듣기
미니모의고사

학습 완료 (   )

2주차

DAY 08
_____월_____일

1급 독해 제1부분
합격 공략 17~19
+ 실전테스트

학습 완료 (   )

DAY 09
_____월_____일

1급 독해 제2부분
합격 공략 20~23
+ 실전테스트

학습 완료 (   )

DAY 10
_____월_____일

1급 독해 제3부분
합격 공략 24~26
+ 실전테스트

학습 완료 (   )

DAY 11	**DAY 12**	**DAY 13**	**DAY 14**
월_____일	월_____일	월_____일	월_____일
1급 독해 제4부분 합격 공략 27~30 + 실전테스트	1급 독해 미니모의고사	1급 실전모의고사 제1회	1급 실전모의고사 제2회
학습 완료 ( )	학습 완료 ( )	학습 완료 ( )	학습 완료 ( )

3 **주차**	**DAY 15**	**DAY 16**	**DAY 17**
	월_____일	월_____일	월_____일
	2급 듣기 제1부분 합격 공략 31~34 + 실전테스트	2급 듣기 제2부분 합격 공략 35~38 + 실전테스트	2급 듣기 제3부분 합격 공략 39~42 + 실전테스트
	학습 완료 ( )	학습 완료 ( )	학습 완료 ( )

DAY 18	**DAY 19**	**DAY 20**	**DAY 21**
월_____일	월_____일	월_____일	월_____일
2급 듣기 제4부분 합격 공략 43~46	2급 듣기 제4부분 실전테스트	2급 듣기 미니모의고사	2급 독해 제1부분 합격 공략 47~49 + 실전테스트
학습 완료 ( )	학습 완료 ( )	학습 완료 ( )	학습 완료 ( )

4 **주차**	**DAY 22**	**DAY 23**	**DAY 24**
	월_____일	월_____일	월_____일
	2급 독해 제2부분 합격 공략 50~53 + 실전테스트	2급 독해 제3부분 합격 공략 54~57 + 실전테스트	2급 독해 제4부분 합격 공략 58~60
	학습 완료 ( )	학습 완료 ( )	학습 완료 ( )

DAY 25	**DAY 26**	**DAY 27**	**DAY 28**
월_____일	월_____일	월_____일	월_____일
2급 독해 제4부분 실전테스트	2급 독해 미니모의고사	2급 실전모의고사 제1회	2급 실전모의고사 제2회
학습 완료 ( )	학습 완료 ( )	학습 완료 ( )	학습 완료 ( )

HSK의 기초

01 한자와 병음

기본기 다지기 **기본 개념 잡기**

본격적으로 HSK를 준비하기 전에 먼저 중국어의 기초가 되는 한자와 병음을 익혀봅시다.

| 기본 개념 잡기 1 | 중국어의 발음 기호 – 병음

한어병음은 중국어의 발음 기호다. 한자는 뜻을 나타내는 문자이기 때문에 한자만 보고 어떻게 읽는지 알 수 없다. 그래서 많은 사람들이 한자를 보고 읽을 수 있도록 알파벳을 사용해서 발음을 표시했다. 또한 중국어에는 성조(음의 높낮이)가 있기 때문에 한어병음 위에는 성조가 달려 있다.

1. 운모(=모음): 우리나라 말의 'ㅓ', 'ㅔ', 'ㅜ'에 해당하는 음이다. 🎧 01 mp3

· e (발음: 으어)   · ie (발음: 이에)   · ian (발음: 이엔)

2. 성모(=자음): 우리나라 말의 'ㅃ', 'ㄴ', 'ㅊ'에 해당하는 음이다. 각 성모를 읽을 때는 특정 모음을 붙여서 읽는다. 🎧 02 mp3

· b (발음: bo, 뽀어)   · n (발음: ne, 느어)   · q (발음: qi, 치)

3. 성조: 성조는 음의 높낮이를 말한다. 중국어에는 4개의 성조가 있다. 🎧 03 mp3

· ā (1성): 음의 변화 없이 높은 음으로 쭉 끌어서 발음한다.

· á (2성): 낮은 음에서 높은 음으로 가볍게 쭉 올려서 발음한다.

· ǎ (3성): 낮은 음을 깊게 내렸다가 쭉 올려서 발음한다.

· à (4성): 물건이 떨어지는 것처럼 높은 음을 빠르게 끌어내려 발음한다.

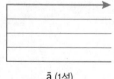
ā (1성)

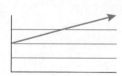
á (2성)

ǎ (3성)

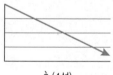
à (4성)

확인 학습

◆ 녹음을 듣고 일치하는 병음을 고르세요. 🎧 04 mp3

1. A pó　　B fó

2. A zhì　　B zì

3. A qián　　B jián

4. A měi　　B něi

5. A rì　　B lì

정답 1.B 2.A 3.A 4.B 5.A

| 기본 개념 잡기 2 | 중국어의 문자 - 한자

한자는 중국어의 문자이다. 문자는 글자 하나하나가 음을 대표하는 표음문자와, 글자 하나하나가 뜻을 나타내는 표의문자로 나뉜다. 한국어의 문자인 한글은 대표적인 표음문자이고, 중국어의 문자인 한자는 대표적인 표의문자이다.

1. 부수

부수는 한자를 만드는 기본 문자로, 각각의 부수는 일정한 뜻을 나타내기 때문에 그 부수가 쓰인 한자들은 비슷한 뜻을 나타낸다.

· 讠 (= 言, 말씀 언) '언어, 말'과 관련된 글자에 사용한다.
　说 말하다　　汉语 중국어

· 亻 (= 人, 사람 인) 사람 인(人)자를 옆으로 놓은 것으로 '사람'과 관련된 단어에 사용한다.
　他 그　　们 ~들(복수)

2. 한자의 모양

한자의 모양은 한자의 부수가 놓이는 위치에 따라 다음과 같은 구조를 갖는다.

(1) 위에 위치한 부수　　　　室 → 훈음: 집 실, 부수: 宀 (집)

(2) 아래에 위치한 부수　　　热 → 훈음: 더울 열, 부수: 灬 (불)

(3) 왼쪽에 위치한 부수　　　们 → 훈음: 들 문, 부수: 亻 (사람)

(4) 오른쪽에 위치한 부수　　影 → 훈음: 그림자 영, 부수: 彡 (길고 굵은 털)

(5) 위와 왼쪽에 위치한 부수　店 → 훈음: 가게 점, 부수: 广 (집)

(6) 왼쪽과 아래에 위치한 부수　边 → 훈음: 가 변, 부수: 辶 (쉬엄쉬엄 가다)

안심Touch

(7) 글자를 에워싼 부수   国 → 훈음: 나라 국, 부수: 口 (에워싸다)

확인 학습

◈ 다음 한자에 해당하는 병음을 고르세요.

1. 我们   A wǒmen   B nǐmen

2. 学生   A tóngxué   B xuéshēng

3. 来   A qù   B lái

4. 忙   A máng   B lèi

5. 电脑   A diànshì   B diànnǎo

정답 1A 2B 3B 4A 5B

02 HSK 기초 어법

기본기 다지기 기본 개념 잡기

중국어 어법은 한국어 어법과 어떤 다른 점이 있는지 알아보고, 단어와 문장을 분석하고 이해할 수 있도록 HSK 기초 어법을 배워봅시다.

| 기본 개념 잡기 1 | 품사

품사는 단어를 어법적 기능에 따라 분류한 것으로 중국어의 품사는 크게 12가지로 나눌 수 있다.

1. 명사 : 사람이나 사물의 이름을 나타내는 단어이다.

1) 일반명사
  　māma
  　妈妈 엄마
  　píngguǒ
  　苹果　사과

2) 고유명사
  　Zhōngguó
  　中国　중국
  　Běijīng
  　北京　북경

3) 시간명사
  　jīntiān
  　今天　현재
  　míngnián
  　明年　내년

4) 장소명사
  　gōngsī
  　公司　회사
  　shāngdiàn
  　商店　상점

5) 방위명사
  　shàng biān
  　上（边）위(쪽)
  　qián miàn
  　前（面）앞(쪽)

2. 대사 : 대사의 '대'는 대신한다는 뜻으로 사물, 사람, 장소 등을 대신 가리키는 단어이다.

1) **인칭대사** : 사람이나 사물을 대신 가리키는 단어이다.
  　wǒ　　　tāmen
  　我 나　 他们 그들

2) **지시대사** : 가까운 것은 这(이)를, 먼 것은 那(그,저)를 사용한다.
  　zhè　　　nà　　　zhèr　　　　　nàr
  　这 이　 那 그, 저　 这儿 이곳, 여기　 那儿 저곳, 저기

3) **의문대사** : 누구, 어디, 무엇 등 모르는 것을 말할 때 사용하며 의문문과 반어문에 주로 쓰인다.
  　shéi　　　shénme　　　nǎ　　　zěnme
  　谁 누구　 什么 무엇　 哪 어느　 怎么 어떻게

안심Touch

	wǒ	píngguǒ	shénme
(보기)	A. 我 나	B. 苹果 사과	C. 什么 무엇
	jīntiān	shāngdiàn	tāmen
	D. 今天 현재	E. 商店 상점	F. 他们 그들

1. 보기의 단어 중 명사를 고르세요.　(　,　,　)

2. 보기의 단어 중 대사를 고르세요.　(　,　,　)

정답 1.B,D,E 2.A,C,F

---

3. 수사 : 수사의 '수'는 숫자라는 뜻으로 수량이나 순서를 나타내는 단어이다.

1) 기수 : 정수, 소수, 분수 등 수의 많고 적음을 나타낸다.

yī	bā	bǎi
一 일(1)	八 팔(8)	百 백(100)

2) 서수 : 첫 번째, 두 번째와 같이 순서를 나타낸다.

dì yī	dì èr
第一 첫 번째	第二 두 번째

4. 양사 : 사람이나 사물을 세거나 동작의 횟수를 세는 단어이다.

1) 명량사 : 사람, 사물 등을 세는 단위이다.

ge	yí ge yuè	sān ge rén
个 개, 명 →	一个月 한 달	三个人 세 명

běn	liǎng běn shū
本 권 →	两本书 책 두 권

2) 동량사 : 동작의 횟수를 나타낸다.

cì	kàn guo liǎng cì
次 번 →	看过两次 두 번 본 적이 있다

yíxià	děng yíxià
一下 잠깐 →	等一下 잠깐 기다려

(보기)	A. 本 권 *běn*	B. 第二 두 번째 *dì èr*	C. 一 일(1) *yī*
	D. 个 개, 명 *ge*	E. 次 번 *cì*	F. 八 팔(8) *bā*

1. 보기의 단어 중 수사를 고르세요.   (,   ,   )

2. 보기의 단어 중 양사를 고르세요.   (,   ,   )

정답 1.B,C,F 2.A,D,E

5. 동사 : 동작의 행위를 나타내는 단어이다.

1) 타동사 : 목적어를 갖는 동사이다.

kàn   *kàn shū*
看 보다 → 看 书 책을 보다 (명사 목적어)

zhǔnbèi   *zhǔnbèi chīfàn*
准备 준비하다 → 准备 吃饭 식사를 준비하다 (동사 목적어)

2) 자동사 : 목적어를 가질 수 없는 동사이다.

jiànmiàn   *jiànmiàn tā*
见面 돕다 (이합동사) → 见面 他 (×)

gēn tā jiànmiàn
跟 他 见面 그를 만나다 (○)

(※ 이합동사는 '술어+목적어'의 구조로 이루어진 동사이기 때문에 목적어를 뒤에 사용하지 않는다.)

lǚxíng   *lǚxíng Shànghǎi*
旅行 여행하다 → 旅行 上海 (×)

qù Shànghǎi lǚxíng
去 上海 旅行 상해로 여행가다 (○)

3) 조동사(능원동사) : 동사를 도와 능력, 바람, 당위, 허가를 나타낸다.

néng   *huì*
• 능력을 나타내는 조동사   能 ~할 수 있다   会 ~할 수 있다(할 줄 알다)

xiǎng   *yào*
• 바람을 나타내는 조동사   想 ~하고 싶다   要 ~하려고 하다

kěyǐ
• 허락을 나타내는 조동사   可以 ~해도 된다

6. 형용사 : 사람 또는 사물의 성질이나, 동작과 행위의 상태를 설명하는 단어이다.

gāo	duǎn	cuò	kě'ài
高 높다	短 짧다	错 틀리다	可爱 귀엽다

7. 부사 : 동작의 빈도, 범위, 상태의 정도, 부정의 유무, 어투 및 뉘앙스 등을 나타내는 단어이다. 술어를 꾸며준다.

1) 시간부사 : 시간을 나타내는 부사

zhèngzài	chángcháng
正在 ~하는 중이다	常常 자주

2) 빈도부사 : 동작의 빈도수를 나타내는 부사

hái	zài
还 또, 더	再 다시

3) 범위부사 : 동작의 범위를 나타내는 부사

dōu	yígòng
都 모두	一共 총, 모두

4) 정도부사 : 상태의 정도를 나타내는 부사

hěn	tèbié
很 아주	特别 특히

5) 부정부사 : 부정을 나타내는 부사

bù	méi yǒu
不 안/못	没(有) ~지 않았다

8. 개사 : 개사는 명사 또는 대사와 함께 쓰여 개사구를 만들고, 이 개사구는 시간, 장소, 방식, 범위, 대상 등을 나타낸다. 술어 앞이나 전체 문장 앞에서 부사어 역할을 한다.

zài	lí	duì	gěi	gēn hé
在 ~에서	离 ~로부터	对 ~에 대하여	给 ~에게	跟 / 和 ~와/과

확인 학습

(보기)
A. gēn 跟 ~와/과   B. zài 在 ~에서   C. hěn 很 아주

D. méi yǒu 没(有) ~지 않았다   E. lí 离 ~로부터   F. hái 还 또, 더

1. 보기의 단어 중 부사를 고르세요. (, ,)

2. 보기의 단어 중 개사를 고르세요. (, ,)

정답 1.C,D,F 2.A,B,E

9. 접속사 : 단어와 단어, 문장과 문장을 연결해 주는 단어이다.

rúguǒ	yīnwèi	dànshì
如果 만약	因为 왜냐하면	但是 그러나, 하지만

10. 조사 : 문장의 구조나 동사의 상태 혹은 말투를 도와주는 단어이다.

1) **구조조사** : 단어나 구 뒤에 붙어 수식 구조를 나타낸다.

de
• 的 ~의/~한 : 명사 앞에서 명사를 꾸며주는 관형어 구조를 만든다.

wǒ de shū
我 的 书 내 책

de
• 地 ~하게 : 동사 앞에서 동사를 꾸며주는 부사어 구조를 만든다.

gāoxìng de huíjiā
高兴 地 回家 기쁘게 집에 돌아가다

de
• 得 ~하게 : 술어 뒤에서 보충해 주는 보어 구조를 만든다.

tīng de dǒng
听 得 懂 알아들을 수 있다

안심Touch

2) 동태조사 : 동작의 상태를 나타내는 단어이다.

le
• 了 ~했다 : 동사 뒤에 쓰여 완료를 나타낸다.

Wǒ hē le yì bēi shuǐ
我 喝 了 一 杯 水 。 나는 물 한 잔을 마셨다.

zhe
• 着 ~하고 있다 : 동사 뒤에 쓰여 동작이나 상태의 지속을 나타낸다.

Wǒ děng zhe nǐ
我 等 着 你 。 나는 너를 기다리고 있다.

guo
• 过 ~한 적이 있다 : 동사 뒤에 쓰여 동작의 경험을 나타낸다.

Wǒ qù guo Zhōngguó
我 去 过 中国 。 나는 중국에 가 본 적이 있다.

3) 어기조사 : 문장 끝에 쓰여서 문장의 뉘앙스를 만들어 주는 기능을 한다.

ma
• 吗 ~해요? : 문장 끝에 쓰여 의문을 나타낸다.

Nǐ lèi ma
你 累 吗 ? 힘들어요?

ba
• 吧 ~하자/~지? : 문장 끝에 쓰여 명령 또는 확인형 의문을 나타낸다.

Wǒmen yìqǐ qù ba
我们 一起 去 吧 。 우리 같이 가자.

Zhè shì nǐ de ba
这 是 你 的 吧 ? 이거 네 거지?

확인 학습

(보기)	de A. 的 ~의/~한	yīnwèi B. 因为 왜냐하면	dànshì C. 但是 그러나, 하지만
	ma D. 吗 ~해요?	le E. 了 ~했다	rúguǒ F. 如果 만약

1. 보기의 단어 중 접속사를 고르세요.　(　 , 　 , 　)

2. 보기의 단어 중 조사를 고르세요.　(　 , 　 , 　)

정답 1.B,C,F 2.A,D,E

11. 감탄사: 감탄, 놀람, 의외, 실망 등을 나타내는 단어이다.

āi
哎 에/야! (놀람, 반가움을 나타냄)

èn
嗯 응/그래

12. 의성어: 소리나 모양, 움직임을 묘사하는 단어이다.

hōnglōng
轰隆 콰르릉/덜커덕 (천둥·폭음·수레·기계 등의 소리)

miāo
喵 야옹 (고양이 울음소리)

ㅣ기본 개념 잡기 2ㅣ **문장성분**

각 단어는 문장에서 구성 요소로서 역할을 담당하는데 이것을 문장성분이라고 한다. 중국어에는 총 6개의 문장성분이 있으며 핵심 성분인 주어, 술어, 목적어와 수식/보충 성분인 관형어, 부사어, 보어가 있다. 문장성분 간의 관계를 파악하는 것이 어순을 배열하는 핵심 원리이다. 특정 품사를 나타내는 단어는 문장에서 어느 위치에 오는지에 따라 다양한 역할, 즉 다양한 문장성분으로 쓰일 수 있다.

1. 주어 : 주어란 행동의 주체, 묘사의 대상으로 '~이/가'에 해당한다. 일반적으로 명사나 대사가 주어가 되며, 구나 문장도 주어가 될 수 있다.

Gǒu zài yǐzi xiàbian
狗 在 椅子 下边 。 개는 의자 아래에 있다.
주어　술어　　목적어

Zuò yùndòng duì shēntǐ hěn hǎo
做 运动 对 身体 很 好 。 운동하는 것은 몸에 좋다.
　주어　　　부사어　　부사어 술어

2. 술어 : 술어란 주어의 행위나 상태를 나타내며 '~하다'에 해당한다. 주로 동사나 형용사가 술어가 된다.

Nǐ hē niúnǎi ba
你 喝 牛奶 吧 。 너 우유 마셔.
주어 동사술어 목적어 吧

Jīntiān fēicháng lěng
今天 非常 冷 。 오늘 매우 춥다.
주어 부사어 형용사술어

3. 목적어 : 목적어란 행위의 대상을 나타내며 주로 '~을/를'에 해당한다. 주로 명사나 대사가 목적어가 되고 형용사(구)와 동사(구)도 목적어가 될 수 있다.

Tā mǎi le xīn shǒujī
他 买了 新 手机 。 그는 새 핸드폰을 샀다.
주어 술어 관형어 목적어

Wǒ xǐhuan kàn diànshì
我 喜欢 <u>看 电视</u> 。 나는 텔레비전 보는 것을 좋아한다.
주어 술어 목적어

확인 학습

1. 다음 문장의 주어에 ○표시를 하세요.

Xiǎomāo zài zhuōzi shang
(1) 小猫 在 桌子 上 。 고양이가 탁자 위에 있다.

Xué Hànyǔ hěn nán
(2) 学 汉语 很 难 。 중국어를 배우는 것이 아주 어렵다.

2. 다음 문장의 술어에 ○표시를 하세요.

Dìdi zài chīfàn
(1) 弟弟 在 吃饭。 남동생은 밥을 먹고 있다.

Zhōngguócài fēicháng hǎochī
(2) 中国 菜 非常 好吃 。 중국 음식은 매우 맛있다.

3. 다음 문장의 목적어에 ○표시를 하세요.

Wǒ mǎi le yì tái diànnǎo
(1) 我 买了 一 台 电脑 。 나는 컴퓨터 한 대를 샀다.

Wǒ bù xǐhuan hē niúnǎi
(2) 我 不 喜欢 喝 牛奶 。 나는 우유 마시는 것을 좋아하지 않는다.

정답 1. (1) 小猫 (2) 学汉语 2. (1) 吃饭 (2) 好吃 3. (1) 电脑 (2) 喝牛奶

4. 관형어 : 관형어란 소속, 수량, 성질을 나타내며 '~의, ~한'에 해당한다. 명사를 수식하거나 제한하며, 주어나 목적어 앞에서 쓰인다.

Zhè shì wǒ zuò de cài
这 是 <u>我 做 的</u> 菜 。 이것은 내가 만든 요리이다.
주어 술어 관형어 목적어

Tā yǒu liǎng ge jiějie
他 有 <u>两 个</u> 姐姐 。 그는 누나 두 명이 있다.
주어 술어 관형어 목적어

5. 부사어 : 부사어는 술어 앞에 놓여 술어를 수식하거나 문장 제일 앞에 놓여 전체 문장을 수식하는 성분이다. 주로 시간명사, 부사, 조동사, 개사구, 형용사, 구조조사 地가 결합된 구 등이 부사어로 쓰인다.

Lǎoshī yǐjing huíjiā le
老师 已经 回家 了 。 선생님께서는 이미 집으로 돌아가셨다.
주어 부사어 술어 了

Míngnián wǒ yào qù Zhōngguó xuéxí
明年 我 要 去 中国 学习 。 내년에 나는 중국에 공부하러 갈 것이다.
부사어 주어 부사어 술어1 목적어1 술어2

6. 보어 : 보어란 술어 뒤에 쓰여서 결과, 방향, 정도, 가능, 수량을 보충해 주는 성분이다.

Nǐ dōu tīng dǒng le ma
你 都 听 懂 了 吗 ？ 너 다 알아 들었어?
주어 부사어 술어 보어(결과) 了 吗

Wǒ tīng le sānshí fēnzhōng
我 听了 三十 分钟 。 나는 30분 동안 들었다.
주어 술어 보어(수량)

확인 학습

1. 다음 문장의 관형어에 ○표시를 하세요.

Mèimei chuān hěn piàoliang de yīfu
(1) 妹妹 穿 很 漂亮 的 衣服。 여동생은 아주 예쁜 옷을 입는다.

Wǒ yǒu liǎng ge shǒujī
(2) 我 有 两 个 手机。 나는 핸드폰 두 개가 있다.

2. 다음 문장의 부사어에 ○표시를 하세요.

Xuéshengmen hái méi dào jiàoshì
(1) 学生 们 还 没 到 教室。 학생들이 아직 교실에 도착하지 않았다.

Wǒ huì xué yóuyǒng
(2) 我 会 学 游泳。 나는 수영을 배울 것이다.

3. 다음 문장의 보어에 ○표시를 하세요.

Tāmen kàn wán le nà běn shū
(1) 他们 看 完 了 那 本 书。 그들은 그 책을 다 봤다.

Tā zhǐ shuì le liǎng ge xiǎoshí
(2) 她 只 睡 了 两 个 小时。 그녀는 두 시간만 잤다.

정답 1. (1) 很漂亮的 (2) 两个 2. (1) 还, 没 (2) 会 3. (1) 完 (2) 两个小时

HSK의 기초

안심Touch

고수들의 합격전략
4주 단기완성

HSK 1급

듣기 · 독해

听力
阅读

HSK
1급

听力

듣기

Warm Up!

유형 분석 & 풀이 전략

유형 분석 | 시험에는 이렇게 나온다!

출제 방식

1급 듣기 제1부분(1번~5번)은 짧은 녹음을 듣고, 녹음의 내용이 문제의 사진과 같은지 또는 다른지를 고르는 문제이다. 듣기 영역의 모든 문제의 녹음들은 모두 두 번씩 들려준다.

출제 경향 & 유형별 출제 비율

듣기 제1부분에서는 사람의 행동을 나타내는 사진이 가장 많이 출제된다. 그래서 행동을 나타내는 동사를 꼭 알아야 한다. 그 다음으로 사물과 동물의 사진이 많이 나오고 사람의 감정과 상태를 나타내는 사진도 출제된다. 그래서 이러한 뜻을 나타내는 동사, 명사, 형용사의 단어를 꼭 외워야 한다. 최근에는 사진의 세부적인 내용뿐만 아니라 전체적인 상태를 파악하는 문제도 자주 출제되고 있다. 듣기 영역 중 지문의 길이가 가장 짧기 때문에 순간적인 집중력이 필요하다.

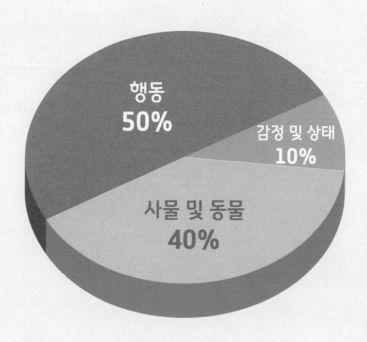

풀이 전략 | 문제 풀이 Step & 풀이 전략 적용해 보기

Step 1

사진의 핵심 키워드 떠올리기

녹음을 듣기 전에 먼저 어떤 사진인지를 파악해야 한다. 사진 속 인물/사물/동물의 이름을 중국어로 떠올린다.
또한 인물/사물이 어떤 행동/감정/상태인지를 중국어로 떠올린다.

Step 2

녹음과 사진을 대조하기

녹음을 들으면서 녹음의 단어가 사진의 핵심 키워드와 같은지(일치) 다른지(불일치)를 판단하여 정답을 체크한다.

풀이 전략 ⬤ 적용해 보기 🎧 05.mp3

1.

STEP 1 사진의 핵심 키워드 떠올리기

사진에 커피가 있으므로 咖啡(커피)와 喝(마시다)를 떠올린다.

STEP 2 녹음과 사진을 대조하기

hē kāfēi
喝 咖啡

> 커피를 마시다

녹음과 사진의 키워드가 같다.

정답 1. 일치(✓)

어휘 咖啡 kāfēi 몡 커피   喝 hē 통 마시다

짧은 단어를 듣고 일치/불일치 판단하기
인물의 행동과 사물에 주목하라!

기본기 다지기 **기본 개념 잡기 & 공략 미리보기**

듣기 제1부분에서는 행동/사물/상태로 크게 세 가지 유형의 문제들이 출제된다. 그래서 동사, 명사, 형용사를 정확히 알고 있어야 한다. 특히 인물의 행동과 사물을 나타내는 사진이 가장 많이 출제된다는 것을 꼭 기억하자. 녹음의 길이가 짧으므로 미리 사진의 키워드를 떠올린 뒤 녹음과 대조해야 쉽게 정답을 고를 수 있다.

| 기본 개념 잡기 | **주요 출제 분야**

1. 행동 : 행동을 나타내는 사진이 출제된다. 행동을 나타내는 동사를 꼭 외우자.

qí zìxíngchē
骑 自行车   자전거를 타다
[정답] 일치(✓)

2. 사물/동물 : 사물이나 동물의 사진이 출제된다. 사물/동물을 나타내는 명사를 꼭 외우자.

wǒ hé xiǎogǒu
我 和 小狗   나와 강아지
[정답] 일치(✓)

3. 감정/상태 : 사람의 감정이나 사물의 상태를 나타내는 사진이 출제된다. 감정이나 상태를 나타내는 형용사를 꼭 외우자.

hěn rè
很 热   아주 덥다
[정답] 일치(✓)

| 공략 미리보기 |

합격 공략 01	사람의 행동을 나타내는 동사 외우기!
합격 공략 02	사물의 이름을 나타내는 명사 외우기!
합격 공략 03	사물과 관련된 행동을 함께 외우기!
합격 공략 04	[160점 이상 고득점] 감정과 상태를 나타내는 형용사 외우기!

합격 공략 01 ▶ 사람의 행동을 나타내는 동사 외우기!

★★★

행동을 나타내는 동사

- 동사는 행동을 나타내는 단어이다. 그래서 행동을 나타내는 주요 동사를 꼭 외워야 한다.
- 사진에 어떤 행동이 있는지 보고 그 행동을 나타내는 동사를 중국어로 떠올린다.
- 녹음과 사진이 동사는 같지만 목적어(명사)가 다른 경우가 있으므로 꼼꼼히 대조한다.

필수 암기! 동사
(※ 따라 읽어보세요. 🎧 06.mp3)

□ 是 shì ~이다		□ 买 mǎi 사다	
□ 有 yǒu 있다		□ 去 qù 가다	
□ 喜欢 xǐhuan 좋아하다		□ 来 lái 오다	
□ 认识 rènshi 알다		□ 学习 xuéxí 공부하다	
□ 吃 chī 먹다		□ 读 dú 읽다	
□ 喝 hē 마시다		□ 回 huí 돌아오다, 돌아가다	
□ 说 shuō 말하다		□ 坐 zuò 타다, 앉다	
□ 写 xiě 쓰다		□ 睡觉 shuìjiào 잠을 자다	
□ 看 kàn 보다		□ 下雨 xiàyǔ 비가 내리다	
□ 听 tīng 듣다		□ 打 dǎ (전화를) 걸다	
□ 做 zuò 하다, 만들다		□ 工作 gōngzuò 일하다	

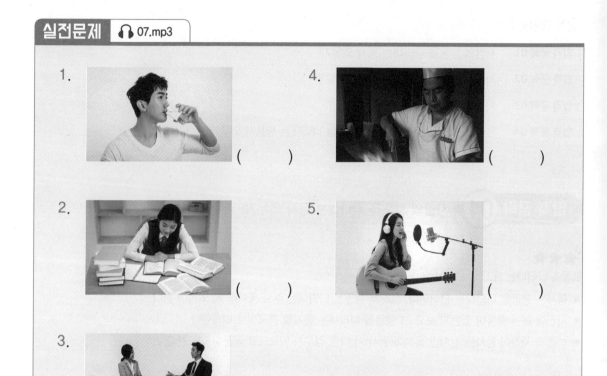

1. (   )
4. (   )
2. (   )
5. (   )
3. (   )

STEP 1   사진의 핵심 키워드 떠올리기

1. 사진은 물을 마시는 모습이므로 喝(마시다)와 水(물)를 떠올린다.

2. 사진은 공부하는 모습이므로 学习(공부하다)를 떠올린다.

3. 사진은 이야기하는 모습이므로 说话(이야기하다)를 떠올린다.

4. 사진은 요리하는 모습이므로 做菜(요리하다)를 떠올린다.

5. 사진은 노래하는 모습이므로 唱歌(노래를 부르다)를 떠올린다.

STEP 2   녹음과 사진을 대조하기

hē kāfēi
1. 喝 咖啡   커피를 마시다

사진에는 水(물)가 있는데 녹음에는 咖啡(커피)가 들렸으므로 일치하지 않는다.

xuéxí
2. 学习   공부하다

녹음과 사진의 키워드가 같다.

shuōhuà
3. 说话

이야기하다

녹음과 사진의 키워드가 같다.

chīfàn
4. 吃饭

밥을 먹다

사진은 做菜(요리하다)하는 모습인데 녹음에는 吃饭(밥을 먹다)이 들렸으므로 일치하지 않는다.

tiàowǔ
5. 跳舞

춤을 추다

사진은 唱歌(노래하다)하는 모습인데 녹음에는 跳舞(춤을 추다)가 들렸으므로 일치하지 않는다.

정답 1. 불일치(✘) 2. 일치(✔) 3. 일치(✔) 4. 불일치(✘) 5. 불일치(✘)

어휘 喝 hē 통 마시다　水 shuǐ 몡 물　学习 xuéxí 통 학습하다　说话 shuōhuà 통 이야기를 하다　做菜 zuòcài 통 요리를 하다
唱歌 chànggē 통 노래를 부르다　咖啡 kāfēi 몡 커피　吃饭 chīfàn 통 밥을 먹다　跳舞 tiàowǔ 통 춤을 추다

합격 공략 02 사물의 이름을 나타내는 명사 외우기!

★★
이름을 나타내는 명사

- 명사는 이름을 나타내는 단어이다. 그래서 사물이나 동물의 이름과 사람의 직업을 나타내는 명사를 외워야 한다.
- 사진에 어떤 사물 또는 동물이 있는지를 보고 그 이름을 중국어로 떠올린다.
- 시험에는 일상생활에서 자주 접하는 사물이나 동물이 나온다.

필수 암기! 명사
(※ 따라 읽어보세요. 🎧 08.mp3)

▫ 飞机 fēijī 비행기	▫ 菜 cài 요리
▫ 出租车 chūzūchē 택시	▫ 水 shuǐ 물
▫ 书 Shū 책	▫ 咖啡 kāfēi 커피
▫ 东西 dōngxi 물건	▫ 茶 chá 차
▫ 雨伞 yǔsǎn 우산	▫ 水果 shuǐguǒ 과일
▫ 衣服 yīfu 옷	▫ 苹果 píngguǒ 사과
▫ 电脑 diànnǎo 컴퓨터	▫ (小)狗 (xiǎo) gǒu 강아지
▫ 电视 diànshì 텔레비전	▫ (小)猫 (xiǎo) māo 고양이
▫ 杯子 bēizi 컵	▫ 爸爸 bàba 아빠
▫ 椅子 yǐzi 의자	▫ 妈妈 māma 엄마
▫ 桌子 zhuōzi 탁자	▫ 儿子 érzi 아들
▫ 钱 qián 돈	▫ 女儿 nǚ'ér 딸

1. ( )
4. ( )
2. ( )
5. ( )
3. ( )

STEP 1   사진의 핵심 키워드 떠올리기

1. 사진에 여자아이가 있으므로 女儿(딸)이나 女孩子(여자아이)를 떠올린다.

2. 사진에 의자가 있으므로 椅子(의자)를 떠올린다.

3. 사진에 책이 있으므로 书(책)를 떠올린다.

4. 사진에 우산이 있으므로 雨伞(우산)을 떠올린다.

5. 사진에 고양이가 있으므로 小猫(고양이)를 떠올린다.

STEP 2   녹음과 사진을 대조하기

érzi
1. 儿子   아들

사진에는 女儿(딸)이 있지만 녹음에는 儿子(아들)가 들렸으므로 일치하지 않는다.

zhuōzi
2. 桌子   탁자

사진에 椅子(의자)가 있는데 녹음에는 桌子(탁자)가 들렸으므로 일치하지 않는다.

sān běn shū
3. 三 本 书   책 세 권

녹음과 사진의 키워드가 같다.

yǔsǎn
4. 雨伞

우산

녹음과 사진의 키워드가 같다.

xiǎogǒu
5. 小狗

강아지

사진에 小猫(고양이)가 있는데 녹음에는 小狗(강아지)가 들렸으므로 일치하지 않는다.

정답 1. 불일치(✗) 2. 불일치(✗) 3. 일치(✓) 4. 일치(✓) 5. 불일치(✗)

어휘 女儿 nǚ'ér 명 딸 女孩子 nǚháizi 명 여자아이 椅子 yǐzi 명 의자 书 shū 명 책 雨伞 yǔsǎn 명 우산 小猫 xiǎomāo 명
고양이 儿子 érzi 명 아들 桌子 zhuōzi 명 탁자 三 sān 수 3 本 běn 양 권 小狗 xiǎogǒu 명 강아지

합격 공략 03 ▶ 사물과 관련된 행동을 함께 외우기!

★★
사물과 관련된 행동

사진에 사물이 있으면 그 사물과 관련된 행동을 함께 떠올려 본다. '음식(菜)'이 있으면 '만들다(做)'를 떠올리고, '책(书)'이 있으면 '보다(看)'를 떠올린다. 사물의 이름을 모르지만 사물과 관련된 행동을 알고 있다면 정확한 답을 고를 수 있다.

실전문제 🎧 10.mp3

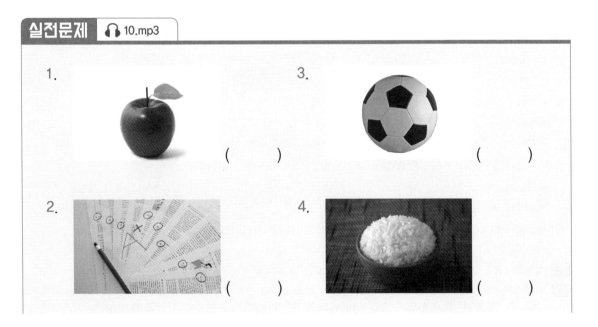

1. (   )

3. (   )

2. (   )

4. (   )

5.

(　　　)

STEP 1 사진의 핵심 키워드 떠올리기

1. 사진에 사과가 있으므로 苹果(사과)와 吃(먹다)를 떠올린다.

2. 사진에 시험지가 있으므로 考试(시험을 보다), 学习(공부하다)를 떠올린다.

3. 사진에 축구공이 있으므로 踢足球(축구를 하다)를 떠올린다.

4. 사진에 밥이 있으므로 吃饭(밥을 먹다)을 떠올린다.

5. 사진에 자전거가 있으므로 骑自行车(자전거를 타다)를 떠올린다.

STEP 2 녹음과 사진을 대조하기

chī xīguā
1. 吃 西瓜　　　　　　　　　　　　　　　수박을 먹다

사진에는 苹果(사과)가 있지만, 녹음에는 西瓜(수박)가 들렸으므로 일치하지 않는다.

kǎoshì
2. 考试　　　　　　　　　　　　　　　　시험을 보다

사진의 핵심 키워드는 考试(시험을 보다)이고, 녹음에 考试(시험을 보다)가 들렸으므로 일치하는 내용이다.

dǎ lánqiú
3. 打 篮球　　　　　　　　　　　　　　농구를 하다

사진의 핵심 키워드는 踢足球(축구를 하다)인데, 녹음에는 打篮球(농구를 하다)가 들렸으므로 일치하지 않는다.

chīfàn
4. 吃饭　　　　　　　　　　　　　　　　밥을 먹다

사진에 米饭(쌀밥)이 있고 녹음에 吃饭(밥을 먹다)이 들렸으므로 일치하는 내용이다.

qí zìxíngchē
5. 骑 自行车　　　　　　　　　　　　　자전거를 타다

사진에는 自行车(자전거)가 있는데 녹음에 骑自行车(자전거를 타다)가 들렸으므로 일치하는 내용이다.

정답 1. 불일치(✗) 2. 일치(✓) 3. 불일치(✗) 4. 일치(✓) 5. 일치(✓)

어휘 苹果 píngguǒ 명 사과　吃 chī 통 먹다　考试 kǎoshì 명 통 시험(을 보다)　学习 xuéxí 통 공부하다　踢足球 tī zúqiú 축구를 하다　饭 fàn 명 밥　骑 qí 통 타다　自行车 zìxíngchē 명 자전거　西瓜 xīguā 명 수박　打篮球 dǎ lánqiú 농구를 하다

합격 공략 (04) [160점 이상 고득점] 감정과 상태를 나타내는 형용사 외우기!

감정과 상태를 나타내는 형용사

■ 사진에 사람이나 사물 또는 동물이 없다면 사진의 분위기를 파악한다.

■ 형용사는 모양, 성질 등을 표현하는 단어이다. 그래서 사람의 감정이나 날씨 등을 나타내는 사진이 나오면 그에 알맞은 형용사를 떠올린다.

문제 예시		step1 사진의 키워드 떠올리기	step2 녹음과 사진을 대조하기
		tàiyáng 태양 → 太阳 (1급 ✕) rè 덥다 → 热 (1급 ○)	hěn rè 很 热 아주 덥다 정답 일치(✓)

→ 사진에 태양이 있지만 태양(太阳)은 1급 단어가 아니기 때문에 전체적인 분위기를 나타내는 덥다(热)를 사진의 키워드로 떠올려야 한다.

필수 암기! 형용사

(※ 따라 읽어보세요. 🎧 11.mp3)

☐ **大** dà 크다　　　　　　　　　　☐ **热** rè 덥다

☐ **小** xiǎo 작다　　　　　　　　　☐ **冷** lěng 춥다

☐ **多** duō 많다　　　　　　　　　☐ **高兴** gāoxìng 기쁘다

☐ **少** shǎo 적다　　　　　　　　　☐ **累** lèi 힘들다, 피곤하다

☐ **高** gāo 높다, (키가) 크다　　　☐ **忙** máng 바쁘다

실전문제 🎧 12.mp3

1.  (　　)

3.  (　　)

2.  (　　)

4.  (　　)

5.
(　)

사진의 핵심 키워드 떠올리기

1. 사진에 과일이 많이 있으므로 水果(과일)와 多(많다)를 떠올린다.

2. 사진 속 사람의 표정이 안 좋으므로 不高兴(기쁘지 않다)을 떠올린다.

3. 사진에 눈이 있으므로 冷(춥다)을 떠올린다. 冬天(겨울)도 떠올릴 수 있지만 이것은 1급 어휘가 아니다.

4. 사진 속 날씨가 좋으므로 天气(날씨)와 好(좋다)를 떠올린다.

5. 사진 속 사람이 바쁜 모습이므로 忙(바쁘다)과 工作(일)를 떠올린다.

STEP 2 녹음과 사진을 대조하기

hěn duō
1. 很 多

아주 많다

녹음과 사진의 키워드가 같다.

hěn gāoxìng
2. 很 高兴

아주 기쁘다

사진 속 사람은 不高兴(기쁘지 않다)한 모습인데 녹음에는 很高兴(아주 기쁘다)이 들렸으므로 일치하지 않는다.

bù lěng
3. 不 冷

춥지 않다

사진의 분위기는 冷(춥다)인데 녹음에는 不冷(춥지 않다)이 들렸으므로 일치하지 않는다.

tiānqì hǎo
4. 天气 好

날씨가 좋다

녹음과 사진의 키워드가 같다.

hěn máng
5. 很 忙

아주 바쁘다

녹음과 사진의 키워드가 같다.

정답 1. 일치(✔) 2. 불일치(✘) 3. 불일치(✘) 4. 일치(✔) 5. 일치(✔)

어휘 水果 shuǐguǒ 명 과일 多 duō 형 많다 不 bù 부 ~아니다 高兴 gāoxìng 형 기쁘다 冷 lěng 형 춥다 天气 tiānqì 명 날씨 好 hǎo 형 좋다 忙 máng 형 바쁘다 工作 gōngzuò 명 동 일(하다) 很 hěn 부 아주

녹음을 듣고 사진과 일치하면 ✓표시를, 불일치하면 ✗를 표시하세요. 🎧 13.mp3

1.		
2.		
3.		
4.		
5.		

6.			
7.			
8.			
9.			
10.			

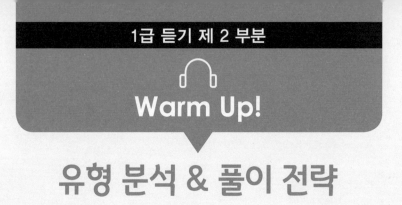

1급 듣기 제 2 부분

Warm Up!

유형 분석 & 풀이 전략

유형 분석 | 시험에는 이렇게 나온다!

출제 방식

1급 듣기 제2부분(6번~10번)은 한 문장을 듣고 문제에 제시된 사진 A, B, C 중에서 일치하는 사진 하나를 고르는 문제이다. 듣기 영역의 모든 문제의 녹음들은 모두 두 번씩 들려준다.

출제 경향 & 유형별 출제 비율

듣기 제2부분도 제1부분과 비슷하게 사람의 행동을 나타내는 사진, 사람의 감정과 상태를 나타내는 사진, 사물의 사진이 나온다. 그 중에서 행동을 나타내는 사진이 가장 많이 출제되고 그 다음으로 감정과 상태를 나타내는 사진이 많이 출제된다. 듣기 제2부분도 보기 사진의 키워드를 먼저 생각한 뒤 녹음을 들어야 한다. 녹음은 단어가 아니라 한 문장이 나오므로 들을 때 주어, 술어, 목적어를 잘 듣고 전부 일치하는 사진을 골라야 한다.

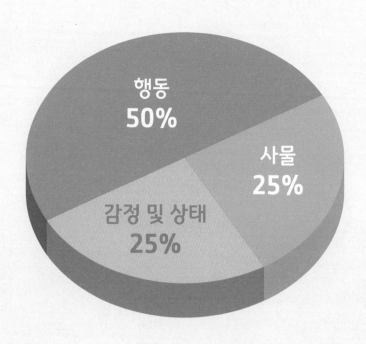

풀이 전략 | 문제 풀이 Step & 풀이 전략 적용해 보기

Step 1

사진의 공통점과 차이점 찾기

녹음을 듣기 전에 먼저 3개 사진의 공통점을 찾아서 녹음의 내용을 미리 생각해본다. 그리고 차이점을 찾아 중국어로 떠올린다. 특히 차이점을 찾는 것이 아주 중요하다.

Step 2

녹음과 일치하는 사진 고르기

녹음 문장에서 주어, 술어, 목적어를 정확하게 듣고 일치하는 사진을 정답으로 고른다.

풀이 전략 적용해 보기 🎧 14.mp3

6.

A   B   C

STEP 1 사진의 공통점과 차이점 찾기

	A	B	C
공통점		liǎng ge rén tāmen 两 个人 (두 사람), 他们 (그들)	
차이점	jiā 家 (집)	xuéxiào 学校 (학교)	yīyuàn 医院 (병원)

A, B, C의 공통점은 '두 사람'이 있다는 것이고 차이점은 그들이 있는 장소가 다르다는 것이다.

STEP 2 녹음과 일치하는 사진 고르기

Tāmen	zài	xuéxiào
他们	在	学校 。
주어	술어	목적어

> 그들은 학교에 있다.

주어는 他们(그들), 술어는 在(있다)로 보기 A, B, C 모두에 해당하는 내용이다. 하지만 그들이 있는 장소인 学校(학교)는 B에 해당하는 내용이다.

정답 6. B

어휘 两 liǎng ㉛ 2, 둘 个 gè ㉟ 개, 명 人 rén ㈴ 사람 他们 tāmen ㈐ 그들 家 jiā ㈴ 집 学校 xuéxiào ㈴ 학교 医院 yīyuàn ㈴ 병원 在 zài ㈄ 있다

안심Touch

한 문장을 듣고 일치하는 사진 고르기
사진의 공통점과 차이점을 파악하라!

기본기 다지기 | 기본 개념 잡기 & 공략 미리보기

듣기 제2부분에서도 사람의 행동과 사물 사진에 나오므로 행동을 나타내는 동사와 사물을 나타내는 명사를 꼭 알고 있어야 한다. 제2부분에서는 한 문장이 녹음에 들리기 때문에 문장을 듣고 이해할 수 있어야 한다. 3개의 보기 사진 중에서 녹음과 일치하는 사진 하나를 골라야 하기 때문에 차이점을 정확하게 파악하는 것이 핵심이다. 특히 숫자가 나온 사진은 발음을 주의해서 듣는다.

| 기본 개념 잡기 | 주요 출제 유형

1. 행동이 다른 경우: 행동의 차이점을 파악한다.

A   B

(차이점) A 吃饭 chīfàn 밥을 먹다   B 唱歌 chànggē 노래를 부르다

她 喜欢 唱歌 。 Tā xǐhuan chànggē 그녀는 노래 부르는 것을 좋아한다.

정답 B

2. 사물/동물이 다른 경우: 차이점인 사물/동물의 이름을 파악한다.

A   B

(차이점) A 苹果 píngguǒ 사과   B 书 shū 책

我 有 三 本 书 。 Wǒ yǒu sān běn shū 나는 책 세 권이 있다.

정답 B

3. 감정/상태가 다른 경우: 감정/상태의 차이점을 파악한다.

A   B

(차이점) A 热 rè 덥다   B 冷 lěng 춥다

今天 天气 很 热 。 Jīntiān tiānqì hěn rè 오늘 날씨가 아주 덥다.

정답 A

4. 숫자가 다른 경우: 수사와 양사를 정확히 알아야 한다.

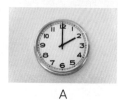
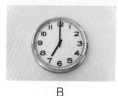

A   B

(차이점) A 两 liǎng 2   B 七 qī 7

现在 晚上 七 点 。 Xiànzài wǎnshang qī diǎn 현재 저녁 7시이다.

정답 B

5. 기타(방향/지역): 그 밖에 방향이나 지역을 나타내는 단어가 출제된다.

A

B

(차이점) A   中国 중국   B 韩国 한국

Zhōngguó   Hánguó

Wǒ xiànzài zhù zài Zhōngguó
我 现在 住 在 中国 。 나는 지금 중국에 산다.

정답   A

| 공략 미리보기 |

합격 공략 05	행동의 공통점과 차이점 파악하기!
합격 공략 06	상태의 공통점과 차이점 파악하기!
합격 공략 07	각 사물의 명칭 파악하기!
합격 공략 08	[160점 이상 고득점] 시계나 달력의 숫자에 주의하기!

합격 공략 05   행동의 공통점과 차이점 파악하기!

★★★
행동을 나타내는 동사

■ A, B, C 사진이 모두 행동을 나타내면 같은 행동인지 다른 행동인지 확인한다.

■ 만일 다른 행동이라면 각각의 행동을 나타내는 동사를 중국어로 떠올린다.

■ 만일 같은 행동이라면 차이점을 찾아야 한다. 예를 들어 행동은 같아도 사람이 여자/남자/어린아이 등으로 다르거나, 사물이 커피/물/맥주 등으로 다를 수 있다.

실전문제   🎧 15.mp3

A

B

C

사진의 공통점과 차이점 찾기

	A	B	C
공통점		yīfu 衣服 (옷)	
차이점	Nǚ de 女的 (여자) mǎi 买 (사다)	Nán de 男的 (남자) mǎi 买 (사다)	Nán de 男的 (남자) chuān 穿 (입다)

A, B, C에 모두 옷이 있다. A와 B는 여자와 남자가 다르고 B와 C는 행동이 다르다.

STEP 2 녹음과 일치하는 사진 고르기

Bàba   xǐhuan   mǎi   yīfu
爸爸   喜欢   <u>买   衣服</u> 。
주어   술어   목적어

아빠는 옷을 사는 것을 좋아하신다.

주어가 爸爸(아빠)이므로 보기 A는 정답이 아니다. 목적어에 买衣服(옷을 사다)가 들렸으므로 B가 일치하는 사진이다.

정답   B

어휘   衣服 yīfu 명 옷   女的 nǚ de 명 여자   男的 nán de 명 남자   买 mǎi 동 사다   穿 chuān 동 입다   爸爸 bàba 명 아빠   喜欢 xǐhuan 동 좋아하다

합격 공략 06 상태의 공통점과 차이점 파악하기!

★★★

상태를 나타내는 형용사

- 사진이 날씨나 사람/사물의 상태를 나타내면 이것을 표현하는 형용사(날씨는 동사)를 떠올린다.
- 사진 속 사람이 어떤 표정을 짓고 있으면 그 감정을 표현하는 형용사를 떠올린다.
- 또한 특정한 사물이 없는 장소 사진이나 그림의 전체적인 분위기를 나타내는 사진은 어떤 상황과 관련이 있는지 파악하는 것이 중요하다. 예를 들어 유명한 관광지가 나오는 경우, 이때는 그 나라 이름을 떠올린다.

실전문제 🎧 16.mp3

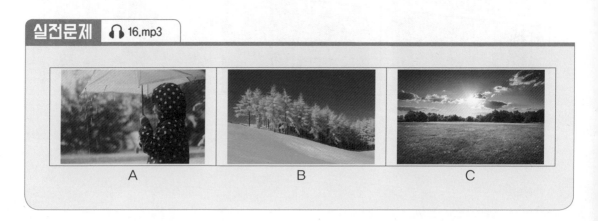

A   B   C

STEP 1　사진의 공통점과 차이점 찾기

	A	B	C
공통점		tiānqì 天气 (날씨)	
차이점	xiàyǔ 下雨 (비가 내리다)	xiàxuě 下雪 (눈이 내리다) lěng 冷 (춥다)	tiānqì hěn hǎo 天气 很 好 (날씨가 좋다)

A, B, C가 모두 날씨와 관련이 있다. A는 비가 내리고, B는 눈이 내리고, C는 맑은 날씨이다.

STEP 2　녹음과 일치하는 사진 고르기

Jīntiān　tiānqì　hěn　hǎo
今天　　天气　　很　　好 。
주어　　　　　　술어

오늘 날씨가 아주 좋다.

녹음에 天气(날씨)와 很好(아주 좋다)가 들렸으므로 C가 일치하는 사진이다.

정답 C

어휘 天气 tiānqì 명 날씨　下雨 xiàyǔ 동 비가 내리다　下雪 xiàxuě 동 눈이 내리다　冷 lěng 형 춥다　很 hěn 부 아주　好 hǎo 형 좋다　今天 jīntiān 명 오늘

합격 공략 07 　각 사물의 명칭 파악하기!

★★★

사물의 이름을 나타내는 명사

- 사진에 사물이 있으면 각각의 이름을 떠올린다. 사물의 이름을 모르면 그 사물과 관련된 행동을 떠올린다.
- 사물과 관련된 동사를 알면 녹음을 더 정확하게 들을 수 있다. 차(茶) 사진이 있으면 관련된 동사 마시다(喝)를 떠올린다. 녹음은 문장으로 제시되기 때문에 喝茶(차를 마시다)라고 들릴 것이다.
- 사물의 개수가 함께 제시될 수 있으므로 숫자 표현과 양사를 꼭 익힌다.

필수 암기! 양사

(※ 따라 읽어보세요. 🎧 17.mp3)

- **个** ge 개, 명 (사물 및 사람을 세는 단위)
  sān ge píngguǒ
  三 个 苹果　사과 세 개
  wǔ ge rén
  五 个 人　다섯 명

- **本** běn 권 (책을 세는 단위)
  liǎng běn shū
  两 本 书　책 두 권

- **口** kǒu 식구 수 (가족 수를 세는 단위)
  sì kǒu rén
  四 口 人　네 식구

- **杯** bēi 잔 (음료 및 컵을 세는 단위)
  yì bēi kāfēi
  一 杯 咖啡　커피 한 잔

안심Touch

실전문제 🎧 18.mp3

A   B   C

STEP 1 사진의 공통점과 차이점 찾기

	A	B	C
공통점	사진에 모두 사물이 있다.		
차이점	diànshì 电视 (텔레비전) kàn 看 (보다)	chuáng 床 (침대) → 1급 × shuì 睡 (자다)	shōuyīnjī 收音机 (라디오) → 1급 × tīng 听 (듣다)

A, B, C가 모두 사물 사진이다. A에는 电视(텔레비전)가 있으므로 관련 행동 看(보다)을 떠올리고, B는 床(침대)이 있으므로 睡(자다)를 떠올린다. C는 라디오가 있으므로 听(듣다)을 떠올린다.

STEP 2 녹음과 일치하는 사진 고르기

Nà   shì   diànshì
那   是   电视 。
주어   술어   목적어

저것은 텔레비전이다.

녹음에 电视(텔레비전)가 들렸으므로 A가 일치하는 사진이다.

정답 A

어휘 电视 diànshì 명 텔레비전   看 kàn 동 보다   床 chuáng 명 침대   睡 shuì 동 자다   听 tīng 동 듣다   那 nà 대 저것   是 shì 동 ~이다

합격 공략 08 [160점 이상 고득점] 시계나 달력의 숫자에 주의하기!

시간과 날짜를 나타내는 수사

- 사진에 시계나 달력이 나오면 각 시간과 날짜를 중국어로 떠올린다.
- 녹음을 듣기 전에 각 시간과 날짜를 병음으로 메모해두면 녹음을 더 정확하게 들을 수 있다.
- 숫자는 녹음을 들을 때 비슷한 발음에 주의해야 한다. 예를 들면 4(四, sì)와 10(十, shí)은 비슷하게 들릴 수 있으므로 많이 듣고 읽으며 외워야 한다.

필수 암기! 수사

(※ 따라 읽어보세요. 🎧 19.mp3)

- 一 yī 1, 하나
- 二 èr 2, 둘
- 三 sān 3, 셋
- 四 sì 4, 넷
- 五 wǔ 5, 다섯
- 六 liù 6, 여섯
- 七 qī 7, 일곱
- 八 bā 8, 여덟
- 九 jiǔ 9, 아홉
- 十 shí 10, 열

실전문제 🎧 20.mp3

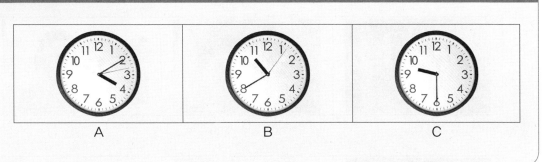

A   B   C

STEP 1 사진의 공통점과 차이점 찾기

	A	B	C
공통점	모두 시간을 나타내는 시계 사진이다.		
차이점	sì diǎn shífēn 四 点 十分 (4시 10분)	shí diǎn sì shífēn 十 点 四十分 (10시 40분)	jiǔ diǎn sān shífēn 九 点 三 十分 (9시 30분)

A, B, C가 모두 시계 사진이다. A는 4시 10분, B는 10시 40분, C는 9시 30분이다.

STEP 2 녹음과 일치하는 사진 고르기

Xiànzài	shì	sì diǎn	shífēn
现在	是	四点	十分 。
주어	술어		목적어

지금은 4시 10분이다.

녹음에 四点十分(4시 10분)이 들렸으므로 A가 일치하는 사진이다. A의 四点(4시)과 B의 十点(10시)은 발음이 비슷하므로 주의해야 한다.

정답 A

어휘 四 sì 준 4, 넷   点 diǎn 양 시   十 shí 준 10, 열   分 fēn 양 분   九 jiǔ 준 9, 아홉   三 sān 준 3, 셋   现在 xiànzài 명 지금, 현재   是 shì 통 ~이다

안심Touch

녹음을 듣고 녹음의 내용과 일치하는 사진을 고르세요. 🎧 21.mp3

1.

　　　　A　　　　　　　　　B　　　　　　　　　C

2.

　　　　A　　　　　　　　　B　　　　　　　　　C

3.

　　　　A　　　　　　　　　B　　　　　　　　　C

4.

　　　　A　　　　　　　　　B　　　　　　　　　C

5.

　　　　A　　　　　　　　　B　　　　　　　　　C

6.

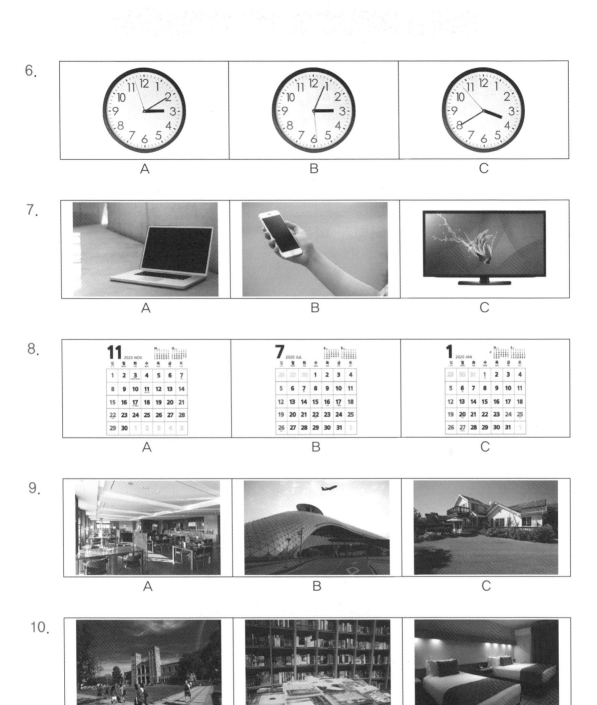

7.

8.

9.

10.

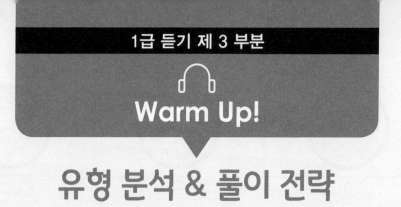

Warm Up!

유형 분석 & 풀이 전략

유형 분석 | 시험에는 이렇게 나온다!

출제 방식

1급 듣기 제3부분(11번~15번)은 두 사람의 대화를 듣고 제시된 사진 A~F 중에서 일치하는 사진을 고르는 문제이다. 듣기 영역의 모든 문제의 녹음들은 모두 두 번씩 들려준다.

출제 경향 & 유형별 출제 비율

듣기 제3부분에서는 한 사람 또는 두 사람의 행동을 나타내는 사진, 사람의 감정과 상태를 나타내는 사진, 사물의 사진 등이 나온다. 그중에서 행동을 나타내는 사진이 가장 많이 출제되고 그 다음으로 사물과 동물, 그리고 감정 및 상태를 나타내는 문제가 출제된다. 남녀의 대화가 길지 않기 때문에 사진을 미리 파악해서 어떤 내용이 나올지 생각해 두면 어렵지 않게 정답을 고를 수 있다.

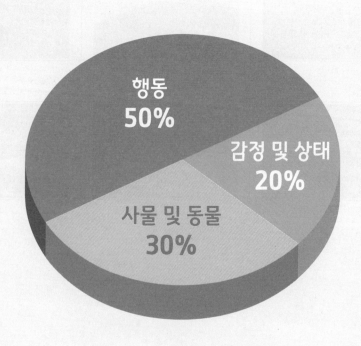

풀이 전략 | 문제 풀이 Step & 풀이 전략 적용해 보기

Step 1

가장 부각되는 행동/사물 파악하기

녹음을 듣기 전에 사진에서 가장 부각되는 행동/사물을 중국어로 떠올린다. 그리고 그 상황에 관련된 단어도 함께 떠올린다. 예를 들어 요리하는 사진은 '做菜(요리하다)'를 떠올리고, '饭(밥), 吃(먹다), 餐厅(식당)' 등의 단어를 함께 떠올릴 수 있다.

Step 2

녹음과 일치하는 사진 고르기

녹음을 들으면서 미리 파악해 둔 단어가 들리면 정답으로 고른다. 남녀의 대화에서 정확하게 들린 단어는 메모하며 듣는다.

풀이 전략 ▸ 적용해 보기 🎧 22.mp3

A

B

C

D

E

11.

가장 부각되는 행동/사물 파악하기

A	B	C	D	E
mǎi 买 (사다)	Nǐ hǎo 你好 (안녕하세요)	xiǎogǒu 小狗 (강아지)	cài 菜 (음식)	Běijīng 北京 (북경)

A: 남녀가 쇼핑하고 있는 사진이므로 买(사다)를 떠올릴 수 있다.

B: 악수하는 사진이므로 만났을 때 인사 你好(안녕하세요)를 떠올릴 수 있다.

C: 강아지 사진이므로 小狗(강아지)를 떠올릴 수 있다.

D: 음식 사진이므로 菜(음식)를 떠올릴 수 있다. 음식이 3개이므로 三(3)을 함께 떠올린다.

F: 만리장성 사진이므로 北京(북경)을 떠올린다.

STEP 2 녹음과 일치하는 사진 고르기

　　　 Nǐ zuò le　jǐ　ge cài
男：你 做 了 几 个 菜?
　　　 Sān　ge
女：三 个。

남: 너 음식을 몇 개 만들었어?
여: 세 개.

녹음에 做(하다, 만들다)와 菜(요리)가 들렸다. 남자는 여자에게 음식을 몇 개 만들었느냐고 물었고 여자가 三个(3개)라고 했다. 따라서 일치하는 사진은 음식 3개가 있는 D이다.

정답　11. D

어휘　买 mǎi 통 사다　你好 nǐ hǎo 안녕하세요　小狗 xiǎogǒu 명 강아지　菜 cài 명 요리, 음식　北京 Běijīng 지명 베이징　做 zuò 통 하다, 만들다　了 le 조 ~했다(완료)　几 jǐ 대 몇　个 ge 양 개　三 sān 수 3, 셋

대화를 듣고 일치하는 사진 고르기
사진을 보고 대화를 유추하라!

기본기 다지기 │ 기본 개념 잡기 & 공략 미리보기

듣기 제3부분은 앞의 1, 2부분과 비교했을 때 녹음 지문이 비교적 길다. 그리고 하나의 사진에서 여러 가지 상황을 유추할 수 있어서 어렵게 느껴질 수도 있다. 따라서 녹음을 듣기 전에, 사진에서 가장 부각되는 행동/사물을 먼저 파악하고, 관련된 상황과 표현을 떠올리는 것이 매우 중요하다.

│ 기본 개념 잡기 │ 주요 출제 유형

1. 행동 사진으로 대화 유추하기: 사진에 행동이 보이면 부각되는 행동을 떠올리고 관련 상황과 표현을 떠올린다.

▶ 관련 상황: 처음 만난 상황

　　　Nǐ hǎo　　Rènshi nǐ hěn gāoxìng
A: 你 好 。 认识 你 很 高兴 。　안녕하세요. 만나서 반갑습니다.

　　　Rènshi nǐ wǒ yě hěn gāoxìng
B: 认识 你 我 也 很 高兴 。　만나뵙게 되어 저도 반갑습니다.

2. 장소 사진으로 대화 유추하기: 사진에 장소가 있으면 그 장소에서 일어날 수 있는 상황을 상상하고, 어울리는 표현을 떠올린다.

▶ 관련 상황: 진료받는 상황

　　　Wǒ tóuténg　　fāshāo
A: 我 头疼 、 发烧 。　저는 머리가 아프고 열이 나요.

　　　Duō hē shuǐ　　xiūxi jǐ tiān jiù hǎo le
B: 多 喝 水 , 休息 几 天 就 好 了 。

물 많이 마시고 며칠 쉬면 좋아질 거예요.

3. 사물 사진으로 대화 유추하기: 사진에 사물이 있으면 부각되는 사물의 이름을 떠올리고 관련 상황과 표현을 떠올린다.

▶ 관련 상황: 책을 읽는 상황

　　　Nǐ kànguo zhè běn shū ma
A: 你 看过 这 本 书 吗 ?　너 이 책 본 적 있어?

　　　Wǒ kànguo　　hěn yǒu yìsi
B: 我 看过 , 很 有 意思 。　나 본 적 있어. 재미있어.

합격 공략 09 가장 부각되는 행동 파악하기!

★★★
가장 부각되는 행동

- 녹음의 대화에 행동을 나타내는 동사가 보통 그대로 들린다. 사진에서 가장 부각되는 행동을 중국어로 떠올린다.
- 만일 행동이 중국어로 생각나지 않으면 그 행동과 관련된 명사를 중국어로 떠올린다. 또 관련된 상황을 유추하는 것도 중요하다.

실전문제 🎧 23.mp3

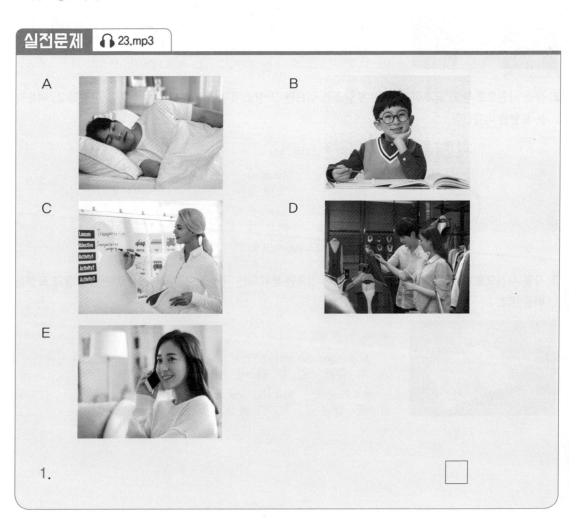

A

B

C

D

E

1.

STEP 1   가장 부각되는 행동/사물 파악하기

A	B	C	D	E
shuìjiào 睡觉 (잠을 자다)	xuéxí 学习 (공부하다)	lǎoshī 老师 (선생님)	mǎi 买 (사다)	dǎ diànhuà 打电话 (전화를 걸다)

A: 남자가 자는 사진이므로 睡觉(잠을 자다)를 떠올린다. 자고 있는 남자를 깨우거나 또는 자야 한다고 대화하는 상황을 상상할 수 있다.

B: 공부하는 사진이므로 学习(공부하다)를 떠올린다. 남자아이가 엄마와 공부에 관한 대화를 하는 상황을 상상할 수 있다.

C: 여자가 가르치는 사진이므로 老师(선생님) 또는 学校(학교)를 떠올린다. 여자의 직업을 묻는 대화나 여자가 어디에 있는지를 묻는 대화를 상상할 수 있다.

D: 쇼핑하고 있으므로 买(사다)를 떠올린다. 그리고 관련 사물인 衣服(옷)를 떠올리고 옷을 사는 대화를 상상할 수 있다.

E: 전화하고 있으므로 打电话(전화를 걸다)를 떠올린다. 그리고 전화 받을 때 하는 말 喂(여보세요)를 함께 떠올린다.

STEP 2   녹음과 일치하는 사진 고르기

女：
　　Wéi　　nǐ zài nǎr
喂 ，你 在 哪儿 ？

男：
　　Wǒ zài jiā
我 在 家 。

> 여: 여보세요. 너 어디야?
> 남: 나 집이야.

여자가 대화의 시작 부분에서 喂(여보세요)라고 했으므로 전화하고 있는 사진인 E가 정답이다.

정답   1. E

어휘   睡觉 shuìjiào 통 잠을 자다   学习 xuéxí 통 공부하다   老师 lǎoshī 명 선생님   学校 xuéxiào 명 학교   买 mǎi 통 사다   衣服 yīfu 명 옷   打电话 dǎ diànhuà 전화를 걸다   喂 wéi 감 여보세요   在 zài 통 ~에 있다   哪儿 nǎr 대 어디   家 jiā 명 집

합격 공략 10   장소에 어울리는 대화 떠올리기!

★★★
장소에 어울리는 대화

- 사진에 사람, 사물이 없고 특정한 장소가 있으면 그 장소에 어울리는 대화를 상상해본다.
- 대화에 종종 상대방이 있는 장소를 묻는 경우가 있다. 그래서 장소 명칭을 꼭 알고 있어야 하고 관련된 행동과 사물을 함께 떠올리는 것이 중요하다.

장소 어휘 및 관련 대화
(※ 따라 읽어보세요. 🎧 24.mp3)

□ 北京 Běijīng 북경
　Érzi zài Běijīng xuéxí Hànyǔ
　儿子 在 北京 学习 汉语 。
　아들은 북경에서 중국어를 공부한다.

□ 学校 xuéxiào 학교
　Lǎoshī wǒ yǒu yí ge wèntí
　老师 我 有 一 个 问题 。
　선생님 저 질문이 하나 있습니다.

안심Touch

□ **饭馆** fànguǎn 식당
　Nǐmen yào diǎn shénme
　你们 要 点 什么 ？
　무엇을 주문하시겠습니까?

□ **火车站** huǒchēzhàn 기차역
　Wǒ mǎi le huǒchēpiào
　我 买了 火车 票 。　나는 기차표를 샀다.

□ **家** jiā 집
　zài jiā xiūxi
　在 家 休息　집에서 쉬다

□ **商店** shāngdiàn 상점
　Wǒ yào qù mǎi dōngxi
　我 要 去 买 东西 。
　나는 물건을 사러 갈 거야.

□ **医院** yīyuàn 병원
　Wǒ shēngbìng le
　我 生病 了 。　나 병 났어.

□ **中国** Zhōngguó 중국
　Wǒ xiǎng qù Zhōngguó kàn kàn
　我 想 去 中国 看看 。
　나는 중국에 가 보고 싶다.

□ **长城** Chángchéng 만리장성
　Zài Zhōngguó 　Chángchéng hěn yǒumíng
　在 中国 ， 长城 很 有名 。
　중국에서 만리장성은 유명하다.

□ **哪儿** nǎr 어디
　Nǐ zài nǎr
　你 在 哪儿 ？　너 어디에 있어?

실전문제 🎧 25.mp3

A
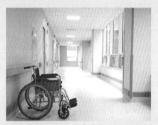

B

C

D

E

1. 　　　　　　　　　　　　　　□

STEP 1 가장 부각되는 행동/사물 파악하기

A	B	C	D	E
yīyuàn 医院 (병원)	fànguǎn 饭馆 (식당)	yīfu 衣服 (옷)	xuéxiào 学校 (학교)	jiā 家 (집)

A: 병원이므로 医院(병원)을 떠올리고, 의사와 환자가 나누는 대화를 상상할 수 있다.

B: 식당이므로 饭馆(식당), 菜(음식), 吃(먹다) 등을 떠올린다. 남녀가 메뉴를 고르는 대화나 주문하는 대화를 상상할 수 있다.

C: 옷 가게이므로 买(사다), 衣服(옷) 등을 떠올리고 옷을 고르는 대화나 계산하는 대화를 예상할 수 있다.

D: 학교이므로 学校(학교), 学习(공부하다) 등을 떠올리고 선생님과 학생 또는 학생들끼리 나누는 대화를 예상할 수 있다.

E: 집이므로 家(집), 睡觉(잠을 자다) 등을 떠올리고 집에서 밥을 먹거나 TV를 보는 등의 상황을 예상할 수 있다.

STEP 2 녹음과 일치하는 사진 고르기

男: Nǐ qù nǎr
你 去 哪儿 ？

女: Wǒ tóuténg ， qù yīyuàn
我 头疼 ， 去 医院 。

남: 너 어디에 가?
여: 나 머리가 아파서 병원에 가.

남자가 여자에게 어디에 가는지 물었고 여자가 医院(병원)이라고 했으므로 정답은 병원 사진인 A이다.

정답 1. A

어휘 医院 yīyuàn 몡 병원   饭馆 fànguǎn 몡 식당   菜 cài 몡 요리, 음식   吃 chī 동 먹다   买 mǎi 동 사다   衣服 yīfu 몡 옷   学校 xuéxiào 몡 학교   学习 xuéxí 동 공부하다   家 jiā 몡 집   睡觉 shuìjiào 동 잠을 자다   去 qù 동 가다   哪儿 nǎr 때 어디   头疼 tóuténg 머리가 아프다

합격 공략 11 사물과 관련된 행동 떠올리기!

★★

사물과 관련된 행동

■ 녹음의 대화에 사물의 명칭이 보통 그대로 들리므로 사진에 보이는 사물의 이름을 중국어로 떠올린다.

■ 만일 사물의 이름이 중국어로 생각나지 않으면 그 사물과 관련된 동사를 중국어로 떠올린다.

필수 암기! 사물 명사와 함께 쓰이는 동사 (※ 따라 읽어보세요. 🎧 26.mp3)

□ 杯子 bēizi 컵
  · 洗 xǐ 씻다   · 买 mǎi 사다

□ 出租车 chūzūchē 택시
  · 坐 zuò 타다

□ 电话 diànhuà 전화
  · 打 dǎ 걸다

□ 苹果 píngguǒ 사과
  · 吃 chī 먹다   · 买 mǎi 사다

□ 钱 qián 돈
  · 有 yǒu 있다   · 没有 méiyǒu 없다

□ 书 shū 책
  · 看 kàn 보다   · 买 mǎi 사다   · 读 dú 읽다

□ 电视 diànshì 텔레비전	□ 水果 shuǐguǒ 과일
·看 kàn 보다	·买 mǎi 사다 ·卖 mài 팔다 ·吃 chī 먹다
□ 东西 dōngxi 물건	□ 衣服 yīfu 옷
·买 mǎi 사다 ·卖 mài 팔다	·穿 chuān 입다 ·买 mǎi 사다
□ 火车 huǒchē 기차	□ 椅子 yǐzi 의자
·坐 zuò 타다	·坐 zuò 앉다
□ 米饭 mǐfàn 쌀밥	□ 桌子 zhuōzi 탁자
·吃 chī 먹다	·放在 fàngzài ~에 놓다

실전문제 🎧 27.mp3

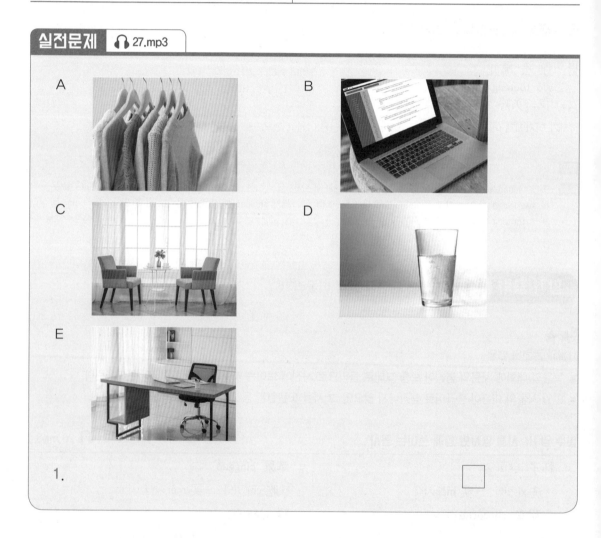

A

B

C

D

E

1.

| STEP 1 | 가장 부각되는 행동/사물 파악하기 |

A	B	C	D	E
yīfu (옷) 衣服 (옷)	diànnǎo (컴퓨터) 电脑 (컴퓨터)	yǐzi 椅子 (의자)	bēizi 杯子 (컵)	zhuōzi 桌子 (탁자)

A: 사진에 옷이 있으므로 衣服(옷)를 떠올리고 관련 행동인 穿(입다), 买(사다)를 떠올린다. 쇼핑을 하거나 옷을 입는 대화를 예상할 수 있다.

B: 사진에 컴퓨터가 있으므로 电脑(컴퓨터), 买(사다)를 떠올린다. 컴퓨터를 하거나 사는 상황을 예상할 수 있다.

C: 사진에 의자가 있으므로 椅子(의자), 坐(앉다)를 떠올린다. 앉으라고 상대에게 권하는 상황을 예상할 수 있다.

D: 사진에 컵이 있으므로 杯子(컵), 水(물), 喝(마시다)를 떠올린다. 마실 것을 사거나 마시려는 상황을 예상할 수 있다.

E: 사진에 책상이 있으므로 桌子(탁자), 学习(공부하다)를 떠올린다. 탁자를 사거나 공부하는 상황을 예상할 수 있다.

| STEP 2 | 녹음과 일치하는 사진 고르기 |

　　　　Zhèlǐ　yǒu　yǐzi
女: 这里　有　椅子 。

　　Wǒmen　zuò　ba
男: 我们　坐　吧 。

여: 여기에 의자가 있어.
남: 우리 앉자.

여자의 말에 椅子(의자)가 언급되었고 남자의 말에 의자와 관련된 坐(앉다)가 들렸으므로 일치하는 사진은 C이다.

정답　1. C

어휘　衣服 yīfu 명 옷　穿 chuān 동 입다　买 mǎi 동 사다　电脑 diànnǎo 명 컴퓨터　椅子 yǐzi 명 의자　坐 zuò 동 앉다　杯子 bēizi 명 컵　水 shuǐ 명 물　喝 hē 동 마시다　桌子 zhuōzi 명 탁자　学习 xuéxí 동 공부하다　这里 zhèlǐ 대 여기　有 yǒu 동 있다　我们 wǒmen 대 우리　吧 ba 조 ~하자(제안, 권유하는 말투)

합격 공략 12 [160점 이상 고득점] 표정을 보고 감정 파악하기!

감정과 상태를 나타내는 형용사

- 사람의 행동이나 사물 사진은 핵심 키워드를 빨리 파악할 수 있지만 사람의 표정 사진은 단어가 바로 떠오르지 않을 수 있으므로 이런 형용사를 미리 외워두는 것이 좋다.

- 사람의 표정이 드러난 사진은 그 감정을 중국어로 떠올린다. '즐겁다, 슬프다, 바쁘다' 등이 있다. (→ 감정과 상태를 나타내는 형용사 p51 참고)

- 또한 그 감정 또는 상태와 어울리는 대화를 미리 상상해보는 것이 중요하다.

A

B

C

D

E

1.

STEP 1 가장 부각되는 행동/사물 파악하기

A	B	C	D	E
gāoxìng 高兴 (기쁘다)	máng 忙 (바쁘다)	bù gāoxìng 不高兴 (기쁘지 않다)	duìbuqǐ 对不起 (미안하다)	nán 难 (어렵다)

A: 여자가 기뻐하는 모습이므로 高兴(기쁘다)을 떠올린다. 좋은 일이 생겨 축하하는 상황을 예상할 수 있다.

B: 남자가 바쁜 모습이므로 忙(바쁘다)을 떠올린다. 일이 많아 바쁜 상황을 예상할 수 있다.

C: 여자가 울고 있으므로 不高兴(기쁘지 않다)을 떠올린다. 안 좋은 일이 있음을 예상할 수 있다.

D: 남자가 미안한 표정을 짓고 있으므로 对不起(미안하다)를 떠올린다. 늦어서 미안해하는 상황을 예상할 수 있다.

E: 남자아이가 공부하는데 우울해하는 표정이므로 难(어렵다), 不会(할 줄 모른다)를 떠올린다. 공부를 하다가 어려운 문제를 만난 상황을 예상할 수 있다.

Duìbuqǐ　　　Wǒ lái wǎn le
男: 对不起， 我 来 晚 了 。
Méi guānxi
女: 没 关系 。

남: 미안해. 내가 늦게 왔어.
여: 괜찮아.

남자의 첫마디 对不起(미안해)를 통해 사과하고 있는 상황임을 알 수 있다. 따라서 일치하는 사진은 D이다.

정답 1. D

어휘 高兴 gāoxìng 형 기쁘다 忙 máng 형 바쁘다 对不起 duìbuqǐ 미안합니다 难 nán 형 어렵다 不 bù 부 안/못 会 huì 조동 (배워서) ~할 줄 알다 来 lái 동 오다 晚 wǎn 형 늦다 没关系 méi guānxi 괜찮습니다

대화를 듣고 대화의 내용과 일치하거나 관련있는 사진을 고르세요. 🎧 29.mp3

1-5

A

B

C

D

E

1. ☐

2. ☐

3. ☐

4. ☐

5. ☐

6–10

A

B

C

D

E

6.

7.

8.

9.

10.

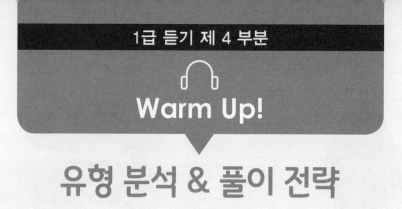

유형 분석 & 풀이 전략

유형 분석 | 시험에는 이렇게 나온다!

출제 방식

1급 듣기 제4부분(16번~20번)은 한 문장을 듣고 질문에 알맞은 정답을 보기 A, B, C에서 고르는 문제이다. 녹음에서는 한 문장을 들려준 뒤 몇 초 후에 질문을 들려준다. 질문을 정확히 듣고 정답을 선택해야 한다. 보기는 한자와 병음으로 제시되고 녹음은 두 번씩 들려준다.

출제 경향 & 유형별 출제 비율

듣기 제4부분에서는 신분/사물, 숫자/시간, 행동/상태, 장소 등을 묻는 문제가 나온다. 그 중에서 신분/사물을 묻는 문제가 가장 많이 출제되고, 그 다음으로 숫자/시간, 행동/상태, 장소를 묻는 문제가 출제된다. 녹음을 듣기 전에 보기를 먼저 보고 어떤 내용인지 파악하는 것이 중요하다. 그리고 질문은 녹음의 마지막에 나오므로 질문을 끝까지 듣고 정답을 고른다.

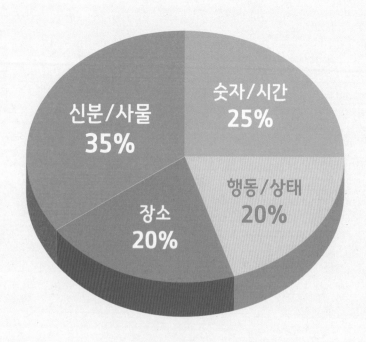

풀이 전략 | 문제 풀이 Step & 풀이 전략 적용해 보기

Step 1

보기의 공통점을 파악하고 질문 예상하기

녹음을 듣기 전에 보기가 어떤 내용인지 살펴본다. 그러면 녹음의 내용과 질문을 예상할 수 있어서 녹음을 더 집중해서 들을 수 있다.

Step 2

녹음을 듣고 정답 고르기

녹음을 듣고 마지막에 들리는 질문에 알맞은 정답을 고른다.

풀이 전략 적용해 보기 🎧 30.mp3

16.　A 3 ^{diǎn}点　　　　B 5 ^{diǎn}点　　　　C 8 ^{diǎn}点

STEP 1 보기의 공통점을 파악하고 질문 예상하기

보기가 모두 시간을 나타낸다. 질문에서 현재 시간을 묻거나, 행동을 언제 하는지 물을 거라고 예상할 수 있다.

STEP 2 녹음을 듣고 정답 고르기

Míngtiān　diǎn wǒ qù kàn diànyǐng
明天　5 点 我 去 看　电影 。

　　Tā jǐ diǎn qù kàn diànyǐng
问: 他 几 点 去 看　电影 ?

> 내일 다섯 시에 나는 영화를 보러 간다.
>
> 질문: 그는 몇 시에 영화를 보러 가는가?

녹음에서 5点(다섯 시)이 들렸다. 질문에서 몇 시에 영화를 보러 가는지 물었으므로 정답은 B 5点(다섯 시)이다.

정답 16. B

어휘 点 diǎn 양 시　明天 míngtiān 명 내일　去 qù 동 가다　看 kàn 동 보다　电影 diànyǐng 명 영화　几 jǐ 대 몇

제4부분 한 문장을 듣고 질문에 알맞은 정답 고르기

보기를 보고 녹음을 예상하라!

기본기 다지기 기본 개념 잡기 & 공략 미리보기

듣기 제4부분은 녹음에 긴 문장이 들리고, 보기에 사진이 아닌 한자가 제시되기 때문에 다른 영역에 비해 어렵게 느껴질 수 있다. 하지만 녹음에 그대로 들리는 보기가 정답인 경우가 많으므로 보기를 먼저 파악해두면 문제를 어렵지 않게 풀 수 있다. 또 보기 한자의 뜻을 몰라도 그 위에 적힌 한어병음을 정확히 읽고 들을 수 있다면 정답을 찾는 데 큰 도움이 된다.

I 기본 개념 잡기 I 주요 출제 분야

1. 신분/사물: 가족, 직업을 나타내는 명사와 일상생활에서 접하는 사물을 나타내는 명사가 보기에 자주 출제된다.

	bàba	māma	péngyou
신분:	A 爸爸 아버지	B 妈妈 어머니	C 朋友 친구
	bēizi	píngguǒ	cài
사물:	A 杯子 컵	B 苹果 사과	C 菜 음식

2. 수량/시간: 물건의 개수, 시간 및 날짜를 나타내는 명사가 보기에 자주 출제된다.

	yī	shí	wǔshí
수량:	A 一 1, 일	B 十 10, 십	C 五十 50, 오십
	zuótiān	jīntiān	míngtiān
시간:	A 昨天 어제	B 今天 오늘	C 明天 내일

3. 행동/상태 : 행동을 나타내는 동사와 상태를 나타내는 형용사가 보기에 자주 출제된다.

	xuéxí	shuìjiào	shuōhuà
행동:	A 学习 공부하다	B 睡觉 잠을 자다	C 说话 말하다
	xiǎo	dà	duō
상태:	A 小 작다	B 大 크다	C 多 많다

I 공략 미리보기 I

합격 공략 13	가장 먼저 보기의 공통점 파악하기!
합격 공략 14	질문을 예상하기!
합격 공략 15	녹음에서 들리는 것과 일치하는 병음을 고르기!
합격 공략 16	[160점 이상 고득점] 비슷한 발음에 주의하기!

합격 공략 13 가장 먼저 보기의 공통점 파악하기!

★★
가장 먼저 보기 파악하기

만일 보기가 숫자라면 녹음을 들을 때 숫자를 집중해서 듣고, 보기가 행동이라면 주어가 어떤 행동을 하는지 듣는다. 보기가 형용사라면 주어가 어떤 상태인지 듣고, 보기가 사물이라면 목적어를 주의해서 듣는다.

실전문제 🎧 31.mp3

sān běn	liù běn	jiǔ běn
A 三 本	B 六 本	C 九 本

STEP 1 **보기의 공통점을 파악하고 질문 예상하기**

보기가 모두 '수사+양사'로 물건의 개수를 나타낸다. 양사 本(권)은 책을 셀 때 사용한다. 그래서 책 몇 권이 들리는지 주의해서 듣는다.

STEP 2 **녹음을 듣고 정답 고르기**

Zhuōzi shang yǒu sān běn Hànyǔshū
桌子 上 有 三 本 汉语书 。

　　Zhuōzi shang yǒu jǐ běn Hànyǔshū
问: 桌子 上 有 几 本 汉语书 ？

> 탁자 위에는 중국어 책 세 권이 있다.
>
> 질문: 탁자 위에는 몇 권의 중국어 책이 있는가?

녹음에서 三本(세 권)이 들렸고 마지막 질문에서 탁자 위에 몇 권의 중국어 책이 있는지 물었으므로 정답은 A 三本(세 권)이다.

정답 A

어휘 三 sān ㊄ 3, 셋　本 běn ㊇ 권　六 liù ㊄ 여섯　九 jiǔ ㊄ 9, 아홉　桌子 zhuōzi ㊅ 탁자　上 shang ㊅ ~위에　有 yǒu ㊈ 있다　汉语 Hànyǔ ㊅ 중국어　书 shū ㊅ 책　几 jǐ ㊐ 몇

★★
질문의 유형

문제에서 나오는 질문은 보통 의문대사를 사용한다. 예를 들어 장소를 묻는 질문은 哪儿(어디), 물건의 개수를 묻는 질문은 几(몇)를 사용한다. 질문에 자주 사용하는 의문대사를 알아야 무엇을 묻는지 알 수 있다.

필수 암기! 의문대사
(※ 따라 읽어보세요. 🎧 32.mp3)

□ **哪儿** nǎr 어디 (장소)	□ **谁** shéi 누구 (신분, 관계)
□ **几** jǐ 몇 (개수)	□ **什么** shénme 무슨, 무엇 (사물)
□ **多少** duōshao 얼마 (개수, 가격)	□ **怎么** zěnme 어떻게 (방법)
□ **什么时候** shénme shíhou 언제 (시간)	

실전문제 🎧 33.mp3

fànguǎn	xuéxiào	yīyuàn
A 饭馆	B 学校	C 医院

STEP 1   **보기의 공통점을 파악하고 질문 예상하기**

보기는 모두 장소이므로 질문에 장소를 묻는 의문대사인 哪儿(어디)이 나올 거라고 예상할 수 있다. 주어가 어디에 가려고 하는지, 어디에서 무엇을 하는지 등을 주의해서 듣는다.

STEP 2   **녹음을 듣고 정답 고르기**

Zuótiān bàba qù yīyuàn le
昨天 爸爸 去 医院 了 。

Bàba qù nǎr le
问： 爸爸 去 哪儿 了 ？

> 어제 아빠는 병원에 갔다.
>
> 질문: 아빠는 어디에 갔는가?

녹음에서 장소 医院(병원)이 들렸다. 질문에서 아빠가 어디에 갔는지 의문대사 哪儿(어디)을 사용해서 물었으므로 정답은 C 医院(병원)이다.

정답 C

어휘 饭馆 fànguǎn 명 식당 学校 xuéxiào 명 학교 医院 yīyuàn 명 병원 昨天 zuótiān 명 어제 爸爸 bàba 명 아빠 去 qù 동 가다 了 le 조 ~했다(완료) 哪儿 nǎr 대 어디

합격 공략 15 녹음에서 들리는 것과 일치하는 병음을 고르기!

★★
한자를 모르면 병음이 힌트

만일 보기에 모르는 단어가 있으면 단어 위의 병음을 보고 정답을 고를 수 있다. 대부분 녹음에 그대로 들린 단어가
정답인 경우가 많다. 보기의 병음을 정확하게 속으로 읽어본다.

실전문제 🎧 34.mp3

<table>
<tr><td>wǒ de
A 我 的</td><td>māma de
B 妈妈 的</td><td>péngyou de
C 朋友 的</td></tr>
</table>

STEP 1 보기의 공통점을 파악하고 질문 예상하기

보기에 모두 的(~의 것)가 있고 소유를 나타내고 있다. 한자 위의 병음을 보고 녹음에 그대로 들리는 것이 있는지 주의해
서 듣는다.

STEP 2 녹음을 듣고 정답 고르기

Māma de bēizi zài diànnǎo qiánmiàn
妈妈 的 杯子 在 电脑 前面 。

　　　Nà shì shéi de bēizi
问：那 是 谁 的 杯子 ？

> 엄마의 컵은 컴퓨터 앞에 있다.
>
> 질문: 저것은 누구의 컵인가?

녹음에 妈妈的杯子(엄마의 컵)가 들렸다. 질문에서 저것이 누구의 컵인지 물었으므로 그대로 들린 B 妈妈的(엄마의 것)
가 정답이다.

정답 B

어휘 我 wǒ 때 나, 저　的 de 조 ~의 것, ~의　妈妈 māma 명 엄마　朋友 péngyou 명 친구　杯子 bēizi 명 컵　在 zài 동 있다
电脑 diànnǎo 명 컴퓨터　前面 qiánmiàn 명 앞, 앞쪽　那 nà 때 저, 그　是 shì 동 ~이다　谁 shéi 명 누구

비슷한 발음

- 중국어는 발음이 비슷한 한자가 많다. 특히 성조나 권설음에 주의하지 않으면 오답을 고를 수 있으니 한어병음을 정확히 듣고 읽는 연습을 해야 한다.
- 보기를 파악할 때 비슷한 발음의 단어가 있는지 살펴본 뒤 녹음을 듣는다.

실전문제 🎧 35.mp3

chá	shuǐguǒ	cài
A 茶	B 水果	C 菜

STEP 1 보기의 공통점을 파악하고 질문 예상하기

보기가 모두 음식과 관련된 명사이므로 무엇을 먹는 것을 좋아하는가 등의 질문을 예상할 수 있다. 또한 보기 A(chá)와 C(cài)의 발음이 비슷하게 들릴 수 있으므로 주의해서 들어야 한다.

STEP 2 녹음을 듣고 정답 고르기

Wǒ xǐhuan hē chá　　mǎma bù xǐhuan hē chá
我 喜欢 喝 茶 ， 妈妈 不 喜欢 喝 茶 。

　　Māma bù xǐhuan hē shénme
问：妈妈 不 喜欢 喝 什么 ？

> 나는 차 마시는 것을 좋아하고 엄마는 차 마시는 것을 좋아하지 않는다.
>
> 질문: 엄마는 무엇을 마시는 것을 좋아하지 않는가?

녹음에서 茶(차)가 두 번 언급되었다. 질문에서 엄마가 무엇을 마시는 것을 좋아하지 않는지 물었으므로 정답은 A 茶(차)이다.

정답 A

어휘 茶 chá 몡 차　水果 shuǐguǒ 몡 과일　菜 cài 몡 음식, 요리　我 wǒ 때 나　喜欢 xǐhuan 통 좋아하다　喝 hē 통 마시다　妈妈 māma 몡 엄마　什么 shénme 때 무슨, 무엇

녹음을 듣고 질문에 알맞는 답을 고르세요. 🎧 36.mp3

1. A 星期二
xīngqī èr

   B 星期三
xīngqīsān

   C 星期四
xīngqī sì

2. A 椅子
yǐzi

   B 桌子
zhuōzi

   C 杯子
bēizi

3. A 买 书
mǎi shū

   B 睡觉
shuìjiào

   C 看 电影
kàn diànyǐng

4. A 电视 后面
diànshì hòumiàn

   B 电脑 前面
diànnǎo qiánmiàn

   C 电脑 后面
diànnǎo hòumiàn

5. A 女儿
nǚ'ér

   B 儿子
érzi

   C 朋友
péngyou

6. A 看 汉语书
kàn Hànyǔshū

   B 买 汉语书
mǎi Hànyǔshū

   C 学习 汉语
xuéxí Hànyǔ

7. A 坐 出租车
zuò chūzūchē

   B 坐 飞机
zuò fēijī

   C 坐 火车
zuò huǒchē

8. A 五 分钟
wǔ fēnzhōng

   B 十五 分钟
shíwǔ fēnzhōng

   C 二十 分钟
èr shí fēnzhōng

9. A 四 个
sì ge

   B 七 个
qī ge

   C 十 个
shí ge

10. A 家
jiā

    B 医院
yīyuàn

    C 饭店
fàndiàn

미니모의고사

| 정답 & 해설 | 해설편 p.013

[제1부분]

1–5 녹음을 듣고 사진과 일치하면 ✓표시를, 불일치하면 ✗를 표시하세요.

1.		
2.		
3.		
4.		
5.		

[제2부분]

6–10 녹음을 듣고 녹음의 내용과 일치하는 사진을 고르세요.

6.
A B C

7.
A B C

8.
A B C

9.
A B C

10.
A B C

안심Touch

[제3부분]

11-15 대화를 듣고 대화의 내용과 일치하거나 관련있는 사진을 고르세요.

A

B

C

D

E

11. ☐

12. ☐

13. ☐

14. ☐

15. ☐

[제4부분]

16–20 녹음을 듣고 질문에 알맞는 답을 고르세요.

16. A 说 汉语
shuō Hànyǔ
B 做 菜
zuò cài
C 写 名字
xiě míngzi

17. A 五 个
wǔ ge
B 三十五 个
sānshíwǔ ge
C 七十 个
qī shí ge

18. A 很 漂亮
hěn piàoliang
B 很 大
hěn dà
C 很 小
hěn xiǎo

19. A 茶
chá
B 水
shuǐ
C 不 想 喝
bù xiǎng hē

20. A 老师
lǎoshī
B 学生
xuésheng
C 医生
yīshēng

HSK
1급

阅读

독해

1급 독해 제 1 부분

Warm Up!

유형 분석 & 풀이 전략

유형 분석 | 시험에는 이렇게 나온다!

출제 방식

1급 독해 제1부분(21번~25번)은 제시된 사진과 단어가 일치하는지 또는 불일치하는지를 판단하는 문제이다. 일치하면 ✔표시를, 불일치하면 ✗표시를 한다.

출제 경향 & 유형별 출제 비율

독해 제1부분은 사물 및 인물(신분/직업) 사진, 행동에 관한 사진, 상태나 전체 분위기에 관한 사진이 나온다. 그중에서 사물 및 사람(신분/직업) 사진이 가장 많이 출제되고, 그 다음으로 행동, 상태에 관한 사진이 많이 출제된다. 문제마다 한 단어씩 제시되므로 난이도가 비교적 쉽고 문제 푸는 데에 시간이 오래 걸리지 않는다. 하지만 사진과 대조해서 일치/불일치를 판단해야 하므로 제시된 단어와 사진을 차분하게 보고 정답을 표시해야 한다.

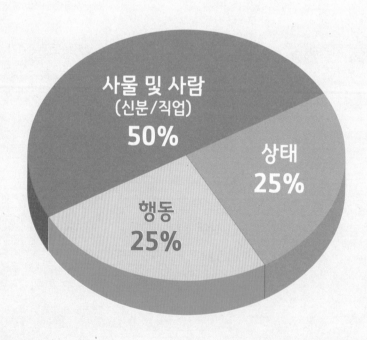

풀이 전략 | 문제 풀이 Step & 풀이 전략 적용해 보기

Step 1

제시된 단어와 병음 확인하기

먼저 제시된 단어를 보고 무슨 뜻인지 확인해야 한다. 한자를 모를 경우에는 단어 위의 병음을 참고한다.

Step 2

일치/불일치 판단하기

단어의 뜻이 사진과 일치하는 내용이라면 ✓표시를, 일치하지 않으면 ✗표시를 한다.

풀이 전략　적용해 보기

21.		huǒchē 火车	

STEP 1　제시된 단어와 병음 확인하기

제시된 단어의 뜻은 '기차'이다.

STEP 2　일치/불일치 판단하기

단어의 뜻과 사진을 비교한다. 사진에 기차가 있으므로 정답은 일치이다.

정답　21. 일치(✓)

사진과 단어의 일치/불일치 판단하기
한자와 병음을 공략하라!

기본기 다지기 **기본 개념 잡기 & 공략 미리보기**

독해 제1부분에서는 인물과 사물의 사진이 가장 많이 나온다. 따라서 인물과 사물을 나타내는 명사, 인물의 행동을 나타내는 동사, 인물/사물의 상태를 나타내는 형용사를 꼭 알고 있어야 한다.

l 기본 개념 잡기 l 주요 출제 분야

1. 행동 : 행동을 나타내는 사진이 출제된다. 행동을 나타내는 동사를 꼭 외운다.

kànshū
看书
정답 일치(✓)

2. 사물/신분 : 일상생활에서 자주 접하는 사물 사진이나 특정 직업 또는 가족 관계를 나타내는 사진이 출제된다.

dǎ diànhuà
打　电话
정답 일치(✓)

3. 상태 : 사람의 감정을 나타내는 사진이나 날씨 사진이 출제된다.

hěn lěng
很　冷
정답 일치(✓)

l 공략 미리보기 l

합격 공략 17	한자를 보고 뜻을 파악하기!
합격 공략 18	한자를 모르면 병음을 보고 뜻을 파악하기!
합격 공략 19	[160점 이상 고득점] 한자의 부수를 살펴보기!

★★
한자를 보고 뜻 파악하기

2음절 또는 3음절인 단어가 제시되었는데 뜻을 정확히 모른다면 아는 한자가 있는지 살펴본다. 만일 남자 사진인데 제시된 단어의 한 글자가 女(여자)라면 정답은 불일치이다.

필수 암기! 빈출 동사/명사/대사/형용사

동사	□ 看 kàn 보다	□ 听 tīng 듣다	
	□ 说 shuō 말하다	□ 写 xiě 쓰다	
	□ 吃 chī 먹다	□ 喝 hē 마시다	
	□ 喜欢 xǐhuan 좋아하다	□ 爱 ài 좋아하다	
	□ 去 qù 가다	□ 来 lái 오다	
	□ 学习 xuéxí 공부하다	□ 认识 rènshi 알다	
	□ 对不起 duìbuqǐ 미안합니다	□ 谢谢 xièxiè 감사합니다	
	□ 睡觉 shuìjiào 잠을 자다	□ 买 mǎi 사다	
명사	□ 茶 chá 차	□ 饭馆 fànguǎn 식당	
	□ 狗 gǒu 개	□ 商店 shāngdiàn 상점, 가게	
	□ 杯子 bēizi 컵	□ 女儿 nǚ'ér 딸	
	□ 出租车 chūzūchē 택시	□ 儿子 érzi 아들	
	□ 飞机 fēijī 비행기	□ 衣服 yīfu 옷	
	□ 电脑 diànnǎo 컴퓨터	□ 老师 lǎoshī 선생님	
	□ 电视 diànshì 텔레비전	□ 学生 xuésheng 학생	
대사	□ 他 tā 그	□ 她 tā 그녀	
	□ 他们 tāmen 그들	□ 她们 tāmen 그녀들	
	□ 我们 wǒmen 우리들	□ 它 tā 그것	
형용사	□ 冷 lěng 춥다	□ 热 rè 덥다	
	□ 多 duō 많다	□ 少 shǎo 적다	
	□ 大 dà 크다	□ 小 xiǎo 작다	
	□ 高兴 gāoxìng 기쁘다	□ 漂亮 piàoliang 예쁘다	

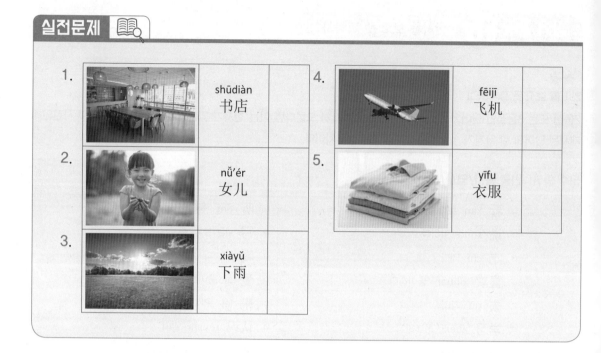

1.	shūdiàn 书店	
2.	nǚ'ér 女儿	
3.	xiàyǔ 下雨	

4.	fēijī 飞机	
5.	yīfu 衣服	

STEP 1   제시된 단어와 병음 확인하기

1. 한자를 살펴보면 书는 '책'을 뜻하고 店은 '상점, 가게'를 뜻한다. 제시된 단어의 뜻은 '서점'이다.

2. 女를 보고 여자와 관련이 있다는 것을 알 수 있다. 제시된 단어의 뜻은 '딸'이다.

3. 下는 '내리다', 雨는 '비'를 나타낸다. 제시된 단어의 뜻은 '비가 내리다'이다.

4. 飞는 '날다'를 뜻하고, 机는 '기계'라는 뜻이다. 제시된 단어의 뜻은 '비행기'이다.

5. 衣만 알아도 옷과 관련된 단어라는 것을 알 수 있다. 제시된 단어의 뜻은 '옷'이다.

STEP 2   일치/불일치 판단하기

1번은 식당 사진이므로 일치하지 않는다. 2번은 여자아이의 사진이므로 일치한다. 3번은 맑은 날씨 사진이므로 일치하지 않는다. 4번은 비행기 사진이므로 일치한다. 5번은 옷 사진이므로 일치한다.

정답 1. 불일치(✘) 2. 일치(✔) 3. 불일치(✘) 4. 일치(✔) 5. 일치(✔)

어휘 书店 shūdiàn 몡 서점   女 nǚ'ér 몡 딸   下雨 xiàyǔ 통 비가 내리다   飞机 fēijī 몡 비행기   衣服 yīfu 몡 옷

합격 공략 **18** 한자를 모르면 병음을 보고 뜻을 파악하기!

★★
병음을 보고 뜻 파악하기

독해 제1부분에서는 단어의 뜻을 파악하는 것이 가장 중요하다. 그런데 모르는 한자가 나왔다면 당황하지 말고 제시된 병음을 본다. 익숙한 발음이라면 그 뜻을 떠올려서 일치/불일치를 선택한다.

병음을 보고 단어의 뜻 유추하기!

□ cài → 요리(菜)

□ hǎo → 좋다(好)

□ Zhōngguó → 중국(中国)

□ zuò → 타다, 앉다(坐)

□ qián → 돈(钱)

□ shū → 책(书)

□ jiā → 집(家)

□ shāngdiàn → 상점(商店)

□ xuéshēng → 학생(学生)

□ dǎ diànhuà → 전화를 걸다(打电话)

□ mǐfàn → 쌀밥(米饭)

□ Běijīng → 북경(北京)

□ Hànyǔ → 중국어(汉语)

□ zuò → 하다, 만들다(做)

□ yǐzi → 의자(椅子)

□ māo → 고양이(猫)

□ yīyuàn → 병원(医院)

□ xuéxiào → 학교(学校)

□ xiàyǔ → 비가 내리다(下雨)

□ dú → 읽다(读)

실전문제 📖

1.		qián 钱	
2.		yīshēng 医生	
3.		mǐfàn 米饭	
4.		xuéxí 学习	
5.		gǒu 狗	

1. qián은 '돈'이라는 단어의 병음이다.

2. yīshēng은 '의사'라는 단어의 병음이다.

3. mǐfàn은 '쌀밥'이라는 단어의 병음이다.

4. xuéxí는 '공부하다'라는 단어의 병음이다.

5. gǒu는 '개'라는 단어의 병음이다.

STEP 2 일치/불일치 판단하기

1번은 돈 사진이므로 일치한다. 2번은 의사의 사진이므로 일치한다. 3번은 사과 사진이므로 일치하지 않는다. 4번은 자는 모습이므로 일치하지 않는다. 5번은 고양이 사진이므로 일치하지 않는다.

정답 1. 일치(✓) 2. 일치(✓) 3. 불일치(✗) 4. 불일치(✗) 5. 불일치(✗)

어휘 钱 qián 명 돈   医生 yīshēng 명 의사   米饭 mǐfàn 명 쌀밥   学习 xuéxí 동 공부하다   狗 gǒu 명 개

합격 공략 19 [160점 이상 고득점] 한자의 부수를 살펴보기!

부수를 보고 뜻 파악하기

■ 독해 제1부분은 문장이 아닌 단어가 제시되기 때문에 다른 영역에 비해 난이도가 비교적 낮다. 하지만 제시된 단어의 한자와 병음도 모를 경우, 이때는 한자의 부수를 통해 뜻을 유추해야 한다.

■ 부수의 뜻을 알고 있으면, 새로운 단어를 암기할 때도 도움이 되니 자주 쓰이는 부수를 꼭 익혀 둔다.

rè
热

→ 热의 부수는 灬이다. 灬는 불(火)이라는 뜻이므로 한자의 뜻이 '불'이나 '덥다'라는 뜻과 관련 있음을 알 수 있다.

1급 단어에 자주 쓰이는 부수!

亻 = 人	사람과 관련된 것	你 너 他 그 们 ~들(복수)
冫 = 氷	얼음과 관련된 것	冷 춥다
讠 = 言	언어, 말과 관련된 것	语 ~어(언어) 读 읽다 请 ~해주세요 说 말하다
灬 = 火	불과 관련된 것	点 주문하다 热 덥다
钅 = 金	금, 돈과 관련된 것	钱 돈
扌 = 手	손과 관련된 것	打 치다
犭 = 犬	포유류와 관련된 것	狗 개 猫 고양이
艹 = 草	풀과 관련된 것	茶 차 菜 음식 苹果 사과

⻠ = 食	밥과 관련된 것	饭 밥　饭馆 식당
口	입과 관련된 것	吃 먹다　喝 마시다　叫 부르다　喂 여보세요

실전문제 📖🔍

1.		wǒmen 我们		4.		qián 钱
2.		lěng 冷		5.		dǎ 打
3.		chá 茶				

STEP 1　제시된 단어와 병음 확인하기

1. 부수 亻(人)은 사람과 관련된 한자에 쓰인다. 제시된 단어의 뜻은 '우리'이다.

2. 부수 冫(氷)은 얼음과 관련된 한자에 쓰인다. 제시된 단어의 뜻은 '춥다'이다.

3. 부수 艹(草)는 풀과 관련된 한자에 쓰인다. 제시된 단어의 뜻은 '차'이다.

4. 부수 钅(金)은 돈과 관련된 한자에 쓰인다. 제시된 단어의 뜻은 '돈'이다.

5. 부수 扌(手)는 손과 관련된 한자에 쓰인다. 제시된 단어의 뜻은 '치다'이다.

STEP 2　일치/불일치 판단하기

1번은 여러 사람들이 있는 사진이므로 일치한다. 2번은 중국어가 써 있는 사진이므로 일치하지 않는다. 3번은 마시는 차 사진이므로 일치한다. 4번은 돈 사진이므로 일치한다. 5번은 강아지 사진이므로 일치하지 않는다.

정답　1. 일치(✔)　2. 불일치(✘)　3. 일치(✔)　4. 일치(✔)　5. 불일치(✘)

어휘　我们 wǒmen 때 우리　冷 lěng 형 춥다　茶 chá 명 차　钱 qián 명 돈　打 dǎ 동 (전화를) 걸다, 치다

제시된 사진과 단어를 보고 일치/불일치를 판단하세요.

1.		diànshì 电视	
2.		xuésheng 学生	
3.		lěng 冷	
4.		tīng 听	
5.		dà 大	

6.		shǎo 少	
7.	**9** 2020 SEP	yuè 8月	
8.		yīshēng 医生	
9.		péngyou 朋友	
10.		yǐzi 椅子	

Warm Up!

유형 분석 & 풀이 전략

유형 분석 | 시험에는 이렇게 나온다!

출제 방식

1급 독해 제2부분(26번~30번)은 주어진 문장의 내용과 일치하는 사진을 보기 A~F 중에서 고르는 영역이다.

출제 경향 & 유형별 출제 비율

독해 제2부분은 인물의 행동 및 상태에 관한 사진, 사물의 상태 및 쓰임에 관한 사진, 그리고 동물에 관한 사진이 출제된다. 그중에서 인물의 행동 및 상태에 관한 사진과 사물의 상태 및 쓰임에 관한 사진이 가장 많이 출제된다. 문제를 풀 때 가장 먼저 문장 속 핵심 단어를 찾고, 이 핵심 단어를 사진과 대조해서 일치하는 사진을 고르는 순서로 문제를 풀도록 한다. 모르는 문제는 나중에 풀고 아는 문제를 먼저 푸는 것도 좋은 방법이다.

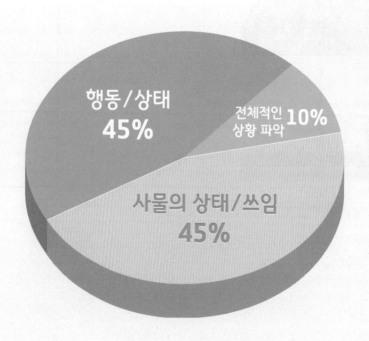

행동/상태
45%

전체적인 상황 파악 10%

사물의 상태/쓰임
45%

풀이 전략 | 문제 풀이 Step & 풀이 전략 적용해 보기

Step 1

문장의 핵심 키워드 찾기

문장을 보고, 문장의 주요 성분(주어, 술어, 목적어) 중에서 핵심 키워드가 될 만한 단어를 찾는다.

Step 2

사진과 대조하여 정답 고르기

파악해둔 핵심 키워드를 사진과 대조해서 일치하는 것을 정답으로 고른다.

풀이 전략 > 적용해 보기

A

B

C

D

E

Wǒ zuò huǒchē qù
26. 我 坐 火车 去 。

안심Touch

STEP 1 문장의 핵심 키워드 찾기

핵심 키워드는 가는 방식인 坐火车(기차를 타다)이다. 기차와 관련된 사진을 찾는다.

STEP 2 사진과 대조하여 정답 고르기

我坐火车去。

나는 기차를 타고 간다.

지문에 坐火车(기차를 타다)가 있으므로 기차 사진인 C가 정답이다.

정답 26. C

어휘 坐 zuò 图 타다 火车 huǒchē 圐 기차

제시된 문장과 일치하는 사진 고르기
문장의 핵심 키워드를 찾으라!

기본기 다지기 **기본 개념 잡기 & 공략 미리보기**

독해 제2부분은 제1부분과 다르게 지문이 문장이라서 난이도가 높을 거라고 생각되지만, 차분하게 문장의 핵심 키워드를 찾으면 어렵지 않게 정답을 고를 수 있다. 인물의 행동이나 사물의 상태에 관한 사진이 자주 출제되는데, 행동이 부각된 사진은 동사가 술어인 문장의 정답이 되고, 사물이 부각된 사진은 사물이 주어나 목적어로 쓰인 문장의 정답이 된다.

| 기본 개념 잡기 | 주요 출제 분야

1. 행동 : 사진은 특정 장소를 나타내거나 한 인물이 특정 행동을 하는 모습이 출제된다.

Tā zài jīchǎng gōngzuò
他 在 机场 工作 。 그는 공항에서 일을 한다.

2. 사물 : 컴퓨터, 의자, 옷 등 일상 생활에 자주 쓰이는 사물 사진이 출제된다.

Wǒ chuān de yīfu shì wǒ jiějie de
我 穿 的 衣服 是 我 姐姐 的 。 내가 입은 옷은 우리 언니의 것이다.

3. 상태 : 사람이 기뻐하는 모습, 더운 날씨 등의 사진이 출제된다.

Tā jīntiān fēicháng gāoxìng
她 今天 非常 高兴 。 그녀는 오늘 매우 기쁘다.

합격 공략 **20** 문장에서 사람/사물의 명칭 찾기!

★★
주어와 목적어

제시된 사진에 특정 직업의 사람이나 특정 사물이 있으면, 바로 그것이 핵심 키워드가 된다. 문장에서 명사는 주어와 목적어로 쓰이는데, 주어와 목적어가 특정 인물이나 사물을 나타내면 표시해두고 일치하는 사진을 보기에서 찾는다. 예를 들어 她是医生(그녀는 의사이다)이라는 문장이 있으면 핵심 키워드로 医生(의사)을 삼고 의사처럼 보이는 사진을 정답으로 고른다.

실전문제

A

B

C

D

E

Wǒ de māo hěn piàoliang
1. 我 的 猫 很 漂亮 。 □

Wǒ qù mǎi yǐzi
2. 我 去 买 椅子 。 □

Tā shì lǎoshī
3. 他 是 老师 。 □

Tā zuò chūzūchē qù
4. 她 坐 出租车 去 。 □

Wǒ xǐhuan chī zhōngguócài
5. 我 喜欢 吃 中国菜 。 □

STEP 1 문장의 핵심 키워드 찾기

1. 핵심 키워드는 주어인 猫(고양이)이다. 고양이 사진을 찾는다.

2. 핵심 키워드는 목적어인 椅子(의자)이다. 의자 사진을 찾는다.

3. 핵심 키워드는 목적어인 老师(선생님)이다. 선생님 사진을 찾는다.

4. 핵심 키워드는 그녀가 타고 가는 것인 出租车(택시)이다. 택시 사진을 찾는다.

5. 핵심 키워드는 좋아하는 대상인 中国菜(중국 음식)이다. 중국 음식 사진을 찾는다.

STEP 2 사진과 대조하여 정답 고르기

1. 我的猫很漂亮。 　　　　나의 고양이는 아주 예쁘다.

지문에 猫(고양이)가 있으므로 고양이 사진인 E가 정답이다.

2. 我去买椅子。 　　　　나는 의자를 사러 간다.

지문에 椅子(의자)가 있으므로 의자 사진인 C가 정답이다.

3. 他是老师。 　　　　그는 선생님이다.

지문에 老师(선생님)가 있으므로 남자가 가르치는 사진인 B가 정답이다.

4. 她坐出租车去。 　　　　그녀는 택시를 타고 간다.

지문에 她坐出租车(그녀는 택시를 타다)가 있으므로 여자가 택시를 타고 있는 사진인 D가 정답이다.

5. 我喜欢吃中国菜。 　　　　나는 중국 음식을 먹는 것을 좋아한다.

지문에 中国菜(중국 음식)가 있으므로 중국 음식 사진인 A가 정답이다.

정답 1. E 2. C 3. B 4. D 5. A

어휘 猫 māo 몡 고양이 　椅子 yǐzi 몡 의자 　老师 lǎoshī 몡 선생님 　出租车 chūzūchē 몡 택시 　中国菜 zhōngguócài 몡 중국 음식
漂亮 piàoliang 혱 예쁘다 　买 mǎi 동 사다 　是 shì 동 ~이다 　坐 zuò 동 타다 　喜欢 xǐhuan 동 좋아하다 　吃 chī 동 먹다

1급 독해 제 2 부분

★★
술어

제시된 사진에 인물의 행동이나 상태가 보이면 그것을 나타내는 동사 또는 형용사가 핵심 키워드가 된다. 문장에서 동사와 형용사는 술어에 쓰이므로, 문장의 술어를 파악해서 그 행동과 상태를 나타내는 사진을 보기에서 찾는다. 예를 들어 今天很热(오늘은 아주 덥다)라는 문장이 있으면 핵심 키워드로 热(덥다)를 삼고 더운 날씨를 나타내는 사진을 정답으로 고른다. 她睡觉了(그녀는 잠을 잤다)라는 문장이 있으면 핵심 키워드로 睡觉(잠을 자다)를 삼고 잠을 자고 있는 사진을 정답으로 고른다.

실전문제

A

B

C

D

E

　　Tā xiànzài bù gāoxìng
1. 他 现在 不 高兴 。

　　Zuótiān xiàyǔ le
2. 昨天 下雨 了 。

　　Érzi kàn shū
3. 儿子 看 书 。

　　　Tā zài shāngdiàn mǎi dōngxi
4. 她 在　商店　买 东西 。　　　　　　　　　□

　　　Jīntiān hěn rè
5. 今天　很　热 。　　　　　　　　　　　　　□

STEP 1 문장의 핵심 키워드 찾기

1. 핵심 키워드는 형용사 술어인 不高兴(기쁘지 않다)이다. 기쁘지 않은 표정의 사진을 찾는다.
2. 핵심 키워드는 동사 술어인 下雨(비가 내리다)이다. 비가 내리는 사진을 찾는다.
3. 핵심 키워드는 동사 술어인 看(보다)이다. 무엇을 보고 있는 사진을 찾는다.
4. 핵심 키워드는 동사 술어인 买(사다)이다. 무엇을 사는 사진을 찾는다.
5. 핵심 키워드는 형용사 술어인 热(덥다)이다. 더운 날씨 사진을 찾는다.

STEP 2 사진과 대조하여 정답 고르기

1. 他现在不高兴。　　　　　　　　　그는 지금 기쁘지 않다.

　 지문에 不高兴(기쁘지 않다)이 있으므로 표정이 안 좋은 남자 사진인 B가 정답이다.

2. 昨天下雨了。　　　　　　　　　　어제 비가 내렸다.

　 지문에 下雨(비가 내리다)가 있으므로 비가 내리는 사진인 A가 정답이다.

3. 儿子看书。　　　　　　　　　　　아들은 책을 본다.

　 지문에 儿子看书(아들은 책을 보다)가 있으므로 아이가 책을 보고 있는 사진인 D가 정답이다.

4. 她在商店买东西。　　　　　　　　그녀는 상점에서 물건을 산다.

　 지문에 买东西(물건을 사다)가 있으므로 무엇을 사는 사진인 C가 정답이다.

5. 今天很热。　　　　　　　　　　　오늘 아주 덥다.

　 지문에 很热(아주 덥다)가 있으므로 빛이 강한 사진인 E가 정답이다.

정답 1. B　2. A　3. D　4. C　5. E

어휘 不 bù 분 안/못　高兴 gāoxìng 형 기쁘다　下雨 xiàyǔ 동 비가 내리다　看 kàn 동 보다　买 mǎi 동 사다　热 rè 형 덥다　现在 xiànzài 명 지금, 현재　昨天 zuótiān 명 어제　了 le 조 ~했다(완료)　儿子 érzi 명 아들　书 shū 명 책　在 zài 개 ~에서　商店 shāngdiàn 명 상점　东西 dōngxi 명 물건　今天 jīntiān 명 오늘

합격 공략 **22** 문장에서 숫자 찾기!

수사와 양사

제시된 사진에 여러 명의 사람이나 여러 개의 사물이 보이면, 그 숫자가 핵심 키워드가 된다. 문장에서 숫자는 명사 앞에서 양사와 함께 쓰인다. 문장에 숫자가 보이면 표시해두고 그 숫자와 일치하는 수량을 나타내는 사진을 보기에서 찾는다. 예를 들어 我买了三个苹果(사과 세 개를 샀다)라는 문장이 있으면 핵심 키워드로 三(3)을 삼고 사진에서 숫자 '3'과 관련된 그림을 정답으로 고른다.

실전문제

A

B

C

D

E

Tā hē le yì bēi chá
1. 她 喝 了 一 杯 茶 。 ☐

Tāmen zài xuéxiào
2. 他们 在 学校 。 ☐

Wǒ xiǎng mǎi wǔ ge píngguǒ
3. 我 想 买 五 个 苹果 。 ☐

4. Zhuōzi shang yǒu sān běn shū
   桌子 上 有 三 本 书 。 □

5. Wǒ hòumiàn yǒu yí ge xiānsheng
   我 后面 有 一 个 先生 。 □

STEP 1 문장의 핵심 키워드 찾기

1. 핵심 키워드는 차의 수량인 一杯(한 잔)이다. 차 한 잔의 사진을 찾는다.
2. 핵심 키워드는 복수 표현인 他们(그들)이다. 여러 사람이 있는 사진을 찾는다.
3. 핵심 키워드는 사과의 수량인 五个(다섯 개)이다. 사과 다섯 개의 사진을 찾는다.
4. 핵심 키워드는 책의 수량인 三本(세 권)이다. 책 세 권의 사진을 찾는다.
5. 핵심 키워드는 인원수인 一个(한 명)이다. 남자 한 명이 있는 사진을 찾는다.

STEP 2 사진과 대조하여 정답 고르기

1. 她喝了一杯茶。

   그녀는 차 한 잔을 마셨다.

   지문에 一杯茶(차 한 잔)가 있으므로 찻잔 하나의 사진인 A가 정답이다.

2. 他们在学校。

   그들은 학교에 있다.

   지문에 他们(그들)이 있으므로 여러 사람의 사진인 D가 정답이다.

3. 我想买五个苹果。

   나는 사과 다섯 개를 사고 싶다.

   지문에 五个苹果(사과 다섯 개)가 있으므로 사과 다섯 개의 사진인 B가 정답이다.

4. 桌子上有三本书。

   탁자 위에는 책 세 권이 있다.

   지문에 三本书(책 세 권)가 있으므로 책 세 권의 사진인 C가 정답이다.

5. 我后面有一个先生。

   내 뒤에는 남자 한 명이 있다.

   지문에 一个先生(남자 한 명)이 있으므로 남자 한 명의 사진인 E가 정답이다.

정답 1. A 2. D 3. B 4. C 5. E

어휘 杯 bēi 양 잔 个 ge 양 개 本 běn 양 권 喝 hē 동 마시다 茶 chá 명 차 他们 tāmen 대 그들 在 zài 동 있다 学校 xuéxiào 명 학교 想 xiǎng 조동 ~하고 싶다 买 mǎi 동 사다 苹果 píngguǒ 명 사과 桌子 zhuōzi 명 탁자 上 shang 명 ~위에 有 yǒu 동 있다 书 shū 명 책 后面 hòumiàn 명 뒤, 뒤쪽 先生 xiānsheng 명 선생, ~씨(성인 남자에 대한 존칭)

핵심 키워드가 없는 경우

- 독해 제2부분은 보통 문장에 핵심 키워드가 있어서 그것으로 일치하는 사진을 간단하게 찾을 수 있다. 하지만 어떤 문장에서는 핵심 키워드를 찾기 어려운데, 이때는 문장 전체의 내용을 파악한 뒤 일치하는 사진을 찾아야 한다.
- 핵심 키워드를 찾기 어려운 문장은 가장 나중에 풀고 쉽게 풀리는 문제를 먼저 풀도록 한다.

실전문제

A

B

C

D

E

Nǐ kànjiàn wǒ de Hànyǔshū le ma
1. 你 看见 我 的 汉语书 了 吗 ？

Zhè ge zhēn hǎochī
2. 这 个 真 好吃 ！

Zhè ge xīngqīsān wǒ hé bàba qù Běijīng
3. 这 个 星期三 我 和 爸爸 去 北京 。

Nǐ de gǒu zài zhuōzi xià
4. 你 的 狗 在 桌子 下 。

Nǐ lái kàn kàn lǐmiàn yǒu shénme dōngxi
5. 你 来 看 看 ， 里面 有 什么 东西 。

STEP 1 문장의 핵심 키워드 찾기

1. 책을 봤느냐고 질문하는 문장이므로 책과 관련된 사진이나 이야기를 나누는 사진을 찾는다.

2. 핵심 키워드는 형용사 술어인 好吃(맛있다)이다. 음식 사진을 찾는다.

3. 북경에 간다는 내용이므로 북경과 관련된 사진 또는 어디에 가는 사진을 찾는다.

4. 핵심 키워드는 狗(개)와 桌子(탁자)이다. 개와 책상 사진을 찾는다.

5. 안에 무슨 물건이 있는지 보라는 뜻이므로 물건과 관련된 사진을 찾는다.

STEP 2 사진과 대조하여 정답 고르기

1. 你看见我的汉语书了吗？

   너 내 중국어책 봤어?

   지문에 你(너)와 我(나)가 있으므로 두 사람이 이야기를 나누는 C가 정답이다.

2. 这个真好吃！

   이거 정말 맛있다!

   지문에 好吃(맛있다)가 있으므로 사과 사진이 있는 D가 정답이다.

3. 这个星期三我和爸爸去北京。

   이번 주 수요일에 나는 아빠와 북경에 간다.

   지문에 去北京(북경에 가다)이 있으므로 비행기 사진인 B가 정답이다.

4. 你的狗在桌子下。

   네 개는 탁자 밑에 있다.

   지문에 桌子(탁자)와 狗(개)가 있으므로 개가 탁자 밑에 있는 사진인 E가 정답이다.

5. 你来看看，里面有什么东西。

   너 와서 안에 뭐가 있는지 봐 봐.

   지문에 里面有什么东西(안에 뭐가 있는지)가 있으므로 선물 사진인 A가 정답이다.

정답 1. C 2. D 3. B 4. E 5. A

어휘 好吃 hǎochī 형 맛있다 狗 gǒu 명 개 桌子 zhuōzi 명 탁자 看见 kànjiàn 동 보이다 汉语 Hànyǔ 명 중국어 书 shū 명 책 星期 xīngqī 명 주, 요일 和 hé 개 ~와/과 去 qù 동 가다 北京 Běijīng 지명 북경 在 zài 동 ~에 있다 下 xià 명 아래 来 lái 동 오다 里面 lǐmiàn 명 안, 안쪽 有 yǒu 동 있다 东西 dōngxi 명 물건

주어진 문장과 일치하는 사진을 고르세요.

1-5

A

B

C

D

E

Wǒ zài huǒchēzhàn
1. 我 在 火车站 。 ☐

Wǒ de māo zài yǐzi xiàmiàn
2. 我 的 猫 在 椅子 下面 。 ☐

Wǒ xiǎng qù mǎi diǎnr shuǐguǒ
3. 我 想 去 买 点儿 水果 。 ☐

Tiānqì tài rè le nǐ hē chá ba
4. 天气 太 热 了 ，你 喝 茶 吧 。 ☐

Wéi nǐ shuìjiào le ma
5. 喂 ，你 睡觉 了 吗 ？ ☐

6–10

A

B

C

D

E

Wǒ chīle sān ge píngguǒ
6. 我 吃了 三 个 苹果 。　　　　　　□

Nǚ'ér xiànzài hěn gāoxìng
7. 女儿 现在 很 高兴 。　　　　　　□

Wǒ zuò chūzūchē qù xuéxiào
8. 我 坐 出租车 去 学校 。　　　　　□

Qù yīyuàn de shíhou xiàyǔ le
9. 去 医院 的 时候 ， 下雨 了 。　　□

Tāmen xǐhuan mǎi yīfu
10. 她们 喜欢 买 衣服 。　　　　　　□

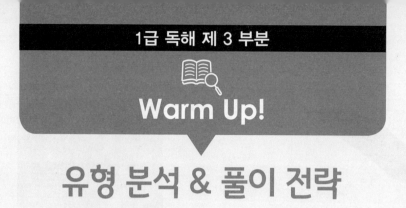

Warm Up!

유형 분석 & 풀이 전략

유형 분석 | 시험에는 이렇게 나온다!

출제 방식

1급 독해 제3부분(31번~35번)은 제시된 문장과 의미가 연결되는 문장을 보기 A~F에서 고르는 문제이다.

출제 경향 & 유형별 출제 비율

독해 제3부분은 문제에 주로 질문이 제시되고 질문에 대한 대답을 찾는 형식으로 출제된다. 가끔씩 문답 형식이 아닌 대화 형식으로 된 2개의 문장을 연결하는 문제도 나온다. 문답 형식의 문제는 주로 특정 행동을 하는 장소나 시간을 묻는 질문, 상대방에게 제안하는 질문, 사람이나 사물의 상태를 묻는 질문, 사실 관계 및 감정 표현과 관련된 질문 등이 출제된다. 문제는 의문대사형 문제와 사실 확인형 문제가 가장 많이 나오고, 짝꿍 인사말과 같이 질문이 아닌 대화가 연결되는 대화형 문제가 출제된다.

풀이 전략 | 문제 풀이 Step & 풀이 전략 적용해 보기

Step 1

질문의 포인트 찾기

문장을 보고 무엇을 묻는지 파악해야 한다. '어디, 언제, 누구, 무엇, 어떻게, 왜' 등의 질문의 포인트를 찾아 표시하고 대답을 빠르게 예상해본다.

Step 2

알맞은 대답 문장 고르기

질문의 포인트에 맞는 대답을 찾아야 한다. 장소를 묻는 질문이라면 장소 관련 명사가 있는 보기를, 제안하는 질문이라면 수락 또는 거절하는 내용의 보기를 정답으로 고른다.

풀이 전략 · 적용해 보기

Wéi nǐ shì Lǐ lǎoshī ma
31. 喂 , 你 是 李老师 吗 ?　　　□

Hěn piàoliang
A 很 漂亮 。

Tā zài yīyuàn
B 她 在 医院 。

Míngtiān xiàwǔ sì diǎn jiànmiàn ba
C 明天 下午 四 点 见面 吧 。

Bú xià
D 不 下 。

Shì de nǐ shì nǎ wèi
E 是 的 , 你 是 哪 位 ?

STEP 1 질문의 포인트 찾기

喂, 你是李老师吗?

여보세요? 이 선생님이세요?

사실 관계를 묻고 있으므로 是(그렇다), 不是(그렇지 않다)로 대답할 수 있다.

A 很漂亮。

B 她在医院。

C 明天下午四点见面吧。

D 不下。

E 是的，你是哪位？

| |
| 아주 예뻐요. |
| 그녀는 병원에 있어요. |
| 내일 오후 4시에 만나요. |
| 안 와요. |
| 네, 누구세요? |

보기 E에서 是的(네)는 사실 관계에 맞다는 뜻이므로 31번 질문의 대답으로 어울린다.

정답 31. E

어휘 老师 lǎoshī 명 선생님 漂亮 piàoliang 형 예쁘다 医院 yīyuàn 명 병원 明天 míngtiān 명 내일 下午 xiàwǔ 명 오후 哪 nǎ 대 어느 位 wèi 양 분. 명

연결되는 문장 고르기
질문의 포인트를 찾으라!

기본기 다지기 │ 기본 개념 잡기 & 공략 미리보기

독해 제3부분은 연결되는 문장을 찾는 유형으로 주로 의문문과 그에 대한 대답 문장 형식으로 출제된다. 따라서 가장 먼저 의문문에서 무엇을 묻는지 질문의 포인트를 찾는 것이 중요하다. 질문의 포인트를 찾고 미리 어떤 대답이 와야 할지 예상하면 연결되는 문장을 쉽게 찾을 수 있다.

┃ 기본 개념 잡기 ┃ 주요 출제 유형

1. 의문대사형

(문제)　你 买了 几 个 苹果 ？ 너 사과 몇 개를 샀어?
　　　　Nǐ mǎi le jǐ ge píngguǒ

(보기)　A 买了 五 个 。 다섯 개를 샀어.
　　　　Mǎi le wǔ ge

2. 사실 확인형

(문제)　他 是 不 是 你 的 学生 ？ 그는 네 학생이 아니야?
　　　　Tā shì bú shì nǐ de xuésheng

(보기)　A 不 是 ， 他 是 我 的 朋友 。 아니야. 그는 내 친구야.
　　　　Bú shì tā shì wǒ de péngyou

3. 짝꿍 인사말형

(문제)　对不起 ， 我们 明天 去 吧 。 미안해. 우리 내일 가자.
　　　　Duìbuqǐ wǒmen míngtiān qù ba

(보기)　A 没 关系 ， 明天 见 。 괜찮아. 내일 보자.
　　　　Méi guānxi míngtiān jiàn

┃ 공략 미리보기 ┃

합격 공략 24	의문대사를 주목하기!
합격 공략 25	질문에 쓰인 동사가 동일하게 있는 보기를 찾기!
합격 공략 26	[160점 이상 고득점] 문답 형식이 아닌 대화에 주의하기!

안심Touch

★★★

의문대사

- 질문에 의문대사가 있으면 문장 전체를 해석하지 않아도 질문의 포인트를 찾을 수 있다. 자주 출제되는 의문대사를 꼭 암기해둔다.
- 질문의 포인트를 파악할 때는 의문대사뿐만 아니라 의문대사와 함께 쓰인 단어를 함께 체크한다. 예를 들어 你喜欢什么颜色? (어떤 색을 좋아해?)라는 문장에서 질문의 포인트를 什么颜色(어떤 색)로 잡아야 보다 빠르게 대답 문장을 찾을 수 있다.

필수 암기! 의문대사

□	谁 shéi 누구, 누가	□	多少 duōshao 얼마
□	什么时候 shénme shíhou 언제	□	什么 shénme 무슨, 무엇
□	哪/哪儿 nǎ/nǎr 어느/어디	□	怎么 zěnme 어떻게
□	几 jǐ 몇	□	怎么样 zěnmeyàng 어떠하다, 어때

실전문제 📖

Nǐ bàba zài nǎr gōngzuò
1. 你 爸爸 在 哪儿 工作 ？　□　Tā yǒu sān ge érzi
A 她 有 三 个 儿子 。

Tā yǒu jǐ ge érzi
2. 她 有 几 个 儿子 ？　□　Zuò fēijī qù
B 坐 飞机 去 。

Shéi shì nǐ de tóngxué
3. 谁 是 你 的 同学 ？　□　Zài yīyuàn
C 在 医院 。

Zhè ge duōshaoqián
4. 这 个 多少 钱 ？　□　Zuòzài wǒ hòumiàn de rén
D 坐在 我 后面 的 人 。

Nǐ zěnme qù Běijīng
5. 你 怎么 去 北京 ？　□　Sānshí kuài
E 三十 块 。

STEP 1　질문의 포인트 찾기

1. 你爸爸在哪儿工作?

　　너희 아버지는 어디에서 일해?

　　장소를 묻고 있으므로 장소 단어가 있는 대답 문장을 찾는다.

2. 她有几个儿子?

　　그녀는 아들이 몇 명 있어요?

　　사람 수를 묻고 있으므로 숫자가 있는 대답 문장을 찾는다.

3. 谁是你的同学?

　　누가 네 반 친구야?

　　누구인지를 묻고 있으므로 사람을 가리키는 단어가 있는 문장을 찾는다.

4. 这个多少钱?

　　이거 얼마예요?

　　가격을 묻고 있으므로 가격이 있는 대답 문장을 찾는다.

5. 你怎么去北京?

　　너는 어떻게 북경에 가?

　　방법을 묻고 있으므로 가는 방법이 있는 대답 문장을 찾는다.

STEP 2　알맞은 대답 문장 고르기

A 她有三个儿子。

　　그녀는 세 아들이 있어요.

　　三个儿子(세 아들)가 수를 나타내므로 2번 질문의 대답으로 어울린다.

B 坐飞机去。

　　비행기를 타고 가요.

　　坐飞机(비행기를 타다)는 교통수단을 나타내므로 5번 질문의 대답이다.

C 在医院。

　　병원에서.

　　医院(병원에서)은 장소를 나타내므로 1번 질문의 대답으로 어울린다.

D 坐在我后面的人。

　　내 뒤에 앉은 사람.

　　坐在我后面的人(내 뒤에 앉은 사람)이 사람을 가리키므로 3번 질문의 대답이다.

E 三十块。

　　30위안.

　　三十块(30위안)는 가격이므로 4번 질문의 대답으로 어울린다.

정답　1. C　2. A　3. D　4. E　5. B

어휘　工作 gōngzuò 통 일하다　有 yǒu 통 있다　儿子 érzi 명 아들　是 shì 통 ~이다　的 de 조 ~의, ~한　同学 tóngxué 명 학우, 반 친구　钱 qián 명 돈　去 qù 통 가다　北京 Běijīng 지명 북경　坐 zuò 통 타다　飞机 fēijī 명 비행기　医院 yīyuàn 명 병원　后面 hòumian 명 뒤, 뒤쪽

★★

질문 문장과 보기 문장의 같은 술어

- 만일 의문문에 의문대사가 없다면, 질문의 술어에 사용된 동사 또는 형용사를 확인한 뒤 보기 문장에서 같은 술어가 있는 문장을 찾는다.
- 의문대사가 없는 의문문은 주로 제안하거나 상태는 묻는 경우가 많다. 또한 조동사가 있는 문장은 그 조동사가 질문의 포인트이므로 같은 조동사가 있는 문장을 찾는다.

실전문제 📖🔍

Nǐ huì zuò zhōngguócài ma
1. 你 会 做 中国菜 吗? □   Wǒ bú huì zuò
A 我 不 会 做。

Tā xǐhuan gǒu ma
2. 他 喜欢 狗 吗? □   Bú shì hé māma lái de
B 不 是, 和 妈妈 来 的。

Nǚ'ér qù xuéxiào le ma
3. 女儿 去 学校 了 吗? □   Tā hěn xǐhuan gǒu
C 他 很 喜欢 狗。

Nǐ shì yí ge rén lái de ma
4. 你 是 一 个 人 来 的 吗? □   Bù mǎi
D 不 买。

Māma mǎi bu mǎi píngguǒ
5. 妈妈, 买 不 买 苹果? □   Tā qù xuéxiào le
E 她 去 学校 了。

STEP 1 **질문의 포인트 찾기**

1. 你会做中国菜吗? 너는 중국 음식을 만들 줄 알아?

중국 음식을 만들 수 있는지 묻고 있으므로 조동사 会(~할 줄 알다)가 있는 대답 문장을 찾는다.

2. 他喜欢狗吗? 그는 개를 좋아해?

개를 좋아하는지 묻고 있으므로 喜欢(좋아하다)이 있는 대답 문장을 찾는다.

3. 女儿去学校了吗? 딸이 학교에 갔어요?

딸이 학교에 갔는지 묻고 있으므로 去(가다)가 있는 대답 문장을 찾는다.

4. 你是一个人来的吗? 너 혼자 온 거야?

혼자 온 것인지 묻고 있으므로 是(그렇다), 不是(그렇지 않다)가 있는 대답 문장을 찾는다.

5. 妈妈，买不买苹果?

> 엄마, 사과 살 거예요?

사과를 사는지 안 사는지 묻고 있으므로 买(사다)가 있는 대답 문장을 찾는다.

STEP 2 알맞은 대답 문장 고르기

A 我不会做。

> 나는 만들 줄 몰라.

会(~할 줄 알다)가 있으므로 1번 질문의 대답으로 어울린다.

B 不是，和妈妈来的。

> 아니요, 엄마하고 왔어요.

不是(아니요)가 있으므로 4번 질문의 대답이다.

C 他很喜欢狗。

> 그는 개를 아주 좋아해.

喜欢(좋아하다)이 있으므로 2번 질문의 대답으로 어울린다.

D 不买。

> 안 사.

买(사다)가 있으므로 5번 질문의 대답이다.

E 她去学校了。

> 그녀는 학교에 갔어.

去(가다)가 있으므로 3번 질문의 대답으로 어울린다.

정답 1. A 2. C 3. E 4. B 5. D

어휘 会 huì 조통 (배워서) ~할 줄 알다   做 zuò 통 하다, 만들다   菜 cài 명 요리, 음식   喜欢 xǐhuan 통 좋아하다   狗 gǒu 명 개
女儿 nǚ'ér 명 딸   学校 xuéxiào 명 학교   了 le 조 ~했다(완료)   是 shì 통 ~이다   买 mǎi 통 사다   苹果 píngguǒ 명 사과
和 hé 개 ~와/과

합격 공략 26 [160점 이상 고득점] 문답 형식이 아닌 대화에 주의하기!

의문문이 아닌 경우

독해 제3부분에서는 간혹 질문과 대답이 아니라, 평서문의 대화를 연결하는 문제가 출제된다. 예를 들어 吧(~하자)
라고 제안하는 문장과 이에 대한 대답인 好的(좋아)를 연결하거나, 谢谢(고마워)라고 인사하는 말과 不用谢(고마
워할 필요 없어)라고 대답하는 문장을 연결하는 등의 대화가 있다. 따라서 짝꿍 인사말과 대화를 암기해두는 것이
중요하다.

필수 암기! 짝꿍 인사말

□ A: 对不起 duìbuqǐ 미안합니다 / 不好意思 bù hǎo yìsi 미안합니다

　 B: 没关系 méi guanxi 괜찮습니다

□ A: 谢谢 xièxie 감사합니다

　 B: 不客气 bú kèqi 별말씀을요, 천만에요 / 不用谢 bú yòng xiè 고마워할 필요 없습니다

□ A: 认识你很高兴 rènshi nǐ hěn gāoxìng 만나서 반갑습니다

  B: 认识你我也很高兴 rènshi nǐ wǒ yě hěn gāoxìng 만나서 저도 반갑습니다

□ A: 你好 nǐ hǎo 안녕

  B: 你好 nǐ hǎo 안녕

□ A: 老师好 lǎoshī hǎo 선생님 안녕하세요

  B: 你们好 nǐmen hǎo 너희들 안녕 / 同学们好 tóngxuémen hǎo 친구들 안녕

□ A: 再见 zài jiàn 잘 가 / 또 봐

  B: 再见 zài jiàn 잘 가 / 또 봐

□ A: 明天见 míngtiān jiàn 내일 보자

  B: 明天见 míngtiān jiàn 내일 보자

□ A: ……吧 ~ba ~하자 / 怎么样？ zěnmeyàng? ~하는 게 어때?

  B: 好的 hǎo de / 好 hǎo / 好啊 hǎo a 좋아, 알겠어

실전문제 📖

1.
Míngtiān wǎnshang qù mǎi yīfu ba
明天 晚上 去 买 衣服 吧 。 ☐

Bú kèqi
A 不 客气 。

2.
Xièxie Wáng yīshēng
谢谢 ， 王 医生 。 ☐

Hǎo de jǐ diǎn qù
B 好 的 ，几 点 去 ？

3.
Rènshi nǐ hěn gāoxìng
认识 你 很 高兴 。 ☐

Méi guānxi xià xīngqī zài qù ba
C 没 关系 ，下 星期 再 去 吧 。

4.
Duìbuqǐ xiàwǔ Wǒ bù néng qù le
对不起 ，下午 我 不 能 去 了 。 ☐

Rènshi nǐ wǒ yě hěn gāoxìng
D 认识 你 我 也 很 高兴 。

5.
Érzi huì xiě míngzi le
儿子 会 写 名字 了 。 ☐

Shì ma Tài hǎo le
E 是 吗 ？ 太 好 了 。

STEP 1 질문의 포인트 찾기

1. 明天晚上去买衣服吧。

   내일 저녁에 옷을 사러 가자.

   옷을 사러 가자고 제안하고 있으므로 거절이나 수락하는 대답을 찾는다.

2. 谢谢，王医生。

   고맙습니다. 왕 선생님.

   감사 인사를 하고 있으므로 不客气(천만에요), 不用谢(고마워할 필요 없어요)와 같은 대답을 찾는다.

3. 认识你很高兴。

   만나서 반가워요.

   처음 만났을 때 하는 인사말이므로 이것에 어울리는 대답을 찾는다.

4. 对不起，下午我不能去了。

   미안해. 오후에 나 못 가.

   사과하고 있으므로 没关系(괜찮아)가 있는 대답을 찾는다.

5. 儿子会写名字了。

   아들이 이름을 쓸 줄 알아요.

   아들이 이름을 쓸 줄 안다고 했으므로 이에 축하하는 대답을 찾는다.

STEP 2 알맞은 대답 문장 고르기

A 不客气。

   천만에요.

   不客气(천만에요)라고 사양하므로 2번 질문의 대답으로 어울린다.

B 好的，几点去？

   좋아. 몇 시에 가?

   好的(좋아)라고 수락하고 있으므로 1번 질문의 대답으로 어울린다.

C 没关系，下星期再去吧。

   괜찮아. 다음 주에 가자.

   没关系(괜찮아)라고 말했으므로 4번 질문의 대답으로 어울린다.

D 认识你我也很高兴。

   만나서 저도 반가워요.

   처음 만났을 때 하는 인사말이므로 3번 질문의 대답이다.

E 是吗？太好了。

   그래요? 너무 잘됐어요.

   太好了(너무 잘됐어요)라고 축하해주고 있으므로 5번 질문의 대답으로 어울린다.

정답 1. B 2. A 3. D 4. C 5. E

어휘 晚上 wǎnshang 명 저녁 买 mǎi 동 사다 衣服 yīfu 명 옷 吧 ba 조 ~하자(제안, 권유하는 말투) 谢谢 xièxie 감사합니다 医生 yīshēng 명 의사 认识 rènshi 동 알다 很 hěn 부 아주 高兴 gāoxìng 형 기쁘다 对不起 duìbuqǐ 미안합니다 下午 xiàwǔ 명 오후 能 néng 조동 ~할 수 있다 儿子 érzi 명 아들 会 huì 조동 (배워서) ~할 줄 알다 写 xiě 동 쓰다 名字 míngzi 명 이름 不客气 bú kèqi 천만에요, 별말씀을요 没关系 méi guanxi 괜찮습니다 下星期 xià xīngqī 명 다음 주 再 zài 부 다시 也 yě 부 ~도 太……了 tài……le 부 너무 ~하다

제시된 문장과 연결되는 문장을 고르세요.

1-5

Zuò zài māma qiánmiàn de shì shéi
1. 坐 在 妈妈 前面 的 是 谁 ？

☐ A
Bú rènshi
不 认识 。

Wǒ de bēizi zài nǎr
2. 我 的 杯子 在 哪儿 ？

☐ B
Wǒ hěn lěng nǐ ne
我 很 冷 ，你 呢 ？

Nǐ kànjiàn wǒ de xiǎogǒu le ma
3. 你 看见 我 的 小狗 了 吗 ？

☐ C
Zǎoshang bā diǎn qù
早上 八 点 去 。

Nǐ lěng ma
4. 你 冷 吗 ？

☐ D
Méiyǒu
没有 。

Nǐ jǐ diǎn qù xuéxiào
5. 你 几 点 去 学校 ？

☐ E
Zài zhuōzi shàngmian
在 桌子 上面 。

6–10

Jīntiān tiānqì zěnmeyàng
6. 今天 天气 怎么样 ？ ☐

Xiàwǔ sān diǎn
A 下午 三 点 。

Bàba míngtiān shénmeshíhou xià fēijī
7. 爸爸 明天 什么时候 下 飞机 ？ ☐

Tā qù yīyuàn le
B 他 去 医院 了 。

Zuótiān hé māma kàn diànyǐng le ma
8. 昨天 和 妈妈 看 电影 了 吗 ？ ☐

Xiàyǔ le hěn lěng
C 下雨 了 ，很 冷 。

Tā zěnme méi lái
9. 他 怎么 没 来 ？ ☐

Méiyǒu wǒ yí ge rén kàn le
D 没有 ，我 一 个 人 看 了 。

Nǐ xiǎng chī shénme
10. 你 想 吃 什么 ？ ☐

Wǒ xiǎng chī mǐfàn
E 我 想 吃 米饭 。

1급 독해 제 4 부분

Warm Up!

유형 분석 & 풀이 전략

유형 분석 | 시험에는 이렇게 나온다!

출제 방식

1급 독해 제4부분(36번~40번)은 문장의 빈칸에 알맞은 단어를 보기 A~F에서 고르는 문제이다. 빈칸을 제외한 부분의 한자에는 모두 병음이 달려 있다.

출제 경향 & 유형별 출제 비율

독해 제4부분은 문장 전체를 해석하기 보다는 빈칸의 앞뒤 단어를 보고, 빈칸에 들어갈 단어의 품사와 의미를 파악해내는 방법으로 문제를 풀어야 정확한 답을 고를 수 있다. 주로 동사와 명사를 넣는 문제가 가장 많이 출제되고, 그 밖에도 형용사, 조동사, 부사, 양사 등이 출제된다.

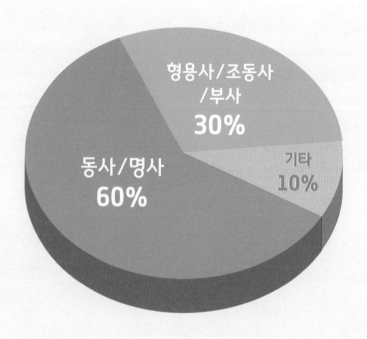

풀이 전략 | 문제 풀이 Step & 풀이 전략 적용해 보기

Step 1

빈칸 앞뒤를 보고 어떤 품사 자리인지 파악하기
문장 빈칸의 앞뒤 단어의 문장성분과 품사를 파악한다. 그러면 빈칸에 어떤 품사, 어떤 뜻의 단어가 들어가야 하는지 알 수 있다.

Step 2

의미가 어울리는 정답 고르기
빈칸에 들어갈 단어의 품사를 확인했으면 앞뒤 단어와 의미가 어울리는 것을 보기에서 고른다.

풀이 전략 적용해 보기

[보기]　A　漂亮 (piàoliang)　　B　认识 (rènshi)　　C　名字 (míngzi)　　D　回 (huí)　　E　学生 (xuésheng)

36. 你 的 衣服 很 (　　)。 (Nǐ de yīfu hěn)

STEP 1　빈칸 앞뒤를 보고 어떤 품사 자리인지 파악하기

你的　　衣服　　很　　(　　)。
관형어　　주어　　부사어　(형용사/심리동사)

빈칸 앞에 정도부사 很(아주)이 있으므로 빈칸에는 형용사나 심리동사가 들어갈 수 있다.

STEP 2　의미가 어울리는 정답 고르기

你的衣服很(漂亮)。

네 옷이 아주 (예쁘다).

주어가 '너의 옷'이므로 漂亮(예쁘다)이 들어가야 한다.

정답　36. A 漂亮

어휘　漂亮 piàoliang 형 예쁘다　认识 rènshi 동 알다　名字 míngzi 명 이름　回 huí 동 돌아가다　学生 xuésheng 명 학생　的 de 조 ~의　衣服 yīfu 명 옷　很 hěn 부 아주

빈칸에 알맞은 단어 넣기
품사의 위치를 정확하게 파악하라!

기본기 다지기 기본 개념 잡기 & 공략 미리보기

문장의 빈칸에 알맞은 단어를 넣기 위해서는 기초 어법 실력을 꼭 갖추고 있어야 한다. 만일 어법 지식이 없이 단어의 뜻만 보고 문제를 풀면 오답을 고를 가능성이 크다. 먼저 문장의 기본 구조(주—술—목)를 파악하고, 기본 구조를 이루는 문장성분에 어떤 품사가 들어가는지 알아야 정확한 단어를 넣을 수 있다.

I 기본 개념 잡기 I 주요 출제 유형

1. 동사/형용사 넣기

       Nǐ   rènshi tā ma

(문제) 你 (认识) 她 吗 ? 너는 그녀를 (아니) ?

       Tiānqì tài rè le

       天气 太 (热) 了 。 날씨가 너무 (덥다).

2. 명사 넣기

       Nǐ xīngqī   jǐ yǒu Hànyǔ kè

(문제) 你 (星期) 几 有 汉语 课 ? 너는 무슨 (요일)에 중국어 수업이 있어?

3. 뜻이 어울리는 단어 넣기

       Wǒ zuò   fēijī   qù Zhōngguó

(문제) 我 坐 (飞机) 去 中国 。 나는 (비행기)를 타고 중국에 간다.

4. 부사/조동사/개사 넣기

       Wǒ bù   néng zài zhèr xuéxí

(문제) 我 不 (能) 在 这儿 学习 。 나는 여기에서 공부를 (할 수) 없어.

I 공략 미리보기 I

합격 공략 27	동사, 형용사가 들어갈 위치를 파악하기!
합격 공략 28	명사가 들어갈 위치를 파악하기!
합격 공략 29	빈칸 앞뒤의 단어와 호응하는 것을 찾기!
합격 공략 30	[160점 이상 고득점] 부사, 조동사, 전치사의 위치에 주의하기!

합격 공략 **27** 동사, 형용사가 들어갈 위치를 파악하기!

⭐⭐

술어가 될 수 있는 단어

- 술어가 될 수 있는 품사는 대표적으로 동사와 형용사가 있다. '보다', '먹다' 등의 행동이나, '~이다', '있다' 등의 상황을 설명하는 단어가 동사이다. 형용사는 상태와 성질을 묘사하는 단어로 '예쁘다', '덥다' 등이 있다.
- 동사 술어는 목적어를 가질 수 있지만 형용사 술어는 목적어를 가질 수 없다. 하지만 모든 동사가 전부 목적어를 가질 수 있는 것은 아니다.
- 형용사 술어는 앞에 대부분 很(아주), 非常(매우)과 같은 정도부사를 사용한다.

	동사 술어	형용사 술어
어순	주어 + 술어(동사) + 목적어	주어 + 술어(형용사)
앞에 오는 단어	不/没（有） + 동사	정도부사 + 형용사
		不 + 형용사

실전문제 📖

[보기]　A 喝 (hē)　　B 小 (xiǎo)　　C 是 (shì)　　D 去 (qù)　　E 热 (rè)

1. 今天 天气 太（　　）了。
   Jīntiān tiānqì tài ... le

2. 她（　　）你的 老师 吗？
   Tā ... nǐ de lǎoshī ma

3. 我（　　）了 三 杯 水。
   Wǒ ... le sān bēi shuǐ

4. 那 个 苹果 很（　　）。
   Nà ge píngguǒ hěn

5. 爸爸（　　）哪儿？
   Bàba ... nǎr

1.　　今天　　天气　太　（　　　）了。
　　　주어　　　　술어[주어+부사어+(형용사)+了]

빈칸 앞에 정도부사 太(너무)가 있으므로 형용사가 들어갈 수 있다.

2.　　她　（　　　）　你的　老师　吗?
　　주어　（동사）　관형어　목적어　吗

문장에 술어가 없으므로 빈칸은 동사 술어 자리이다.

3.　　我　（　　　）　了　三杯　水。
　　주어　（동사）　了　관형어　목적어

문장에 술어가 없고, 빈칸 뒤에 了(~했다)가 있으므로 빈칸은 동사 술어 자리이다.

4.　　那个　苹果　很　（　　　）。
　　관형어　주어　부사어　（형용사）

빈칸 앞에 정도부사 很(아주)이 있으므로 빈칸에는 형용사가 들어갈 수 있다.

5.　　爸爸　（　　　）　哪儿?
　　주어　（동사）　목적어

문장에 술어가 없으므로 빈칸은 동사 술어 자리이다.

1. 今天天气太（ 热 ）了。

주어가 '날씨'이므로 热(덥다)가 들어가야 한다.

오늘 날씨가 너무 (덥다).

2. 她（ 是 ）你的老师吗?

주어가 '그녀'이고 목적어가 '선생님'이므로 술어에 是(~이다)가 들어가야 한다.

그녀가 네 선생님(이야)?

3. 我（ 喝 ）了三杯水。

목적어가 '물'이므로 喝(마시다)가 들어가야 한다.

나는 물 세 잔을 (마셨다).

4. 那个苹果很（ 小 ）。

주어가 '사과'이므로 小(작다)가 들어가야 한다.

그 사과는 아주 (작다).

5. 爸爸（ 去 ）哪儿?

목적어가 '어디'이므로 去(가다)가 들어가야 한다.

아빠 어디에 (가)?

정답　1. E 热　2. C 是　3. A 喝　4. B 小　5. D 去

어휘　喝 hē 동 마시다　小 xiǎo 형 작다　是 shì 동 ~이다　去 qù 동 가다　热 rè 형 덥다　天气 tiānqì 명 날씨　太……了 tài…… le 부 너무 ~하다　老师 lǎoshī 명 선생님　杯 bēi 양 잔　水 shuǐ 명 물　苹果 píngguǒ 명 사과　哪儿 nǎr 대 어디

합격 공략 ㉘ 명사가 들어갈 위치를 파악하기!

★★

주어와 목적어가 될 수 있는 단어

■ 주어와 목적어가 될 수 있는 품사에는 대표적으로 명사가 있다. 빈칸 뒤에 동사가 있으면 빈칸은 주어 자리이므로 명사를 넣고, 빈칸 앞에 동사가 있으면 빈칸은 목적어 자리이므로 명사를 넣는다.

1. (주어) + 동사 술어 + 목적어

Jiějie　mǎi le　yí jiàn　yīfu
(姐姐) 买 了 一 件 衣服 。 (누나는) 옷 한 벌을 샀다.

2. 주어 + 동사 술어 + (목적어)

Tā qù　　nǎr
他 去 (哪儿) ? 그는 (어디에) 가?

■ 또 명사는 관형어의 수식을 받을 수 있다. 빈칸 앞에 관형어를 만드는 조사 的(~의/~한)가 있으면 빈칸에 의미가 어울리는 명사를 넣는다. 그리고 빈칸 앞에 수량사 관형어가 있으면 빈칸에 명사를 넣는다.

1. 동사/형용사/명사 + 的 + (명사)

Nǎ ge shì nǐ de　　cídiǎn
哪 个 是 你 的 (词典) ? 어떤 것이 네 (사전)이야?

2. 수사 + 양사 + (명사)

Tā chīle liǎng ge　　xīguā
他 吃了 两 个 (西瓜) 。 그는 (수박) 2개를 먹었다.

■ 시간 명사는 동사 술어 앞이나 주어 앞에 쓸 수 있다.

1. (시간 명사) + 동사 술어

Wǒmen　 míngtiān　qù ba
我们 (明天) 去 吧 。 우리 (내일) 가자.

2. (시간 명사) + 주어 + 동사 술어

Jīntiān　Wǒmen qù hē jiǔ ba
(今天) 我们 去 喝 酒 吧 。 (오늘) 우리 술 마시러 가자.

[보기]　A 朋友 (péngyou)　　B 书 (shū)　　C 茶 (chá)　　D 妈妈 (māma)　　E 狗 (gǒu)

1. 我 买了 一 本 (　　)。
Wǒ mǎi le yì běn

2. 男 : 你 认识 她 吗 ?
Nǐ rènshi tā ma

女 : 认识，是 我 的 好 (　　)。
Rènshi shì wǒ de hǎo

3. (　　) 去 医院 了 。
qù yīyuàn le

4. 你 想 喝 什么 (　　) ?
Nǐ xiǎng hē shénme

5. 我 的 小 (　　) 在 哪儿 ?
Wǒ de xiǎo zài nǎr

STEP 1 빈칸 앞뒤를 보고 어떤 품사 자리인지 파악하기

1.　我　买　了　一本　(　　)。
　　주어　술어　了　관형어　(명사)

빈칸 앞에 양사 本(권)이 있으므로 빈칸에는 명사가 들어갈 수 있다.

2.　男 : 你　认识　她　吗?

女 : 认识，是　我的好　(　　)。
　　　　　　술어　술어　관형어　(명사)

빈칸 앞에 관형어를 만드는 的(~의/~한)와 1음절 형용사 好(좋다)가 있으므로 빈칸은 명사 자리이다.

3.　(　　)　去　医院　了。
　　(주어)　술어　목적어　了

빈칸 뒤에 동사 去(가다)가 있으므로 빈칸은 주어 자리이다.

4.　你　想　喝　什么　(　　)?
　　주어　부사어　술어　관형어　(명사)

빈칸 앞에 대사 什么(무슨)가 있으므로 빈칸은 명사가 들어갈 수 있다.

5.　　我的小　（　　）　在　哪儿?
　　　관형어　　　（명사）　　술어　목적어

빈칸 앞에 관형어를 만드는 的(~의/~한)와 1음절 형용사 小(작다)가 있으므로 빈칸은 명사 자리이다. 1음절 형용사가 관형어로 쓰일 때 的 없이 명사를 바로 꾸며줄 수 있다.

STEP 2　의미가 어울리는 정답 고르기

1.　我买了一本（　书　）。
　　　　　　　　　　　　　　나는 (책) 한 권을 샀어요.

　　책을 세는 양사 '本(권)'이 있으므로 书(책)가 들어가야 한다.

2.　男：你认识她吗?
　　　　　　　　　　　　　　남: 너는 그녀를 알아?
　　女：认识，是我的好（ 朋友 ）。
　　　　　　　　　　　　　　여: 알아. 내 친한 (친구)야.

　　사람을 아는지 물었고 문장의 술어가 '是(~이다)'이므로 목적어에 朋友(친구)가 들어가야 한다.

3.　（ 妈妈 ）去医院了。
　　　　　　　　　　　　　　(엄마)가 병원에 갔다.

　　누가 병원에 갔는지 주어 자리가 비었으므로 妈妈(어머니)가 들어가야 한다.

4.　你想喝什么（ 茶 ）?
　　　　　　　　　　　　　　너는 어떤 (차)를 마시고 싶어?

　　술어가 '마시다'이므로 茶(차)가 들어가야 한다.

5.　我的小（ 狗 ）在哪儿?
　　　　　　　　　　　　　　내 (강아지) 어디에 있어?

　　앞에 小(작은)가 있으므로 빈칸에는 狗(개)가 들어가야 한다.

정답　1. B 书　2. A 朋友　3. D 妈妈　4. C 茶　5. E 狗

어휘　朋友 péngyou 몡 친구　书 shū 몡 책　茶 chá 몡 차　妈妈 māma 몡 엄마　狗 gǒu 몡 개　买 mǎi 동 사다　本 běn 양 권　认识 rènshi 동 알다　医院 yīyuàn 몡 병원　想 xiǎng 조동 ~하고 싶다　喝 hē 동 마시다　在 zài 동 ~에 있다　哪儿 nǎr 때 어디

합격 공략 29 빈칸 앞뒤의 단어와 호응하는 것을 찾기!

어휘의 호응

- 만일 빈칸에 들어갈 단어의 품사를 파악하지 못했다면, 빈칸 앞뒤 단어를 해석해서 의미가 어울리는 단어를 넣는다. 문장 전체를 해석하지 말고 빈칸 앞뒤 단어만 해석해도 정답을 고를 수 있다.
- 다른 문제의 정답과 중복되지 않도록 한 문제에 하나의 보기가 정답이 되게 한다.

[보기]　A 说
shuō　　B 米饭
mǐfàn　　C 东西
dōngxi　　D 好
hǎo　　E 钱
qián

1. 他们 在 （　　） 话 。
Tāmen zài　　　　huà

2. 这 些 苹果 多少 （　　） ？
Zhè xiē píngguǒ duōshao

3. 我 去 买 （　　） 。
Wǒ qù mǎi

4. 这 个 很 （　　） 吃 。
Zhè ge hěn　　　chī

5. 你 吃 （　　） 吗 ？
Nǐ chī　　　ma

STEP 1　빈칸 앞뒤를 보고 어떤 품사 자리인지 파악하기

1.　他们　在　（　）　话。
　　　주어　부사어　(동사)　목적어

빈칸 앞에 진행을 나타내는 在(~하고 있다)가 있고, 뒤에 명사 话(말)가 있으므로 동사 술어 자리이다.

2.　这些　苹果　多少（　）?
　　　관형어　주어　술어[관형어+(명사)]

빈칸 앞에 多少(얼마)가 있고 주어가 苹果(사과)이다. 多少가 꾸며줄 수 있는 명사가 들어가야 한다.

3.　我　去　买　（　）。
　　　주어　술어1　술어2　(명사)

빈칸 앞에 동사 去买(사러 가다)가 있으므로 목적어인 명사가 들어가야 한다.

4.　这个　很　（　）吃。
　　　주어　부사어　술어

빈칸 앞에는 정도부사 很(아주)이 있으므로 빈칸을 포함한 단어는 형용사여야 한다.

5.　你　吃　（　）　吗?
　　　주어　술어　(명사)　吗

빈칸 앞에 동사 吃(먹다)가 있으므로 명사가 들어가야 한다.

1. 他们在 (说) 话。

   '말을 하고 있다'를 이루는 说(말하다)가 들어가야 한다.

   그들은 말을 (하고) 있다.

2. 这些苹果多少 (钱) ？

   '얼마예요?'를 이루는 钱(돈)이 들어가야 한다.

   이 사과는 (얼마예요)?

3. 我去买 (东西)。

   '사러 가다'의 대상이 되는 东西(물건)가 들어가야 한다.

   나는 (물건)을 사러 간다.

4. 这个很 (好)吃。

   '맛있다'라는 뜻인 好吃가 되도록 好가 들어가야 한다.

   이것은 아주 (맛있다).

5. 你吃 (米饭)吗？

   '먹다'의 대상이 되는 米饭(쌀밥)이 들어가야 한다.

   너 (밥) 먹을 거야?

정답 1. A 说 2. E 钱 3. C 东西 4. D 好 5. B 米饭

어휘 说 shuō 통 말하다 米饭 mǐfàn 명 쌀밥 东西 dōngxi 명 물건 好 hǎo 형 좋다 钱 qián 명 돈 在 zài 부 ~하고 있다 话 huà 명 말 苹果 píngguǒ 명 사과 多少 duōshao 대 얼마나 买 mǎi 통 사다 很 hěn 부 아주 吃 chī 통 먹다

합격 공략 30 [160점 이상 고득점] 부사, 조동사, 개사구의 위치에 주의하기!

부사어에 쓰이는 단어들

- 문장의 뼈대가 주어, 술어, 목적어라면, 이것을 풍부하게 꾸며주는 문장성분은 관형어와 부사어이다. 주어와 목적어를 꾸며주는 것을 관형어라고 하고, 술어를 꾸며주는 것을 부사어라고 한다.
- 부사어에는 대표적으로 '부사, 조동사, 개사구'가 쓰일 수 있다. 부사어는 술어 앞에서 술어를 꾸며준다.
- 부사는 很(매우), 太(너무), 都(모두) 등이고 동사와 형용사 앞에 쓰인다. 조동사는 想(~하고 싶다), 会(~할 것이다) 등이고 동사 앞에 쓰인다. 개사는 在(~에서), 跟(~와/과) 등이고 뒤에 특정 명사와 함께 개사구를 이루어서 동사 앞에 쓰인다.
- 만일 부사, 조동사, 개사구가 모두 있으면 '부사-조동사-개사구'의 순서로 술어 앞에 쓴다.

빈출 부사, 조동사, 개사!

부사	不 bù 안/못 没 méi ~하지 않았다 都 dōu 모두
	很 hěn 아주 太……了 tài……le 너무 ~하다
조동사	想 xiǎng ~하고 싶다 能 néng ~할 수 있다 会 huì (배워서) ~할 줄 알다
개사	和 hé ~와/과

[보기] A 想 xiǎng　　B 都 dōu　　C 很 hěn　　D 和 hé　　E 不 bù

Míngtiān wǒ　　　　māma qù kàn diànyǐng
1. 明天 我 （　　） 妈妈 去 看 电影 。

Tāmen　　　huíqù le ma
2. 他们 （　　） 回去 了 吗 ？

Wǒ　　　shuìjiào
3. 我 （　　） 睡觉 。

Tā　　　xiǎng hé wǒmen chīfàn
4. 他 （　　） 想 和 我们 吃饭 。

Zhè ge cài　　　hǎochī
5. 这 个 菜 （　　） 好吃 。

STEP 1　빈칸 앞뒤를 보고 어떤 품사 자리인지 파악하기

1.　明天　我　（　）　妈妈　　去　看　电影。
　　부사어　주어　부사어[(개사)+명사]　술어1　술어2　목적어

빈칸 앞뒤에 모두 명사가 있는데 앞의 명사는 주어이다. 문장에 술어는 이미 있으므로 빈칸에는 개사가 들어가야 한다.

2.　他们　（　）　回去　了吗？
　　주어　(부사어)　술어　了吗

빈칸 앞에 주어가, 뒤에 동사 술어가 있으므로 부사어가 들어가야 한다.

3.　我　（　）　睡觉。
　　주어　(부사어)　술어

빈칸 앞에 주어가, 뒤에 동사 술어가 있으므로 부사어가 들어가야 한다.

4.　他　（　）　想　和我们　吃　饭。
　　주어　부사어[(부사)+조동사+개사구]　술어　목적어

빈칸 앞에 주어가, 뒤에 조동사와 개사구가 있으므로 부사가 들어가야 한다.

5.　这个　菜　（　）　好吃。
　　관형어　주어　(정도부사)　술어

빈칸 앞에 주어가, 뒤에 형용사 술어가 있으므로 정도부사가 들어가야 한다.

STEP 2 의미가 어울리는 정답 고르기

1. 明天我（ 和 ）妈妈去看电影。　　　　　내일 나는 엄마(와) 영화를 보러 간다.

   빈칸 앞에 주어가, 뒤에 명사가 있으므로 和(~와/과)가 들어가야 한다.

2. 他们（ 都 ）回去了吗?　　　　　　그들은 (모두) 돌아갔어?

   주어가 복수이고, 동작이 완료되었으므로 都(모두)가 들어가야 한다.

3. 我（ 想 ）睡觉。　　　　　　나는 잠을 자(고 싶다).

   '나는 잠을 자고 ~하다'를 이루는 想(~하고 싶다)이 들어가야 한다.

4. 他（ 不 ）想和我们吃饭。　　　　그는 우리와 밥을 먹고 싶어 하(지 않는다).

   '그는 우리와 밥을 먹고 싶어 ~하다'를 이루는 不(안/못)가 들어가야 한다.

5. 这个菜（ 很 ）好吃。　　　　이 음식은 (아주) 맛있다.

   '맛있다'를 꾸며주는 很(아주)이 들어가야 한다.

정답 1. D 和　2. B 都　3. A 想　4. E 不　5. C 很

어휘 和 hé 개 ~와/과　都 dōu 부 모두, 다　想 xiǎng 조동 ~하고 싶다　不 bù 부 안/못　很 hěn 부 아주　看 kàn 동 보다　电影 diànyǐng 명 영화　回去 huíqù 동 돌아가다　睡觉 shuìjiào 동 잠자다　吃 chī 동 먹다　饭 fàn 명 밥　菜 cài 명 요리, 음식　好吃 hǎochī 형 맛있다

빈칸에 알맞은 단어를 넣으세요.

1–5

| | diànshì | | míngtiān | | zuò | | bú kèqi | | běn |
[보기] A 电视   B 明天   C 坐   D 不 客气   E 本

1. 男：你 在 做 什么 ？
Nǐ zài zuò shénme

    女：我 在 看 （　　）。
Wǒ zài kàn

2. （　　） 是 几 月 几 号 ？
shì jǐ yuè jǐ hào

3. 女：谢谢 老师 。
Xièxie lǎoshī

    男：（　　）。

4. 我们 （　　） 火车 去 吧 。
Wǒmen   huǒchē qù ba

5. 这儿 有 三 （　　） 书 。
Zhèr yǒu sān   shū

6–10

[보기] A 杯 (bēi)   B 星期 (xīngqī)   C 会 (huì)   D 没 (méi)   E 大 (dà)

6. 今天 是 (Jīntiān shì) （　　　） 五 。(wǔ)

7. 男：你 (Nǐ) （　　　） 做 中国菜 吗 ？(zuò zhōngguócài ma)

     女：会 一点儿 。(Huì yìdiǎnr)

8. 女：你 买 电脑 了 吗 ？(Nǐ mǎi diànnǎo le ma)

     男：（　　　） 买 。(mǎi)

9. 这 个 衣服 太 （　　　） 了 。(Zhè ge yīfu tài le)

10. 妈妈 喝 了 一 （　　　） 水 。(Māma hē le yì shuǐ)

[제1부분]

1–5 제시된 사진과 단어를 보고 일치/불일치를 판단하세요.

1.		shū 书	
2.		lǎoshī 老师	
3.		yīshēng 医生	
4.		xiǎo 小	
5.		gǒu 狗	

[제2부분]

6-10 제시된 문장과 일치하는 사진을 고르세요.

A

B

C

D

E

　　Nǐ diǎn shénme le
6. 你 点 什么 了 ？　　　　　　　　　　□

　　Érzi liù diǎn huílái
7. 儿子 六 点 回来 。　　　　　　　　　□

　　Xuéshengmen zài kànshū
8. 学生 们 在 看书 。　　　　　　　　　□

　　Míngtiān xiàwǔ qù kàn diànyǐng　　zěnmeyàng
9. 明天 下午 去 看 电影 ，　怎么样 ？　　□

　　Nǐ de shū zài zhuōzi shang
10. 你 的 书 在 桌子 上 。　　　　　　　□

[제3부분]

11-15 제시된 문장과 연결되는 문장을 고르세요.

Nàr yǒu jǐ běn shū
11. 那儿 有 几 本 书 ？ ☐ A 0935389485。

Nǐ māma shì lǎoshī ma
12. 你 妈妈 是 老师 吗 ？ ☐ Bú shì tā shì yīshēng
B 不 是 ， 她 是 医生 。

Nǐ de diànhuà shì duōshao
13. 你 的 电话 是 多少 ？ ☐ Zài Běijīng
C 在 北京 。

Tā zhù zài nǎr
14. 他 住 在 哪儿 ？ ☐ Zhèr yǒu sì běn
D 这儿 有 四 本 。

Nǐ xǐhuan zuò cài ma
15. 你 喜欢 做 菜 吗 ？ ☐ Wǒ bú tài xǐhuan
E 我 不 太 喜欢 。

[제4부분]

16-20 빈칸에 알맞은 단어를 넣으세요.

[보기] A 爱 (ài)　　B 饭馆 (fànguǎn)　　C 猫 (māo)　　D 哪 (nǎ)　　E 话 (huà)

16. 你 听 我 的 (　　)。
Nǐ tīng wǒ de

17. 我 (　　) 喝 中国 茶 。
Wǒ hē zhōngguóchá

18. 女：爸爸 在 哪儿 ？
Bàba zài nǎr

男：爸爸 在 (　　) 前面 。
Bàba zài qiánmiàn

19. 你 想 买 (　　) 个 ？
Nǐ xiǎng mǎi ge

20. 你 的 (　　) 很 漂亮 。
Nǐ de hěn piàoliang

고수들의 합격전략
4주 단기완성

HSK
2급

듣기 · 독해

听力
阅读

HSK
2급

听力

듣기

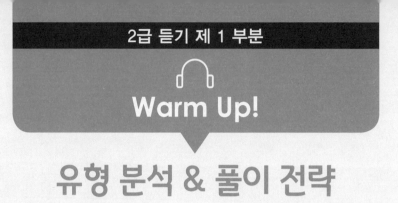

Warm Up!

유형 분석 & 풀이 전략

유형 분석 | 시험에는 이렇게 나온다!

출제 방식

2급 듣기 제1부분(1번~10번)은 한 문장을 듣고 제시된 사진과 일치하는지 일치하지 않는지를 판단하는 문제이다. 듣기 영역의 모든 문제의 녹음들은 모두 두 번씩 들려준다.

출제 경향 & 유형별 출제 비율

듣기 제1부분은 사람의 행동, 사물, 감정 및 상태, 날씨 등의 사진이 출제된다. 그 중에서 행동을 나타내는 사진과 사물, 감정 및 상태를 나타내는 사진이 가장 많이 나온다. 그리고 날씨, 장소, 동물을 나타내는 사진도 출제된다. 녹음은 짧은 한 문장이 들리기 때문에 사진을 먼저 정확하게 파악해두면 정답을 어렵지 않게 찾을 수 있다. 최근에는 여러 사람이 등장하는 사진이 종종 출제되기 때문에 사진이 어떤 상황을 나타내는지 파악하는 것도 중요하다.

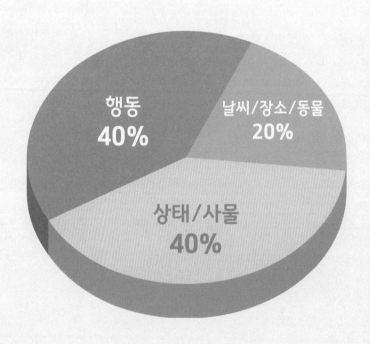

풀이 전략 | 문제 풀이 Step & 풀이 전략 적용해 보기

Step 1

사진의 핵심 키워드를 떠올리기

녹음을 듣기 전에 먼저 어떤 사진인지를 알아야 한다. 사진 속 인물/사물/동물의 이름을 중국어로 떠올린다. 또한 인물/사물이 어떤 행동/감정/상태인지를 중국어로 떠올린다.

Step 2

녹음과 사진을 대조하기

녹음을 들으면서 녹음의 단어가 사진의 핵심 키워드와 같은지(일치) 다른지(불일치)를 판단한다.

풀이 전략 · 적용해 보기 · 🎧 38.mp3

1.

STEP 1 사진의 핵심 키워드를 떠올리기

사진에 신문이 있으므로 报纸(신문)과 看(보다)을 떠올린다.

STEP 2 녹음과 사진을 대조하기

Zhè shì zuótiān kàn de bàozhǐ
这 是 昨天 看 的 报纸 。

녹음과 사진의 키워드가 같다.

이것은 어제 본 신문이다.

정답 1. 일치(✔)

어휘 报纸 bàozhǐ 명 신문　看 kàn 동 보다

한 문장을 듣고 일치/불일치 판단하기
인물의 행동 & 사물에 주목하라!

기본기 다지기 기본 개념 잡기 & 공략 미리보기

2급의 듣기 제1부분은 1급의 듣기 제1부분과 동일한 유형의 문제이다. 1급에서는 녹음에 한두 개의 짧은 단어가 나오는 반면 2급에서는 한 문장이 나온다. 따라서 2급을 공부할 때는 단어를 많이 외울 뿐만 아니라 문장을 듣고 뜻을 이해할 수 있어야 한다.

| 기본 개념 잡기 | 주요 출제 분야

1. 행동 : 운동을 하거나 식사 또는 공부를 하는 등 일상생활과 관련된 사진이 나온다.

Wǒ měitiān xuéxí　 fēnzhōng
我 每天 学习 30 分钟 。 나는 매일 30분씩 공부한다.
정답 일치(✓)

2. 사물 : 핸드폰, 신문, 음식 등 평소에 자주 볼 수 있는 사물 사진이 나온다.

Jīntiān de bàozhǐ zài nǎr
今天 的 报纸 在 哪儿 ？ 오늘 신문이 어디에 있어?
정답 일치(✓)

3. 상태 : 비나 눈이 내리는 날씨 사진이나 영화관, 병원 같은 장소 사진, 책이 많이 있는 사진이나 사람의 표정 사진 등이 나온다.

Wǒ xīwàng míngtiān xiàxuě
我 希望 明天 下雪 。 나는 내일 눈이 오길 바란다.
정답 일치(✓)

| 공략 미리보기 |

합격 공략 ③1 행동을 나타내는 동사 떠올리기!

★★★
행동을 나타내는 동사

- 동사는 행동을 나타낸다. 그래서 행동을 나타내는 동사를 외우는 것이 아주 중요하다.
- 사진에 어떤 행동이 있는지 보고 그 행동을 나타내는 동사를 중국어로 떠올려 둔다.
- 녹음에 동사는 같지만 주어나 목적어가 다른 경우가 있으므로 주의한다.

필수 암기! **동사**

(※ 따라 읽어보세요. 🎧 39.mp3)

- 爱 1급 ài 사랑하다, ~하기를 좋아하다
- 帮助 bāngzhù 돕다
- 唱歌 chànggē 노래를 부르다
- 吃 1급 chī 먹다
- 出 chū (안쪽에서 바깥쪽으로) 나다
- 穿 chuān 입다, 신다
- 打电话 1급 dǎ diànhuà 전화를 걸다
- 打篮球 dǎ lánqiú 농구하다
- 到 dào 도착하다
- 等 děng 기다리다
- 工作 1급 gōngzuò 일하다
- 喝 1급 hē 마시다
- 回 1급 huí 돌다
- 叫 1급 jiào 부르다
- 介绍 jièshào 소개하다
- 进 jìn (바깥에서 안쪽으로) 들다
- 开 1급 kāi 열다, 켜다, 운전하다
- 看 1급 kàn 보다

- 去 1급 qù 가다
- 上班 shàngbān 출근하다
- 生病 shēngbìng 병이 나다
- 睡觉 1급 shuìjiào 잠을 자다
- 说 1급 shuō 말하다
- 送 sòng 주다, 보내다
- 踢足球 tī zúqiú 축구하다
- 跳舞 tiàowǔ 춤을 추다
- 听 1급 tīng 듣다
- 问 wèn 묻다
- 洗 xǐ 씻다, 닦다
- 喜欢 1급 xǐhuan 좋아하다
- 笑 xiào 웃다
- 写 1급 xiě 쓰다
- 休息 xiūxi 쉬다, 휴식하다
- 学习 1급 xuéxí 공부하다
- 游泳 yóuyǒng 수영하다
- 运动 yùndòng 운동하다

- 来 ^{1급} lái 오다
- 旅游 lǚyóu 여행하다
- 买 ^{1급} mǎi 사다
- 卖 mài 팔다
- 起床 qǐchuáng 기상하다

- 住 ^{1급} zhù 살다, 머무르다
- 走 ^{1급} zǒu 걷다, 가다
- 做 ^{1급} zuò 하다, 만들다
- 坐 ^{1급} zuò 타다, 앉다

실전문제 🎧 40.mp3

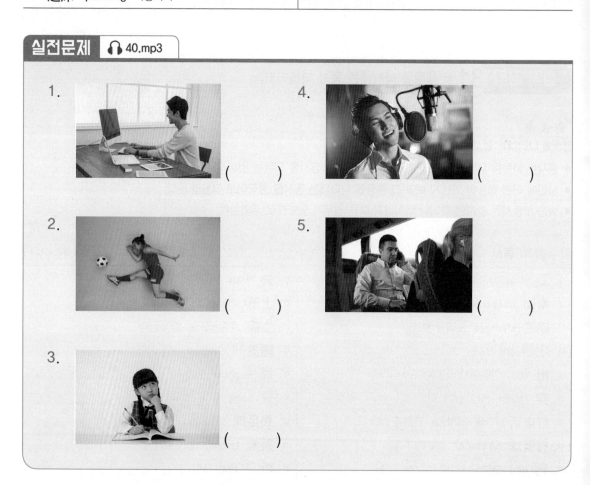

1. (　　)
2. (　　)
3. (　　)
4. (　　)
5. (　　)

STEP 1 사진의 핵심 키워드를 떠올리기

1. 남자가 컴퓨터를 하고 있으므로 电脑(컴퓨터)를 떠올린다.
2. 여자가 축구를 하고 있으므로 踢足球(축구하다)를 떠올린다.
3. 여자아이가 공부하는 모습이므로 学习(공부하다)를 떠올린다.
4. 남자가 노래를 하는 모습이므로 唱歌(노래를 부르다)를 떠올린다.
5. 남자가 버스를 타고 있으므로 坐公交车(버스를 타다)를 떠올린다.

Wǒ zài kàn bàozhǐ
1. 我 在 看 报纸 。

나는 신문을 보고 있다.

사진에는 电脑(컴퓨터)가 있지만 녹음의 문장에서 목적어가 报纸(신문)이므로 일치하지 않는다.

Tā tī zúqiú tī de fēicháng hǎo
2. 她 踢 足球 踢 得 非常 好 。

그녀는 축구를 매우 잘한다.

녹음의 내용이 여자가 축구를 잘한다는 내용이므로 일치한다.

Érzi xǐhuan xuéxí
3. 儿子 喜欢 学习 。

아들은 공부를 좋아한다.

녹음에 사진의 핵심 키워드 学习(공부하다)가 들렸지만 주어가 다르므로 일치하지 않는다.

Wǒ wǔ tiào de bù hǎo
4. 我 舞 跳 得 不 好 。

나는 춤을 못 춘다.

녹음에는 跳舞(춤을 추다)가 들렸으므로 일치하지 않는다.

Wǒ zuò gōnggòngqìchē qù shàngbān
5. 我 坐 公共汽车 去 上班 。

나는 버스를 타고 출근한다.

녹음에 사진의 핵심 키워드가 그대로 들렸으므로 일치한다.

정답 1. 불일치(✘) 2. 일치(✔) 3. 불일치(✘) 4. 불일치(✘) 5. 일치(✔)

어휘 电脑 diànnǎo 명 컴퓨터 踢足球 tī zúqiú 축구하다 学习 xuéxí 동 공부하다 唱歌 chànggē 동 노래를 부르다 坐 zuò 동 타다 公共汽车 gōnggòngqìchē 명 버스 在 zài 부 ~하고 있다 看 kàn 동 보다 报纸 bàozhǐ 명 신문 儿子 érzi 명 아들 喜欢 xǐhuan 동 좋아하다 跳舞 tiàowǔ 동 춤추다 上班 shàngbān 동 출근하다

합격 공략 32 사물의 이름 떠올리기!

★★★

사물을 나타내는 명사

- 사진에 사물이 있는데 정답이 일치인 경우, 녹음에 사물의 이름이 그대로 들린다.
- 일상생활에 자주 볼 수 있는 물건이나 음식 등이 자주 출제되므로 아래의 사물 명칭을 꼭 암기해 둔다.
- 사진에 동물이 있을 때에도 동물의 명칭이 그대로 들리므로 자주 출제되는 동물의 이름을 외워 둔다.

필수 암기! 명사

(※ 따라 읽어보세요. 🎧 41.mp3)

- 报纸 bàozhǐ 신문
- 杯子 1급 bēizi 컵
- 菜 1급 cài 요리, 음식
- 茶 1급 chá 차
- 东西 1급 dōngxi 물건
- 电脑 1급 diànnǎo 컴퓨터

- 苹果 1급 píngguǒ 사과
- 钱 1급 qián 돈
- 手表 shǒubiǎo 손목시계
- 手机 shǒujī 핸드폰
- 水 1급 shuǐ 물
- 水果 1급 shuǐguǒ 과일

- **电视** ^{1급} diànshì 텔레비전
- **电影** ^{1급} diànyǐng 영화
- **鸡蛋** jīdàn 계란
- **咖啡** ^{1급} kāfēi 커피
- **礼物** lǐwù 선물
- **米饭** mǐfàn 쌀밥
- **面条** miàntiáo 국수
- **门** mén 문
- **票** piào 표

- **西瓜** xīguā 수박
- **小狗** ^{1급} xiǎogǒu 강아지
- **小猫** ^{1급} xiǎomāo 고양이
- **颜色** yánsè 색깔
- **衣服** ^{1급} yīfu 옷
- **椅子** ^{1급} yǐzi 의자
- **鱼** yú 생선, 물고기
- **桌子** ^{1급} zhuōzi 탁자

실전문제 🎧 42.mp3

1.

(   )

4.

(   )

2.

(   )

5.

(   )

3.

(   )

STEP 1   사진의 핵심 키워드를 떠올리기

1. 사진에 핸드폰이 있으므로 手机(핸드폰)를 떠올린다.
2. 사진에 국수가 있으므로 面条(국수)를 떠올린다.
3. 사진에 딸기가 있으므로 草莓(딸기)를 떠올린다.
4. 사진에 농구공이 있으므로 篮球(농구)를 떠올린다.
5. 사진에 책가방이 있으므로 书包(책가방)를 떠올린다.

Māma gěi wǒ mǎi le xīn shǒujī
1. 妈妈 给 我 买 了 新 手机 。

엄마가 내게 새 핸드폰을 사 줬다.

녹음과 사진의 키워드가 같다.

Wǒ xiǎng chī miàntiáo
2. 我 想 吃 面条 。

나는 국수를 먹고 싶다.

녹음과 사진의 키워드가 같다.

Wǒ mǎi le yí ge xīguā
3. 我 买 了 一 个 西瓜 。

나는 수박 한 개를 샀다.

녹음에는 西瓜(수박)가 들렸는데 사진에는 草莓(딸기)가 있으므로 일치하지 않는다.

Tā zuì xǐhuan de yùndòng shì lánqiú
4. 他 最 喜欢 的 运动 是 篮球 。

그가 가장 좋아하는 운동은 농구이다.

녹음과 사진의 키워드가 같다.

Wǒ de qiánbāo zài nǎr
5. 我 的 钱包 在 哪儿 ？

내 지갑 어디에 있어?

녹음에는 钱包(지갑)가 들렸는데 사진에는 书包(책가방)가 있으므로 일치하지 않는다.

정답 1. 일치(✔) 2. 일치(✔) 3. 불일치(✘) 4. 일치(✔) 5. 불일치(✘)

어휘 手机 shǒujī 몡 핸드폰　面条 miàntiáo 몡 국수　草莓 cǎoméi 몡 딸기　篮球 lánqiú 몡 농구　妈妈 māma 몡 엄마　给 gěi 개 ~에게　买 mǎi 통 사다　了 le 조 ~했다(완료)　新 xīn 혱 새롭다　想 xiǎng 조통 ~하고 싶다　吃 chī 통 먹다　西瓜 xīguā 몡 수박　最 zuì 뷔 가장　喜欢 xǐhuan 통 좋아하다　运动 yùndòng 몡 운동　是 shì 통 ~이다　钱包 qiánbāo 몡 지갑　在 zài 통 ~에 있다　哪儿 nǎr 때 어디

합격 공략 **33** 특정 장소와 날씨에 관한 표현 떠올리기!

장소와 날씨를 나타내는 단어

- 인물이나 사물 사진이 아니라 학교나 병원 등의 장소, 비나 눈이 내리는 날씨 등이 한 문제씩 꼭 나온다.
- 장소 사진이 나오면 장소 이름을 바로 떠올리고, 그 장소에서 쓰이는 동사와 명사를 함께 떠올린다.
- 날씨 사진이 나오면 그 날씨를 나타내는 표현을 바로 떠올린다.

필수 암기! 장소/날씨　　　　　　　　　（ ※ 따라 읽어보세요. 🎧 43.mp3 ）

□ **家** jiā 집	□ **中国** Zhōngguó 중국
□ **房间** fángjiān 방	□ **北京** Běijīng 북경
□ **公司** gōngsī 회사	□ **饭馆** fànguǎn 식당
□ **宾馆** bīnguǎn 호텔	□ **路** lù 길

□ 饭店	fàndiàn 호텔, 식당	□ 天气	tiānqì 날씨
□ 学校	xuéxiào 학교	□ 下雨	xiàyǔ 비가 내리다
□ 教室	jiàoshì 교실	□ 下雪	xiàxuě 눈이 내리다
□ 医院	yīyuàn 병원	□ 热	rè 덥다
□ 机场	jīchǎng 공항	□ 冷	lěng 춥다
□ 火车站	huǒchēzhàn 기차역	□ 晴	qíng 맑다
□ 商店	shāngdiàn 상점	□ 阴	yīn 흐리다

실전문제 🎧 44.mp3

1.  ( )

4.  ( )

2.  ( )

5.  ( )

3.  ( )

STEP 1 사진의 핵심 키워드를 떠올리기

1. 눈이 내리는 사진이므로 下雪(눈이 내리다)를 떠올린다.

2. 헬스장 사진이므로 관련 동사인 运动(운동하다)을 떠올린다.

3. 공항 사진이므로 机场(공항)과 坐飞机(비행기를 타다)를 떠올린다.

4. 날씨가 맑은 사진이므로 天气好(날씨가 좋다)를 떠올린다.

5. 식당 사진이므로 饭馆(식당), 服务员(종업원), 点菜(주문하다)를 떠올린다.

STEP 2 녹음과 사진을 대조하기

Yǔ xià de tài dà le
1. 雨 下 得 太 大 了 。

> 비가 너무 많이 내린다.

녹음의 문장이 사진의 키워드와 동사는 일치하지만 雪(눈)가 아니라 雨(비)이므로 일치하지 않는다.

Wǒ měitiān qù yùndòng
2. 我 每天 去 运动 。

> 나는 매일 운동하러 간다.

녹음과 사진의 키워드가 같다.

Qǐng wèn zài nǎr zuò gōnggòngqìchē
3. 请 问 , 在 哪儿 坐 公共汽车 ?

> 말씀 좀 묻겠습니다. 어디에서 버스를 타나요?

녹음에서 公共汽车(버스)를 어디에서 타는지 묻고 있으므로 사진과 일치하지 않는다.

Jīntiān tiānqì zhēn hǎo wǒmen chūqù wánr ba
4. 今天 天气 真 好 , 我们 出去 玩儿 吧 。

> 오늘 날씨가 정말 좋다. 우리 나가서 놀자.

녹음과 사진의 키워드가 같다.

Wǒ zài fànguǎn gōngzuò
5. 我 在 饭馆 工作 。

> 나는 식당에서 일한다.

녹음과 사진의 키워드가 같다.

정답 1. 불일치(✗) 2. 일치(✓) 3. 불일치(✗) 4. 일치(✓) 5. 일치(✓)

어휘 下雪 xiàxuě 통 눈이 내리다 运动 yùndòng 통 운동하다 机场 jīchǎng 명 공항 坐 zuò 통 타다 飞机 fēijī 명 비행기 天气 tiānqì 명 날씨 好 hǎo 형 좋다 饭馆 fànguǎn 명 식당 服务员 fúwùyuán 명 종업원 点菜 diǎncài 통 주문하다 雨 yǔ 명 비 下 xià 통 내리다 太……了 tài……le 부 너무 ~하다 大 dà 형 크다 每天 měitiān 명 매일 去 qù 통 가다 请问 qǐngwèn 말씀 좀 묻겠습니다 在 zài 개 ~에서 哪儿 nǎr 대 어디 坐 zuò 통 타다 公共汽车 gōnggòngqìchē 명 버스 今天 jīntiān 명 오늘 真 zhēn 부 정말 我们 wǒmen 대 우리 出去 chūqù 통 나가다 玩儿 wánr 통 놀다 吧 ba 조 ~하자(제안, 권유하는 말투) 工作 gōngzuò 통 일하다

합격 공략 34 [160점 이상 고득점] 그림을 전체적으로 보고 상황 떠올리기!

★★★
상황 파악하기

- 사진에 특별히 부각되는 행동이나 사물이 없다면 사진의 전체적인 분위기와 상황을 파악한다.
- 그 분위기와 상황에서 쓰일 수 있는 동사를 떠올린다.

실전문제 🎧 45.mp3

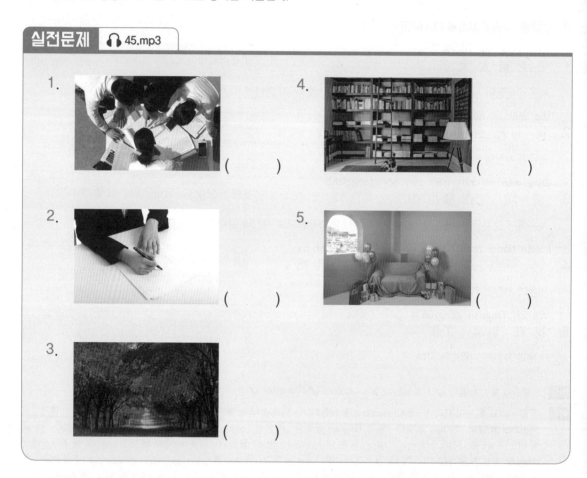

1. (   )

2. (   )

3. (   )

4. (   )

5. (   )

STEP 1 　사진의 핵심 키워드를 떠올리기

1. 여러 사람이 일하는 모습이므로 일로 바쁜 상황을 예상할 수 있다.

2. 학생이 무언가를 쓰는 모습이므로 시험을 보거나 공부를 한다는 내용을 예상할 수 있다.

3. 낙엽이 물든 산의 모습이므로 풍경에 관련된 형용사를 예상할 수 있다.

4. 책장에 책이 많이 있는 모습이므로 책에 관련된 내용을 예상할 수 있다.

5. 파티 장식이 되어 있는 모습이므로 기뻐하거나 축하하는 내용을 예상할 수 있다.

Tāmen jīntiān tài máng le
1. 他们 今天 太 忙 了 。

그들은 오늘 너무 바쁘다.

녹음에 忙(바쁘다)이 들렸으므로 사진의 상황과 일치한다.

Xuéshengmen dōu huíjiā le
2. 学生 们 都 回家 了 。

학생들은 모두 집에 돌아갔다.

녹음과 사진의 주어가 같지만 행동이 다르다. 녹음에는 回家(집에 돌아가다)가 들렸으므로 일치하지 않는다.

Zhèr hěn měi
3. 这儿 很 美 。

여기는 아주 아름답다.

녹음과 사진의 키워드가 같다.

Nǐmen jiā de shū zhēn duō a
4. 你们 家 的 书 真 多 啊 !

너희 집에 책이 정말 많다!

녹음에 书多(책이 많다)가 들렸으므로 일치한다.

Tā xiànzài mǎi yīfu
5. 他 现在 买 衣服 。

그는 지금 옷을 산다.

녹음에서 买衣服(옷을 산다)라고 했으므로 사진과 일치하지 않는다.

정답 1. 일치(✔) 2. 불일치(✘) 3. 일치(✔) 4. 일치(✔) 5. 불일치(✘)

어휘 他们 tāmen 데 그들　今天 jīntiān 명 오늘　忙 máng 형 바쁘다　学生们 xuéshengmen 명 학생들　都 dōu 부 모두　回家 huíjiā 동 집으로 돌아가다　家 jiā 명 집　这儿 zhèr 데 여기　很 hěn 부 아주　美 měi 형 아름답다　家 jiā 명 집　的 de 조 ~의/~한　书 shū 명 책　真 zhēn 부 정말　多 duō 형 많다　现在 xiànzài 명 현재, 지금　买 mǎi 동 사다　衣服 yīfu 명 옷

녹음을 듣고 일치(✓)/불일치(✗)를 판단하세요. 🎧 46.mp3

1.		
2.		
3.		
4.		
5.		

6.		
7.		
8.		
9.		
10.		

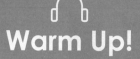

유형 분석 & 풀이 전략

유형 분석 | 시험에는 이렇게 나온다!

출제 방식

2급 듣기 제2부분(11번~20번)은 두 사람의 짧은 대화를 듣고 제시된 사진 A~F 중에서 일치하는 사진 하나를 고르는 문제이다. 듣기 영역의 모든 문제의 녹음들은 모두 두 번씩 들려준다.

출제 경향 & 유형별 출제 비율

듣기 제2부분은 두 사람이 같은 행동을 하고 있는 사진이나 한 사람이 어떤 행동을 하고 있는 사진, 그리고 사물 및 사물의 쓰임에 관한 사진 등이 출제된다. 인물의 행동에 관한 사진이 가장 많이 출제되고 그 다음으로 사물, 장소 관련 사진이 출제된다. 남녀의 대화는 짧은 한 문장씩 들리므로 녹음을 듣기 전에, 보기의 사진을 보고 어떤 상황인지 미리 유추하고 녹음을 들으면 정답을 쉽게 찾을 수 있다.

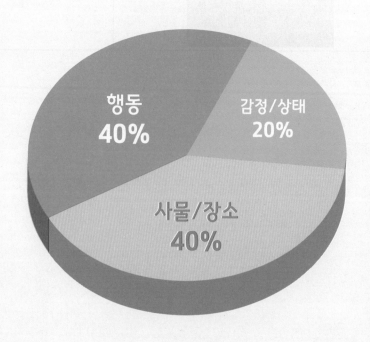

풀이 전략 | 문제 풀이 Step & 풀이 전략 적용해 보기

Step 1

가장 부각되는 행동/사물 파악하기

녹음을 듣기 전에 사진에서 가장 부각되어 보이는 것을 중국어로 떠올려야 한다. 사진 속 인물이 여행 가방을 끌고 있으면 '여행하다' 또는 '~에 가다'를 핵심 키워드로 떠올릴 수 있다.

Step 2

녹음과 일치하는 사진 고르기

미리 떠올려 둔 핵심 키워드가 녹음에 들리는지 대조하여 녹음을 듣는다. 남자와 여자의 대화 중 핵심이 되는 단어를 꼭 메모해 둔다.

풀이 전략 **적용해 보기** 🎧 47.mp3

A

B

C

D

E

11.

STEP 1 가장 부각되는 행동/사물 파악하기

A	B	C	D	E
fēijī 飞机 (비행기)	diànshì 电视 (텔레비전)	diànyǐng 电影 (영화) kàndiànyǐng 看电影 (영화를 보다)	dǎ lánqiú 打篮球 (농구를 하다)	chūqù 出去 (나가다) sànbù 散步 (산책하다)

A: 비행기 사진이므로 飞机(비행기)를 떠올릴 수 있다.

B: 남자가 집에서 텔레비전을 보고 있으므로 电视(텔레비전)를 떠올릴 수 있다.

C: 영화관 사진이므로 이 장소와 관련된 电影(영화), 看电影(영화를 보다)을 떠올릴 수 있다.

D: 농구공 사진이므로 이 사물과 관련된 打篮球(농구하다)를 떠올릴 수 있다.

F: 남자와 여자가 산책하고 있으므로 散步(산책하다)를 떠올린다.

STEP 2 녹음과 일치하는 사진 고르기

Bié kàn diànshì le   shuìjiào ba
女: 别 看 电视 了, 睡觉 吧。

Hǎo de
男: 好 的。

여: 텔레비전을 보지 말고 자.
남: 네.

여자의 텔레비전을 보지 말라는 말에 电视(텔레비전)가 들렸으므로 정답은 B이다.

정답 11. B

어휘 飞机 fēijī 몡 비행기   电视 diànshì 몡 텔레비전   电影 diànyǐng 몡 영화   看 kàn 통 보다   打篮球 dǎ lánqiú 통 농구하다   散步 sànbù 통 산책하다   别……了 bié……le 븻 ~하지 마라   电视 diànshì 몡 텔레비전   睡觉 shuìjiào 통 잠자다

대화를 듣고 일치하는 사진 고르기
인물의 행동 & 사물에 주목하라!

기본기 다지기 | 기본 개념 잡기 & 공략 미리보기

2급 듣기 제2부분은 1급의 듣기 제3부분과 동일한 유형으로, 제시된 5개 보기 중에서 녹음과 일치하는 사진 하나를 고르는 문제이다. 1급에 비해서 2급은 대화에 사용된 문장의 길이가 길고 단어의 난이도도 다소 높아진다. 하지만 문제를 푸는 방법은 비슷하므로 녹음을 듣기 전에 사진에서 가장 부각되는 행동/사물을 먼저 고르고, 관련된 상황과 단어를 떠올려야 한다.

| 기본 개념 잡기 | 주요 출제 유형

1. 행동 사진으로 대화 유추하기 : 사진에 행동이 보이면 부각되는 행동을 떠올리고 관련 상황과 표현을 떠올린다.

▶ 관련 상황: 목적지까지 어떻게 가느냐고 묻는 대화

　　　Nǐ zěnme qù xuéxiào
A: 你 怎么 去 学校 ？　너는 어떻게 학교에 가?

　　　Zuò gōngjiāochē qù
B: 坐 公交车 去 。　버스를 타고 가.

2. 사물 사진으로 대화 유추하기 : 사진에 사물이 있으면 부각되는 사물의 이름을 떠올리고 관련 상황과 표현을 떠올린다.

▶ 관련 상황: 커피를 마시겠느냐고 묻는 대화

　　　Nǐ xiǎng hé kāfēi ma
A: 你 想 喝咖啡 吗 ？　너 커피를 마시고 싶어?

　　　Bù xiǎng　　 wǒ xiǎng hē chá
B: 不 想 ， 我 想 喝 茶 。　아니, 나 차를 마시고 싶어.

3. 장소 사진으로 대화 유추하기 : 사진에 장소가 있으면 그 장소에서 일어날 수 있는 상황을 상상하고, 어울리는 표현을 떠올린다.

▶ 관련 상황: 교실에서 기다리겠다고 말하는 대화

　　　Wǒ zài Jiàoshì děng nǐ
A: 我 在 教室 等 你 。　나 교실에서 너 기다릴게.

　　　Hǎo de
B: 好 的 。　그래.

합격 공략 35 인물의 행동에 주목하기!

★★★

행동을 나타내는 동사 떠올리기

■ 사진에 인물의 행동이 보이면 녹음에 이 행동을 나타내는 동사가 직접 들리는 경우가 많다. 그래서 사진에서 가장 먼저 보이는 행동을 나타내는 동사를 미리 떠올려야 한다.

■ 만일 그 동사가 떠오르지 않으면 그 행동과 관련된 목적어(음식, 커피, 책)나 주어(여자, 남자)를 떠올린다. 녹음을 들으면서 목적어와 주어가 일치하는지를 통해 정답을 찾을 수 있다.

실전문제 🎧 48.mp3

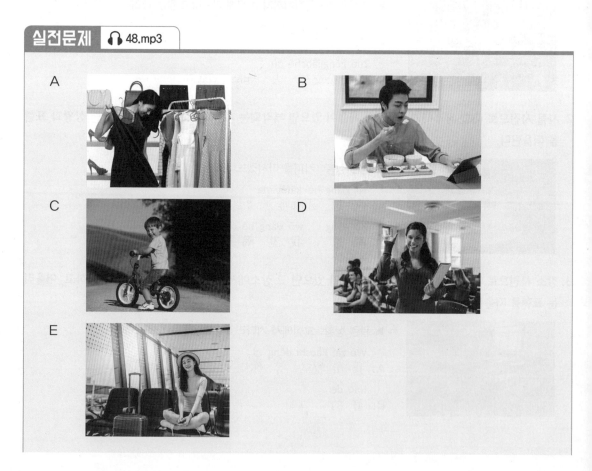

1.		☐
2.		☐
3.		☐
4.		☐
5.		☐

STEP 1 가장 부각되는 행동/사물 파악하기

A	B	C	D	E
mǎi 买 (사다) yīfu 衣服 (옷) Tā 她 (그녀) māma 妈妈 (엄마) jiějie 姐姐 (언니/누나)	chī 吃 (먹다) fàn 饭 (밥)	qí zìxíngchē 骑自行车 (자전거를 타다) érzi 儿子 (아들)	lǎoshī 老师 (선생님) Nǐ hǎo 你好 (안녕하세요)	zuò fēijī 坐飞机 (비행기를 타다) jīchǎng 机场 (공항)

A 옷을 사고 있는 모습이므로 买(사다)를 핵심 단어로 떠올리고, 목적어로 衣服(옷)를, 주어로 她(그녀), 妈妈(엄마), 姐姐(
언니/누나) 등을 떠올린다.

B 남자가 밥을 먹고 있으므로 吃(먹다)를 핵심 단어로 떠올리고, 목적어로 饭(밥)을 떠올린다.

C 남자아이가 자전거를 타는 모습이므로 骑自行车(자전거를 타다)와 儿子(아들)를 떠올린다.

D 선생님이 인사하는 모습이므로 老师(선생님), 你好(안녕하세요)를 떠올린다.

E 여자가 캐리어를 가지고 있는 모습이므로 坐飞机(비행기를 타다), 机场(공항)을 떠올린다.

STEP 2 녹음과 일치하는 사진 고르기

1.
男: Māma nǐ kàn , wǒ huì qí zìxíngchē le
　　妈妈 你 看 , 我 会 骑 自行车 了!

女: Nǐ qí de fēicháng hǎo
　　你 骑 得 非常 好!

> 남: 엄마 보세요. 저 자전거를 탈 줄 알아요!
> 여: 너 정말 잘 타는구나!

남자의 말에 骑自行车(자전거를 타다)가 들렸으므로 정답은 C이다.

2.
男: Nǐ xiǎng mǎi nǎ jiàn yīfu
　　你 想 买 哪 件 衣服?

女: Wǒ xiǎng mǎi hóngsè de yīfu
　　我 想 买 红色 的 衣服 。

> 남: 너 어떤 옷을 사고 싶어?
> 여: 나 빨간색 옷을 사고 싶어.

남자와 여자의 말에 모두 买衣服(옷을 사다)가 들렸으므로 정답은 A이다.

3. 男: <ruby>老师<rt>Lǎoshī</rt></ruby> <ruby>好<rt>hǎo</rt></ruby> ！

女: <ruby>你们<rt>Nǐmen</rt></ruby> <ruby>好<rt>hǎo</rt></ruby> ！

남: 선생님, 안녕하세요!
여: 여러분, 안녕하세요!

학생들과 선생님이 인사를 나누고 있으므로 정답은 D이다.

4. 男: <ruby>你<rt>Nǐ</rt></ruby> <ruby>几<rt>jǐ</rt></ruby> <ruby>点<rt>diǎn</rt></ruby> <ruby>去<rt>qù</rt></ruby> <ruby>机场<rt>jīchǎng</rt></ruby> ？

女: <ruby>我<rt>Wǒ</rt></ruby> 12 <ruby>点<rt>diǎn</rt></ruby> <ruby>去<rt>qù</rt></ruby> <ruby>机场<rt>jīchǎng</rt></ruby> 。

남: 너 몇 시에 공항에 가?
여: 나 12시에 공항에 가.

남자와 여자의 말에 机场(공항)이 들렸으므로 정답은 E이다.

5. 女: <ruby>你<rt>Nǐ</rt></ruby> <ruby>去<rt>qù</rt></ruby> <ruby>哪儿<rt>nǎr</rt></ruby> ？

男: <ruby>我<rt>Wǒ</rt></ruby> <ruby>去<rt>qù</rt></ruby> <ruby>吃饭<rt>chīfàn</rt></ruby> ， <ruby>和<rt>hé</rt></ruby> <ruby>我<rt>wǒ</rt></ruby> <ruby>一起<rt>yìqǐ</rt></ruby> <ruby>去<rt>qù</rt></ruby> <ruby>吧<rt>ba</rt></ruby> 。

여: 너 어디에 가?
남: 나 밥 먹으러 가. 나랑 같이 가자.

남자의 말에 吃饭(밥을 먹다)이 들렸으므로 정답은 B이다.

정답 1. C   2. A   3. D   4. E   5. B

어휘 买 mǎi 통 사다   衣服 yīfu 명 옷   妈妈 māma 명 엄마   姐姐 jiějie 명 언니/누나   吃 chī 통 먹다   饭 fàn 명 밥   骑 qí 통 타다   自行车 zìxíngchē 명 자전거   儿子 érzi 명 아들   老师 lǎoshī 명 선생님   坐 zuò 통 타다   飞机 fēijī 명 비행기   机场 jīchǎng 명 공항   会 huì 조동 (배워서) ~할 줄 알다   想 xiǎng 조동 ~하고 싶다   哪 nǎ 대 어느   件 jiàn 양 벌   红色 hóngsè 명 빨간색   好 hǎo 안녕(만났을 때 하는 인사말)   你们 nǐmen 대 너희들   几 jǐ 대 몇   点 diǎn 양 시   去 qù 통 가다   哪儿 nǎr 대 어디   和 hé 개 ~와/과   一起 yìqǐ 부 같이, 함께

합격 공략 **36** 사물의 명칭과 쓰임 생각하기!

★★
사물의 명칭과 쓰임

- 사진에 사물이 있으면 녹음에 사물의 명칭이 직접 들리는 경우가 많다. 그래서 자주 출제되는 사물을 암기해 두어야 한다.
- 사물뿐만 아니라, 음식 이름과 동물 이름도 알고 있어야 한다.
- 만일 명칭이 중국어로 떠오르지 않으면 사물과 함께 쓰이는 동사를 떠올린다.

실전문제 49.mp3

A

B

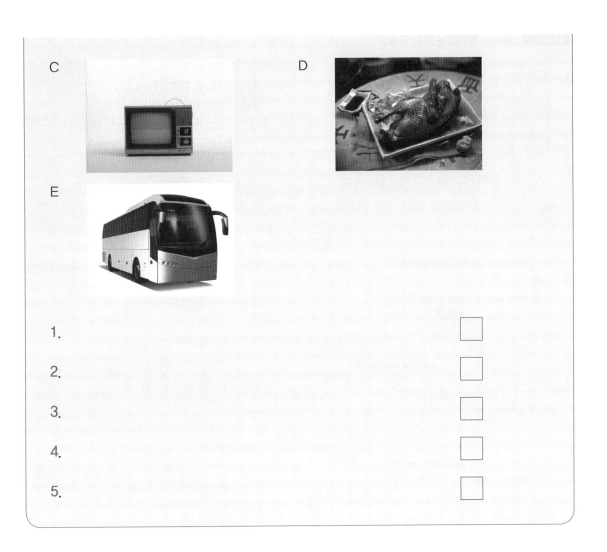

C

D

E

1. ☐

2. ☐

3. ☐

4. ☐

5. ☐

STEP 1 가장 부각되는 행동/사물 파악하기

A	B	C	D	E
xiǎogǒu 小狗 (강아지)	shǒujī 手机 (핸드폰)	diànshì 电视 (텔레비전) kàn 看 (보다)	zhōngguócài 中国 菜 (중국 음식) chī 吃 (먹다)	gōnggòngqìchē 公共汽车 (버스) zuò 坐 (타다)

A 강아지 사진이므로 小狗(강아지)를 떠올린다.

B 핸드폰 사진이므로 手机(핸드폰)를 떠올린다.

C 텔레비전 사진이므로 电视(텔레비전)과 관련 동사인 看(보다)을 떠올린다.

D 중국 음식 사진이므로 中国菜(중국 음식)와 관련 동사인 吃(먹다)를 떠올린다.

E 버스 사진이므로 公共汽车(버스)와 관련 동사인 坐(타다)를 떠올린다.

Nǐ kànjiàn wǒ de shǒujī le ma
1. 女：你 看见 我 的 手机 了 吗？
   Zài diànnǎo qiánmiàn
   男：在 电脑 前面 。

여: 너 내 핸드폰을 봤어?
남: 컴퓨터 앞에 있어.

여자의 핸드폰 봤느냐는 말에 手机(핸드폰)가 들렸으므로 정답은 B이다.

Wǒ juéde nǐ de xiǎogǒu zuì kě'ài
2. 女：我 觉得 你 的 小狗 最 可爱！
   Xièxie
   男：谢谢 。

여: 내 생각에는 네 강아지가 제일 귀여운 것 같아!
남: 고마워.

여자의 강아지가 귀엽다는 말에 小狗(강아지)가 들렸으므로 정답은 A이다.

Nǐ zěnme qù shāngdiàn
3. 男：你 怎么 去 商店 ？
   Wǒ zuò gōnggòngqìchē qù
   女：我 坐 公共汽车 去 。

남: 너 어떻게 상점에 가?
여: 나 버스를 타고 가.

남자가 상점에 어떻게 가는지 물었고 여자가 버스를 타고 간다고 했으므로 정답은 E이다.

Jīntiān wǒ xiǎng chī zhōngguócài
4. 男：今天 我 想 吃 中国 菜 。
   Nà wǎnshang qù ba
   女：那 晚上 去 吧 。

남: 오늘 나 중국 음식을 먹고 싶어.
여: 그럼 저녁에 가자.

남자가 중국 음식을 먹고 싶다는 말에 吃中国菜(중국 음식을 먹다)가 들렸으므로 정답은 D이다.

Érzi bié kàn diànshì le
5. 女：儿子，别 看 电视 了 。
   Zài kàn yíhuìr ba
   男：再 看 一会儿 吧 。

여: 아들아, 텔레비전을 보지 마.
남: 조금만 더 볼게요.

여자가 남자에게 텔레비전을 보지 말라는 말에 看电视(텔레비전을 보다)가 들렸으므로 정답은 C이다.

정답 1. B 2. A 3. E 4. D 5. C

어휘 小狗 xiǎogǒu 몡 강아지 手机 shǒujī 몡 핸드폰 电视 diànshì 몡 텔레비전 看 kàn 동 보다 中国菜 zhōngguócài 몡 중국 음식 吃 chī 동 먹다 公共汽车 gōnggòngqìchē 몡 버스 坐 zuò 동 타다 看见 kànjiàn 동 보이다 在 zài 동 ~에 있다 电脑 diànnǎo 몡 컴퓨터 前面 qiánmiàn 몡 앞 觉得 juéde 동 ~라고 생각하다 最 zuì 뵘 가장 可爱 kě'ài 혱 귀엽다 怎么 zěnme 때 어떻게 去 qù 동 가다 商店 shāngdiàn 몡 상점 想 xiǎng 조동 ~하고 싶다 那 nà 젭 그러면, 그렇다면 晚上 wǎnshang 몡 저녁 儿子 érzi 몡 아들 别……了 bié……le 뵘 ~하지 마라 再 zài 뵘 더 一会儿 yíhuìr 잠시, 잠깐

합격 공략 37 그림의 전체적인 분위기와 내용을 유추하기!

⭐⭐
분위기와 상황 유추하기

- 행동이나 사물 사진이 아닌 경우, 인물의 표정과 상황을 보고 분위기가 밝은지 어두운지를 살펴본다. 기뻐하는 표정으로 축하하는 상황, 슬퍼하는 표정으로 위로하는 상황 등을 유추할 수 있다.
- 만일 장소 사진이라면 그 장소에서 일어날 수 있는 상황은 정해져 있으므로 대화의 내용을 쉽게 유추할 수 있다. 자주 출제되는 장소 명칭을 외우고, 그 상황에 알맞은 동사와 명사를 함께 외워 두면 쉽게 정답을 고를 수 있다.

실전문제 🎧 50.mp3

A

B

C

D

E

1. ☐

2. ☐

3. ☐

4. ☐

5. ☐

가장 부각되는 행동/사물 파악하기

A	B	C	D	E
[안 좋은 상황]	dǎ lánqiú 打篮球 (농구하다)	téng 疼 (아프다)	shēngrì 生日 (생일) shēngrìkuàilè 生日 快乐 (생일 축하해)	lèi 累 (힘들다) máng 忙 (바쁘다)

A 남자의 표정이 안 좋으므로 일을 망쳤거나 아픈 상황을 예상할 수 있다.

B 농구장 사진이므로 打篮球(농구하다)를 떠올린다. 농구를 하는 상황이나 응원하는 상황을 예상할 수 있다.

C 진료받는 사진이므로 환자와 의사가 대화하는 상황을 예상할 수 있다. 疼(아프다)을 떠올린다.

D 생일 파티 사진이므로 生日(생일), 生日快乐(생일 축하해)를 떠올린다.

E 여자가 컴퓨터 앞에서 일하고 있으므로 累(힘들다), 忙(바쁘다)을 떠올린다.

녹음과 일치하는 사진 고르기

1. 　Nǐ jīntiān máng ma
   男: 你 今天 忙 吗 ?
   　Jīntiān gōngzuò tài máng le　nǐ xiān zǒu ba
   女: 今天 工作 太 忙 了 , 你 先 走 吧 。

   남: 너 오늘 바빠?
   여: 오늘 일이 너무 바빠. 너 먼저 가.

   여자의 오늘 일이 너무 바빴다는 말에 忙(바쁘다)이 들렸으므로 정답은 E이다.

2. 　Wǒ dǎ lánqiú dǎ de bú tài hǎo
   女: 我 打 篮球 打 得 不 太 好 。
   　Méi guānxi　wǒ jiāo nǐ ba
   男: 没 关系 , 我 教 你 吧 。

   여: 나 농구 잘 못해.
   남: 괜찮아. 내가 가르쳐줄게.

   여자의 농구를 잘 못한다는 말에 打篮球(농구를 하다)가 들렸으므로 정답은 B이다.

3. 　Zhù nǐ shēngrì kuàilè
   男: 祝 你 生日 快乐 !
   　Tài xièxie nǐ le
   女: 太 谢谢 你 了 。

   남: 생일 축하해!
   여: 정말 고마워.

   남자의 말에 生日快乐(생일 축하해)가 들렸으므로 정답은 D이다.

4. 　Zhè cì kǎoshì kǎo de zěnmeyàng
   女: 这 次 考试 考 得 怎么样 ?
   　Yǒu hěn duō tí bú huì zuò
   男: 有 很 多 题 不 会 做 。

   여: 이번 시험 어떻게 봤어?
   남: 많은 문제를 못 풀었어.

   여자가 남자에게 시험을 어떻게 봤느냐고 물었고 남자가 많은 문제를 못 풀었다고 했으므로 표정이 안 좋은 남자 사진인 A가 정답이다.

5. 　Zuìjìn wǒ de yǎnjing yǒudiǎnr téng
   男: 最近 我 的 眼睛 有点儿 疼 。
   　Wǒ kàn kàn
   女: 我 看 看 。

   남: 요즘 제 눈이 좀 아파요.
   여: 제가 좀 볼게요.

   남자에 말에 疼(아프다)이 들렸으므로 정답은 C이다.

정답 1. E 2. B 3. D 4. A 5. C

어휘 打篮球 dǎ lánqiú 농구하다 疼 téng 형 아프다 生日 shēngrì 명 생일 快乐 kuàilè 형 기쁘다 累 lèi 형 힘들다, 피곤하다 忙 máng 형 바쁘다 今天 jīntiān 명 오늘 工作 gōngzuò 명 일 太……了 tài……le 부 너무 ～하다 先 xiān 부 먼저 走 zǒu 동 걷다, 가다 没关系 méi guānxi 괜찮습니다 教 jiāo 동 가르치다 谢谢 xièxie 동 감사합니다 次 cì 양 번 考试 kǎoshì 명 시험 考 kǎo 동 시험을 보다 怎么样 zěnmeyàng 대 어떠하다, 어때 题 tí 명 문제 做 zuò 동 하다 最近 zuìjìn 명 요즘, 최근 眼睛 yǎnjing 명 눈 有点儿 yǒudiǎnr 부 조금, 약간

합격 공략 (38) [160점 이상 고득점] 녹음에서 들리는 숫자에 집중하기!

수와 관련된 표현

- 사진의 행동이나 사물의 명칭뿐만 아니라 녹음에서 들리는 숫자를 통해서도 정답을 찾을 수 있다. 예를 들어 사진에 책 3권이 있으면 书(책)라는 단어를 몰라도 三(3) 또는 三本(3권)을 듣고 정답을 고를 수 있다. 숫자뿐만 아니라 양사도 함께 암기하도록 한다.
- 만일 사진에 시계나 달력이 있으면 그 숫자를 미리 떠올린 뒤 녹음을 듣는다.
- 양사는 '수사/지시대명사(这，那)+양사+명사'의 어순으로 쓰인다.

필수 암기! 양사
(※ 따라 읽어보세요. 🎧 51.mp3)

□ **个** ge 개, 명 (사물 또는 사람을 세는 단위)

yí ge miànbāo
一 个 面包 빵 한 개

yí ge xuésheng
一 个 学生 학생 한 명

□ **杯** bēi 잔 (음료를 세는 단위)

sān bēi niúnǎi
三 杯 牛奶 우유 세 잔

□ **件** jiàn 건, 벌 (사건 또는 옷을 세는 단위)

zhè jiàn shì   yí jiàn yīfu
这 件 事 이 일   一 件 衣服 옷 한 벌

□ **本** běn 권 (책을 세는 단위)

sì běn shū
四 本 书 책 네 권

□ **斤** jīn 근 (무게의 단위)

shí jīn xīguā
十 斤 西瓜 수박 열 근

□ **块** kuài 조각, 덩어리 / 위안 (화폐 단위)

zhè kuài shǒubiǎo   wǔ kuài qián
这 块 手表 이 손목시계   五 块 钱 5위안

□ **点** diǎn 시간, 시

liǎng diǎn
两 点 두 시

□ **碗** wǎn 그릇, 공기

yì wǎn miàntiáo
一 碗 面条 국수 한 그릇

안심Touch

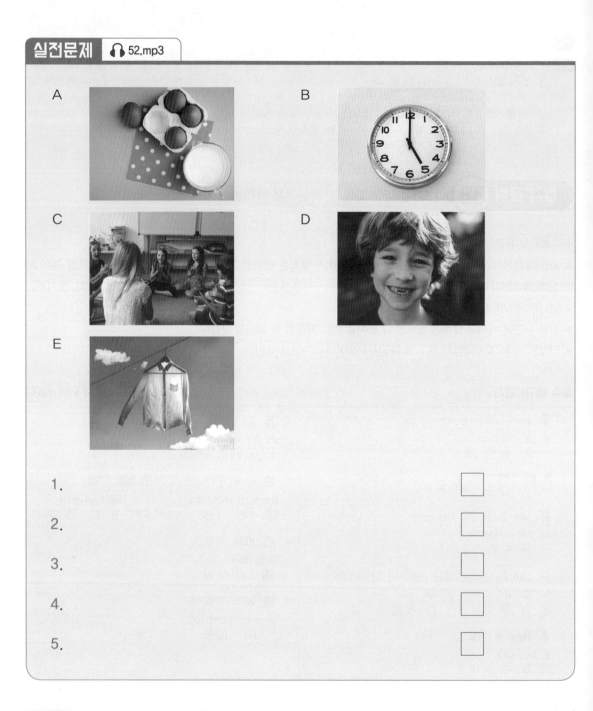

A

B

C

D

E

1. ☐

2. ☐

3. ☐

4. ☐

5. ☐

STEP 1 가장 부각되는 행동/사물 파악하기

A	B	C	D	E
jīdàn 鸡蛋 (계란) sì ge 四个 (네 개)	wǔdiǎn 五点 (다섯 시)	xuéshengmen 学生 们 (학생들) tāmen 他们 (그들)	háizi 孩子 (아이) yí ge 一个 (한 명)	yīfu 衣服 (옷) yí jiàn 一件 (한 벌)

A 계란 네 개가 있으므로 鸡蛋(계란)과 四个(네 개)를 떠올린다.

B 시계가 다섯 시를 가리키므로 五点(다섯 시)을 떠올린다.

C 한 명이 아닌 여러 명이 노래를 부르고 있으므로 学生们(학생들) 또는 他们(그들)을 떠올린다.

D 남자아이 한 명의 사진이므로 孩子(아이)와 一个(한 명)를 떠올린다.

E 셔츠 한 벌의 사진이므로 衣服(옷)와 一件(한 벌)을 떠올린다.

STEP 2 녹음과 일치하는 사진 고르기

1. 女：Nǐ jǐ diǎn qù jiàn péngyou
你 几 点 去 见 朋友 ？
男：Xiàwǔ wǔ diǎn qù
下午 五 点 去 。

여: 너 몇 시에 친구 만나러 가?
남: 오후 5시에 가.

남자의 말에 五点(다섯 시)이 들렸으므로 정답은 B이다.

2. 女：Tāmen zài zuò shénme
他们 在 做 什么 ？
男：Tāmen zài chànggē ne
他们 在 唱歌 呢 。

여: 그들은 무엇을 하고 있어?
남: 그들은 노래를 부르고 있어.

여자와 남자가 말하는 주어가 모두 他们(그들)이므로 정답은 C이다.

3. 女：Nǐ yǒu jǐ ge dìdi
你 有 几 个 弟弟 ？
男：Wǒ yǒu yí ge
我 有 一 个 。

여: 너는 남동생이 몇 명이 있어?
남: 나는 한 명이 있어.

남자의 남동생이 한 명 있다는 말에 一个(한 명)가 들렸으므로 정답은 D이다.

4. 男：Wǒ mǎi le yí jiàn yīfu
我 买 了 一 件 衣服 。
女：Hěn hǎokàn
很 好看 。

남: 나 옷 한 벌을 샀어.
여: 아주 예쁘다.

남자가 옷 한 벌을 샀다는 말에 一件(한 벌)이 들렸으므로 정답은 E이다.

5. 女：Zǎoshang nǐ chī shénme le
早上 你 吃 什么 了 ？
男：Wǒ chī le sì ge jīdàn
我 吃 了 四 个 鸡蛋 。

여: 아침에 너 무엇을 먹었어?
남: 계란 4개를 먹었어.

남자에 말에 四个(네 개)와 鸡蛋(계란)이 들렸으므로 정답은 A이다.

정답 1. B 2. C 3. D 4. E 5. A

어휘 鸡蛋 jīdàn 명 계란 四 sì 수 4, 넷 个 ge 양 개, 명 五 wǔ 수 5, 다섯 点 diǎn 양 시 学生们 xuéshengmen 학생들 他们 tāmen 대 그들 孩子 háizi 명 아이 一 yī 수 1, 하나 件 jiàn 양 벌 几 jǐ 대 몇 去 qù 동 가다 见 jiàn 동 만나다 朋友 péngyou 명 친구 下午 xiàwǔ 명 오후 在 zài 부 ~하고 있다 做 zuò 동 하다 什么 shénme 대 무슨, 무엇 唱歌 chànggē 동 노래를 부르다 有 yǒu 동 있다 弟弟 dìdi 명 남동생 买 mǎi 동 사다 早上 zǎoshang 명 아침 吃 chī 동 먹다 什么 shénme 대 무슨, 무엇

녹음을 듣고 일치하는 사진을 고르세요. 🎧 53.mp3

1-5

A

B

C

D

E

1. ☐

2. ☐

3. ☐

4. ☐

5. ☐

6–10

A

B

C

D

E

6. ☐

7. ☐

8. ☐

9. ☐

10. ☐

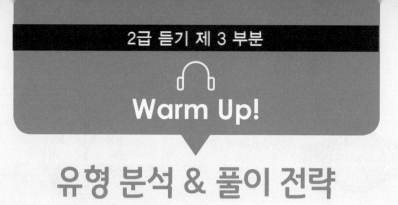

Warm Up!

유형 분석 & 풀이 전략

유형 분석 | 시험에는 이렇게 나온다!

출제 방식

2급 듣기 제3부분(21번~30번)은 남녀의 짧은 대화를 듣고 질문에 알맞은 정답을 보기 A, B, C에서 고르는 문제이다. 보기는 한자와 병음으로 제시되고 녹음은 두 번씩 들려준다.

출제 경향 & 유형별 출제 비율

듣기 제3부분에서는 인물의 행동 및 상태에 관한 문제, 장소나 사물에 관한 문제, 그리고 숫자와 관련된 시간/수량/나이 등을 묻는 문제가 나온다. 그 중에서 행동과 상태를 묻는 문제가 가장 많이 출제되고, 그 다음으로 장소/숫자/사물/신분을 묻는 문제가 비슷한 양으로 출제된다. 문제는 남자와 여자의 대화가 끝난 뒤 마지막에 들려주는 질문을 듣고 풀어야 하기 때문에 녹음을 끝까지 듣고 정답을 선택해야 한다. 녹음을 듣기 전에 보기의 공통점을 찾아 녹음의 내용을 미리 예상하면 더 정확하게 들을 수 있다.

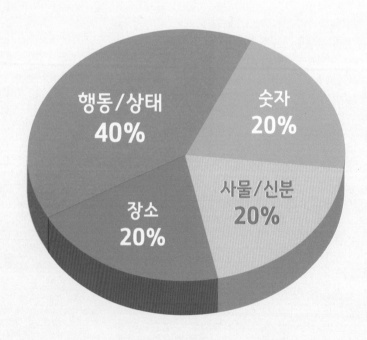

풀이 전략 | 문제 풀이 Step & 풀이 전략 적용해 보기

Step 1

보기의 공통점을 파악하고 질문 예상하기

녹음을 듣기 전에 보기를 보고 어떤 질문이 나올지 미리 예상한다. 보기가 모두 장소라면 대화에 어떤 장소가 들리는지 주의하고, 보기가 모두 숫자라면 숫자를 주의해서 들어야 한다.

Step 2

녹음을 듣고 정답 고르기

녹음을 들으면서 그대로 들리는 단어를 보기에 메모한다. 대부분 그대로 들리는 단어가 정답인 경우가 많다. 마지막 질문까지 듣고 정답이 맞는지 꼭 확인한다.

풀이 전략 적용해 보기 🎧 54.mp3

	lǎoshī	yīshēng	fúwùyuán
21.	A 老师	B 医生	C 服务员

STEP 1 보기의 공통점을 파악하고 질문 예상하기

A 선생님   B 의사   C 종업원

보기가 모두 직업을 나타내므로 직업을 묻는 문제가 나올 거라고 예상할 수 있다.

STEP 2 녹음을 듣고 정답 고르기

女：
Nǐ de gēge xiànzài zuò shénme gōngzuò
你 的 哥哥 现在 做 什么 工作 ？

男：
Tā shì yīshēng měitiān dōu hěn máng
他 是 医生 ， 每天 都 很 忙 。

问：
Nán de gēge zuò shénme gōngzuò
男 的 哥哥 做 什么 工作 ？

> 여: 네 형은 현재 무슨 일을 하고 있어?
> 남: 그는 의사야. 매일 아주 바빠.
>
> 질문: 남자의 형은 무슨 일을 하는가?

여자가 남자의 형의 직업을 물었고, 남자는 他是医生(그는 의사야)이라고 대답했다. 질문에서 남자의 형이 무슨 일을 하는지 물었으므로 정답은 B 医生(의사)이다.

정답 21. B

어휘 老师 lǎoshī 몡 선생님 医生 yīshēng 몡 의사 服务员 fúwùyuán 몡 종업원 你 nǐ 때 너 的 de 조 ~의 哥哥 gēge 몡 오빠, 형 现在 xiànzài 몡 지금, 현재 做 zuò 통 하다 什么 shénme 때 무슨, 무엇 工作 gōngzuò 몡 일 他 tā 때 그 是 shì 통 ~이다 每天 měitiān 몡 매일 都 dōu 부 모두 很 hěn 부 아주 忙 máng 혱 바쁘다

짧은 대화를 듣고 질문에 알맞은 정답 고르기
보기를 보고 질문을 예상하라!

기본기 다지기 | 기본 개념 잡기 & 공략 미리보기

2급 듣기 제3부분은 1급 듣기 제4부분과 동일한 유형으로 녹음을 듣고 질문에 알맞은 정답을 보기 중에서 고르는 문제이다. 1급에서는 한 문장이 들리지만 2급에서는 대화가 들리기 때문에 지문이 다소 길게 느껴진다. 하지만 제시된 보기의 뜻과 병음을 미리 파악해두면 문제를 어렵지 않게 풀 수 있다.

| 기본 개념 잡기 | 주요 출제 분야

1. 행동/상태 : 행동을 나타내는 동사와 상태를 나타내는 형용사가 보기에 자주 출제된다.

행동:
A 运动 (yùndòng) 운동하다
B 散步 (sànbù) 산책하다
C 游泳 (yóuyǒng) 수영하다

상태:
A 很 高 (hěn gāo) 아주 높다
B 有点儿 小 (yǒudiǎnr xiǎo) 조금 작다
C 不 高 (bù gāo) 크지 않다

2. 숫자/시간 : 물건의 개수, 시간 및 날짜를 나타내는 명사가 보기에 자주 출제된다.

수량:
A 一 本 书 (yì běnshū) 책 한 권
B 两 个 人 (liǎng ge rén) 두 사람
C 三 个 苹果 (sān ge píngguǒ) 사과 세 개

시간:
A 星期二 (xīngqī èr) 화요일
B 星期四 (xīngqī sì) 목요일
C 星期六 (xīngqīliù) 토요일

3. 신분/장소/사물 : 가족이나 직업을 나타내는 명사와 장소를 나타내는 단어, 그리고 일상생활에서 접하는 사물 명사가 보기에 자주 출제된다.

신분:
A 弟弟 (dìdi) 남동생
B 爸爸 (bàba) 아빠
C 老师 (lǎoshī) 선생님

장소:
A 医院 (yīyuàn) 병원
B 学校 (xuéxiào) 학교
C 机场 (jīchǎng) 공항

사물:
A 苹果 (píngguǒ) 사과
B 米饭 (mǐfàn) 밥
C 茶 (chá) 차

| 공략 미리보기 |

합격 공략 39	가장 먼저 보기의 공통점 파악하기!
합격 공략 40	비슷한 발음을 가진 단어에 주의하기!
합격 공략 41	제시된 병음을 보고 녹음과 일치하는 것 고르기!
합격 공략 42	[160점 이상 고득점] 대화의 전체적인 내용 파악하기!

합격 공략 **39** 가장 먼저 보기의 공통점 파악하기!

★★★
보기의 공통점 파악하기

- 보기의 공통점을 찾아 질문을 미리 예상하면, 녹음을 들을 때 어떤 부분을 주의깊게 들어야 하는지 알 수 있다.
- 보기의 단어들을 하나씩 해석하기 보다는 어떤 발음인지 확인해 둔다. 보통 녹음에 정답이 그대로 들리기 때문이다.

실전문제 🎧 55.mp3

zuótiān	míngtiān	jīntiān
A 昨天	B 明天	C 今天

STEP 1 보기의 공통점을 파악하고 질문 예상하기

A 어제　　B 내일　　C 오늘

보기가 모두 시간 명사이므로 언제 무엇을 하는지 물을 것을 예상할 수 있다. 녹음을 들을 때 시간 정보에 주의해서 듣는다.

STEP 2 녹음을 듣고 정답 고르기

　　　Nǐ jīntiān qù xué Hànzì ma
女: 你 今天 去 学 汉字 吗 ?
　　　Shì de　　wǎnshang　qī diǎn qù
男: 是 的 ，　 晚上　　 七 点 去 。
　　　Nán de shénmeshíhou qù xué Hànzì
问: 男 的 什么 时候 去 学 汉字 ?

여: 너 오늘 한자 배우러 가?
남: 응. 저녁 7시에 가.

질문: 남자는 언제 한자를 배우러 가는가?

여자가 남자에게 你今天去学汉字吗? (너 오늘 한자를 배우러 가?)라고 물었고, 남자는 是的(응)라고 대답했다. 질문에서 남자가 언제 한자를 배우러 가는지 물었으므로 정답은 C 今天(오늘)이다.

정답 C

어휘 昨天 zuótiān 몡 어제　明天 míngtiān 몡 내일　今天 jīntiān 몡 오늘　去 qù 통 가다　学 xué 통 배우다　汉字 Hànzì 몡 한
자　晚上 wǎnshang 몡 저녁　点 diǎn 양 시　什么时候 shénme shíhou 언제

합격 공략 40 비슷한 발음을 가진 단어에 주의하기!

★★
발음이 비슷한 단어

중국어에는 발음이 비슷한 단어, 성조만 다른 단어, 성조와 발음이 완전히 똑같은 단어가 있다. 만일 보기에 이렇게 발음이 비슷한 단어가 여러 개가 있으면 발음의 차이점을 파악해서 녹음을 들어야 한다.

발음이 비슷한 단어   (※ 따라 읽어보세요. 🎧 56.mp3)

□ 茶 chá 명 차		菜 cài 명 요리	
□ 买 mǎi 동 사다		卖 mài 동 팔다	
□ 少 shǎo 형 적다		小 xiǎo 형 작다	
□ 四 sì 수 4, 넷		十 shí 수 10, 열	
□ 里 lǐ 명 안		离 lí 개 ~에서부터	
□ 开始 kāishǐ 동 시작하다		考试 kǎoshì 명 시험 동 시험을 보다	
□ 旅游 lǚyóu 동 여행하다		游泳 yóuyǒng 동 수영하다	
□ 进 jìn 동 들다		近 jìn 형 가깝다	
□ 请 qǐng 동 청하다, ~해주세요		晴 qíng 형 맑다	
□ 坐 zuò 동 앉다, 타다		做 zuò 동 하다, 만들다	
□ 手机 shǒujī 명 핸드폰		手表 shǒubiǎo 명 손목시계	
□ 电影 diànyǐng 명 영화	电视 diànshì 명 텔레비전	电恼 diànnǎo 명 컴퓨터	
□ 杯子 bēizi 명 컵	椅子 yǐzi 명 의자	桌子 zhuōzi 명 탁자	

실전문제 🎧 57.mp3

hěn dà
A 很 大

hěn xiǎo
B 很 小

hěn shǎo
C 很 少

STEP 1 **보기의 공통점을 파악하고 질문 예상하기**

A 아주 크다   B 아주 작다   C 아주 적다

보기는 모두 형용사이므로 질문에 어떤 것의 상태를 물을 거라고 예상할 수 있다. 특히 보기 B의 小(xiǎo)와 少(shǎo)의 발음이 다소 비슷하므로 주의해서 듣는다.

STEP 2 녹음을 듣고 정답 고르기

Zhè shì zuótiān mǎi de yīfu nǐ juéde zěnmeyàng
男：这 是 昨天 买 的 衣服 ，你 觉得 怎么样 ？

Shì bú shì yǒudiǎnr xiǎo
女：是 不 是 有点儿 小 ？

Nǚ de juéde yīfu zěnmeyàng
问：女 的 觉得 衣服 怎么样 ？

남：이거 어제 산 옷이야. 네가 생각하기에 어때?
여：좀 작은 거 아니야?

질문: 여자가 생각하기에 옷이 어떠한가?

남자가 여자에게 어제 산 옷이 어떤지 물었고, 여자의 좀 작은 거 아니냐는 말에 小(작다)가 들렸다. 질문에서 여자가 옷을 어떻게 생각하는지 물었으므로 정답은 B 很小(아주 작다)이다. 비슷한 발음인 C를 고르지 않도록 주의해야 한다.

정답 B

어휘 大 dà 혱 크다 小 xiǎo 혱 작다 少 shǎo 혱 적다 这 zhè 대 이, 이것 是 shì 동 ~이다 昨天 zuótiān 몡 어제 买 mǎi 동 사다 衣服 yīfu 몡 옷 觉得 juéde 동 ~라고 생각하다 怎么样 zěnmeyàng 대 어떠하다, 어때 有点儿 yǒudiǎnr 뷔 조금, 약간

合격 공략 **41** 제시된 병음을 보고 녹음과 일치하는 것 고르기!

단어를 모르면 병음이 힌트

만일 보기에 모르는 단어가 있으면 단어 위의 병음을 보고 정답을 고를 수 있다. 대부분 녹음에 그대로 들린 단어가 정답인 경우가 많다. 녹음을 듣기 전에 보기의 병음을 정확하게 읽어본다.

실전문제 🎧 58.mp3

shàngkè
A 上课

shuìjiào
B 睡觉

kǎoshì
C 考试

STEP 1 보기의 공통점을 파악하고 질문 예상하기

A 수업을 하다 B 잠을 자다 C 시험을 보다

보기가 모두 행동을 나타내므로 녹음을 들을 때 동사를 주의해서 들어야 한다. 만일 단어의 뜻을 모르면 한자 위의 병음을 속으로 읽어본다.

STEP 2 녹음을 듣고 정답 고르기

Jiàoshì li zài shàngkè nǐ bù néng jìnqù
女：教室 里 在 上课 ，你 不 能 进去 。

Zhīdào le
男：知道 了 。

Jiàoshì li zài zuò shénme
问：教室 里 在 做 什么 ？

여：교실 안은 수업 중이라 들어갈 수가 없어요.
남：알겠어요.

질문: 교실 안에서 무엇을 하고 있는가?

안심Touch

여자의 말에 教室(교실)과 上课(수업을 하다)가 들렸다. A의 병음이 녹음에 그대로 들렸으므로 체크해 둔다. 질문에서 교실에서 무엇을 하고 있는지 물었으므로 정답은 A 上课(수업을 하다)이다.

정답 A

어휘 上课 shàngkè 통 수업하다   睡觉 shuìjiào 통 잠을 자다   考试 kǎoshì 명 통 시험(을 보다)   教室 jiàoshì 명 교실   里 lǐ 명 안   在 zài 부 ~하고 있다   不能 bùnéng 조통 ~할 수 없다   进去 jìnqù 통 들어가다   知道 zhīdào 통 알다   做 zuò 통 하다   什么 shénme 대 무슨, 무엇

합격 공략 42 [160점 이상 고득점] 대화의 전체적인 내용 파악하기!

보기의 단어가 녹음에 나오지 않는 경우

듣기 영역에서는 녹음에 들리는 보기가 정답인 경우가 많다. 하지만 가끔 녹음에 들리지 않은 보기가 정답인 경우도 있다. 이때는 대화의 전체적인 내용을 파악하고 질문에 알맞은 답을 골라야 한다. 2급 필수 단어를 꼭 암기해 둔다.

실전문제 🎧 59.mp3

dì yī cì A 第一次	dì èr cì B 第二次	dì sān cì C 第三次

STEP 1   보기의 공통점을 파악하고 질문 예상하기

A 첫 번째 B 두 번째 C 세 번째

보기가 모두 횟수를 나타내므로 질문에서 어떤 행동을 몇 번째 하는 것인지 물을 거라고 예상할 수 있다.

STEP 2   녹음을 듣고 정답 고르기

Nǐ shì dì yī cì lái zhèr ma
男：你 是 第一 次 来 这儿 吗 ？

Bú shì， wǒ qùnián láiguo zhèr yí cì
女：不 是 ， 我 去年 来过 这儿 一 次 。

Nǚ de dì jǐ cì lái zhèr
问：女 的 第几 次 来 这儿 ？

> 남: 너 여기에 처음 와 보는 거야?
> 여: 아니, 나 여기 작년에 한 번 와 본 적이 있어.
>
> 질문: 여자는 이곳에 몇 번째 왔는가?

남자의 말에 第一次(첫 번째)라는 단어가 들렸지만, 여자가 이어서 처음 온 것이 아니고 我去年来过这儿一次(나 여기 작년에 한 번 와 본 적이 있어)라고 했으므로 여자는 이곳에 두 번째 온 것임을 알 수 있다. 질문에서 여자가 이곳에 몇 번째 왔는지 물었으므로 정답은 B 第二次(두 번째)이다.

정답 B

어휘 第 dì (수사 앞에서) 제   yī 수 1, 하나   次 cì 양 번   二 èr 수 2, 둘   三 sān 수 3, 셋   来 lái 통 오다   这儿 zhèr 대 여기, 이곳   去年 qùnián 명 작년   过 guo 조 ~해 본 적이 있다   几 jǐ 대 몇

대화를 듣고 질문에 알맞은 답을 고르세요. 🎧 60.mp3

1. A 8点 30分
    diǎn fēn

    B 9点
    diǎn

    C 10点
    diǎn

2. A 医院
    yīyuàn

    B 学校
    xuéxiào

    C 商店
    shāngdiàn

3. A 骑 自行车
    qí zìxíngchē

    B 开车
    kāichē

    C 走路
    zǒulù

4. A 上午
    shàngwǔ

    B 中午
    zhōngwǔ

    C 下午
    xiàwǔ

5. A 电影
    diànyǐng

    B 电视
    diànshì

    C 电脑
    diànnǎo

6. A 买 衣服
    mǎi yīfu

    B 喝 咖啡
    hē kāfēi

    C 吃饭
    chīfàn

7. A 很 热
    hěn rè

    B 很 忙
    hěn máng

    C 很 累
    hěn lèi

8. A 洗 杯子
    xǐ bēizi

    B 洗手
    xǐshǒu

    C 洗车
    xǐ chē

9. A 黑色
    hēisè

    B 白色
    báisè

    C 红色
    hóngsè

10. A 面条
    miàntiáo

    B 鱼
    yú

    C 羊肉
    yángròu

2급 듣기 제 3 부분

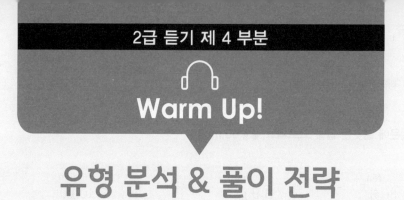

2급 듣기 제 4 부분

Warm Up!

유형 분석 & 풀이 전략

유형 분석 | 시험에는 이렇게 나온다!

출제 방식

2급 듣기 제4부분(31번~35번)은 남녀의 긴 대화를 듣고 질문에 알맞은 정답을 보기 A, B, C에서 고르는 문제이다. 보기는 한자와 병음으로 제시되고 녹음은 두 번씩 들려준다.

출제 경향 & 유형별 출제 비율

듣기 제4부분에서는 제3부분과 마찬가지로 사람의 행동 및 상태에 관한 문제, 장소나 사물에 관한 문제, 그리고 숫자와 관련된 시간/수량/나이 등을 묻는 문제가 나온다. 그 중에서 행동과 상태를 묻는 문제가 가장 많이 출제되고, 그 다음으로 장소/숫자/사물을 묻는 문제가 비슷한 양으로 출제된다. 마지막에 들려주는 질문에 알맞는 답을 찾는 것이기 때문에 질문까지 정확히 듣고 정답을 선택해야 한다. 지문의 길이가 길지만 녹음을 듣기 전에 보기의 공통점을 찾아 녹음의 내용을 미리 예상하면 어렵지 않게 정답을 고를 수 있다.

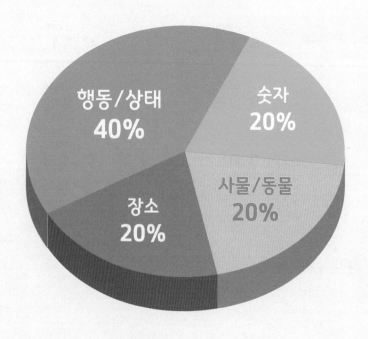

풀이 전략 | 문제 풀이 Step & 풀이 전략 적용해 보기

Step 1

보기의 공통점을 파악하고 질문 예상하기

녹음을 듣기 전에 보기를 보고 어떤 질문이 나올지 미리 예상한다. 보기가 모두 장소라면 대화에 어떤 장소가 들리는지 주의하고, 보기가 모두 숫자라면 숫자를 주의해서 들어야 한다.

Step 2

녹음을 듣고 정답 고르기

녹음을 들으면서 그대로 들리는 단어를 보기에 메모한다. 대부분 그대로 들리는 단어가 정답인 경우가 많다. 마지막 질문까지 듣고 정답이 맞는지 꼭 확인한다.

풀이 전략 | 적용해 보기 🎧 61.mp3

31.
A 宾馆 (bīnguǎn)
B 火车站 (huǒchēzhàn)
C 公司 (gōngsī)

STEP 1 보기의 공통점을 파악하고 질문 예상하기

A 호텔 B 기차역 C 회사

보기가 모두 장소를 나타낸다. 그래서 어디를 가는지, 어디에 있는지 묻는 질문이 나올 거라고 예상할 수 있다.

STEP 2 녹음을 듣고 정답 고르기

女: 请问，小李在宾馆吗？ (Qǐng wèn, Xiǎo Lǐ zài bīnguǎn ma)
男: 不在，他出去了。 (Bú zài, tā chūqù le)
女: 他去哪儿了？ (Tā qù nǎr le)
男: 他去买火车票了。 (Tā qù mǎi huǒchēpiào le)
问: 小李现在可能在哪儿？ (Xiǎo Lǐ xiànzài kěnéng zài nǎr)

여: 말씀 좀 묻겠습니다. 샤오리가 호텔에 있나요?

남: 없습니다. 그는 나갔어요.

여: 그가 어디에 갔어요?

남: 그는 기차표를 사러 갔어요.

질문: 샤오리는 지금 아마 어디에 있는가?

여자가 샤오리가 호텔이 있느냐고 물었을 때 남자가 아니라고 했으므로 A는 정답이 아니다. 남자의 마지막 말에 去买火车票了(기차표를 사러 갔어요)라고 했고 질문에서 샤오리가 지금 어디에 있는지 물었으므로 정답은 B 火车站 (기차역)이다.

정답 31. B

어휘 宾馆 bīnguǎn 명 호텔 火车站 huǒchēzhàn 명 기차역 公司 gōngsī 명 회사 在 zài 동 ~에 있다 出去 chūqù 동 나가다 去 qù 동 가다 哪儿 nǎr 대 어디 买 mǎi 동 사다 火车票 huǒchēpiào 명 기차표 现在 xiànzài 명 지금, 현재 可能 kěnéng 부 아마

2급 듣기 제 4 부분 | 191

2급 듣기 제 4부분

긴 대화를 듣고 질문에 알맞은 정답 고르기

보기를 보고 질문을 예상하라!

기본기 다지기 | 기본 개념 잡기 & 공략 미리보기

듣기 제4부분은 제3부분과 비슷한 유형이지만, 남녀의 대화가 두 번씩 반복돼서 녹음의 길이가 가장 길다. 그리고 녹음에 보기의 단어가 2개 이상 언급되는 경우가 있어서 들리는 단어를 정답으로 잘못 고를 수가 있다. 따라서 녹음을 더 집중해서 듣고, 메모하면서 들어야 한다.

l 기본 개념 잡기 l 주요 출제 분야

1. 행동/상태 : 행동을 나타내는 동사와 상태를 나타내는 형용사가 보기에 자주 출제된다.

dǎ lánqiú	tī zúqiú	yóuyǒng
행동: A 打 篮球 농구하다	B 踢 足球 축구하다	C 游泳 수영하다
hěn gāoxìng	bú tài máng	hěn lèi
상태: A 很 高兴 기쁘다	B 不 太 忙 그다지 바쁘지 않다	C 很 累 힘들다

2. 숫자/시간 : 물건의 개수, 시간 및 날짜를 나타내는 명사가 보기에 자주 출제된다.

liǎng běn	liǎng bēi	liǎng ge
수량: A 两 本 두 권	B 两 杯 두 잔	C 两 个 두 개
sān yuè qī hào	sān yuè bā hào	sān yuè jiǔ hào
시간: A 三 月 七 号 3월 7일	B 三 月 八 号 3월 8일	C 三 月 九 号 3월 9일

3. 신분/장소/사물 : 가족이나 직업을 나타내는 명사와 장소를 나타내는 단어, 그리고 일상생활에서 접하는 사물 명사가 보기에 자주 출제된다.

fúwùyuán	lǎobǎn	yīshēng
신분: A 服务员 종업원	B 老板 사장	C 医生 의사
huǒchēzhàn	gōngsī	shāngdiàn
장소: A 火车站 기차역	B 公司 회사	C 商店 상점
chá	kāfēi	shuǐ
사물: A 茶 차	B 咖啡 커피	C 水 물

l 공략 미리보기 l

합격 공략 43	가장 먼저 보기의 공통점 파악하기!
합격 공략 44	비슷하게 생긴 한자에 주의하기!
합격 공략 45	질문을 끝까지 듣기!
합격 공략 46	[160점 이상 고득점] 내용이 바뀌는 부분에 주의하기!

합격 공략 **43** 가장 먼저 보기의 공통점 파악하기!

★★★
보기의 공통점 파악하기

- 보기의 공통점을 찾아 질문을 미리 예상하면, 녹음을 들을 때 어떤 부분을 주의 깊게 들어야 하는지 알 수 있다.
- 보기의 단어들을 하나씩 해석하기보다는 어떤 발음인지 확인해 둔다. 보통 녹음에 정답이 그대로 들리기 때문이다.

실전문제 🎧 62.mp3

kāfēi A 咖啡	hóngchá B 红茶	niúnǎi C 牛奶

STEP 1 보기의 공통점을 파악하고 질문 예상하기

A 커피 　 B 홍차 　 C 우유

보기가 모두 음료이므로 언제 무엇을 마시는지 또는 사는지 물어볼 거라고 예상할 수 있다. 음료와 관련된 표현을 주의 깊게 듣는다.

STEP 2 녹음을 듣고 정답 고르기

女：
Kāfēi hé shuǐ nǐ xiǎng hē shénme
咖啡 和 水 你 想 喝 什么 ？

男：
Wǒ xiǎng hē kāfēi
我 想 喝 咖啡 。

女：
Nǐ xǐhuan hē kāfēi ma
你 喜欢 喝 咖啡 吗 ？

男：
Wǒ xǐhuan hē kāfēi　 yì tiān hē sān bēi
我 喜欢 喝 咖啡 ， 一 天 喝 三 杯 。

问：
Nánde xǐhuan hē shénme
男的 喜欢 喝 什么 ？

여: 커피와 물 중에서 너는 무엇을 마시고 싶어?

남: 나는 커피를 마시고 싶어.

여: 너 커피 마시는 거 좋아해?

남: 나 커피 마시는 거 좋아해. 하루에 3잔을 마셔.

질문: 남자는 무엇을 마시는 것을 좋아하는가?

여자가 남자에게 커피와 물 중에서 무엇을 마실 거냐고 물었고 남자가 我想喝咖啡(나는 커피를 마시고 싶어)라고 대답했다. 또 남자가 마지막 말에서 我喜欢喝咖啡(나 커피 마시는 거 좋아해)라고 했다. 질문에서 남자가 무엇을 마시는 것을 좋아하는지 물었으므로 정답은 A 咖啡(커피)이다.

정답 A

어휘 咖啡 kāfēi 몡 커피 红茶 hóngchá 몡 홍차 牛奶 niúnǎi 몡 우유 和 hé 깨 ~와/과 水 shuǐ 몡 물 想 xiǎng 조동 ~하고 싶다 喝 hē 동 마시다 什么 shénme 때 무슨, 무엇 喜欢 xǐhuan 동 좋아하다 一天 yìtiān 몡 하루 三 sān 준 3, 셋 杯 bēi 양 잔

★★
모양이 비슷한 단어

중국어에는 모양이 비슷한 단어가 많이 있다. 뜻과 발음은 아는데 한자 모양을 헷갈려서 잘못된 보기를 정답으로 고르지 않도록 주의해야 한다.

모양이 비슷한 단어   (※ 따라 읽어보세요. 🎧 63.mp3)

□ 白 bái 혱 하얗다		百 bǎi 쉬 백, 100	
□ 杯 bēi 양 잔		本 běn 양 권	
□ 茶 chá 몡 차		菜 cài 몡 요리, 음식	
□ 哪儿 nǎr 떼 어디		那儿 nàr 떼 저기, 저곳	
□ 票 piào 몡 표		要 yào 됭 필요하다 조됭 ~하려고 한다, ~해야 한다	
□ 太 tài 뷔 너무		大 dà 혱 크다	
□ 小 xiǎo 혱 작다		少 shǎo 혱 적다	
□ 进 jìn 됭 들다		近 jìn 혱 가깝다	
□ 买 mǎi 됭 사다	卖 mài 됭 팔다		读 dú 됭 읽다

실전문제 🎧 64.mp3

bēi	běn	jiàn
A 3 杯	B 3 本	C 3 件

STEP 1   보기의 공통점 파악하기

A 3잔   B 3권   C 3벌

보기는 모두 수량사(숫자+양사)로 되어 있으므로 개수를 묻는 질문이 나올 거라고 예상할 수 있다. 숫자 부분은 모두 같으니 양사 부분을 주의해서 들어야 한다.

STEP 2   녹음을 듣고 정답 고르기

Jīntiān wǎnshang nǐ yǒu shíjiān ma
男: 今天 晚上 你 有 时间 吗?

Méiyǒu   wǒ yào qù mǎi Hànyǔ shū
女: 没有, 我 要 去 买 汉语 书。

Wǒ yě yào mǎi   hé wǒ yìqǐ qù ba
男: 我 也 要 买, 和 我 一起 去 吧。

Hǎo de   wǒ yào mǎi sān běn   nǐ ne
女: 好 的, 我 要 买 三 本, 你 呢?

남: 오늘 저녁에 시간 있어?

여: 없어. 나 중국어 책 사러 갈 거야.

남: 나도 사야 해. 나와 같이 가자.

여: 좋아. 나 3권 살 건데, 너는?

問： Nǚ de yào mǎi jǐ běn Hànyǔ shū
问：女 的 要 买 几 本 汉语 书 ？

질문: 여자는 중국어 책을 몇 권 사려고 하는가?

녹음의 초반에는 수량사가 들리지 않지만 여자의 마지막 말에 수량사가 나온다. 여자가 我要买三本(나 3권 살 거야)이라고 했고 질문에서 여자가 중국어 책을 몇 권 사려고 하는지 물었으므로 정답은 B 3本(3권)이다.

정답 B

어휘 杯 bēi 양 잔　本 běn 양 권　件 jiàn 양 벌, 건　今天 jīntiān 명 오늘　晚上 wǎnshang 명 저녁　有 yǒu 통 있다　时间 shíjiān 명 시간　没有 méiyǒu 통 없다　要 yào 조통 ~하려고 한다, ~할 것이다　去 qù 통 가다　买 mǎi 통 사다　汉语书 Hànyǔ shū 명 중국어 책　也 yě 부 ~도　和 hé 개 ~와/과　一起 yìqǐ 부 같이, 함께　吧 ba 조 ~하자(제안, 권유하는 말투)　三 sān 수 3, 셋　几 jǐ 대 몇

합격 공략 45 ▸ 질문을 끝까지 듣기!

★★
질문을 끝까지 듣기

녹음에 보기의 단어 여러 개가 그대로 들릴 수 있기 때문에 마지막 질문을 끝까지 듣고 정답을 골라야 한다. 보통 제3부분은 녹음에서 들린 보기가 그대로 정답이지만, 제4부분은 난이도를 높이기 위해 여러 개의 보기를 녹음 지문 안에 등장시킨다.

실전문제 🎧 65.mp3

A 3 yuè 月 9 hào 号　　　　B 4 yuè 月 15 hào 号　　　　C 10 yuè 月 9 hào 号

STEP 1 보기의 공통점 파악하기

A 3월 9일　B 4월 15일　C 10월 9일

보기가 모두 날짜이므로 날짜에 관한 질문이 나올 것을 예상할 수 있다. 숫자를 집중해서 들어야 한다.

STEP 2 녹음을 듣고 정답 고르기

Nǐ shénmeshíhou qù Běijīng
男：你 什么 时候 去 北京 ？

Wǒ yuè hào qù nǐ ne
女：我 4 月 15 号 去 ， 你 呢 ？

Wǒ yuè hào qù
男：我 3 月 9 号 去 。

Hái yǒu yí ge xīngqī zuò fēijī qù ma
女：还 有 一 个 星期 ， 坐 飞机 去 吗 ？

남: 너 언제 북경에 가?

여: 나 4월 15일에 가. 너는?

남: 나는 3월 9일에 가.

여: 일주일 남았네. 비행기를 타고 가?

Nán de shénmeshíhou qù Běijīng

问: 男 的 什么 时候 去 北京 ?

녹음에 보기 A와 B의 날짜가 모두 들렸다. 마지막 질문에서 여자가 아닌, 남자가 언제 북경에 가는지 물었으므로 정답은 A 3月9号(3월 9일)이다.

정답 A

어휘 月 yuè 명 월 号 hào 명 일 什么时候 shénme shíhou 언제 去 qù 동 가다 北京 Běijīng 지명 북경 还 hái 부 더, 또 有 yǒu 동 있다 星期 xīngqī 명 주, 요일 坐 zuò 동 타다 飞机 fēijī 명 비행기

합격 공략 46 [160점 이상 고득점] 내용이 바뀌는 부분에 주의하기!

대화의 흐름 파악하기

제3부분이 한 가지 주제를 이야기한다면 제4부분은 대화가 길기 때문에 남녀가 서로 되묻거나 대화의 주제를 바꿔서 다른 내용을 이야기하기도 한다. 이때는 처음에 나눈 대화 내용과 바뀐 대화 내용을 파악하고 있어야 정확한 정답을 고를 수 있다.

실전문제 🎧 66.mp3

lǎoshī	fúwùyuán	tóngxué
A 老师	B 服务员	C 同学

STEP 1 보기의 공통점 파악하기

보기가 모두 직업을 나타내므로 누구의 직업을 묻는지 주의해서 들어야 한다.

STEP 2 녹음을 듣고 정답 고르기

Nǐ xiànzài zài nǎr gōngzuò
男: 你 现在 在 哪儿 工作 ?

Wǒ zài xuéxiào gōngzuò
女: 我 在 学校 工作 。

Nà zài nǐ yòubiān de tóngxué zuò shénme gōngzuò
男: 那 在 你 右边 的 同学 做 什么 工作 ?

Tā shì fúwùyuán
女: 他 是 服务员 。

Tóngxué zuò shénme gōngzuò
问: 同学 做 什么 工作 ?

남: 너 지금 어디에서 일해?

여: 나는 학교에서 일해.

남: 그러면 네 오른쪽에 있는 친구는 무슨 일을 해?

여: 그는 종업원이야.

질문: 친구는 무슨 일을 하는가?

대화에서 처음에는 남자가 여자의 직업을 물어보지만, 그 다음에는 여자의 오른쪽에 있는 친구의 직업을 물었다. 여자가 他是服务员(그는 종업원이야)이라고 대답했다. 질문에서 학우의 직업을 물었으므로 정답은 B 服务员(종업원)이다.

정답 B

어휘 现在 xiànzài 명 지금, 현재   在 zài 개 ~에서   哪儿 nǎr 대 어디   工作 gōngzuò 명 동 일(하다)   学校 xuéxiào 명 학교   那 nà 접 그러면, 그렇다면   在 zài 동 ~에 있다   右边 yòubian 명 오른쪽   做 zuò 동 하다   什么 shénme 대 무슨, 무엇   是 shì 동 ~이다   服务员 fúwùyuán 명 종업원   老师 lǎoshī 명 선생님   同学 tóngxué 명 학우, 반 친구

실전 테스트 정답 & 해설_해설편 p.043

대화를 듣고 질문에 알맞은 답을 고르세요. 🎧 67.mp3

1. A 83367722   B 83359934   C 84475332

2. A 等人 děng rén   B 买东西 mǎi dōngxi   C 看电影 kàn diànyǐng

3. A 书店 shūdiàn   B 医院 yīyuàn   C 家 jiā

4. A 弟弟 dìdi   B 哥哥 gēge   C 爸爸 bàba

5. A 水 shuǐ   B 咖啡 kāfēi   C 牛奶 niúnǎi

6. A 昨天 zuótiān   B 今天 jīntiān   C 明天 míngtiān

7. A 朋友 péngyou   B 女儿 nǚ'ér   C 妻子 qīzi

8. A 旅游 lǚyóu   B 学习 xuéxí   C 工作 gōngzuò

9. A 水果 shuǐguǒ   B 鱼 yú   C 鸡蛋 jīdàn

10. A 很长 hěn cháng   B 很大 hěn dà   C 很小 hěn xiǎo

[제1부분]

1–10 녹음을 듣고 일치(✓)/불일치(✗)를 판단하세요.

1.		
2.		
3.		
4.		
5.		

6.		
7.		
8.		
9.		
10.		

[제2부분]

11–15 녹음을 듣고 일치하는 사진을 고르세요.

A

B

C

D

E

11. ☐

12. ☐

13. ☐

14. ☐

15. ☐

16–20 녹음을 듣고 일치하는 사진을 고르세요.

A

B

C

D

E

16. ☐

17. ☐

18. ☐

19. ☐

20. ☐

[제3부분]

21–30 대화를 듣고 질문에 알맞은 답을 고르세요.

21. A 5 月 4 号 (yuè hào)　　B 5 月 10 号 (yuè hào)　　C 5 月 24 号 (yuè hào)

22. A 看 电影 (kàn diànyǐng)　　B 游泳 (yóuyǒng)　　C 旅游 (lǚyóu)

23. A 床 上 (chuáng shang)　　B 椅子 上 (yǐzi shang)　　C 桌子 上 (zhuōzi shang)

24. A 苹果 (píngguǒ)　　B 牛奶 (niúnǎi)　　C 鸡蛋 (jīdàn)

25. A 妹妹 (mèimei)　　B 姐姐 (jiějie)　　C 弟弟 (dìdi)

26. A 一 次 (yí cì)　　B 两 次 (liǎng cì)　　C 三 次 (sān cì)

27. A 昨天 (zuótiān)　　B 今天 (jīntiān)　　C 明天 (míngtiān)

28. A 公共汽车 (gōnggòngqìchē)　　B 火车 (huǒchē)　　C 飞机 (fēijī)

29. A 茶馆 (cháguǎn)　　B 饭馆 (fànguǎn)　　C 宾馆 (bīnguǎn)

30. A 老师 (lǎoshī)　　B 老板 (lǎobǎn)　　C 服务员 (fúwùyuán)

[제4부분]

31-35 대화를 듣고 질문에 알맞은 답을 고르세요.

31. A 准备 考试
zhǔnbèi kǎoshì
B 唱歌
chànggē
C 做 菜
zuò cài

32. A 买 书
mǎi shū
B 卖 书
mài shū
C 读 书
dú shū

33. A 太 红 了
tài hóng le
B 太 长 了
tài cháng le
C 太 大 了
tài dà le

34. A 医院
yīyuàn
B 宾馆
bīnguǎn
C 学校
xuéxiào

35. A 儿子
érzi
B 女儿
nǚ'ér
C 妻子
qīzi

HSK
2급

阅读

독해

Warm Up!

유형 분석 & 풀이 전략

유형 분석 | 시험에는 이렇게 나온다!

출제 방식

2급 독해 제1부분(36번~40번)은 주어진 문장의 내용과 일치하는 사진을 보기 A~F 중에서 고르는 영역이다.

출제 경향 & 유형별 출제 비율

독해 제1부분은 인물의 행동/상태, 그리고 사물, 동물, 날씨 사진이 주로 나온다. 가장 많이 출제되는 것은 한 사람의 특정 행동이나 상태를 나타내는 사진이고, 그 다음으로 여러 사람의 상태 및 상황을 나타내는 사진, 그리고 사물과 동물 사진이 출제된다. 문제로 제시된 문장이 길기 때문에 핵심 단어를 파악할 수 있도록 문장을 분석하는 능력이 필요하다. 2급 필수어휘 중에서 동사, 명사, 형용사를 암기해 두는 것이 중요하다.

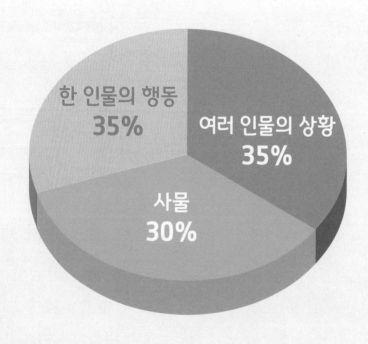

한 인물의 행동 35%

여러 인물의 상황 35%

사물 30%

풀이 전략 | 문제 풀이 Step & 풀이 전략 적용해 보기

Step 1

문장의 핵심 키워드 찾기

제시된 문장을 보고, 문장의 주요 성분(주어, 술어, 목적어) 중에서 핵심 키워드가 될 만한 단어를 찾는다. 핵심 키워드를 찾아야 사진과 빠르게 대조할 수 있다.

Step 2

사진과 대조하여 정답 고르기

사진을 보고, 미리 파악해 둔 핵심 키워드를 사진과 대조하여 일치하는 것을 정답으로 고른다.

풀이 전략 적용해 보기

A

B

C

D

E

Wǒ dìdi cóng xiǎo jiù kāishǐ tiàowǔ

36. 我 弟弟 从 小 就 开始 跳舞 。

STEP 1　문장의 핵심 키워드 찾기

핵심 키워드는 弟弟(남동생)와 跳舞(춤을 추다)이다. 남자 아이가 춤을 추는 사진을 찾는다.

STEP 2　사진과 대조하여 정답 고르기

我弟弟从小就开始跳舞。

내 남동생은 어릴 때부터 춤을 추기 시작했다.

지문에 弟弟(남동생)와 跳舞(춤을 추다)가 있으므로 남자아이가 춤추는 사진인 B가 정답이다.

정답　36. B

어휘　弟弟 dìdi 몡 남동생　跳舞 tiàowǔ 동 춤을 추다

제시된 문장과 일치하는 사진 고르기
문장의 핵심 키워드를 찾으라!

기본기 다지기 │ 기본 개념 잡기 & 공략 미리보기

2급 독해 제1부분은 1급 독해 제2부분과 같은 유형의 문제이다. 주어진 문장과 일치하는 사진을 고르는 문제는 문장의 핵심 키워드를 먼저 찾으면 쉽게 정답을 고를 수 있다. 핵심 키워드를 찾기 위해서는 문장의 술어를 통해 동작을 나타내는 단어를 파악하고, 문장의 주어와 목적어를 통해 사물을 나타내는 단어를 파악해야 한다.

│ 기본 개념 잡기 │ 주요 출제 분야

1. 한 인물의 행동 : 한 사람이 전화를 하거나 물건을 사는 등 일상생활에서 흔히 하는 행동들이 출제된다.

Nǐ xiǎng mǎi nǎ ge
你 想 买 哪 个 ? 너 어느 것을 사고 싶어?

2. 여러 인물의 상황 : 병문안을 가거나 회의를 하는 등 여러 사람이 등장한 사진이 출제된다.

Jīntiān jǐ diǎn kāihuì
今天 几 点 开会 ? 오늘 몇 시에 회의해요?

3. 사물/동물 : 시계, 옷, 과일 등 일상생활에서 자주 볼 수 있는 사물/동물 사진이 출제된다.

Zhè jiā de shuǐguǒ hěn hǎochī
这 家 的 水果 很 好吃 。 이 집의 과일은 아주 맛있다.

합격 공략 47 문장에서 행동에 관한 표현 찾기!

★★★

술어에 쓰인 동사, 형용사

사진이 인물의 행동이나 상태를 나타낸다면 이것을 나타내는 동사와 형용사가 핵심 키워드가 된다. 보통 문장에서 동사와 형용사는 술어에 쓰이므로 문장을 파악할 때 술어가 어떤 행동, 어떤 상태를 나타낸다면 이것을 핵심 키워드로 삼을 수 있다. 예를 들어 문장이 '오늘 눈이 내린다'라면 '눈이 내리다'가 핵심 키워드가 되므로 눈과 관련된 사진을 정답으로 선택해야 한다.

실전문제 📖

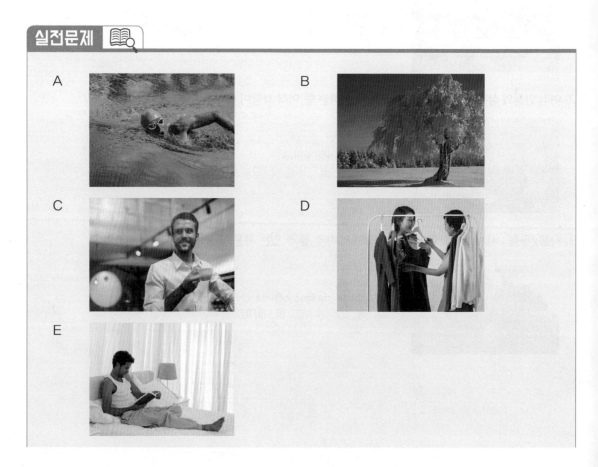

Duìbuqǐ   wǒ bú huì yóuyǒng
1. 对不起 , 我 不 会 游泳 。

Nǐ yǒu shíjiān hē kāfēi ma
2. 你 有 时间 喝 咖啡 吗 ？

Zhè jiàn yīfu hěn hǎokàn
3. 这 件 衣服 很 好看 。

Wàimiàn hěn lěng   nǐ duō chuān diǎnr yīfu
4. 外面 很 冷 , 你 多 穿 点儿 衣服 。

Tā měitiān shuìjiào qián dōu kànshū
5. 他 每天 睡觉 前 都 看书 。

STEP 1　문장의 핵심 키워드 찾기

1. 핵심 키워드는 동사 술어 游泳(수영하다)이다. 수영하는 사진을 찾는다.

2. 핵심 키워드는 동사 술어 喝咖啡(커피를 마시다)이다. 커피를 마시는 사진을 찾는다.

3. 핵심 키워드는 형용사 술어 好看(예쁘다)이다. 무엇을 보고 만족하는 사진을 찾는다.

4. 핵심 키워드는 형용사 술어 冷(춥다)이다. 추운 날씨 사진을 찾는다.

5. 핵심 키워드는 동사 술어 看书(책을 보다)이다. 책을 보는 사진을 찾는다.

STEP 2　사진과 대조하여 정답 고르기

1. 对不起，我不会游泳。　　　　미안해. 나 수영할 줄 몰라.

　　지문에 游泳(수영하다)이 있으므로 수영하는 사진인 A가 정답이다.

2. 你有时间喝咖啡吗？　　　　너 커피를 마실 시간이 있어?

　　지문에 喝咖啡(커피를 마시다)가 있으므로 커피를 마시는 사진인 C가 정답이다.

3. 这件衣服很好看。　　　　이 옷이 아주 예쁘다.

　　지문에 好看(예쁘다)이 있으므로 옷을 고르며 만족하는 사진인 D가 정답이다.

4. 外面很冷，你多穿点儿衣服。　　　　바깥에 아주 추워. 너 옷을 많이 입어.

　　지문에 冷(춥다)이 있으므로 추운 날씨 사진인 B가 정답이다.

5. 他每天睡觉前都看书。　　　　그는 매일 잠자기 전에 책을 본다.

　　지문에 看书(책을 보다)가 있으므로 책을 보는 사진인 E가 정답이다.

정답　1. A　2. C　3. D　4. B　5. E

어휘　游泳 yóuyǒng 통 수영하다　喝 hē 통 마시다　咖啡 kāfēi 명 커피　好看 hǎokàn 형 보기 좋다, 예쁘다　冷 lěng 형 춥다　看 kàn 통 보다　书 shū 명 책　对不起 duìbuqǐ 미안합니다　会 huì 조동 (배워서) ~할 줄 알다　有 yǒu 통 있다　时间 shíjiān 명 시간　件 jiàn 양 벌　衣服 yīfu 명 옷　很 hěn 분 아주　外面 wàimiàn 명 바깥　多 duō 형 많다　穿 chuān 통 입다　每天 měitiān 명 매일　睡觉 shuìjiào 통 잠을 자다　前 qián 명 전　都 dōu 분 모두

주어/목적어에 쓰인 명사

사진이 사람의 직업이나 사물 및 음식을 나타낸다면 이것을 나타내는 명사가 핵심 키워드가 된다. 보통 문장에서 명사는 주어와 목적어에 쓰이므로 문장을 파악할 때 주어나 목적어가 직업, 사물, 음식을 나타내면 이것을 핵심 키워드로 삼을 수 있다. 예를 들어 '그녀는 선생님이다'라는 문장에서는 '선생님'이 핵심 키워드가 되므로 선생님 사진을 정답으로 선택한다.

실전문제

A

B

C

D

E

Tā shì shéi de xiǎomāo   Zhēn piàoliang
1. 它 是 谁 的 小猫 ？ 真 漂亮 。 □

Wǒ de shǒujī bú jiàn le   nǐ kànjiàn wǒ de shǒujī le ma
2. 我 的 手机 不 见 了 ， 你 看见 我 的 手机 了 吗 ？ □

Wǒ māma shì yīshēng   suǒyǐ tā měitiān hěn máng
3. 我 妈妈 是 医生 ， 所以 她 每天 很 忙 。 □

Zhōngwǔ wǒ xiǎng chī mǐfàn
4. 中午 我 想 吃 米饭 。

Xuéshengmen dōu xǐhuan Hànyǔ lǎoshī
5. 学生们 都 喜欢 汉语 老师 。

STEP 1   문장의 핵심 키워드 찾기

1. 핵심 키워드는 목적어인 小猫(고양이)이다. 고양이 사진을 찾는다.

2. 핵심 키워드는 주어와 목적어인 手机(핸드폰)이다. 핸드폰 사진을 찾는다.

3. 핵심 키워드는 목적어인 医生(의사)이다. 의사 사진을 찾는다.

4. 핵심 키워드는 목적어인 米饭(쌀밥)이다 쌀밥 사진을 찾는다.

5. 핵심 키워드는 목적어인 老师(선생님)이다. 선생님 사진을 찾는다.

STEP 2   사진과 대조하여 정답 고르기

1. 它是谁的小猫？真漂亮。 | 저것은 누구의 고양이야? 정말 예쁘다.

지문에 小猫(고양이)가 있으므로 고양이 사진인 D가 정답이다.

2. 我的手机不见了，你看见我的手机了吗？ | 내 핸드폰이 보이지 않아. 너 내 핸드폰을 봤어?

지문에 手机(핸드폰)가 있으므로 핸드폰 사진인 C가 정답이다.

3. 我妈妈是医生，所以她每天很忙。 | 우리 엄마는 의사다. 그래서 그녀는 매일 아주 바쁘다.

지문에 医生(의사)이 있으므로 의사 사진인 B가 정답이다.

4. 中午我想吃米饭。 | 점심에 나는 쌀밥을 먹고 싶다.

지문에 米饭(쌀밥)이 있으므로 쌀밥 사진인 A가 정답이다.

5. 学生们都喜欢汉语老师。 | 학생들은 모두 중국어 선생님을 좋아한다.

지문에 老师(선생님)가 있으므로 선생님 사진인 E가 정답이다.

정답   1. D 2. C 3. B 4. A 5. E

어휘   小猫 xiǎomāo 몡 고양이   手机 shǒujī 몡 핸드폰   医生 yīshēng 몡 의사   米饭 mǐfàn 몡 쌀밥   老师 lǎoshī 몡 선생님   它 tā 떼 그것, 저것   是 shì 동 ~이다   谁 shéi 떼 누구   的 de 조 ~의   真 zhēn 부 정말, 진짜   漂亮 piàoliang 형 예쁘다   看 见 kànjiàn 동 보이다   妈妈 māma 몡 엄마   所以 suǒyǐ 접 그래서   每天 měitiān 몡 매일   忙 máng 형 바쁘다   中午 zhōngwǔ 몡 정오, 점심   想 xiǎng 조동 ~하고 싶다   吃 chī 동 먹다   学生们 xuéshengmen 학생들   都 dōu 부 모두   喜欢 xǐhuan 동 좋아하다   汉语 Hànyǔ 몡 중국어

핵심 키워드를 찾을 수 없는 경우

독해 제1부분은 문장의 핵심 키워드를 비교적 간단히 찾을 수 있는데, 가끔씩 핵심 키워드를 찾기 애매한 문장도 나온다. 이때는 문장 전체의 내용을 파악해서 일치하는 사진을 골라야 한다. 문장을 해석하는 연습을 해야 한다.

실전문제

A

B

C

D

E

1.
Tóngxuémen   nǐmen tīng dǒng le ma   Yǒu shénme wèntí ma
同学们 ，你们 听 懂 了 吗 ？ 有 什么 问题 吗 ？ □

2.
Nǐ zài zhǎo shénme   Wǒ bāng nǐ ba
你 在 找 什么 ？ 我 帮 你 吧 。 □

3.
Nǐ shuō shénme   Wǒ méi tīng qīngchu
你 说 什么 ？ 我 没 听 清楚 。 □

4.
Huānyíng nǐ   qǐng zhèbiān   zuò
欢迎 你 ， 请 这边 坐 。 □

5.
Nǐ shēntǐ zěnmeyàng   Chī yào le ma
你 身体 怎么样 ？ 吃 药 了 吗 ？ □

STEP 1 문장의 핵심 키워드 찾기

1. 학교에서 나누는 대화이고, 질문이 있느냐고 물었으므로 선생님의 말투이다.
2. 무언가를 찾고 있는 상황을 나타낸다.
3. 누가 말하는 것을 듣는 대화이다.
4. 환영한다는 인사가 있으므로 상점에 간 상황이다.
5. 약을 먹었느냐는 말이 있으므로 아픈 사람과 나누는 대화이다.

STEP 2 사진과 대조하여 정답 고르기

1. 同学们，你们听懂了吗？有什么问题吗？   여러분, 알아 들었어요? 질문이 있나요?

   지문에 同学们(학우들)이 있으므로 선생님이 수업하는 사진인 A가 정답이다.

2. 你在找什么？我帮你吧。   너 뭐 찾고 있어? 내가 도와줄게.

   지문에 找(찾다)가 있으므로 책을 찾는 사진인 D가 정답이다.

3. 你说什么？我没听清楚。   너 뭐라고 말했어? 나 정확히 못 들었어.

   지문에 说(말하다)와 听(듣다)이 있으므로 전화하는 사진인 E가 정답이다.

4. 欢迎你，请这边坐。   환영합니다. 여기 앉으세요.

   지문에 欢迎你(환영하다)가 있으므로 식당 사진인 C가 정답이다.

5. 你身体怎么样？吃药了吗？   몸은 어떠세요? 약 드셨어요?

   지문에 吃药(약을 먹다)가 있으므로 병원 사진인 B가 정답이다.

정답 1. A 2. D 3. E 4. C 5. B

어휘 同学们 tóngxuémen 학우들, 반 친구들   听 tīng 图 듣다   懂 dǒng 图 이해하다   有 yǒu 图 있다   什么 shénme 때 무슨, 무엇   问题 wèntí 명 문제   在 zài 틘 ～하고 있다   找 zhǎo 图 찾다   帮 bāng 图 돕다   说 shuō 图 말하다   清楚 qīngchu 혱 분명하다, 뚜렷하다   欢迎 huānyíng 图 환영하다   这边 zhèbiān 명 이쪽   坐 zuò 图 앉다   身体 shēntǐ 명 몸, 신체   吃 chī 图 먹다   药 yào 명 약

주어진 문장과 일치하는 사진을 고르세요.

1–5

A

B

C

D

E

Bàba měitiān zǎoshang kàn bàozhǐ
1. 爸爸 每天 早上 看 报纸 。

Wǒ jiā hòumiàn yǒu ge fànguǎn   nà jiā de zhōngguócài hěn hǎochī
2. 我 家 后面 有 个 饭馆 ， 那 家 的 中国 菜 很 好吃 。

Xīngqī liù wǒ bāng māma xǐ yīfu
3. 星期六 我 帮 妈妈 洗 衣服 。

Jiějie de fángjiān bú dà   dànshì lǐmiàn yǒu hěn duō shū
4. 姐姐 的 房间 不大 ， 但是 里面 有 很 多 书 。

Tiānqì hǎo de shíhou tā dōu qù pǎobù
5. 天气 好 的 时候 她 都 去 跑步 。

A

B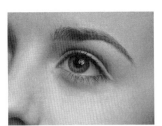

C

D

E

Nǐ de yǎnjing zhēn shì tài dà le
6. 你 的 眼睛 真 是 太 大 了 。 ☐

Wǒ de érzi kāishǐ xué tī zúqiú le
7. 我 的 儿子 开始 学 踢 足球 了 。 ☐

Wàimiàn zài xiàyǔ nǐ zěnme huíjiā
8. 外面 在 下雨 ， 你 怎么 回家 ？ ☐

Bāngzhù biérén shì yí jiàn kuàilè de shì
9. 帮助 别人 是 一 件 快乐 的 事 。 ☐

Wǒ hé tā shì tóngxué wǒ xǐhuan hé tā yìqǐ wán
10. 我 和 她 是 同学 ， 我 喜欢 和 她 一起 玩 。 ☐

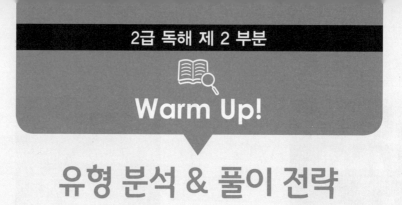

2급 독해 제 2 부분

Warm Up!

유형 분석 & 풀이 전략

유형 분석 | 시험에는 이렇게 나온다!

출제 방식

2급 독해 제2부분(41번~45번)은 문장의 빈칸에 알맞은 단어를 보기 A~F 중에서 고르는 문제이다. 빈칸을 제외한 부분의 한자에는 모두 병음이 달려 있다.

출제 경향 & 유형별 출제 비율

독해 제2부분은 문장 전체를 해석하기 보다는 빈칸의 앞뒤 단어를 통해, 빈칸에 들어갈 단어의 품사와 의미를 먼저 파악하는 것이 중요하다. 빈칸에 알맞은 단어 넣기 문제는 주로 동사와 명사를 넣는 문제가 가장 많이 출제되고, 그 밖에 의미가 서로 호응하는 단어, 그리고 부사/조동사/개사와 같이 수식 성분을 넣는 문제가 출제된다.

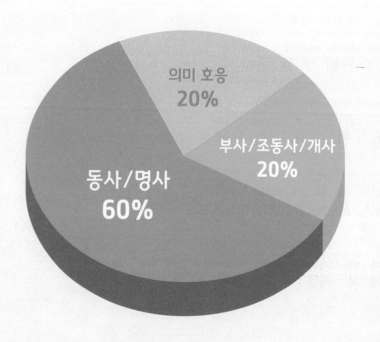

의미 호응
20%

부사/조동사/개사
20%

동사/명사
60%

풀이 전략 | 문제 풀이 Step & 풀이 전략 적용해 보기

Step 1

빈칸 앞뒤를 보고 어떤 품사 자리인지 파악하기

문장 빈칸의 앞뒤 단어의 문장성분과 품사를 파악한다. 그러면 빈칸에 어떤 품사의 단어가 들어가야 하는지 알 수 있다.

Step 2

알맞은 정답 고르기

빈칸에 들어갈 단어의 품사를 확인했으면 앞뒤 단어와 의미가 어울리는 것을 보기에서 고른다.

풀이 전략 · 적용해 보기

[보기]
　A 睡觉 shuìjiào
　B 足球 zúqiú
　C 离 lí
　D 比 bǐ
　E 热 rè

41. 我 想 和 你 踢 (　　), 好 吗?
　　Wǒ xiǎng hé nǐ tī 　　hǎo ma

STEP 1 빈칸 앞뒤를 보고 어떤 품사 자리인지 파악하기

我 想和你 踢 (　), 好吗?
주어　부사어　술어　(명사)

빈칸 앞에 동사 踢(차다)가 있으므로 빈칸에는 목적어가 들어가야 한다.

STEP 2 알맞은 정답 고르기

我想和你踢(足球), 好吗?

> 나는 너와 (축구)를 하고 싶어. 어때?

술어가 '차다'이므로 足球(축구)가 들어가야 한다.

정답 41. B 足球

어휘 睡觉 shuìjiào 통 잠을 자다　足球 zúqiú 명 축구　离 lí 개 ~으로부터　比 bǐ 개 ~보다　热 rè 형 덥다　想 xiǎng 조통 ~하고 싶다　和 hé 개 ~와/과　踢 tī 통 (발로) 차다

제2부분

빈칸에 알맞은 단어 넣기
품사의 위치를 정확하게 파악하라!

기본기 다지기 | 기본 개념 잡기 & 공략 미리보기

2급 독해 제2부분은 1급 독해 제4부분과 같은 유형의 문제이다. 2급의 문장이 1급보다 다소 길어지고 단어의 난이도도 높지만, 문제를 푸는 요령은 같다. 문장 전체를 해석하기보다는 빈칸 앞뒤의 단어를 통해 빈칸에 들어갈 단어의 품사와 뜻을 확인해서 정답을 고를 수 있다. 문장의 기본 구조(주-술-목)를 분석하는 능력을 길러야 한다.

| 기본 개념 잡기 | 주요 출제 유형

1. 동사/형용사 넣기

동사   我 要 (准备) 考试 。
Wǒ yào zhǔnbèi kǎoshì   나는 시험 (준비)를 할 거야.

형용사   天 已经 (黑) 了 。
Tiān yǐjing hēi le   날이 벌써 (어두워졌다).

2. 명사 넣기

我 家 离 (学校) 不 太 远 。
Wǒ jiā lí xuéxiào bú tài yuǎn   우리 집은 (학교)에서 그다지 멀지 않다.

3. 뜻이 어울리는 단어 넣기: 주술, 술목

姐姐 很 喜欢 (跳) 舞 。
Jiějie hěn xǐhuan tiào wǔ   언니는 춤 (추는) 것을 좋아한다.

4. 부사/조동사/개사 넣기

你 (别) 在 这儿 喝 酒 。
Nǐ bié zài zhèr hē jiǔ   너 여기에서 술 마시(지 마).

| 공략 미리보기 |

합격 공략 50	동사, 형용사가 들어갈 위치를 파악하기!
합격 공략 51	명사가 들어갈 위치를 파악하기!
합격 공략 52	빈칸 앞뒤의 단어와 호응하는 것을 찾기!
합격 공략 53	[160점 이상 고득점] 부사, 조동사, 개사의 위치에 주의하기!

합격 공략 50 동사, 형용사가 들어갈 위치를 파악하기!

⭐⭐
술어가 될 수 있는 단어

- 술어가 될 수 있는 품사는 대표적으로 동사와 형용사이다. '보다', '먹다' 등의 행동이나, '~이다', '있다' 등의 상황을 설명하는 단어가 동사이다. 형용사는 상태와 성질을 묘사하는 단어로 '예쁘다', '덥다' 등이 있다.

- 동사 술어는 목적어를 가질 수 있지만 형용사 술어는 목적어를 가질 수 없다. 하지만 모든 동사가 전부 목적어를 가질 수 있는 것은 아니다.

- 형용사 술어는 앞에 대부분 很(아주), 非常(매우)과 같은 정도부사를 사용한다.

- 동사와 형용사는 술어뿐만 아니라 관형어로도 쓰일 수 있다. '내가 만든 요리(我做的菜)', '예쁜 옷(漂亮的衣服)'과 같이 명사 앞에서 쓰인다는 점도 기억해 둔다.

실전문제 📖🔍

[보기] A 做^{zuò}   B 回答^{huídá}   C 新^{xīn}   D 好吃^{hǎochī}   E 告诉^{gàosu}

1. 上课 的 时候，^{Shàngkè de shíhou} 老师 让 我^{lǎoshī ràng wǒ} （   ） 问题^{wèntí} 。

2. 那 家 的 菜 很^{Nà jiā de cài hěn} （   ），我们 去 那儿 吃 吧^{wǒmen qù nàr chī ba} 。

3. 你 不 要^{Nǐ bú yào} （   ）他^{tā} 。

4. 你 找 到 了^{Nǐ zhǎodào le} （   ）买 的 手机 吗^{mǎi de shǒujī ma} ？

5. 衣服 洗 完 了^{Yīfu xǐ wán le}，饭 也^{fàn yě} （   ）好 了^{hǎo le} 。

STEP 1 빈칸 앞뒤를 보고 어떤 품사 자리인지 파악하기

1. 　上课的时候， 老师　让　我　（ 　）　问题。
　　　　　　　　　　주어1　술어1　목1/주2　(동사2)　목적어

빈칸 앞뒤에 명사가 있고 앞에 동사 술어 1 让(~하게 하다)이 있으므로 빈칸은 동사 술어2의 자리이다. 让은 'A让B 술어2(A가 B로 하여금 ~하게 하다)'의 형식으로 쓰인다.

2. 那家的 菜 很 ( ), 我们 去那儿吃吧。
   관형어　주어　부사어　(형용사)

빈칸 앞에 정도부사 很(아주)이 있으므로 빈칸은 형용사 자리이다.

3. 你 不要 ( ) 他。
   주어　부사어　(동사)　목적어

빈칸 앞에 조동사 要(~해야 한다)가 있고 뒤에 목적어 他(그)가 있으므로 빈칸은 동사 술어 자리이다.

4. 你 找 到了 ( ) 买的 手机 吗?
   주어　술어　보어　관형어[(관형어)+동사+的]　목적어　吗

빈칸 앞에 동사 술어 找到(찾았다)가 있고 뒤에 목적어 买的手机(산 핸드폰)가 있다. 빈칸은 명사를 꾸며주는 관형어 자리이다.

5. 衣服洗完了, 饭 也 ( ) 好 了。
   주어　부사어　(동사)　보어　了

빈칸 앞에 주어 饭(밥)이 있고 뒤에 보어 好了(다 ~됐다)가 있으므로 빈칸은 동사 술어 자리이다.

STEP 2 알맞은 정답 고르기

1. 上课的时候, 老师让我(回答)问题。　수업할 때. 선생님은 나에게 문제에 (답하도록) 시킨다.

   목적어가 '문제'이므로 回答(대답하다)가 들어가야 한다.

2. 那家的菜很(好吃), 我们去那儿吃吧。　그 집 음식이 아주 (맛있어). 우리 거기에 가서 먹자.

   주어가 '음식'이므로 好吃(맛있다)가 들어가야 한다.

3. 你不要(告诉)他。　너 그에게 (알리)지 마.

   목적어가 사람인 '그'이므로 告诉(알리다)가 들어가야 한다.

4. 你找到了(新)买的手机吗?　너 (새로) 산 핸드폰 찾았어?

   빈칸 뒤의 '사다'를 꾸며줄 수 있는 新(새롭다)이 들어가야 한다.

5. 衣服洗完了, 饭也(做)好了。　옷도 다 세탁했고. 밥도 다 (되었다).

   주어가 '밥'이므로 做(만들다)가 들어가야 한다.

정답 1. B 回答　2. D 好吃　3. E 告诉　4. C 新　5. A 做

어휘 做 zuò 통 하다, 만들다　回答 huídá 통 대답하다　新 xīn 형 새롭다　好吃 hǎochī 형 맛있다　告诉 gàosu 통 말하다, 알리다　上课 shàngkè 통 수업하다　的时候 de shíhou ~할 때　老师 lǎoshī 명 선생님　让 ràng 통 ~하게 하다, 시키다　问题 wèntí 명 문제　菜 cài 명 음식　很 hěn 부 아주　我们 wǒmen 대 우리　去 qù 가다　那儿 nàr 대 그곳, 거기　吃 chī 통 먹다　吧 ba 조 ~하자(제안, 권유하는 말투)　不要 búyào ~하지 마라　找到 zhǎodào 찾아내다　买 mǎi 통 사다　手机 shǒujī 명 핸드폰　衣服 yīfu 명 옷　洗 xǐ 통 씻다, 세탁하다　完 wán 통 다하다　饭 fàn 명 밥　也 yě 부 ~도, 역시

★★
주어와 목적어가 될 수 있는 단어

■ 주어와 목적어가 될 수 있는 품사에는 대표적으로 명사가 있다. 빈칸 뒤에 동사가 있으면 빈칸은 주어 자리이므로 명사를 넣고, 빈칸 앞에 동사가 있으면 빈칸은 목적어 자리이므로 명사를 넣는다.

1. (주어) + 동사 술어 + 목적어

Xuéshengmen zài xuéxí Hànyǔ
(学生 们) 在 学习 汉语 。 (학생들은) 중국어 공부를 하고 있다.

2. 주어 + 동사 술어 + (목적어)

Míngtiān wǒ yǒu kǎoshì
明天 我 有 (考试) 。 나는 내일 (시험)이 있다.

■ 또한 명사는 관형어의 수식을 받을 수 있다. 빈칸 앞에 관형어를 만드는 조사 的(~의/~한)가 있으면 빈칸에 의미가 어울리는 명사를 넣는다. 그리고 빈칸 앞에 수량사 관형어가 있으면 빈칸에 명사를 넣는다.

1. 동사/형용사/명사 + 的 + (명사)

Zhè shì wǒ māma zuò de miàntiáo
这 是 我 妈妈 做 的 (面条) 。 이것은 우리 엄마가 만든 (국수)이다.

2. 수사 + 양사 + (명사)

Wǒ yǒu yí ge wèntí
我 有 一 个 (问题) 。 저 (질문)이 하나 있습니다.

3. 什么 + (명사)

Nǐ xǐhuan kàn shénme diànyǐng
你 喜欢 看 什么 (电影) ? 너는 무슨 (영화) 보는 것을 좋아해?

■ 명사는 개사 뒤에 개사의 목적어로도 쓰인다. 만일 빈칸 앞에 개사가 있으면 빈칸에 의미가 어울리는 명사를 넣어야 한다.

• 개사 + (명사)

Zuò yùndòng duì shēntǐ hěn hǎo
做 运动 对 (身体) 很 好 。 운동하는 것은 (몸)에 좋다.

2급 독해 제 2 부분

[보기]   A 鱼(yú)   B 孩子(háizi)   C 身体(shēntǐ)   D 衣服(yīfu)   E 他(tā)

1. 你 看 ， 那 个 （   ） 唱 得 非常 好 。
Nǐ kàn nà ge chàng de fēicháng hǎo

2. 早上 喝 一 杯 牛奶 对 （   ） 很 好 。
Zǎoshang hē yì bēi niúnǎi duì hěn hǎo

3. 那 家 商店 的 （   ） 已经 卖 完 了 。
Nà jiā shāngdiàn de yǐjing mài wán le

4. 我 想 吃 米饭 和 （   ）。
Wǒ xiǎng chī mǐfàn hé

5. （   ） 喜欢 看 报纸 。
xǐhuan kàn bàozhǐ

STEP 1   빈칸 앞뒤를 보고 어떤 품사 자리인지 파악하기

1.   你看， 那个 （   ） 唱 得 非常好。
　　　　　 관형어　(명사)　술어　得　보어

빈칸 앞에 '지시대사+양사'인 那个(그것)가 있으므로 빈칸에는 명사가 들어가야 한다.

2.   早上喝一杯牛奶 对 （   ） 很 好。
　　　　주어　　　개사구[개사+(명사)]　부사어　술어

빈칸 앞에 개사 对(~에)가 있으므로 빈칸에는 명사가 들어가야 한다.

3.   那家商店的 （   ） 已经 卖 完 了。
　　　　관형어　(명사)　부사어　술어　보어　了

빈칸 앞에 관형어를 만드는 的(~의/한)가 있으므로 빈칸에는 명사가 들어가야 한다.

4.   我 想 吃 米饭和(   )。
　　주어　부사어　술어　목적어[명사+접속사+(명사)]

빈칸 앞에 접속사 和(~와/과)와 명사 米饭(쌀밥)이 있으므로 빈칸에는 명사가 들어가야 한다.

5.   （   ） 喜欢 看 报纸。
　　(명사)　술어　목적어[술어+목적어]

빈칸 뒤에 술어 喜欢(좋아하다)이 있으므로 빈칸은 주어 자리이다.

1. 你看，那个（ 孩子 ）唱得非常好。

    술어가 '부르다'이므로 孩子(아이)가 들어가야 한다.

    너 봐 봐. 저 (아이) 노래를 대단히 잘 부른다.

2. 早上喝一杯牛奶对（ 身体 ）很好。

    주어가 '아침에 우유 한 잔을 마시는 것'이므로 개사 对(~에)와 어울리는 身体(몸)가 들어가야 한다.

    아침에 우유 한 잔을 마시는 것은 (몸)에 좋다.

3. 那家商店的（ 衣服 ）已经卖完了。

    관형어가 '상점'이므로 衣服(옷)가 들어가야 한다.

    그 상점의 (옷)은 이미 다 팔렸다.

4. 我想吃米饭和（ 鱼 ）。

    술어가 '먹다'이므로 鱼(생선)가 들어가야 한다.

    나는 쌀밥과 (생선)이 먹고 싶어.

5. （ 他 ）喜欢看报纸。

    술어가 행동을 나타내므로 他(그)가 들어가야 한다.

    (그는) 신문 보는 것을 좋아한다.

정답 1. B 孩子 2. C 身体 3. D 衣服 4. A 鱼 5. E 他

어휘 鱼 yú 명 생선, 물고기 孩子 háizi 명 아이 身体 shēntǐ 명 몸, 신체 衣服 yīfu 명 옷 他 tā 대 그 唱 chàng 동 부르다 非常 fēicháng 부 대단히, 매우 好 hǎo 형 좋다 早上 zǎoshang 명 아침 喝 hē 동 마시다 杯 bēi 양 잔 牛奶 niúnǎi 명 우유 对 duì 개 ~에 대해 商店 shāngdiàn 명 상점 已经 yǐjīng 부 벌써, 이미 卖 mài 동 팔다 完 wán 동 다하다 想 xiǎng 조동 ~하고 싶다 吃 chī 동 먹다 米饭 mǐfàn 명 쌀밥 和 hé 개 ~와/과 喜欢 xǐhuan 동 좋아하다 看 kàn 동 보다 报纸 bàozhǐ 명 신문

합격 공략 **52** ▶ 빈칸 앞뒤의 단어와 호응하는 것을 찾기!

어휘의 호응

■ 만일 빈칸에 들어갈 단어의 품사를 파악하지 못했다면, 빈칸 앞뒤 단어를 해석해서 의미가 어울리는 단어를 넣는다. 문장 전체를 해석하지 말고 빈칸 앞뒤 단어만 해석해도 정답을 고를 수 있다.

■ 다른 문제의 정답과 중복되지 않도록 한 문제에 하나의 보기가 정답이 되도록 주의한다.

실전문제

	zhe	mǎi	xuésheng	hǎo	xiàwǔ
[보기]	A 着	B 买	C 学生	D 好	E 下午

Wǒ jīntiān　　　　　　　wǔ diǎn de fēijī　　xiànzài yào qù jīchǎng
1. 我 今天 （ 　　 ） 五 点 的 飞机 ， 现在 要 去 机场 。

Míngtiān de kǎoshì nǐ zhǔnbèi ( ) le ma

2. 明天 的 考试 你 准备 ( ) 了 吗？

Tāmen zài kàn ( ) diànshì

3. 她们 在 看 ( ) 电视 。

Wǒ jiào Wángdàmíng shì

4. 我 叫 王 大明 ， 是 ( )。

Nǐ zhǎodào le xīn ( ) de shū ma

5. 你 找 到 了 新 ( ) 的 书 吗 ？

STEP 1　빈칸 앞뒤를 보고 어떤 품사 자리인지 파악하기

1.　我　今天　（　）　五点的　飞机，现在要去机场。
　　　시간 명사　（시간）　시간 명사

빈칸 앞뒤에 시간 명사 今天(오늘)이 있고, 뒤에 五点(5시)이 있다.

2.　明天的考试　你　准备　（　）　了　吗？
　　　　　　주어　술어　（보어）　了　吗

빈칸 앞에 술어 准备(준비하다)가 있고 뒤에 了와 吗가 있으므로 보어 자리이다.

3.　她们　在　看　（　）　电视。
　　　주어　부사어　술어　（동태조사）　목적어

빈칸 앞에 동사 看(보다)이 있고 뒤에 명사 电视(텔레비전)가 있다. 문장이 동작의 진행을 나타낸다.

4.　我叫王大明，　是　（　）。
　　　　　　　　술어　（명사）

빈칸 앞에 동사 是(~이다)가 있으므로 명사 자리이다.

5.　你　找　到了　新(　)的　书　吗？
　　주어　술어　보어　관형어[1음절형용사+(관형어)+的]　목적어　吗

빈칸 앞에 형용사 新(새롭다)이 있고 뒤에 的(~의/한)가 있으므로 관형어 자리이다.

STEP 2　알맞은 정답 고르기

1. 我今天(下午)五点的飞机，现在要去机场。　　　나 오늘 (오후) 다섯 시 비행기야. 지금 공항에 가야 해.

'오늘'과 '5시 비행기'의 사이에 들어갈 단어는 下午(오후)이다. 중국어에는 시간 앞에 上午(오전) 또는 下午(오후)를 자주 함께 사용한다.

2. 明天的考试你准备(好)了吗？　　　내일 시험 너 준비 (다) 했어?

'내일 시험 너 준비 ~했어?'를 이루는 好가 들어가야 한다.

3. 她们在看(着)电视。

그녀들은 텔레비전을 (보고 있다).

동작의 진행을 나타내므로 동태조사 着(~하고 있다)가 들어가야 한다.

4. 我叫王大明，是(学生)。

저는 왕따밍이라고 하고, (학생)입니다.

자기소개를 하고 있으므로 신분을 나타내는 学生(학생)이 들어가야 한다.

5. 你找到了新(买)的书吗?

너 새로 (산) 책 찾았어?

'새로 ~한 책 찾았어?'를 이루는 买(사다)가 들어가야 한다.

정답 1. E 下午 2. D 好 3. A 着 4. C 学生 5. B 买

어휘 着 zhe 조 ~하고 있다(지속) 买 mǎi 동 사다 学生 xuésheng 명 학생 好 hǎo 형 동작의 완성을 나타냄 下午 xiàwǔ 명 오후 今天 jīntiān 명 오늘 五 wǔ 수 5, 다섯 点 diǎn 양 시 飞机 fēijī 명 비행기 现在 xiànzài 명 지금, 현재 要 yào 조동 ~해야 한다 去 qù 동 가다 机场 jīchǎng 명 공항 明天 míngtiān 명 내일 考试 kǎoshì 명 동 시험(을 보다) 准备 zhǔnbèi 동 준비하다 在 zài 부 ~하고 있는 중이다 看 kàn 동 보다 电视 diànshì 명 텔레비전 叫 jiào 동 ~라고 부르다 是 shì 동 ~이다 找到 zhǎodào 찾아내다 新 xīn 형 새롭다 书 shū 명 책

합격 공략 **53** [160점 이상 고득점] 부사, 조동사, 개사구의 위치에 주의하기!

부사어에 쓰이는 단어들

■ 문장의 뼈대가 주어, 술어, 목적어라면, 이것을 꾸며주는 것은 관형어와 부사어이다. 주어와 목적어를 꾸며주는 것을 관형어라고 하고, 술어를 꾸며주는 것을 부사어라고 한다.

■ 부사어에는 대표적으로 '부사, 조동사, 개사구, 접속사'가 있다. 부사어는 술어 앞에서 술어를 꾸며준다. 만일 문장에 부사, 조동사, 개사구가 모두 있으면 '부사-조동사-개사구'의 순서로 쓴다.

- **부사 + 조동사 + 개사구**

  Wǒ bù xiǎng gěi tā dǎ diànhuà
  我 不 想 给 她 打 电话 。 나는 그에게 전화를 걸고 싶지 않다.

■ 양사는 명사를 세는 명량사와 동작을 세는 동량사로 나눈다. 명량사는 명사 앞에 위치하고, 동량사는 동사 뒤에 위치한다.

  1. **수사 + 명량사 + 명사**

     yí jiàn yīfu
     一 件 衣服 옷 한 벌

  2. **동사 + 수사 + 동량사**

     qù guo yí cì
     去 过 一 次 한 번 가 본 적이 있다

■ 접속사는 단어와 단어, 또는 문장과 문장을 연결하는 단어이다. 주로 문장 맨앞에 쓰인다. 함께 쓰이는 짝꿍 접속사를 꼭 외워둔다.

1. 단어 + 접속사 + 단어

kāfēi hé niúnǎi
咖啡 和 牛奶 커피와 우유

2. 접속사 + 문장, 접속사 + 문장

Suīrán xiàyǔ   dànshì wǒ háishi yào qù
虽然 下雨 ， 但是 我 还是 要 去 。 비록 비가 올지라도 나는 갈 것이다.

필수 암기! 부사. 조동사. 개사. 양사. 접속사

부사	不 bù 안/못　　没 méi ~하지 않았다　　别 bié ~하지 마라	
	很 hěn 아주　　太……了 tài……le 너무 ~하다　　非常 fēicháng 대단히, 매우	
	最 zuì 가장, 제일　　真 zhēn 진짜, 정말	
	再 zài 다시　　已经 yǐjīng 이미, 벌써　　也 yě ~도, 역시　　都 dōu 모두	
	可能 kěnéng 아마도　　就 jiù 곧, 바로　　还 hái 여전히, 아직도, 또	
조동사	想 xiǎng ~하고 싶다　　要 yào ~하려고 한다, 할 것이다, ~해야 한다	
	能 néng ~할 수 있다　　会 huì (배워서) ~할 줄 알다　　可以 kěyǐ ~할 수 있다, ~해도 된다	
개사	和 hé ~와/과　　离 lí ~로부터(거리, 간격)　　对 duì ~에, ~에 대해서	
	从 cóng ~에서부터(출발점)　　比 bǐ ~보다　　在 zài ~에, ~에서　　给 gěi ~에게	
양사	명량사	个 ge (사물, 사람) 개, 명　　件 jiàn (옷, 사건) 벌, 건　　本 běn (책) 권　　杯 bēi (음료) 잔
		岁 suì (나이) 살, 세　　块 kuài 덩어리, 조각　　一些 yìxiē 조금, 약간
	동량사	一下 yíxià 한번 ~하다　　次 cì 번
접속사	虽然A, 但是B suīránA, dànshìB 비록 A하지만 B하다	
	因为A, 所以B yīnwèiA, suǒyǐB 왜냐하면 A하기 때문에 그래서 B하다	

실전문제 📖

　　　　　　　lí　　　　　suǒyǐ　　　　　zuì　　　　　běn　　　　cì
[보기]　A 离　　　　B 所以　　　　C 最　　　D 本　　　　E 次

Nǐ jiā　　　　　　　　xuéxiào yuǎn bù yuǎn
1. 你 家 （　　　） 学校 远 不 远 ?

Zuótiān wǒ mǎi le wǔ　　　　　shū　　　jīntiān hái yào mǎi yì běn
2. 昨天 我 买 了 五 （　　　） 书 ， 今天 还 要 买 一 本 。

Yīnwèi wǒ lái wǎn le　　　　　lǎoshī bù gāoxìng
3. 因为 我 来 晚 了 ， （　　　） 老师 不 高兴 。

Wǒ juéde nǐ wǔ tiào de ( ) hǎo
4. 我 觉得 你 舞 跳 得 ( ) 好 。

Wǒ qùguo yí ( ) Zhōngguó
5. 我 去过 一 ( ) 中国 。

---

1. 你家 ( ) 学校 远不远?
　주어　부사어[(개사)+명사]　술어

빈칸 앞뒤에 모두 명사가 있는데 앞의 你家(네 집)는 주어이고, 뒷부분에 형용사 술어 远(멀다)이 있으므로 '빈칸+学校(학교)'는 개사구가 되어야 한다.

2. 昨天我买了 五 ( ) 书， 今天还要买一本。
　　　　수사　(양사)　명사

빈칸 앞에 수사 五(5)가, 뒤에 명사 书(책)가 있으므로 빈칸은 양사 자리이다.

3. 因为 我来晚了， ( ) 老师不高兴。
　접속사　문장　(접속사)　문장

빈칸은 문장 맨 앞에 위치하므로 시간 명사나 접속사가 들어가야 한다.

4. 我觉得你舞 跳 得 ( ) 好。
　　　　술어　得　(정도부사)　형용사

빈칸 뒤에 형용사 好(좋다)가 있으므로 빈칸은 정도부사가 들어가야 한다.

5. 我 去 过 一 ( ) 中国。
　주어　술어　过　수사　(동량사)　목적어

빈칸 앞에 수사 一(1)가, 뒤에 장소 명사 中国(중국)이 있으므로 빈칸은 동량사 자리이다.

---

1. 你家(离)学校远不远?　　　　너희 집은 학교(에서) 멀어?

'A와 B의 거리가 가깝다/멀다'는 'A离B很近/远'으로 나타내므로 离(~으로부터)가 들어가야 한다.

2. 昨天我买了五(本)书，今天还要买一本。　　어제 나 책 다섯(권)을 샀는데 오늘 한 권을 더 살 거야.

'책'을 세는 단위인 本(권)이 들어가야 한다.

3. 因为我来晚了，(所以)老师不高兴。　　　내가 늦게 왔기 때문에 (그래서) 선생님은 기쁘지 않다.

앞절에 접속사 因为(왜냐하면)가 있으므로 이와 호응하는 접속사 所以(그래서)가 들어가야 한다.

4. 我觉得你舞跳得(最)好。　　　내 생각에는 네가 춤을 (제일) 잘 추는 것 같아.

보기 중 정도부사인 最(제일)가 들어가야 한다.

5. 我去过一(次)中国。

나는 중국에 한 (번) 가 본 적이 있다.

보기 중 동작의 횟수를 나타내는 次(번)가 들어가야 한다.

정답 1. A 离 2. D 本 3. B 所以 4. C 最 5. E 次

어휘 离 lí 게 ~로부터 所以 suǒyǐ 접 그래서 最 zuì 부 가장, 제일 本 běn 양 권 次 cì 양 번 家 jiā 명 집 学校 xuéxiào 명 학교 远 yuǎn 형 멀다 昨天 zuótiān 명 어제 买 mǎi 동 사다 五 wǔ 수 5, 다섯 书 shū 명 책 今天 jīntiān 명 오늘 还 hái 부 또 要 yào 조동 ~하려고 한다. ~할 것이다 因为 yīnwèi 접 왜냐하면 来 lái 동 오다 晚 wǎn 형 늦다 老师 lǎoshī 명 선생님 高兴 gāoxìng 형 기쁘다 舞 wǔ 명 춤 跳 tiào 동 추다 好 hǎo 형 좋다, 훌륭하다 去 qù 동 가다 过 guo 조 ~해 본 적이 있다(경험) 中国 Zhōngguó 지명 중국

실전 테스트 정답 & 해설_해설편 p.063

빈칸에 알맞은 단어를 넣으세요.

1–5

[보기] A 别 bié   B 近 jìn   C 没有 méiyǒu   D 还 hái   E 去 qù

　　　 Jīntiān hěn rè　　　　 chuān tài duō
1. 今天 很 热 , (　　　) 穿 太 多 。

　　　 Tā xǐhuan chànggē　　　　 xǐhuan tiàowǔ
2. 他 喜欢 唱歌 , (　　　) 喜欢 跳舞 。

　　　 Wǒ de érzi měitiān zǒulù shàngxué　　　 yīnwèi xuéxiào lí wǒ jiā hěn
3. 我 的 儿子 每天 走路 上学 , 因为 学校 离 我 家 很 (　　　) 。

　　　 Nǐ yǒu　　　 shǒubiǎo
4. 你 有 (　　　) 手表 ?

　　　 Māma shēntǐ bù hǎo　　 tā　　　 yīyuàn le
5. 妈妈 身体 不 好 , 她 (　　　) 医院 了 。

6-10

[보기] A 可能 kěnéng B 回答 huídá C 意思 yìsi D 不 bù E 好吃 hǎochī

6. 我 不 想 （　　） 这 个 问题 。
Wǒ bù xiǎng zhè ge wèntí

7. 天 阴 了 ，（　　） 会 下雨 。
Tiān yīn le huì xiàyǔ

8. 这里 的 菜 真 （　　） ， 我 下 次 还 想 来 吃饭 。
Zhèlǐ de cài zhēn wǒ xià cì hái xiǎng lái chīfàn

9. 我 有 事儿 ， 所以 （　　） 能 去 买 衣服 了 。
Wǒ yǒu shìr suǒyǐ néng qù mǎi yīfu le

10. 妈妈 ， 这 是 什么 （　　）？
Māma zhè shì shénme

2급 독해 제 3 부분

Warm Up!

유형 분석 & 풀이 전략

유형 분석 | 시험에는 이렇게 나온다!

출제 방식

2급 독해 제3부분(46번~50번)은 두 문장의 내용이 일치하는지 또는 불일치하는지를 판단하는 문제이다. 일치하면 ✓표시를, 불일치하면 ✗표시를 한다.

출제 경향 & 유형별 출제 비율

독해 제3부분에서 문장이 일치하는지 불일치하는지 파악하기 위해서는 각 동작의 완료/미완료, 사실 관계, 긍정/부정, 숫자 표현을 대조해야 한다. 문제는 동작의 완료/미완료를 보고 판단하는 유형, 주어/목적어가 일치하는지를 보고 판단하는 유형, 그리고 긍정/부정 표현을 보고 판단하는 문제 등이 비슷한 비율로 출제된다. 제3부분의 지문은 다른 영역에 비해 비교적 길기 때문에 처음부터 끝까지 해석해서 문제를 푼다면 시간이 부족할 수 있다. 따라서 ★ 표 문장의 핵심 내용을 파악한 후 지문과 대조하는 순서로 문제를 풀어야 한다.

풀이 전략 | 문제 풀이 Step & 풀이 전략 적용해 보기

Step 1

제시된 문장의 핵심 키워드 파악하기

★표 문장의 핵심 키워드(숫자, 긍정/부정, 화제, 방법, 장소)를 찾는다.

Step 2

지문과 대조하여 일치/불일치 판단하기

핵심 키워드를 찾았으면, 지문에 관련 내용이 있는지 찾아본다. ★표 문장의 핵심 키워드가 시간에 관한 내용이라면 지문에서 시간 정보를 찾고, 행동에 관한 내용이라면 지문에서 동사를 위주로 대조해서 일치/불일치를 판단한다.

풀이 전략 적용해 보기

46.
　　　Jīntiān wǒ tài máng le　　míngtiān wǒmen　yìqǐ　qù kàn diànyǐng　　zěnmeyàng
　　　今天 我 太 忙 了， 明天 我们 一起 去 看 电影 ， 怎么样 ？

　　　Jīntiān tāmen　yìqǐ　qù kàn diànyǐng le
★　今天 他们 一起 去 看 电影 了 。　　　　　　（　　　）

STEP 1　제시된 문장의 핵심 키워드 파악하기

★　今天 他们一起去 看电影 了。
　　시간　　　　　　　행동

오늘 그들은 같이 영화를 보러 갔다.

제시된 문장의 핵심 키워드는 시간 정보인 今天(오늘)과 행동인 看电影(영화를 보다)이다. 이것을 지문과 대조한다.

STEP 2　지문과 대조하여 일치/불일치 판단하기

今天我太忙了，明天我们一起去看电影，怎么样？

오늘 나 너무 바빠. 내일 우리 같이 영화를 보러 가는 게 어때?

지문에서 핵심 키워드가 언급되었지만 영화를 보러 가자고 한 요일이 今天(오늘)이 아니라 明天(내일)이므로 정답은 불일치이다.

정답　46. 불일치 (✗)

어휘　今天 Jīntiān 명 오늘　我 wǒ 때 나　太……了 tài……le 너무 ~하다　忙 máng 형 바쁘다　明天 míngtiān 명 내일　我们 wǒmen 때 우리　一起 yìqǐ 부 같이　去 qù 동 가다　看 kàn 동 보다　电影 diànyǐng 명 영화　怎么样 zěnmeyàng 때 어떠하다, 어때

문장의 일치/불일치 판단하기
정확하게 문장을 분석하라!

기본기 다지기 │ 기본 개념 잡기 & 공략 미리보기

독해 제3부분은 ★표로 제시된 문장이 지문과 일치하는지 불일치하는지를 판단하는 유형이다. 지문의 길이가 길기 때문에 ★표 문장을 먼저 보고 핵심 키워드를 파악한 뒤, 지문과 핵심 키워드를 대조해야 한다.

│ 기본 개념 잡기 │ 주요 출제 유형

1. 일치인 경우

(1) 핵심 키워드가 그대로 일치하는 유형:

Zuótiān mǎi de nà běn shū méiyǒu yìsi
昨天 买 的 那 本 书 没有 意思 。 어제 산 그 책은 재미없다.

Nà běn shū méiyǒu yìsi
★ 那 本 书 没有 意思 。 그 책은 재미없다.

(2) 비슷한 뜻으로 일치하는 유형:

Wǒ gǎnmào le xiǎng huíjiā
我 感冒 了 , 想 回家 。 나 감기에 걸렸어. 집에 가고 싶어.

Tā shēntǐ bù hǎo
★ 他 身体 不 好 。 그는 몸이 좋지 않다.

2. 불일치인 경우

(1) 동작의 완료/미완료가 다른 유형:

Děng yíxià wǒ zài chīfàn ne
等 一下 , 我 在 吃饭 呢 。 좀 기다려 줘. 나 밥 먹는 중이야.

Wǒ yǐjing chī wán le
★ 我 已经 吃 完 了 。 그는 이미 다 먹었다.

(2) 긍정/부정이 다른 유형:

Tā de xuésheng méi lái shàngkè suǒyǐ tā jīntiān bù gāoxìng
他 的 学生 没 来 上课 , 所以 他 今天 不 高兴 。

그의 학생이 수업에 오지 않아서 그는 오늘 기쁘지 않다.

Tā jīntiān hěn gāoxìng
★ 他 今天 很 高兴 。 그는 오늘 아주 기쁘다.

(3) 사실 관계가 다른 유형:

Wǒ māma zài huǒchēzhàn gōngzuò   wǒ bàba shì yīshēng
我 妈妈 在 火车站 工作 ， 我 爸爸 是 医生 。

우리 엄마는 기차역에서 일하고, 우리 아빠는 의사이다.

Māma shì yīshēng
★ 妈妈 是 医生 。 엄마는 의사이다.

(4) 숫자가 다른 유형:

Wǒ měitiān hē   bēi shuǐ   hē shuǐ duì shēntǐ hěn hǎo
我 每天 喝 10 杯 水 ， 喝 水 对 身体 很 好 。

나는 매일 물 10잔을 마신다. 물 마시는 것은 몸에 아주 좋다.

Měitiān wǒ hē yì bēi shuǐ
★ 每天 我 喝 一 杯 水 。 매일 나는 물 한 잔을 마신다.

| 공략 미리보기 |

합격 공략 54	제시된 문장의 핵심 키워드 찾기!
합격 공략 55	다른 한 가지 내용에 주의하기!
합격 공략 56	숫자 정보를 확인하기
합격 공략 57	[160점 이상 고득점] 표현은 다르지만 같은 의미인 문장에 주의하기!

합격 공략 **54** 제시된 문장의 핵심 키워드 찾기!

★★★
문장의 핵심 키워드

- 별표(★)가 있는 문장의 핵심 키워드를 파악한 뒤, 지문에 핵심 키워드가 있는지 찾는다. 만일 핵심 키워드가 지문에 있으면 앞뒤 내용을 살펴서 일치하는지를 판단한다.
- 핵심 키워드는 주로 '행동, 숫자, 긍정/부정, 화제, 방법, 장소' 등이 될 수 있다.
- 만일 핵심 키워드가 지문에 없으면 제시 문장의 주된 내용을 토대로 일치하는지를 판단해야 한다.

실전문제 📖

Jīntiān gōnggòngqìchē shang   de rén tèbié duō   suǒyǐ wǒ zǒulù shàngbān le
今天 公共汽车 上 的人 特别 多 ， 所以 我 走路 上班 了 。

Wǒ jīntiān zǒulù shàngbān le
★ 我 今天 走路 上班 了 。   (   )

제시된 문장의 핵심 키워드 파악하기

★ 我 <u>今天</u>　　<u>走路</u>　上班了。
　　　시간　　　방법

> 그는 오늘 걸어서 출근했다.

제시된 문장의 핵심 키워드는 시간 정보인 今天(오늘)과 출근하는 방법인 走路(걷다)이다. '오늘 걸어서 출근한 것'이 맞는지 지문과 비교해본다.

STEP 2 지문과 대조하여 일치/불일치 판단하기

今天公共汽车上的人特别多，所以我走路上班了。

> 오늘 버스에 사람이 특히나 많았다. 그래서 나는 걸어서 출근했다.

지문의 뒷부분에 走路上班(걸어서 출근하다)이 있고 앞에 今天(오늘)이 있다. 따라서 정답은 일치이다. 지문의 앞부분에 公共汽车(버스)가 있다고 해서 답이 불일치라고 성급하게 판단하지 않도록 주의한다.

정답　일치(✓)

어휘　今天 jīntiān 몡 오늘　公共汽车 gōnggòngqìchē 몡 버스　人 rén 몡 사람　特别 tèbié 틧 특히　多 duō 톙 많다　所以 suǒyǐ 젭 그래서　走 zǒu 통 걷다　路 lù 몡 길　上班 shàngbān 통 출근하다

합격 공략 **55** 다른 한 가지 내용에 주의하기!

★★

다른 한 가지 내용

일치/불일치를 판단하는 문제에서 학습자들이 자주 실수하는 것은 일치하는 내용만 확인하고 바로 정답을 고르는 것이다. 일치하는 내용이 있더라도 부분적으로 다른 내용이 있을 수 있기 때문에 꼼꼼히 내용을 대조해야 한다. 예를 들어 '술어+목적어'는 일치하지만 '주어'가 다른 경우가 있고, 부정 부사 '不'를 사용해서 다른 내용을 나타내기도 한다. 따라서 핵심 키워드가 일치한다고 해서 쉽게 정답을 결정하지 말고, 그 밖의 내용도 대조해서 신중하게 정답을 고른다.

실전문제 📖

Wǒ huì zuò zhōngguócài　　tā yě huì zuò zhōngguócài　　dànshì wǒ zuò de cài bǐ
我 会 做 中国菜 ， 他 也 会 做 中国菜 ， 但是 我 做 的 菜 比
tā zuò de hǎochī
他 做 的 好吃 。

Tā bú huì zuò cài
★ 他 不 会 做 菜 。　　　　　　　　　　　（　　　）

STEP 1　제시된 문장의 핵심 내용 파악하기

★ 他　<u>不会</u>　<u>做菜</u>。
　　　　부정　　행동

> 그는 요리를 할 줄 모른다.

제시된 문장의 핵심 키워드는 부정의 의미인 不会(~할 줄 모른다)와 행동 정보인 做菜(요리를 하다)이다. 이것을 지문과 대조한다.

STEP 2　지문과 대조하여 일치/불일치 판단하기

我会做中国菜，他也会做中国菜，但是我做的菜比他做的好吃。

> 나는 중국 요리를 할 줄 안다. 그도 중국 요리를 할 줄 안다. 하지만 내가 만든 요리가 그가 만든 것보다 맛있다.

지문에서 핵심 내용 중 일부분은 일치하지만 일부분은 일치하지 않는다. 지문에서 他也会做中国菜(그도 중국 요리를 할 줄 안다)라고 했으므로 정답은 불일치이다.

정답　불일치(✘)

어휘　我 wǒ 대 나　会 huì 조동 (배워서) ~할 줄 알다　做 zuò 동 하다, 만들다　中国 Zhōngguó 지명 중국　菜 cài 명 요리, 음식　他 tā 대 그　也 yě 부 ~도　但是 dànshì 접 그러나　比 bǐ 개 ~보다　好吃 hǎochī 형 맛있다　做菜 zuò cài 동 요리하다

합격 공략 **56**　숫자 정보를 확인하기!

숫자 정보

제시된 문장에 숫자 정보(시간, 날짜, 나이, 가격, 인원수 등)가 있으면 지문에서도 숫자와 관련된 표현을 찾아서 대조해야 한다. 예를 들어 제시 문장이 '그는 9시에 비행기를 탄다'라면 지문에서 시간 정보도 일치하는지 살펴봐야 한다. 숫자 정보가 제시되면 일치/불일치를 판단하는 것이 더 쉽기 때문에 숫자를 잘 활용하는 것이 중요하다.

실전문제 📖

　Wǒ de érzi tèbié xǐhuan kànshū　tā jīntiān kàn le sì ge xiǎoshí
我 的 儿子 特别 喜欢 看书 ， 他 今天 看了 四 个 小时 。

　　　Érzi yǐjing kàn le sì ge xiǎoshí de shū
★ 儿子 已经 看了 四 个 小时 的 书 。　　　　　　（　　　　）

STEP 1　제시된 문장의 핵심 키워드 파악하기

★ 儿子已经 <u>看</u> 了 <u>四个小时</u> 的书。
　　　　　行동　　　　시간

> 아들은 이미 4시간 동안 책을 봤다.

제시된 문장의 핵심 키워드는 시간 정보인 四个小时(4시간)과 행동인 看书(책을 보다)이다. 이것을 지문과 대조한다.

我的儿子特别喜欢看书，他今天看了四个小时。

> 내 아들은 책 보는 것을 특히 좋아한다. 그는 오늘 네 시간 동안 봤다.

지문에서 핵심 키워드가 언급되었다. 아들이 책 보는 것을 좋아하고 他今天看了四个小时(그는 오늘 4시간 동안 봤다)라고 했으므로 정답은 일치이다.

정답 일치(✓)

어휘 我 wǒ 데 나   的 de 죄 ~의   儿子 érzi 몡 아들   特别 tèbié 뿐 특히   喜欢 xǐhuan 동 좋아하다   看 kàn 동 보다   书 shū 몡 책   他 tā 데 그   今天 jīntiān 몡 오늘   了 le 죄 ~했다(완료)   四 sì 수 4, 넷   个 ge 양 개   小时 xiǎoshí 몡 시간   已经 yǐjīng 뿐 이미, 벌써

합격 공략 57 [160점 이상 고득점] 표현은 다르지만 같은 의미인 문장에 주의하기!

비슷한 내용 찾기

독해 제3부분은 핵심 키워드만 정확히 찾으면 문제를 쉽게 풀 수 있다. 하지만 난이도가 높은 문제에서는 핵심 키워드가 지문에 나오지 않고, 비슷한 의미인 단어로 바꿔서 나오기도 한다.

실전문제

Tā jīntiān shēntǐ bù hǎo   suǒyǐ méi lái shàngbān
他 今天 身体 不 好 ， 所以 没 来 上班 。

Tā shēngbìng le
★ 他 生病 了 。   (   )

★ 他 生病 了 。
      행동

> 그는 병이 났다.

제시된 문장의 핵심 키워드는 生病(병이 나다)이다. 이것을 지문과 대조한다.

他今天身体不好，所以没来上班。

> 그는 오늘 몸이 좋지 않다. 그래서 출근하지 않았다.

지문에서 핵심 키워드가 그대로 언급되지 않았지만 지문의 身体不好(몸이 좋지 않다)가 제시 문장과 비슷한 내용이다. 따라서 정답은 일치이다.

정답 일치(✓)

어휘 他 tā 데 그   今天 jīntiān 몡 오늘   身体 shēntǐ 몡 몸, 신체   好 hǎo 휑 좋다   所以 suǒyǐ 젭 그래서   没 méi 뿐 ~하지 않았다   来 lái 동 오다   上班 shàngbān 동 출근하다   生病 shēngbìng 동 병이 나다

제시된 문장과 지문을 보고 일치/불일치를 판단하세요.

Tī zúqiú zhēn yǒu yìsi   míngtiān xiàwǔ wǒ hái xiǎng qù tī zúqiú
1. 踢 足球 真 有 意思 ， 明天 下午 我 还 想 去 踢 足球 。

    Wǒ xǐhuan tī zúqiú
    ★ 我 喜欢 踢 足球 。   (   )

Wǒ jiā yǒu Bàba   māma   mèimei hé wǒ   Wǒ méiyǒu gēge hé dìdi
2. 我 家 有 爸爸 、 妈妈 、 妹妹 和 我 。 我 没有 哥哥 和 弟弟 。

    Jiāli yǒu liù ge rén
    ★ 家里 有 六 个 人 。   (   )

Wéi   míngtiān zǎoshang kěnéng xiàyǔ   wǒ bú qù pǎobù le   wǒmen xīngqī sì zài
3. 喂 ， 明天 早上 可能 下雨 ， 我 不 去 跑步 了 ， 我们 星期四 再
qù ba
去 吧 。

    Yīnwèi tiānqì bù hǎo   tā bú qù pǎobù
    ★ 因为 天气 不 好 ， 他 不 去 跑步 。   (   )

Zhè ge shǒubiǎo shì wǒ de   qùnián shēngrì de shíhou   wǒ bàba sòng wǒ de
4. 这 个 手表 是 我 的 ， 去年 生日 的 时候 ， 我 爸爸 送 我 的 。

    Shǒubiǎo shì bàba sòng wǒ de
    ★ 手表 是 爸爸 送 我 的 。   (   )

Xiànzài wǔ diǎn le   hái yǒu shí fēnzhōng diànyǐng jiù yào kāishǐ le   Nǐ zěnme hái
5. 现在 五 点 了 ， 还有 十 分钟 电影 就 要 开始 了 。 你 怎么 还
méi dào ne
没 到 呢 ？

    Diànyǐng liù diǎn kāishǐ
    ★ 电影 六 点 开始 。   (   )

Suīrán wǒ bú tài gāo　　dànshì wǒ de zhàngfu hěn gāo　　suǒyǐ wǒ érzi yě hěn gāo
6. 虽然 我 不 太 高 ， 但是 我 的 丈夫 很 高 ， 所以 我 儿子 也 很 高 。

　　　Tā de érzi bú tài gāo
★ 她 的 儿子 不 太 高 。　　　　　　　　　　　　　　（　　）

Wǒ de mèimei cóng xiǎo jiù kāishǐ xué tiàowǔ le　　yǐjing shí duō nián le　　Xiànzài
7. 我 的 妹妹 从 小 就 开始 学 跳舞 了 ， 已经 十 多 年 了 。 现在
tā tiào de bǐ wǒ hái hǎo
她 跳 得 比 我 还 好 。

　　　Tāmen dōu huì chànggē
★ 她们 都 会 唱歌 。　　　　　　　　　　　　　　　（　　）

Wǒ hěn xǐhuan zuò cài　　měitiān dōu gěi jiārén zuò　　Dànshì zuìjìn gōngzuò tài máng
8. 我 很 喜欢 做 菜 ， 每天 都 给 家人 做 。 但是 最近 工作 太 忙
le　　méiyǒu shíjiān zuò cài
了 ， 没有 时间 做 菜 。

　　　Wǒ zuìjìn hěn máng
★ 我 最近 很 忙 。　　　　　　　　　　　　　　　（　　）

Wǒ zǒu de hěn màn　　nǐmen bié děng wǒ　　Qù fànguǎn kàn kàn wǒmen chī shénme
9. 我 走 得 很 慢 ， 你们 别 等 我 。 去 饭馆 看 看 我们 吃 什么 。

　　　Tāmen yào qù fànguǎn chīfàn
★ 她们 要 去 饭馆 吃饭 。　　　　　　　　　　　（　　）

Shàng cì kǎoshì tā cuò le hěn duō　　Lǎoshī hé tóngxuémen dōu bāngzhù tā le
10. 上 次 考试 他 错 了 很 多 。 老师 和 同学 们 都 帮助 他 了 ，
suǒyǐ tā zhè cì kǎoshì kǎo de hěn hǎo
所以 他 这 次 考试 考 得 很 好 。

　　　Tā zhè cì kǎoshì cuò le hěn duō
★ 他 这 次 考试 错 了 很 多 。　　　　　　　　　（　　）

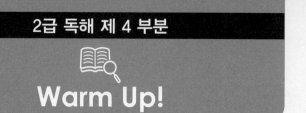

Warm Up!

유형 분석 & 풀이 전략

유형 분석 | 시험에는 이렇게 나온다!

출제 방식

2급 독해 제4부분(51번~60번)은 제시된 문장과 의미가 연결되는 문장을 보기 A~F에서 고르는 문제이다.

출제 경향 & 유형별 출제 비율

독해 제4부분의 연결되는 문장 고르기는 크게 두 가지 형태로 연결되는데, 하나는 질문과 대답 문장을 연결하는 것이고, 다른 하나는 대화 및 평서문을 연결하는 것이다. 질문 형식에서는 행동에 관한 질문이 가장 많고, 그 다음으로 사람/사물의 상태를 묻는 질문, 숫자 및 감정에 관한 질문 순서로 출제된다. 질문에 알맞은 대답을 찾는 문제는 질문의 포인트를 정확히 찾아 알맞은 대답을 보기에서 찾는 방식으로 문제를 풀어야 한다.

풀이 전략 | 문제 풀이 Step & 풀이 전략 적용해 보기

Step 1

질문의 포인트와 핵심 키워드 찾기

문장이 의문문이라면 질문의 포인트를 찾아야 한다. '어디, 언제, 누구, 무엇, 어떻게, 왜' 등의 질문의 포인트를 찾아 표시하고 대답을 빠르게 예상해본다. 문장이 평서문이라면 핵심 키워드를 찾는다.

Step 2

연결되는 문장 고르기

의문문인 경우 질문에 알맞은 대답 문장을 찾는다. 의문대사를 이용한 질문이라면 그에 맞는 대답이 있는 보기를, 제안하는 질문이라면 수락 또는 거절하는 내용의 보기를 정답으로 고른다. 평서문인 경우 핵심 키워드가 일치하는지를 보고, 인사말/접속사 등으로 연결 관계를 파악한다.

풀이 전략 적용해 보기

[보기]

A 你 吃饭 了 吗 ?
　Nǐ chīfàn le ma

B 火车站 离 这儿 不 远 , 我们 走着 去 吧 。
　Huǒchēzhàn lí zhèr bù yuǎn wǒmen zǒuzhe qù ba

C 他 什么时候 去 北京 ?
　Tā shénmeshíhou qù Běijīng

D 你 怎么 这么 高兴 ?
　Nǐ zěnme zhème gāoxìng

E 你 眼睛 红 了 , 疼 吗 ?
　Nǐ yǎnjing hóng le téng ma

51. 我 很 累 , 坐 出租车 去 吧 。
　　Wǒ hěn lèi zuò chūzūchē qù ba

STEP 1 **질문의 포인트와 핵심 키워드 찾기**

我很累，坐出租车去吧。　　　　　　　　나 아주 피곤해. 택시를 타고 가자.

坐出租车去(택시를 타고 가자)라고 제안하는 문장이다. 교통수단에 관한 내용을 찾는다.

A 你吃饭了吗？

B 火车站离这儿不远，我们走着去吧。

C 他什么时候去北京？

D 你怎么这么高兴？

E 你眼睛红了，疼吗？

너 밥 먹었어?

기차역은 여기에서 멀지 않아. 우리 걸어서 가자.

그는 언제 북경에 가?

너 왜 이렇게 즐거워?

너 눈이 빨개. 아파?

보기 B가 기차역까지 가는 방법에 대해 走着去吧(걸어서 가자)라고 제안하는 문장이므로 51번과 연결된다.

정답 51. B

어휘 吃 chī 동 먹다　饭 fàn 명 밥　火车站 huǒchēzhàn 명 기차역　离 lí 개 ~로부터　这儿 zhèr 대 여기　远 yuǎn 형 멀다　走 zǒu 동 걷다　吧 ba 조 ~하자(제안, 권유하는 말투)　什么时候 shénme shíhou 언제　去 qù 동 가다　北京 Běijīng 지명 북경　怎么 zěnme 대 어째서, 왜　这么 zhème 대 이렇게　高兴 gāoxìng 형 기쁘다　眼睛 yǎnjing 명 눈　红 hóng 형 빨갛다　疼 téng 형 아프다　累 lèi 형 힘들다　坐 zuò 동 타다　出租车 chūzūchē 명 택시

연결되는 문장 고르기
의문문과 핵심 키워드를 찾으라!

기본기 다지기 | 기본 개념 잡기 & 공략 미리보기

독해 제4부분은 문제에 제시된 5개의 문장과 보기에 제시된 5개의 문장을 서로 의미가 연결되는 것끼리 짝짓는 유형이다. 5개의 문장을 5개의 보기 문장과 연결해야 하기 때문에 문제를 푸는 속도를 높이기 위해서는 문장의 특징을 빠르게 파악할 수 있어야 한다.

| 기본 개념 잡기 | 주요 출제 유형

1. 질문-대답형

(문제) Hǎo de　nà jiā de cài hěn hǎochī
好 的 ， 那 家 的 菜 很 好吃 。　좋아. 그 집 음식이 아주 맛있어.

(보기) A Wǒmen qù wǒ jiā pángbiān de fànguǎn chīfàn　zěnmeyàng
我们 去 我 家 旁边 的 饭馆 吃饭 ， 怎么样 ?
우리 우리 집 옆 식당에 가서 밥 먹는 거 어때?

2. 핵심 키워드형

(문제) Zhè xiē shuǐguǒ　yígòng wǔshíwǔ kuài
这 些 水果 ， 一共 五十五 块 。　이 과일은 모두 55위안입니다.

(보기) A Gěi nǐ yì bǎi　wǒ méiyǒu língqián
给 你 一百 ， 我 没有 零钱 。　여기 백 위안이요. 저 잔돈이 없어요.

3. 의미 파악형

(문제) Nǐ dào nǎr le
你 到 哪儿 了 ?　너 어디까지 왔어?

(보기) A Duìbuqǐ　wǒ hái zài lù shang
对不起 ， 我 还 在 路 上 。　미안해. 나 아직 가는 중이야.

| 공략 미리보기 |

합격 공략 58	무엇을 묻는지 확인하기!
합격 공략 59	동일한 상황에 쓰이는 짝꿍 단어 찾기!
합격 공략 60	[160점 이상 고득점] 전체 문장을 해석해서 답을 찾기!

★★

의문대사/吗

- 문제와 보기에서 물음표(?)로 끝난 문장들을 먼저 찾는다.
- 의문대사가 있는 의문문이라면 그에 대한 대답을 예상한다. 예를 들어 '어디'라는 의문대사가 있는 의문문에는 장소에 대한 대답 문장이 와야 한다.
- 吗가 있는 의문문이라면 술어를 확인해서 같은 술어가 있는 문장을 찾는다.

실전문제

[보기]
A 今天 天气 怎么样 ？
Jīntiān tiānqì zěnmeyàng

B 八十 块 。
Bā shí kuài

C 他 是 你 的 老师 吗 ？
Tā shì nǐ de lǎoshī ma

D 他 周末 不 上班 。
Tā zhōumò bú shàngbān

E 我 有 两 个 ， 你 要 吗 ？
Wǒ yǒu liǎng ge nǐ yào ma

1. 很 好 ， 是 晴天 。
Hěn hǎo shì qíngtiān

2. 那 件 衣服 多少钱 ？
Nà jiàn yīfu duōshaoqián

3. 不 是 ， 他 是 我 的 同学 。
Bú shì tā shì wǒ de tóngxué

4. 你 有 没有 铅笔 ？
Nǐ yǒu méiyǒu qiānbǐ

5. 他 什么 时候 不 上班 ？
Tā shénmeshíhou bú shàngbān

STEP 1 질문의 포인트와 핵심 키워드 찾기

1. 很好，是晴天。 | 아주 좋아. 맑은 날이야.

很好(아주 좋아)가 있으므로 '어때?'라는 질문에 대한 대답이다. 晴天(맑은 날)이 핵심 키워드이다.

2. 那件衣服多少钱? | 저 옷은 얼마예요?

多少钱(얼마예요?)이라고 가격을 묻고 있으므로 가격이 있는 대답 문장을 찾는다.

3. 不是，他是我的同学。 | 아니. 그는 나의 반 친구야.

不是(아니)가 있으므로 是자문으로 질문하는 문장을 찾는다.

4. 你有没有铅笔? | 너 연필 있어 없어?

有没有(있어 없어)라고 소유를 묻고 있으므로 '있다' 또는 '없다'라고 대답하는 문장을 찾는다.

5. 他什么时候不上班? | 그는 언제 출근하지 않아?

什么时候(언제)라고 시간을 묻고 있으므로 시간이 있는 문장을 찾는다.

STEP 2 연결되는 문장 고르기

A 今天天气怎么样? | 오늘 날씨 어때?

怎么样 (어때?)이라고 했으므로 1번 문장의 질문이다.

B 八十块。 | 80위안이요.

가격을 나타내므로 2번 문장의 대답이다.

C 他是你的老师吗? | 그가 네 선생님이야?

是자문으로 질문하고 있으므로 3번 문장의 질문이다.

D 他周末不上班。 | 그는 주말에 출근 안 해.

周末(주말)라는 시간명사가 있으므로 5번 문장의 대답이다.

E 我有两个，你要吗? | 나 두 개 있어. 너 필요해?

有两个(두 개 있어)라고 대답하므로 4번 문장의 대답이다.

정답 1. A 2. B 3. C 4. E 5. D

어휘 今天 jīntiān 뎽 오늘 天气 tiānqì 뎽 날씨 怎么样 zěnmeyàng 때 어떠하다, 어때 块 kuài 떙 위안(화폐 단위) 是 shì 동 ~이다 的 de 조 ~의 老师 lǎoshī 뎽 선생님 周末 zhōumò 뎽 주말 上班 shàngbān 동 출근하다 要 yào 동 필요하다, 원하다 很 hěn 튀 아주 好 hǎo 톙 좋다 晴天 qíngtiān 뎽 맑은 날 那 nà 때 저, 그 件 jiàn 떙 벌, 건 衣服 yīfu 뎽 옷 多少 duōshao 때 얼마나 钱 qián 뎽 돈 同学 tóngxué 뎽 학우, 반 친구 铅笔 qiānbǐ 뎽 연필

★★
짝꿍 단어

문장에 특정 상황에 쓰이는 단어들이 보이면 꼭 표시를 한다. 예를 들어 '의사'가 있는 문장은 병원에서 나누는 대화이므로 병원과 관련된 단어가 있는 문장이 연결된다. 사과/감사 표현은 짝꿍 인사말이 있으므로 이러한 것도 꼭 암기해 둔다.

실전문제 📖🔍

[보기]
A Yīshēng   Zhè ge yào yì tiān chī jǐ cì
医生 , 这 个 药 一 天 吃 几 次 ?

B Méi guānxi   xià cì zài qù ba
没 关系 , 下 次 再 去 吧 。

C Tóngxuémen   nǐmen hái yǒu shénme wèntí ma
同学 们 , 你们 还 有 什么 问题 吗 ?

D Wǒ yě xiǎng chī   wǒmen jīnwǎn qù ba
我 也 想 吃 , 我们 今晚 去 吧 。

E Nǐ fàng nǎr le   Wǒ bāng nǐ zhǎo zhǎo
你 放 哪儿 了 ? 我 帮 你 找 找 。

1. Lǎoshī   wǒ yǒu yí ge wèntí
老师 , 我 有 一 个 问题 。 ☐

2. Yì tiān chī sān cì   huíjiā duō hē shuǐ ba
一 天 吃 三 次 , 回家 多 喝 水 吧 。 ☐

3. Duìbuqǐ   jīntiān wǒ bù néng qù lǚyóu le
对不起 , 今天 我 不 能 去 旅游 了 。 ☐

4. Māma   wǒ de shǒujī bú jiàn le
妈妈 , 我 的 手机 不 见 了 。 ☐

5. Tīngshuō nà jiā de miàntiáo hěn hǎochī
听说 那 家 的 面条 很 好吃 。 ☐

STEP 1 질문의 포인트와 핵심 키워드 찾기

1. 老师，我有一个问题。

선생님, 저 질문이 하나 있어요.

시작 부분에 老师(선생님)라는 호칭이 있다.

2. 一天吃三次，回家多喝水吧。

하루에 세 번 드세요. 집에 돌아가서 물 많이 드시고요.

一天吃三次(하루에 세 번 드세요)라고 복용 방법을 말하고 있으므로 약에 관한 질문을 찾는다.

3. 对不起，今天我不能去旅游了。

미안해. 나 오늘 여행 못 가게 되었어.

여행에 갈 수 없어서 사과하는 내용이므로 사과할 때 대답하는 문장을 찾는다.

4. 妈妈，我的手机不见了。

엄마, 제 핸드폰이 안 보여요.

핸드폰이 없어졌다고 말하는 내용이므로 잃어버린 상황에 알맞은 문장을 찾는다.

5. 听说那家的面条很好吃。

저 집의 국수가 맛있다고 들었어.

국수가 맛있다고 말하는 내용이므로 먹는 것과 관련된 알맞은 문장을 찾는다.

STEP 2 연결되는 문장 고르기

A 医生，这个药一天吃几次？

의사 선생님, 이 약 하루에 몇 번 먹어요?

这个药一天吃几次? (이 약을 하루에 몇 번 먹어요?)라고 묻고 있으므로 2번 문장의 질문이다.

B 没关系，下次再去吧。

괜찮아. 다음에 다시 가자.

没关系(괜찮아)라고 대답하므로 사과하는 내용인 3번 문장에 대한 대답이다.

C 同学们，你们还有什么问题吗？

여러분, 또 무슨 질문이 있어요?

同学们(여러분)이라고 상대를 부르므로 선생님이 하는 말이다. 1번 문장의 질문이다.

D 我也想吃，我们今晚去吧。

나도 먹고 싶어. 우리 오늘 저녁에 가자.

我也想吃(나도 먹고 싶어)이라고 대답하므로 5번 문장과 어울린다.

E 你放哪儿了？我帮你找找。

어디에 뒀어? 내가 찾는 것을 도와줄게.

我帮你找找(내가 찾는 것을 도와줄게)라고 대답하므로 4번 문장과 어울린다.

정답 1. C 2. A 3. B 4. E 5. D

어휘 医生 yīshēng 명 의사 药 yào 명 약 吃 chī 통 먹다 几 jǐ 때 몇 次 cì 양 번 没关系 méi guānxi 괜찮습니다 下次 xiàcì 명 다음 번 再 zài 부 다시 去 qù 통 가다 同学们 tóngxuémen 학우들 还 hái 부 또, 더 有 yǒu 통 있다 问题 wèntí 명 문제 也 yě 부 ~도 想 xiǎng 조동 ~하고 싶다 吃 chī 통 먹다 今晚 jīnwǎn 명 오늘 저녁 放 fàng 통 놓다 哪儿 nǎr 때 어디 帮 bāng 통 돕다 找 zhǎo 통 찾다 老师 lǎoshī 명 선생님 喝 hē 통 마시다 水 shuǐ 명 물 对不起 duìbuqǐ 미안합니다 能 néng 조동 ~할 수 있다 旅游 lǚyóu 통 여행하다 手机 shǒujī 명 핸드폰 见 jiàn 통 만나다. 보이다 听说 tīngshuō 통 ~라고 듣다 面条 miàntiáo 명 국수 好吃 hǎochī 형 맛있다

의문문과 짝꿍 단어가 보이지 않을 때

- 문장에 물음표(?)나 같은 상황에서 쓰이는 짝꿍 단어가 보이지 않으면, 문장을 해석해서 의미가 연결되는 것을 찾아야 한다.
- 5개의 문제 중에서 의문문과 짝꿍 단어가 있는 문장들을 먼저 연결시키고, 맨 나중에 이러한 유형의 문제를 푼다.
- 문장을 해석할 때는 문장의 기본 구조(주어-술어-목적어)를 파악하는 것이 가장 중요하다.

실전문제

[보기]
A 是 吗 ？ 我 怎么 没 听见 ？
　　Shì ma　　　Wǒ zěnme méi tīngjiàn

B 我 买 苹果 了 。
　　Wǒ mǎi píngguǒ le

C 对不起 ， 我 踢 足球 了 。
　　Duìbuqǐ　　　wǒ tī zúqiú le

D 是 吗 ？ 我 觉得 我 吃 得 不 太 快 。
　　Shì ma　　　Wǒ juéde wǒ chī de bú tài kuài

E 他 已经 看 了 五 个 小时 了 。
　　Tā yǐjing kàn le wǔ ge xiǎoshí le

1. 我 给 你 打 了 好 几 次 电话 ， 你 在 做 什么 呢 ？　□
　 Wǒ gěi nǐ dǎ le hǎo jǐ cì diànhuà　　nǐ zài zuò shénme ne

2. 快 去 开门 ， 有人 来 了 。　□
　 Kuài qù kāimén　　yǒurén lái le

3. 你 买 什么 了 ？　□
　 Nǐ mǎi shénme le

4. 你 吃 得 太 快 了 ， 慢 慢 吃 吧 。　□
　 Nǐ chī de tài kuài le　　màn màn chī ba

5. 他 还 在 看 电视 呢 ！　□
　 Tā hái zài kàn diànshì ne

STEP 1 질문의 포인트와 핵심 키워드 찾기

1. 我给你打了好几次电话，你在做什么呢？　　　내가 너한테 전화를 여러 번 했는데, 너 뭐하고 있었어?

핵심 키워드는 打电话(전화하다)이고, 你在做什么呢? (뭐 하고 있어?)라고 묻고 있으므로 행동을 나타내는 대답을 찾는다.

2. 快去开门，有人来了。　　　얼른 가서 문 열어. 누가 왔어.

문을 열라고 하는 명령문이다. 이에 대한 대답 문장을 찾는다.

3. 你买什么了？　　　너 뭐 샀어?

무엇을 샀느냐고 묻고 있으므로 이에 대한 대답 문장을 찾는다.

4. 你吃得太快了，慢慢吃吧。　　　너 먹는 거 너무 빨라. 천천히 먹어.

먹는 속도가 너무 빠르다고 말하므로 이에 대한 알맞은 문장을 찾는다.

5. 他还在看电视呢！　　　그는 아직도 텔레비전을 보고 있네!

그가 텔레비전 보는 것에 대해 말하고 있으므로 이에 대한 알맞은 문장을 찾는다.

STEP 2 연결되는 문장 고르기

A 是吗？我怎么没听见？　　　그래? 난 어째서 못 들었지?

是吗? (그래?)라고 확인하고 있고 자신이 못 들었다고 대답했으므로 2번 문장에 이어지는 내용이다.

B 我买苹果了。　　　나 사과를 샀어.

술어가 买(사다)이므로 3번 문장의 대답이다.

C 对不起，我踢足球了。　　　미안해. 나 축구했어.

对不起(미안해)라고 사과하고 있고 踢足球(축구하다)라고 행동을 말하고 있으므로 1번 문장의 대답이다.

D 是吗？我觉得我吃得不太快。　　　그래? 나는 내가 먹는 게 그다지 빠르지 않다고 생각해.

我吃得不太快(내가 먹는 게 그다지 빠르지 않다)라고 말하고 있으므로 4번 문장과 어울린다.

E 他已经看了五个小时了。　　　그는 이미 다섯 시간째 보고 있어.

看了五个小时了(다섯 시간째 보고 있어)라고 대답하고 있으므로 5번 문장과 어울린다.

정답 1. C 2. A 3. B 4. D 5. E

어휘 怎么 zěnme 때 어째서, 왜 听见 tīngjiàn 통 들리다 买 mǎi 통 사다 苹果 píngguǒ 명 사과 对不起 duìbuqǐ 미안합니다 踢足球 tī zúqiú 축구하다 觉得 juéde 통 ~라고 생각하다 不太 bútài 그다지 ~하지 않다 已经 yǐjīng 튀 이미, 벌써 小时 xiǎoshí 명 시간 给 gěi 개 ~에게 打 dǎ 통 (전화를) 걸다 好几次 hǎojǐcì 여러 번 电话 diànhuà 명 전화 在 zài 튀 ~하고 있다 做 zuò 통 하다 什么 shénme 때 무슨, 무엇 快 kuài 형 빠르다 开 kāi 통 열다 门 mén 명 문 来 lái 통 오다 吃 chī 통 먹다 太……了 tài……le 튀 너무 ~하다 快 kuài 형 빠르다 慢 màn 형 느리다 还 hái 튀 여전히, 아직도 在 zài 튀 ~하는 중이다 看 kàn 통 보다 电视 diànshì 명 텔레비전

제시된 문장과 연결되는 문장을 보기에서 고르세요.

1-5

[보기]

A 我 也 不 知道 ， 你 去 问 老师 吧 。
Wǒ yě bù zhīdào　nǐ qù wèn lǎoshī ba

B 你 来 北京 多 长 时间 了 ？
Nǐ lái Běijīng duō cháng shíjiān le

C 没 关系 ， 下 次 早 点儿 来 。
Méi guānxi　xià cì zǎo diǎnr lái

D 谁 是 你 的 女儿 ？
Shéi shì nǐ de nǚ'ér

E 明天 有 考试 ， 考 完 再 去 吧 。
Míngtiān yǒu kǎoshì　kǎo wán zài qù ba

1. 这 个 字 是 什么 意思 ？　　　　□
Zhè ge zì shì shénme yìsi

2. 穿 红色 衣服 的 就 是 我 的 女儿 。　□
Chuān hóngsè yīfu de jiù shì wǒ de nǚ'ér

3. 晚上 去 不 去 踢 足球 ？　　　　□
Wǎnshang qù bu qù tī zúqiú

4. 已经 两 年 了 。　　　　　　　□
Yǐjing liǎng nián le

5. 对不起 ， 我 的 表 慢 了 5 分钟 ， 所以 来 晚 了 。　□
Duìbuqǐ　wǒ de biǎo màn le　fēnzhōng　suǒyǐ lái wǎn le

[보기]

Jīchǎng lí zhèr hěn yuǎn , wǒmen zěnme qù
A 机场 离 这儿 很 远 , 我们 怎么 去 ?

Xuéxiào pángbiān yǒu yí ge yīyuàn nǐ kuài qù ba
B 学校 旁边 有 一 个 医院 , 你 快 去 吧 。

Míngtiān wǎnshang lái wǒ jiā ba wǒ gěi nǐ jièshào yí ge péngyou
C 明天 晚上 来 我 家 吧 , 我 给 你 介绍 一 个 朋友 。

Suīrán wàimiàn zài xià dàyǔ
D 虽然 外面 在 下 大雨

Wǒ juéde tài guì qù bié de shāngdiàn kàn kàn ba
E 我 觉得 太 贵 , 去 别 的 商店 看 看 吧 。

Zhèr yǒu yīyuàn ma Wǒ shēngbìng le
6. 这儿 有 医院 吗 ? 我 生病 了 。。 ☐

Zhè ge shǒujī zěnmeyàng
7. 这 个 手机 怎么样 ？。 ☐

Dànshì wǒ hěn xiǎng chūqù wánr
8. 但是 我 很 想 出去 玩儿 。。 ☐

Wǒmen méiyǒu shíjiān le zuò chūzūchē qù ba
9. 我们 没有 时间 了 , 坐 出租车 去 吧 。。 ☐

Shì nǐ shàng cì shuō de nà ge rén ma
10. 是 你 上 次 说 的 那 个 人 吗 ？。 ☐

[제1부분]

1–5 주어진 문장과 일치하는 사진을 고르세요.

A

B

C

D

E

Xīngqītiān wǒ zài jiā shuì le yì tiān
1. 星期天 我 在 家 睡 了 一 天 。

Wǒ de hǎo péngyou shì kāi chūzūchē de
2. 我 的 好 朋友 是 开 出租车 的 。

Nǐ zhǎo dào Xiǎo Wáng le ma　　Tā jīntiān chuānzhe hóngsè
3. 你 找 到 小 王 了 吗？ 他 今天 穿着 红色
de yīfu
的 衣服 。

Nǐ gěi tóngxué dǎ diànhuà　　wèn míngtiān yǒu méiyǒu kǎoshì
4. 你 给 同学 打 电话 ， 问 明天 有 没有 考试 。

Nǐ dào le ma　　Duìbuqǐ　　wǒ hái zài lù shang
5. 你 到 了 吗？ 对不起 ， 我 还 在 路 上 。

[제2부분]

6-10 빈칸에 알맞은 단어를 넣으세요.

[보기]
A 过 guo
B 再 zài
C 衣服 yīfu
D 听 tīng
E 告诉 gàosu

6. 我 想 买 那 件 （　　）。
Wǒ xiǎng mǎi nà jiàn

7. 明天 （　　） 说 吧， 我 还 没 想 好 呢。
Míngtiān shuō ba wǒ hái méi xiǎng hǎo ne

8. 我 没 （　　） 她 这 件 事。
Wǒ méi tā zhè jiàn shì

9. 我 来 （　　） 这 个 宾馆， 这里 的 服务 很 好。
Wǒ lái zhè ge bīnguǎn zhèlǐ de fúwù hěn hǎo

10. 我们 已经 （　　） 了 三十 多 分钟 了。
Wǒmen yǐjing le sānshí duō fēnzhōng le

[제3부분]

11-15 제시된 문장과 지문을 보고 일치/불일치를 판단하세요.

11. Wéi wǒ tīng bu qīngchu wǒ zài xǐ yīfu Xǐ wán hòu zài gěi nǐ dǎ
喂 ， 我 听 不 清楚 ， 我 在 洗 衣服 。 洗 完 后 再 给 你 打
diànhuà
电话 。

★ Tā xǐ wán le yīfu
他 洗 完 了 衣服 。 （　　　）

12. Wǒ māma hé bàba dōu xǐhuan zuò cài Māma zuò de hěn kuài dànshì bàba
我 妈妈 和 爸爸 都 喜欢 做 菜 。 妈妈 做 得 很 快 ， 但是 爸爸
zuò de bǐ māma màn yìdiǎnr
做 得 比 妈妈 慢 一点儿 。

★ Bàba cài zuò de hěn màn
爸爸 菜 做 得 很 慢 。 （　　　）

13. Xià ge yuè Xiǎo Lǐ yào qù Zhōngguó lǚyóu tā tèbié xiǎng qù Běijīng
下 个 月 小 李 要 去 中国 旅游 ， 她 特别 想 去 北京 。
Yīnwèi tā yí cì yě méi qùguo Zhōngguó
因为 她 一 次 也 没 去过 中国 。

★ Xiǎo Lǐ méi qùguo Zhōngguó
小 李 没 去过 中国 。 （　　　）

14. Nǐ shēntǐ zěnmeyàng   Hǎo diǎnr le ma   Yào fàngzài zhuōzi shang le   Chī
你 身体 怎么样 ？ 好 点儿 了 吗 ？ 药 放在 桌子 上 了 。 吃

wán fàn hòu yídìng yào chī   bié wàng le
完 饭 后 一定 要 吃 ， 别 忘 了 。

Yào zài yǐzi shang
★ 药 在 椅子 上 。　　　　　　　　　　　(　)

15. Wǒ jiā lí gōngsī hěn jìn   suǒyǐ wǒ měitiān zǒuzhe qù shàngbān   Shíwǔ
我 家 离 公司 很 近 ， 所以 我 每天 走着 去 上班 。 十五

fēnzhōng jiù néng dào
分钟 就 能 到 。

Tā jiā lí gōngsī bu yuǎn
★ 他 家 离 公司 不 远 。　　　　　　　　(　)

[제4부분]

16-20 제시된 문장과 연결되는 문장을 보기에서 고르세요.

[보기]

Bǐ zuótiān hǎo duō le　　Xièxie nǐmen lái kàn wǒ
A 比 昨天 好 多 了 。 谢谢 你们 来 看 我 。

Chuáng shang de nà jiàn yīfu shì yào xǐ de ma
B 床 上 的 那 件 衣服 是 要 洗 的 吗 ？

Bú kèqi　　kuài jìnqù ba　　míngtiān jiàn
C 不 客气 ， 快 进去 吧 ， 明天 见 。

Nǐ jīntiān xiàbān hòu xiǎng zuò shénme
D 你 今天 下班 后 想 做 什么 ？

Nǐ de xiǎogǒu zài nǎr
E 你 的 小狗 在 哪儿 ？

Xièxie nǐ sòng wǒ huíjiā
16. 谢谢 你 送 我 回家 。。　　　　　　　□

Tā zài yǐzi xiàmiàn chī dōngxi ne
17. 它 在 椅子 下面 吃 东西 呢 。。　　　　□

Xiànzài shēntǐ zěnmeyàng
18. 现在 身体 怎么样 ？。　　　　　　　　□

Bú shì　　nà jiàn yǐjing xǐ wán le
19. 不 是 ， 那 件 已经 洗 完 了 。。　　　　□

Wǒ hěn lèi　　xiǎng huíjiā shuìjiào
20. 我 很 累 ， 想 回家 睡觉 。。　　　　　□

[보기]

A
Nǐ mèimei zěnme méi hé nǐ yìqǐ lái ne
你 妹妹 怎么 没 和 你 一起 来 呢 ？

B
Bù yuǎn， zuò gōnggòngqìchē fēnzhōng jiù néng dào
不 远 ， 坐 公共汽车 5 分钟 就 能 到 。

C
Tā shì xīn lái de tóngxué jiào Wáng jūn
他 是 新 来 的 同学 ， 叫 王 军 。

D
Zhè běn shū wǒ yǐjing kàn wán le
这 本 书 我 已经 看 完 了 。

E
Kuài diǎnr huǒchē yào kāi le
快 点儿 ， 火车 要 开 了 。

21.
Nǐ de xuéxiào lí nǐ jiā yuǎn ma
你 的 学校 离 你 家 远 吗 ？ 。

22.
Zhīdào le mǎshàng lái
知道 了 ， 马上 来 。。

23.
Zhème kuài Yǒu yìsi ma
这么 快 ？ 有 意思 吗 ？ 。

24.
Wǒ chūmén de shíhou tā hái zài shuìjiào
我 出门 的 时候 ， 她 还 在 睡觉 。。

25.
Tā shì shéi Nǐ rènshi tā ma
他 是 谁 ？ 你 认识 他 吗 ？ 。

HSK 1급

고수들의 합격전략
4주 단기완성

실전모의고사

新汉语水平考试
HSK(一级)
模拟考试一

注　意

一、HSK(一级)分两部分：

    1. 听力(20题，约15分钟)

    2. 阅读(20题，17分钟)

二、 **听力结束后，有3分钟填写答题卡。**

三、 全部考试约40分钟(含考生填写个人信息时间5分钟)。

一、听 力
第一部分

第 1-5 题

例如:		✓
		✗
1.		
2.		
3.		
4.		
5.		

第二部分

第 6-10 题

例如：	 A ✓	 B	 C
6.	 A	 B	 C
7.	 A	 B	 C
8.	 A	 B	 C

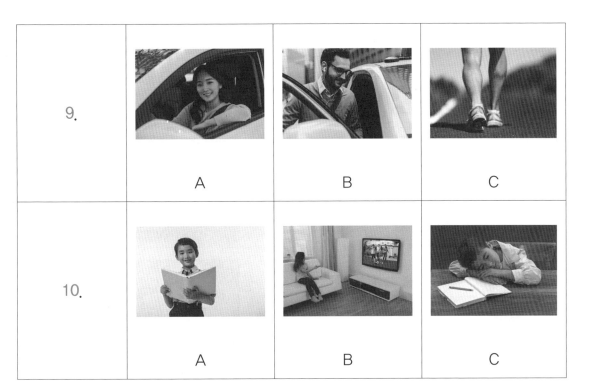

안심Touch

第三部分

第 11-15 题

A

B

C

D

E

F

Nǐ hǎo
例如：女：你 好！

Nǐ hǎo　　Hěn gāoxìng rènshi nǐ
男：你 好！很 高兴 认识 你 。　　　　　　C

11.

12.

13.

14.

15.

第四部分

第 16-20 题

例如：
Xiàwǔ wǒ qù shāngdiàn   wǒ xiǎng mǎi yìxiē shuǐguǒ
下午 我 去 商店 ， 我 想 买 一些 水果 。

Tā xiàwǔ qù nǎli
问：她 下午 去 哪里 ？

	shāngdiàn	yīyuàn	xuéxiào
	A 商店 ✓	B 医院	C 学校

16.
	sān nián	wǔ nián	qī nián
	A 三 年	B 五 年	C 七 年

17.
	shāngdiàn	jiā	xuéxiào
	A 商店	B 家	C 学校

18.
	yǐzi	zhuōzi	diànshì
	A 椅子	B 桌子	C 电视

19.
	zǎofàn qián	wǔfàn qián	wǎnfàn qián
	A 早饭 前	B 午饭 前	C 晚饭 前

20.
	duō	dà	xiǎo
	A 多	B 大	C 小

二、阅 读
第一部分

第 21-25 题

例如：		diànshì 电视	✗
		fēijī 飞机	✓
21.		píngguǒ 苹果	
22.		dà 大	
23.		chī 吃	
24.		huǒchē 火车	
25.		érzi 儿子	

第二部分

第 26-30 题

A

B

C

D

E

F

　　　　Wǒ hěn xǐhuan zhè běn shū
例如：我 很 喜欢 这 本 书 。　　　　　　　　　E

　　　Wéi　nǐ dào nǎr　le
26. 喂，你 到 哪儿 了 ？　　　　　　　　　□

　　Zuótiān xià dàyǔ　le
27. 昨天 下 大雨 了 。　　　　　　　　　□

　　Māma　　zhè ge zì zěnme dú
28. 妈妈， 这 个 字 怎么 读 ？　　　　　　□

　　　Nǐ xiǎng kàn shénme diànyǐng
29. 你 想 看 什么 电影 ？　　　　　　　　□

　　Zhè ge yīfu yǒudiǎnr dà
30. 这 个 衣服 有点儿 大 。　　　　　　　□

第三部分

第 31-35 题

Nǐ hē shuǐ ma
例如：你 喝 水 吗？ 　　 F 　 A

Zuò chūzūchē qù
坐 出租车 去。

Tā xué le jǐ ge yuè
31. 他 学 了 几 个 月？ 　 □ 　 B

Bù duō
不 多。

Nǐ xiǎng chī shénme cài
32. 你 想 吃 什么 菜？ 　 □ 　 C

Wǔ ge yuè
五 个 月。

Māma zěnme qù shāngdiàn
33. 妈妈 怎么 去 商店？ 　 □ 　 D

Xiǎng chī zhōngguó cài
想 吃 中国 菜。

Yǐzi shang de shū shì shéi de
34. 椅子 上 的 书 是 谁 的？ 　 □ 　 E

Shì bàba de
是 爸爸 的。

Nǐmen xuéxiào de lǎoshī duō bu duō
35. 你们 学校 的 老师 多 不 多？ 　 □ 　 F

Hǎo de xièxie
好 的，谢谢！

第四部分

A 和
hé

B 几
jǐ

C 前面
qiánmiàn

D 名字
míngzi

E 是
shì

F 多
duō

例如：你 叫 什么 （ D ）？
Nǐ jiào shénme

36. 这儿 有 很 （　　） 水果 。
Zhèr yǒu hěn shuǐguǒ

37. 男： 商店 里 有 （　　） 个 人 ？
Shāngdiàn lǐ yǒu ge rén

　　女： 没有 。
Méiyǒu

38. 你 （　　） 谁 学习 汉语 ？
Nǐ shéi xuéxí Hànyǔ

39. 女：你 是 老师 吗 ？
Nǐ shì lǎoshī ma

　　男：（　　），我 是 学生 。
wǒ shì xuésheng

40. 你 坐 在 我 （　　） 吧 。
Nǐ zuò zài wǒ ba

新汉语水平考试
HSK(一级)
模拟考试二

注　意

一、HSK(一级)分两部分：

    1. 听力(20题，约15分钟)

    2. 阅读(20题，17分钟)

二、**听力结束后，有3分钟填写答题卡。**

三、全部考试约40分钟(含考生填写个人信息时间5分钟)。

一、听力
第一部分

第 1-5 题

例如：		✓
		✗
1.		
2.		
3.		
4.		
5.		

第二部分

第 6-10 题

例如：	 A ✓	 B	 C
6.	 A	 B	 C
7.	 A	 B	 C
8.	 A	 B	 C

9.	 A	 B	 C
10.	 A	 B	 C

1급 실전모의고사 2

안심Touch

第三部分

第 11-15 题

A

B

C

D

E

F

　　　　　　Nǐ hǎo
例如：女：你 好！

　　　　　　Nǐ hǎo　Hěn gāoxìng rènshi nǐ
　　　男：你 好！很 高兴 认识 你。　　　　　　C

11.

12.

13.

14.

15.

第四部分

第 16-20 题

例如：
Xiàwǔ wǒ qù shāngdiàn   wǒ xiǎng mǎi yì xiē shuǐguǒ
下午 我 去 商店 ，我 想 买 一些 水果 。

Tā xiàwǔ qù nǎli
问：她 下午 去 哪里 ？

shāngdiàn   yīyuàn   xuéxiào
A 商店 ✓   B 医院   C 学校

16.
cài   chá   shuǐ
A 菜   B 茶   C 水

17.
xīngqī'èr   xīngqīsān   xīngqīsì
A 星期二   B 星期三   C 星期四

18.
gōngzuò   shuìjiào   chīfàn
A 工作   B 睡觉   C 吃饭

19.
zuótiān   jīntiān   míngtiān
A 昨天   B 今天   C 明天

20.
lǎoshī   yīshēng   xuésheng
A 老师   B 医生   C 学生

안심Touch

二、阅 读
第一部分

第 21−25 题

例如：		diànshì 电视	✘
		fēijī 飞机	✔
21.		dà 大	
22.		māo 猫	
23.		xiě 写	
24.		nǚ'ér 女儿	
25.		fànguǎn 饭馆	

第二部分

第 26-30 题

Wǒ hěn xǐhuan zhè běn shū
例如：我 很 喜欢 这 本 书。   E

Tā yǒu hěn duō péngyou
26. 他 有 很 多 朋友 。

Tài rè le   kuài huíqù ba
27. 太 热 了 ， 快 回去 吧 。

Shí èr yuè èr shíwǔ hào wǒ bú qù xuéxiào
28. 十二 月 二十五 号 我 不 去 学校 。

Tā xiànzài zhù zài Běijīng
29. 她 现在 住 在 北京 。

Wǒ bù xǐhuan kàn zhè běn shū
30. 我 不 喜欢 看 这 本 书 。

第三部分

第 31-35 题

Nǐ hē shuǐ ma
例如：你 喝 水 吗 ？ 　F　

A 很 大 。
Hěn dà

Xiànzài nǐ néng kāichē ma
31. 现在 你 能 开车 吗 ？ 　□　

B 她 不 在 这儿 。
Tā bú zài zhèr

Zuótiān mǎi de yīfu zěnmeyàng
32. 昨天 买 的 衣服 怎么样 ？ 　□　

C 是 的 。
Shì de

Nǐ zài yīyuàn gōngzuò ma
33. 你 在 医院 工作 吗 ？ 　□　

D 不 能 ，你 开 吧 。
Bù néng nǐ kāi ba

Shéi shì nǐ de lǎoshī
34. 谁 是 你 的 老师 ？ 　□　

E 不 是 ，我 在 学校 工作 。
Bú shì wǒ zài xuéxiào gōngzuò

Nǐ shí èr diǎn chī wǔfàn ma
35. 你 十二 点 吃 午饭 吗 ？ 　□　

F 好 的 ，谢谢 ！
Hǎo de xièxie

第四部分

第 36-40 题

<table>
<tr><td>A 没
méi</td><td>B 的
de</td><td>C 开
kāi</td><td>D 名字
míngzi</td><td>E 对不起
duìbuqǐ</td><td>F 看见
kànjiàn</td></tr>
</table>

例如：你 叫 什么 （ D ）？
Nǐ jiào shénme

36. 男：你 （   ） 小 王 了 吗 ？
Nǐ　　　　Xiǎo Wáng le ma

女：没有 。
Méiyǒu

37. 女：早上 几 个 人 （   ） 来 ？
Zǎoshang jǐ ge rén　　　　lái

男：三 个 人 。
Sān ge rén

38. 哪 个 是 你 （   ）？
Nǎ ge shì nǐ

39. 我 会 （   ） 车 了 。
Wǒ huì　　　　chē le

40. 男：（   ），我 不 能 吃 。
wǒ bù néng chī

女：没 关系 。
Méi guānxi

HSK 2급

고수들의 합격전략

4주 단기완성

실전모의고사

新汉语水平考试
HSK(二级)
模拟考试一

注　意

一、HSK(二级)分两部分：

    1. 听力(35题，约25分钟)

    2. 阅读(25题，22分钟)

二、**听力结束后，有3分钟填写答题卡。**

三、全部考试约55分钟(含考生填写个人信息时间5分钟)。

一、听 力
第一部分

第 1–10 题

例如：		✓
		✗
1.		
2.		
3.		
4.		
5.		

6.			
7.			
8.			
9.			
10.			

第二部分

第 11-15 题

A

B

C

D

E

F

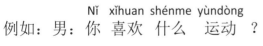

例如：男：
Nǐ xǐhuan shénme yùndòng
你 喜欢 什么 运动 ？

女：
Wǒ zuì xǐhuan tī zúqiú
我 最 喜欢 踢 足球 。   D

11. ☐

12. ☐

13. ☐

14. ☐

15. ☐

第 16-20 题

A

B

C

D

E

16. ☐

17. ☐

18. ☐

19. ☐

20. ☐

第三部分

第 21-30 题

例如： 男： Xiǎo Wáng zhèlǐ yǒu jǐ ge bēizi nǎ ge shì nǐ de
小 王 ，这里 有 几 个 杯子，哪 个 是 你 的 ？

女： Zuǒbiān nà ge hóngsè de shì wǒ de
左边 那 个 红色 的 是 我 的 。

问： Xiǎo Wáng de bēizi shì shénme yánsè de
小 王 的 杯子 是 什么 颜色 的 ？

hóngsè	hēisè	báisè
A 红色 ✓	B 黑色	C 白色

21.
xīngqītiān	míngtiān	xīngqīsì
A 星期天	B 明天	C 星期四

22.
shāngdiàn	shūdiàn	kāfēi diàn
A 商店	B 书店	C 咖啡 店

23.
kàn diànyǐng le	shēngbìng le	jiàn péngyou le
A 看 电影 了	B 生病 了	C 见 朋友 了

24.
gōngzuò	dǎgōng	xué Yīngyǔ
A 工作	B 打工	C 学 英语

25.
jīn wǎn	míngwǎn	zuówǎn
A 今晚	B 明 晚	C 昨 晚

26.
tiàowǔ	chànggē	zǒulù
A 跳舞	B 唱歌	C 走路

27.
shāngdiàn	xuéxiào	gōngsī
A 商店	B 学校	C 公司

28.
yì nián	liǎng nián	sān nián
A 一 年	B 两 年	C 三 年

29.
xiàxuě	xiàyǔ	yīntiān
A 下雪	B 下雨	C 阴天

30.
lǎobǎn	xuésheng	yīshēng
A 老板	B 学生	C 医生

第四部分

第 31-35 题

例如：女：<ruby>请<rt>Qǐng</rt></ruby> <ruby>在<rt>zài</rt></ruby> <ruby>这儿<rt>zhèr</rt></ruby> <ruby>写<rt>xiě</rt></ruby> <ruby>您<rt>nín</rt></ruby> <ruby>的<rt>de</rt></ruby> <ruby>名字<rt>míngzi</rt></ruby> 。

男：<ruby>是<rt>Shì</rt></ruby> <ruby>这儿<rt>zhèr</rt></ruby> <ruby>吗<rt>ma</rt></ruby> ？

女：<ruby>不<rt>Bú</rt></ruby> <ruby>是<rt>shì</rt></ruby> ，<ruby>是<rt>shì</rt></ruby> <ruby>这儿<rt>zhèr</rt></ruby> 。

男：<ruby>好<rt>Hǎo</rt></ruby> ，<ruby>谢谢<rt>xièxie</rt></ruby> 。

问：<ruby>男<rt>Nán</rt></ruby> <ruby>的<rt>de</rt></ruby> <ruby>要<rt>yào</rt></ruby> <ruby>写<rt>xiě</rt></ruby> <ruby>什么<rt>shénme</rt></ruby> ？

A <ruby>名字<rt>míngzi</rt></ruby> ✔   B <ruby>时间<rt>shíjiān</rt></ruby>   C <ruby>房间号<rt>fángjiān hào</rt></ruby>

31. A <ruby>十个<rt>shí ge</rt></ruby>   B <ruby>三个<rt>sān ge</rt></ruby>   C <ruby>十三个<rt>shísān ge</rt></ruby>

32. A <ruby>看电影<rt>kàn diànyǐng</rt></ruby>   B <ruby>运动<rt>yùndòng</rt></ruby>   C <ruby>上网<rt>shàngwǎng</rt></ruby>

33. A <ruby>开车<rt>kāichē</rt></ruby>   B <ruby>走路<rt>zǒulù</rt></ruby>   C <ruby>坐出租车<rt>zuò chūzūchē</rt></ruby>

34. A <ruby>饭馆<rt>fànguǎn</rt></ruby>   B <ruby>公司<rt>gōngsī</rt></ruby>   C <ruby>咖啡店<rt>kāfēi diàn</rt></ruby>

35. A <ruby>跳舞<rt>tiàowǔ</rt></ruby>   B <ruby>唱歌<rt>chànggē</rt></ruby>   C <ruby>学习<rt>xuéxí</rt></ruby>

二、阅读

第一部分

第 36-40 题

A

B

C

D

E

F

Měi ge xīngqīliù   wǒ dōu qù dǎ lánqiú
例如：每 个 星期六 ，我 都 去 打 篮球 。　　　　　 D

Wǒ gěi nǐmen jièshào yíxià   zhè wèi shì wǒmen xīn lái de tóngxué
36. 我 给 你们 介绍 一下 ，这 位 是 我们 新 来 的 同学 。

Tā zài kāihuì   nǐ yíhuìr zài lái ba
37. 她 在 开会 ，你 一会儿 再 来 吧 。

Wǒ māma bù xǐhuan hē kāfēi   tā xǐhuan hē chá
38. 我 妈妈 不 喜欢 喝 咖啡 ，她 喜欢 喝 茶 。

Pǎobù shì yí ge hěn hǎo de yùndòng
39. 跑步 是 一 个 很 好 的 运动 。

Yīshēng   wǒ de yǎnjing bù shūfu
40. 医生 ，我 的 眼睛 不 舒服 。

第二部分

第 41-45 题

A 睡觉 shuìjiào　　B 快 kuài　　C 哪儿 nǎr　　D 件 jiàn　　E 贵 guì　　F 离 lí

例如：这儿 的 羊肉 很 好吃，但是 也 很 （ E ）。
Zhèr de yángròu hěn hǎochī　dànshì yě hěn

41. 都 十一 点 了，去 （　　） 吧 。
Dōu shí yī diǎn le　qù　ba

42. 那 （　　） 事情 是 我 同学 告诉 我 的 。
Nà　shìqing shì wǒ tóngxué gàosu wǒ de

43. 哥哥，你 看见 小狗 去 （　　） 了 吗 ？
Gēge　nǐ kànjiàn xiǎogǒu qù　le ma

44. 这 个 问题 她 做 得 很 （　　）。
Zhè ge wèntí tā zuò de hěn

45. 女：火车站 （　　） 这儿 远 不 远 ？
Huǒchēzhàn　zhèr yuǎn bu yuǎn
男：不 远 ，很 快 就 到 。
Bù yuǎn　hěn kuài jiù dào

第三部分

第 46-50 题

Xiànzài shì diǎn fēn tāmen yǐjing yóu le fēnzhōng le
例如：现在 是 11 点 30 分 ，他们 已经 游了 20 分钟 了 。

Tāmen diǎn fēn kāishǐ yóuyǒng
★ 他们 11 点 10 分 开始 游泳 。 (✔)

Wǒ huì tiàowǔ dàn tiào de bù zěnmeyàng
我 会 跳舞 ，但 跳 得 不 怎么样 。

Wǒ tiào de fēicháng hǎo
★ 我 跳 得 非常 好 。 (✘)

Lǐ lǎoshī shuō xià xīngqī wǒmen yào qù Shànghǎi lǚyóu wǒmen tīng le dōu hěn
46. 李 老师 说 下 星期 我们 要 去 上海 旅游 ，我们 听 了 都 很
kāixīn
开心 。

Wǒmen yǐjing dào Shànghǎi le
★ 我们 已经 到 上海 了 。 ( )

Chī yíxià nǐ juéde zěnmeyàng Wǒ juéde bù hǎochī
47. 吃 一下 ，你 觉得 怎么样 ？我 觉得 不 好吃 。

Tā juéde bù hǎochī
★ 他 觉得 不 好吃 。 ( )

Jīntiān bàba gōngzuò tài lèi le zài chuáng shang xiūxi
48. 今天 爸爸 工作 太 累了 ，在 床 上 休息 。

Bàba zài yǐzi shang
★ 爸爸 在 椅子 上 。 ( )

49. Zhè jiā mài de dōngxi yǒudiǎnr guì
这 家 卖 的 东西 有点儿 贵 。

★ Zhè jiā shāngdiàn de dōngxi bú guì
这 家 商店 的 东西 不 贵 。 （ ）

50. Zhè shì wǒ de fángjiān pángbiān shì wǒ dìdi de nà ge dà fángjiān shì yéye
这 是 我 的 房间 ， 旁边 是 我 弟弟 的 ，那 个 大 房间 是 爷爷
nǎinai de
奶奶 的 。

★ Yéye hé nǎinai zhù zài yí ge fángjiān
爷爷 和 奶奶 住 在 一 个 房间 。 （ ）

第四部分

第 51-55 题

A 没关系，下次再说吧。
Méi guānxi xià cì zài shuō ba

B 这个问题你来做一下。
Zhè ge wèntí nǐ lái zuò yíxià

C 不是买的，是我妈妈送我的。
Bú shì mǎi de shì wǒ māma sòng wǒ de

D 你怎么了？好点儿了吗？
Nǐ zěnme le Hǎo diǎnr le ma

E 他在哪儿呢？你看见他了吗？
Tā zài nǎr ne Nǐ kànjiàn tā le ma

F 这块手表怎么样？
Zhè kuài shǒubiǎo zěnmeyàng

例如：他还在教室里学习。 | E |
Tā hái zài jiàoshì lǐ xuéxí

51. 这件衣服很漂亮，你什么时候买的？ | |
Zhè jiàn yīfu hěn piàoliang nǐ shénme shíhou mǎi de

52. 谢谢你们来看我，我后天可以去上班。 | |
Xièxie nǐmen lái kàn wǒ wǒ hòutiān kěyǐ qù shàngbān

53. 今天晚上有事，我不能去。 | |
Jīntiān wǎnshang yǒu shì wǒ bù néng qù

54. 这个问题我真的不会做。 | |
Zhè ge wèntí wǒ zhēn de bú huì zuò

55. 很好看，我也想买。 | |
Hěn hǎokàn wǒ yě xiǎng mǎi

第 56-60 题

Wǒ yě bù zhīdào   nǐ wèn wèn lǎoshī ba
A 我 也 不 知道 ， 你 问 问 老师 吧 。

Tā jīntiān kěnéng bù lái shàngxué
B 她 今天 可能 不 来 上学 。

Wǒmen qù bié de dìfang kàn kàn ba
C 我们 去 别 的 地方 看 看 吧 。

Nà wèi xiānsheng shì shéi
D 那 位 先生 是 谁 ？

Wǒ zài dǎ lánqiú   děng huìr gěi nǐ dǎ diànhuà
E 我 在 打 篮球 ， 等 会儿 给 你 打 电话 。

Míngtiān yǒu kǎoshì ma
56. 明天 有 考试 吗 ？   □

Wéi   nǐ zài zuò shénme
57. 喂 ， 你 在 做 什么 ？   □

Wǒ yě bù zhīdào
58. 我 也 不 知道 。   □

Tā shēngbìng le
59. 她 生病 了 。   □

Jīntiān lái kàn shū de rén zhēn duō
60. 今天 来 看 书 的 人 真 多 。   □

新汉语水平考试
HSK(二级)
模拟考试二

注　意

一、 HSK(二级)分两部分：

    1. 听力(35题，约25分钟)

    2. 阅读(25题，22分钟)

二、 **听力结束后，有3分钟填写答题卡。**

三、 全部考试约55分钟(含考生填写个人信息时间5分钟)。

一、听 力
第一部分

第 1-10 题

例如:		✓
		✗
1.		
2.		
3.		
4.		
5.		

6.			
7.			
8.			
9.			
10.			

第二部分

第 11-15 题

A

B

C

D

E

F

　　　　　　　Nǐ xǐhuan shénme yùndòng
例如：男：你 喜欢 什么 运动 ？

　　　　　　Wǒ zuì xǐhuan tī zúqiú
　　　女：我 最 喜欢 踢 足球 。　　　　　　　　　　　D

11. 　　　　　　　　　　　　　　　　　　　　□

12. 　　　　　　　　　　　　　　　　　　　　□

13. 　　　　　　　　　　　　　　　　　　　　□

14. 　　　　　　　　　　　　　　　　　　　　□

15. 　　　　　　　　　　　　　　　　　　　　□

第 16-20 題

A

B

C

D

E

16.

17.

18.

19.

20.

第三部分

第 21-30 题

例如：
男：Xiǎo Wáng　zhèlǐ yǒu jǐ ge bēizi　nǎ ge shì nǐ de
　　小 王 ，这里 有 几 个 杯子 ，哪 个 是 你 的？

女：Zuǒbiān nà ge hóngsè de shì wǒ de
　　左边 那 个 红色 的 是 我 的。

问：Xiǎo Wáng de bēizi shì shénme yánsè de
　　小 王 的 杯子 是 什么 颜色 的？

hóngsè　　　　　　　hēisè　　　　　　　báisè
A 红色 ✓　　　　B 黑色　　　　　C 白色

21.　A 5 月 4 号　　　B 5 月 10 号　　　C 5 月 24 号
yuè　hào　　　　　　yuè　hào　　　　　yuè　hào

22.　chuáng shang　　　yǐzi shang　　　zhuōzi shang
　　A 床 上　　　　B 椅子 上　　　　C 桌子 上

23.　kàn diànyǐng　　　yóuyǒng　　　　lǚyóu
　　A 看 电影　　　　B 游泳　　　　　C 旅游

24.　píngguǒ　　　　niúnǎi　　　　　jīdàn
　　A 苹果　　　　　B 牛奶　　　　　C 鸡蛋

25.　mèimei　　　　jiějie　　　　　dìdi
　　A 妹妹　　　　　B 姐姐　　　　　C 弟弟

26.　gōngsī　　　　jīchǎng　　　　shāngdiàn
　　A 公司　　　　　B 机场　　　　　C 商店

27.　xiàyǔ　　　　xiàxuě　　　　　qíngtiān
　　A 下雨　　　　　B 下雪　　　　　C 晴天

28.　xiūxi　　　　kànshū　　　　　kàn diànshì
　　A 休息　　　　　B 看书　　　　　C 看 电视

29.　hē kāfēi　　　　mǎi dōngxi　　　yóuyǒng
　　A 喝 咖啡　　　　B 买 东西　　　　C 游泳

30.　hěn hǎo　　　　bù hǎo　　　　　bú huì
　　A 很 好　　　　　B 不 好　　　　　C 不 会

第四部分

第 31-35 题

Qǐng zài zhèr xiě nín de míngzi
例如：女：请 在 这儿 写 您 的 名字 。

Shì zhèr ma
男：是 这儿 吗 ？

Bú shì   shì zhèr
女：不 是 ，是 这儿 。

Hǎo   xièxie
男：好 ，谢谢 。

Nán de yào xiě shénme
问：男 的 要 写 什么 ？

míngzi	shíjiān	fángjiān hào
A 名字 ✓	B 时间	C 房间 号

31.	zhǔnbèi kǎoshì A 准备 考试	chànggē B 唱歌	zuò cài C 做 菜
32.	mǎi shū A 买 书	mài shū B 卖 书	dúshū C 读书
33.	tài piányi le A 太 便宜 了	tài guì le B 太 贵 了	tài dà le C 太 大 了
34.	yīyuàn A 医院	xuéxiào B 学校	bīnguǎn C 宾馆
35.	lǎoshī A 老师	érzi B 儿子	yīshēng C 医生

二、阅读

第一部分

第 36-40 题

A

B

C

D

E

F

Měi ge xīngqīliù　　wǒ dōu qù dǎ lánqiú
例如：每 个 星期六 ， 我 都 去 打 篮球 。　　　D

Jiějie qǐ de hěn zǎo　　 tā yí ge xīngqī yùndòng liǎng sān cì
36. 姐姐 起 得 很 早 ， 她 一 个 星期 运动 两 三 次 。

Xià ge xīngqīliù shì wǒ de shēngrì
37. 下 个 星期六 是 我 的 生日 。

Bàba měitiān chī zǎofàn de shíhou　　 xǐhuan kàn bàozhǐ
38. 爸爸 每天 吃 早饭 的 时候 ， 喜欢 看 报纸 。

Nǐ zài nǎ ge jiàoshì shàngkè
39. 你 在 哪 个 教室 上课 ？

Kàn nà ge xiǎogǒu　　 tā zhēn kě'ài
40. 看 那 个 小狗 ， 它 真 可爱 。

第二部分

第 41-45 题

	dànshì		yīn		yǐjing		de		guì		bāng
A	但是	B	阴	C	已经	D	得	E	贵	F	帮

Zhèr de yángròu hěn hǎochī　dànshì yě hěn
例如：这儿 的 羊肉 很 好吃，但是 也 很 （ E ）。

Nǐ jīntiān de kǎoshì kǎo　　　　zěnmeyàng
41. 你 今天 的 考试 考 （　　　） 怎么样 ？

Wǒ xǐhuan chī zhōngguócài　　　wǒ méi qùguo Zhōngguó
42. 我 喜欢 吃 中国 菜，（　　　）我 没 去过 中国 。

Zhè ge zì wǒ bú huì dú　nǐ néng　　　wǒ dú yíxià ma
43. 这 个 字 我 不会 读，你 能 （　　　）我 读 一下 吗 ？

Tiān　　　le　yào xiàyǔ le　kuài huíqù ba
44. 天 （　　　） 了，要 下雨 了，快 回去 吧 。

Fúwùyuán　wǒmen　　　děng le sì shí duō fēnzhōng le　cài zěnme hái bù
45. 服务员 ，我们 （　　　） 等 了 四十 多 分钟 了，菜 怎么 还 不
lái ne
来 呢 ？

第三部分

第 46-50 题

例如：
Xiànzài shì diǎn fēn tāmen yǐjing yóu le fēnzhōng le
现在 是 11 点 30 分 ，他们 已经 游了 20 分钟 了。

Tāmen diǎn fēn kāishǐ yóuyǒng
★ 他们 11 点 10 分 开始 游泳 。 （ ✓ ）

Wǒ huì tiàowǔ dàn tiào de bù zěnmeyàng
我 会 跳舞 ，但 跳 得 不 怎么样 。

Wǒ tiào de fēicháng hǎo
★ 我 跳 得 非常 好 。 （ ✗ ）

Wàimiàn xiàyǔ le bié chūqù le wǒmen míngtiān zài chūqù mǎi yīfu ba
46. 外面 下雨 了 ，别 出去 了 ，我们 明天 再 出去 买 衣服 吧 。

Tài wǎn le tāmen méiyǒu chūqù wán
★ 太 晚 了 ，他们 没有 出去 玩 。 （ ）

Jīntiān shì yuè hào guò liǎng tiān jiù shì wǒ bàba de shēngrì le wǒ xiǎng
47. 今天 是 9 月 3 号 ，过 两 天 就 是 我 爸爸 的 生日 了 ，我 想

gěi tā mǎi yí ge shǒubiǎo
给 他 买 一 个 手表 。

Jīntiān shì bàba de shēngrì
★ 今天 是 爸爸 的 生日 。 （ ）

Zhè ge Hànzì shì shénme yìsi wǒ bù zhīdào nǐ néng bu néng gěi wǒ shuō
48. 这 个 汉字 是 什么 意思 ，我 不 知道 ，你 能 不 能 给 我 说

yíxià
一下 ？

Tā bú rènshi zhè ge Hànzì
★ 她 不 认识 这 个 汉字 。 （ ）

49.
Jīntiān wǒ dìdi shēngbìng le　　tā méi qù shàngkè　　tā zài jiā shuìjiào ne
今天 我 弟弟 生病 了，他 没 去 上课 ，他 在 家 睡觉 呢 。

Dìdi jīntiān zài jiā
★ 弟弟 今天 在 家 。　　　　　　　　　　　　　　　（　　）

50.
Māma měi cì mǎi yú　　dìdi dōu hěn gāoxìng　　yīnwèi dìdi tèbié xǐhuan chī yú
妈妈 每 次 买 鱼，弟弟 都 很 高兴 ，因为 弟弟 特别 喜欢 吃 鱼 。

Dìdi bú ài chī yú
★ 弟弟 不 爱 吃 鱼 。　　　　　　　　　　　　　　　（　　）

第四部分

第 51-55 题

A
Duìbuqǐ　　wǒ xiànzài gěi tā dǎ diànhuà　　tā kěnéng zài lù shang
对不起，我 现在 给 他 打 电话 ，他 可能 在 路 上 。

B
Tā qù chī wǔfàn le　　nǐ yíhuìr zài dǎ ba
他 去 吃 午饭 了，你 一会儿 再 打 吧 。

C
Wǒmen xiànzài xiǎng huíjiā xiūxi
我们 现在 想 回家 休息 。

D
Dànshì yánsè hǎokàn　　wǒ hěn xiǎng mǎi
但是 颜色 好看 ，我 很 想 买 。

E
Tā zài nǎr ne　　Nǐ kànjiàn tā le ma
他 在 哪儿 呢 ？你 看见 他 了 吗 ？

F
Zhè xiē píngguǒ sānshíwǔ kuài wǔ
这 些 苹果 三十五 块 五 。

Tā hái zài jiàoshì lǐ xuéxí
例如：他 还 在 教室 里 学习 。　　　　　　　　　E

Wǒ méiyǒu língqián　　gěi nǐ wǔshí de ba
51. 我 没有 零钱 ，给 你 五十 的 吧 。

Jīntiān gōngzuò fēicháng máng　　dàjiā dōu hěn lèi
52. 今天 工作 非常 忙 ，大家 都 很 累 。

Tā zěnme hái méi dào
53. 他 怎么 还 没 到 ？

Zhè ge shūbāo tài guì le
54. 这 个 书包 太 贵 了 。

Wéi　　Wáng yīshēng zài ma　　Wǒ shì tā de qīzi
55. 喂 ，王 医生 在 吗 ？我 是 他 的 妻子 。

A
Zhèr yǒu méiyǒu kāfēi diàn
这儿 有 没有 咖啡 店 ？

B
Wǒmen yìqǐ qù lǚyóu ba
我们 一起 去 旅游 吧 。

C
Xià cì bú yào zhù zhèr le
下 次 不 要 住 这儿 了 。

D
Hǎo kàn qiánmiàn yī èr sān
好 ， 看 前面 ， 一 、 二 、 三 。

E
Wǒ bù zhīdào mǎi nǎ ge hǎo
我 不 知道 买 哪 个 好 。

56.
Zhè ge bīnguǎn yìdiǎnr yě bù hǎo
这 个 宾馆 一点儿 也 不 好 。

57.
Wǒmen qù Běijīng zěnmeyàng
我们 去 北京 怎么样 ？

58.
Wǒ xǐhuan hóngsè de dànshì hóngsè de bǐ hēisè de guì
我 喜欢 红色 的 ， 但是 红色 的 比 黑色 的 贵 。

59.
Zhǔnbèi hǎo le ma Dàjiā kāixīn yìdiǎnr
准备 好 了 吗 ？ 大家 开心 一点儿 。

60.
Yǒu xuéxiào lǐ jiù yǒu yí ge
有 ， 学校 里 就 有 一 个 。

⟨1급 답안지 작성법⟩
新汉语水平考试
HSK（一级）答题卡

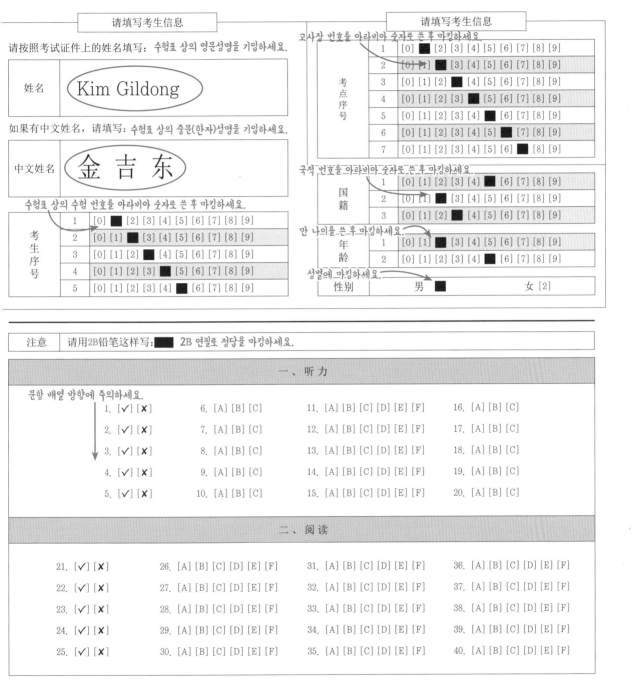

请填写考生信息

请按照考试证件上的姓名填写: 수험표 상의 영문성명을 기입하세요.

| 姓名 | Kim Gildong |

如果有中文姓名，请填写: 수험표 상의 중문(한자)성명을 기입하세요.

| 中文姓名 | 金 吉 东 |

수험표 상의 수험 번호를 아라비아 숫자로 쓴 후 마킹하세요.

考生序号	1	[0] ■ [2] [3] [4] [5] [6] [7] [8] [9]
	2	[0] [1] ■ [3] [4] [5] [6] [7] [8] [9]
	3	[0] [1] [2] ■ [4] [5] [6] [7] [8] [9]
	4	[0] [1] [2] [3] ■ [5] [6] [7] [8] [9]
	5	[0] [1] [2] [3] [4] ■ [6] [7] [8] [9]

请填写考生信息

고사장 번호를 아라비아 숫자로 쓴 후 마킹하세요.

考点序号	1	[0] ■ [2] [3] [4] [5] [6] [7] [8] [9]
	2	[0] [1] ■ [3] [4] [5] [6] [7] [8] [9]
	3	[0] [1] [2] ■ [4] [5] [6] [7] [8] [9]
	4	[0] [1] [2] [3] ■ [5] [6] [7] [8] [9]
	5	[0] [1] [2] [3] [4] ■ [6] [7] [8] [9]
	6	[0] [1] [2] [3] [4] [5] ■ [7] [8] [9]
	7	[0] [1] [2] [3] [4] [5] [6] ■ [8] [9]

국적 번호를 아라비아 숫자로 쓴 후 마킹하세요.

国籍	1	[0] [1] [2] [3] [4] ■ [6] [7] [8] [9]
	2	[0] [1] ■ [3] [4] [5] [6] [7] [8] [9]
	3	[0] [1] [2] ■ [4] [5] [6] [7] [8] [9]

만 나이를 쓴 후 마킹하세요.

| 年龄 | 1 | [0] [1] ■ [3] [4] [5] [6] [7] [8] [9] |
| | 2 | [0] [1] [2] [3] [4] ■ [6] [7] [8] [9] |

성별에 마킹하세요.

| 性别 | 男 ■ | 女 [2] |

注意　请用2B铅笔这样写: ■　2B 연필로 정답을 마킹하세요.

一、听力

문항 배열 방향에 주의하세요.

1. [✓] [✗]　　6. [A] [B] [C]　　11. [A] [B] [C] [D] [E] [F]　　16. [A] [B] [C]

2. [✓] [✗]　　7. [A] [B] [C]　　12. [A] [B] [C] [D] [E] [F]　　17. [A] [B] [C]

3. [✓] [✗]　　8. [A] [B] [C]　　13. [A] [B] [C] [D] [E] [F]　　18. [A] [B] [C]

4. [✓] [✗]　　9. [A] [B] [C]　　14. [A] [B] [C] [D] [E] [F]　　19. [A] [B] [C]

5. [✓] [✗]　　10. [A] [B] [C]　　15. [A] [B] [C] [D] [E] [F]　　20. [A] [B] [C]

二、阅读

21. [✓] [✗]　　26. [A] [B] [C] [D] [E] [F]　　31. [A] [B] [C] [D] [E] [F]　　36. [A] [B] [C] [D] [E] [F]

22. [✓] [✗]　　27. [A] [B] [C] [D] [E] [F]　　32. [A] [B] [C] [D] [E] [F]　　37. [A] [B] [C] [D] [E] [F]

23. [✓] [✗]　　28. [A] [B] [C] [D] [E] [F]　　33. [A] [B] [C] [D] [E] [F]　　38. [A] [B] [C] [D] [E] [F]

24. [✓] [✗]　　29. [A] [B] [C] [D] [E] [F]　　34. [A] [B] [C] [D] [E] [F]　　39. [A] [B] [C] [D] [E] [F]

25. [✓] [✗]　　30. [A] [B] [C] [D] [E] [F]　　35. [A] [B] [C] [D] [E] [F]　　40. [A] [B] [C] [D] [E] [F]

新 汉 语 水 平 考 试
HSK （一 级） 答 题 卡

请填写考生信息

请按照考试证件上的姓名填写：

姓名	

如果有中文姓名，请填写：

中文姓名	

考生序号	1	[0] [1] [2] [3] [4] [5] [6] [7] [8] [9]
	2	[0] [1] [2] [3] [4] [5] [6] [7] [8] [9]
	3	[0] [1] [2] [3] [4] [5] [6] [7] [8] [9]
	4	[0] [1] [2] [3] [4] [5] [6] [7] [8] [9]
	5	[0] [1] [2] [3] [4] [5] [6] [7] [8] [9]

请填写考生信息

考点序号	1	[0] [1] [2] [3] [4] [5] [6] [7] [8] [9]
	2	[0] [1] [2] [3] [4] [5] [6] [7] [8] [9]
	3	[0] [1] [2] [3] [4] [5] [6] [7] [8] [9]
	4	[0] [1] [2] [3] [4] [5] [6] [7] [8] [9]
	5	[0] [1] [2] [3] [4] [5] [6] [7] [8] [9]
	6	[0] [1] [2] [3] [4] [5] [6] [7] [8] [9]
	7	[0] [1] [2] [3] [4] [5] [6] [7] [8] [9]

国籍	1	[0] [1] [2] [3] [4] [5] [6] [7] [8] [9]
	2	[0] [1] [2] [3] [4] [5] [6] [7] [8] [9]
	3	[0] [1] [2] [3] [4] [5] [6] [7] [8] [9]

年龄	1	[0] [1] [2] [3] [4] [5] [6] [7] [8] [9]
	2	[0] [1] [2] [3] [4] [5] [6] [7] [8] [9]

性别	男 [1]	女 [2]

注意　请用2B铅笔这样写：■

一、听力

1. [✓] [✗]　　6. [A] [B] [C]　　11. [A] [B] [C] [D] [E] [F]　　16. [A] [B] [C]

2. [✓] [✗]　　7. [A] [B] [C]　　12. [A] [B] [C] [D] [E] [F]　　17. [A] [B] [C]

3. [✓] [✗]　　8. [A] [B] [C]　　13. [A] [B] [C] [D] [E] [F]　　18. [A] [B] [C]

4. [✓] [✗]　　9. [A] [B] [C]　　14. [A] [B] [C] [D] [E] [F]　　19. [A] [B] [C]

5. [✓] [✗]　　10. [A] [B] [C]　　15. [A] [B] [C] [D] [E] [F]　　20. [A] [B] [C]

二、阅读

21. [✓] [✗]　　26. [A] [B] [C] [D] [E] [F]　　31. [A] [B] [C] [D] [E] [F]　　36. [A] [B] [C] [D] [E] [F]

22. [✓] [✗]　　27. [A] [B] [C] [D] [E] [F]　　32. [A] [B] [C] [D] [E] [F]　　37. [A] [B] [C] [D] [E] [F]

23. [✓] [✗]　　28. [A] [B] [C] [D] [E] [F]　　33. [A] [B] [C] [D] [E] [F]　　38. [A] [B] [C] [D] [E] [F]

24. [✓] [✗]　　29. [A] [B] [C] [D] [E] [F]　　34. [A] [B] [C] [D] [E] [F]　　39. [A] [B] [C] [D] [E] [F]

25. [✓] [✗]　　30. [A] [B] [C] [D] [E] [F]　　35. [A] [B] [C] [D] [E] [F]　　40. [A] [B] [C] [D] [E] [F]

新汉语水平考试
HSK（一级）答题卡

请填写考生信息

请按照考试证件上的姓名填写：

姓名	

如果有中文姓名，请填写：

中文姓名	

考生序号	1	[0] [1] [2] [3] [4] [5] [6] [7] [8] [9]
	2	[0] [1] [2] [3] [4] [5] [6] [7] [8] [9]
	3	[0] [1] [2] [3] [4] [5] [6] [7] [8] [9]
	4	[0] [1] [2] [3] [4] [5] [6] [7] [8] [9]
	5	[0] [1] [2] [3] [4] [5] [6] [7] [8] [9]

请填写考生信息

考点序号	1	[0] [1] [2] [3] [4] [5] [6] [7] [8] [9]
	2	[0] [1] [2] [3] [4] [5] [6] [7] [8] [9]
	3	[0] [1] [2] [3] [4] [5] [6] [7] [8] [9]
	4	[0] [1] [2] [3] [4] [5] [6] [7] [8] [9]
	5	[0] [1] [2] [3] [4] [5] [6] [7] [8] [9]
	6	[0] [1] [2] [3] [4] [5] [6] [7] [8] [9]
	7	[0] [1] [2] [3] [4] [5] [6] [7] [8] [9]

国籍	1	[0] [1] [2] [3] [4] [5] [6] [7] [8] [9]
	2	[0] [1] [2] [3] [4] [5] [6] [7] [8] [9]
	3	[0] [1] [2] [3] [4] [5] [6] [7] [8] [9]

年龄	1	[0] [1] [2] [3] [4] [5] [6] [7] [8] [9]
	2	[0] [1] [2] [3] [4] [5] [6] [7] [8] [9]

性别	男 [1]	女 [2]

注意	请用2B铅笔这样写：■

一、听力

1. [✔] [✗]　　6. [A] [B] [C]　　11. [A] [B] [C] [D] [E] [F]　　16. [A] [B] [C]

2. [✔] [✗]　　7. [A] [B] [C]　　12. [A] [B] [C] [D] [E] [F]　　17. [A] [B] [C]

3. [✔] [✗]　　8. [A] [B] [C]　　13. [A] [B] [C] [D] [E] [F]　　18. [A] [B] [C]

4. [✔] [✗]　　9. [A] [B] [C]　　14. [A] [B] [C] [D] [E] [F]　　19. [A] [B] [C]

5. [✔] [✗]　　10. [A] [B] [C]　　15. [A] [B] [C] [D] [E] [F]　　20. [A] [B] [C]

二、阅读

21. [✔] [✗]　　26. [A] [B] [C] [D] [E] [F]　　31. [A] [B] [C] [D] [E] [F]　　36. [A] [B] [C] [D] [E] [F]

22. [✔] [✗]　　27. [A] [B] [C] [D] [E] [F]　　32. [A] [B] [C] [D] [E] [F]　　37. [A] [B] [C] [D] [E] [F]

23. [✔] [✗]　　28. [A] [B] [C] [D] [E] [F]　　33. [A] [B] [C] [D] [E] [F]　　38. [A] [B] [C] [D] [E] [F]

24. [✔] [✗]　　29. [A] [B] [C] [D] [E] [F]　　34. [A] [B] [C] [D] [E] [F]　　39. [A] [B] [C] [D] [E] [F]

25. [✔] [✗]　　30. [A] [B] [C] [D] [E] [F]　　35. [A] [B] [C] [D] [E] [F]　　40. [A] [B] [C] [D] [E] [F]

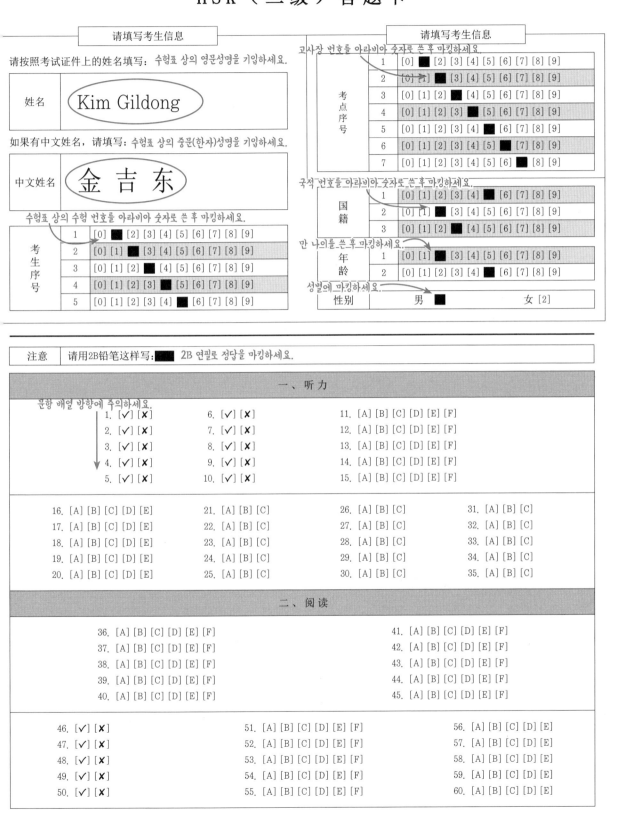

新汉语水平考试
HSK（二级）答题卡

请填写考生信息

请按照考试证件上的姓名填写：

| 姓名 | |

如果有中文姓名，请填写：

| 中文姓名 | |

考生序号	1	[0] [1] [2] [3] [4] [5] [6] [7] [8] [9]
	2	[0] [1] [2] [3] [4] [5] [6] [7] [8] [9]
	3	[0] [1] [2] [3] [4] [5] [6] [7] [8] [9]
	4	[0] [1] [2] [3] [4] [5] [6] [7] [8] [9]
	5	[0] [1] [2] [3] [4] [5] [6] [7] [8] [9]

请填写考生信息

考点序号	1	[0] [1] [2] [3] [4] [5] [6] [7] [8] [9]
	2	[0] [1] [2] [3] [4] [5] [6] [7] [8] [9]
	3	[0] [1] [2] [3] [4] [5] [6] [7] [8] [9]
	4	[0] [1] [2] [3] [4] [5] [6] [7] [8] [9]
	5	[0] [1] [2] [3] [4] [5] [6] [7] [8] [9]
	6	[0] [1] [2] [3] [4] [5] [6] [7] [8] [9]
	7	[0] [1] [2] [3] [4] [5] [6] [7] [8] [9]

国籍	1	[0] [1] [2] [3] [4] [5] [6] [7] [8] [9]
	2	[0] [1] [2] [3] [4] [5] [6] [7] [8] [9]
	3	[0] [1] [2] [3] [4] [5] [6] [7] [8] [9]

| 年龄 | 1 | [0] [1] [2] [3] [4] [5] [6] [7] [8] [9] |
| | 2 | [0] [1] [2] [3] [4] [5] [6] [7] [8] [9] |

| 性别 | 男 [1] | 女 [2] |

注意　请用2B铅笔这样写：■

一、听力

1. [✓] [✗]　　6. [✓] [✗]　　11. [A] [B] [C] [D] [E] [F]
2. [✓] [✗]　　7. [✓] [✗]　　12. [A] [B] [C] [D] [E] [F]
3. [✓] [✗]　　8. [✓] [✗]　　13. [A] [B] [C] [D] [E] [F]
4. [✓] [✗]　　9. [✓] [✗]　　14. [A] [B] [C] [D] [E] [F]
5. [✓] [✗]　　10. [✓] [✗]　　15. [A] [B] [C] [D] [E] [F]

16. [A] [B] [C] [D] [E]　　21. [A] [B] [C]　　26. [A] [B] [C]　　31. [A] [B] [C]
17. [A] [B] [C] [D] [E]　　22. [A] [B] [C]　　27. [A] [B] [C]　　32. [A] [B] [C]
18. [A] [B] [C] [D] [E]　　23. [A] [B] [C]　　28. [A] [B] [C]　　33. [A] [B] [C]
19. [A] [B] [C] [D] [E]　　24. [A] [B] [C]　　29. [A] [B] [C]　　34. [A] [B] [C]
20. [A] [B] [C] [D] [E]　　25. [A] [B] [C]　　30. [A] [B] [C]　　35. [A] [B] [C]

二、阅读

36. [A] [B] [C] [D] [E] [F]　　41. [A] [B] [C] [D] [E] [F]
37. [A] [B] [C] [D] [E] [F]　　42. [A] [B] [C] [D] [E] [F]
38. [A] [B] [C] [D] [E] [F]　　43. [A] [B] [C] [D] [E] [F]
39. [A] [B] [C] [D] [E] [F]　　44. [A] [B] [C] [D] [E] [F]
40. [A] [B] [C] [D] [E] [F]　　45. [A] [B] [C] [D] [E] [F]

46. [✓] [✗]　　51. [A] [B] [C] [D] [E] [F]　　56. [A] [B] [C] [D] [E]
47. [✓] [✗]　　52. [A] [B] [C] [D] [E] [F]　　57. [A] [B] [C] [D] [E]
48. [✓] [✗]　　53. [A] [B] [C] [D] [E] [F]　　58. [A] [B] [C] [D] [E]
49. [✓] [✗]　　54. [A] [B] [C] [D] [E] [F]　　59. [A] [B] [C] [D] [E]
50. [✓] [✗]　　55. [A] [B] [C] [D] [E] [F]　　60. [A] [B] [C] [D] [E]

新 汉 语 水 平 考 试
HSK （二级） 答题卡

请填写考生信息

请按照考试证件上的姓名填写：

姓名	

如果有中文姓名，请填写：

中文姓名	

考生序号	1	[0] [1] [2] [3] [4] [5] [6] [7] [8] [9]
	2	[0] [1] [2] [3] [4] [5] [6] [7] [8] [9]
	3	[0] [1] [2] [3] [4] [5] [6] [7] [8] [9]
	4	[0] [1] [2] [3] [4] [5] [6] [7] [8] [9]
	5	[0] [1] [2] [3] [4] [5] [6] [7] [8] [9]

请填写考生信息

考点序号	1	[0] [1] [2] [3] [4] [5] [6] [7] [8] [9]
	2	[0] [1] [2] [3] [4] [5] [6] [7] [8] [9]
	3	[0] [1] [2] [3] [4] [5] [6] [7] [8] [9]
	4	[0] [1] [2] [3] [4] [5] [6] [7] [8] [9]
	5	[0] [1] [2] [3] [4] [5] [6] [7] [8] [9]
	6	[0] [1] [2] [3] [4] [5] [6] [7] [8] [9]
	7	[0] [1] [2] [3] [4] [5] [6] [7] [8] [9]

国籍	1	[0] [1] [2] [3] [4] [5] [6] [7] [8] [9]
	2	[0] [1] [2] [3] [4] [5] [6] [7] [8] [9]
	3	[0] [1] [2] [3] [4] [5] [6] [7] [8] [9]

年龄	1	[0] [1] [2] [3] [4] [5] [6] [7] [8] [9]
	2	[0] [1] [2] [3] [4] [5] [6] [7] [8] [9]

性别	男 [1]	女 [2]

注意　请用2B铅笔这样写：■

一、听力

1. [✓] [✗]　　6. [✓] [✗]　　11. [A] [B] [C] [D] [E] [F]
2. [✓] [✗]　　7. [✓] [✗]　　12. [A] [B] [C] [D] [E] [F]
3. [✓] [✗]　　8. [✓] [✗]　　13. [A] [B] [C] [D] [E] [F]
4. [✓] [✗]　　9. [✓] [✗]　　14. [A] [B] [C] [D] [E] [F]
5. [✓] [✗]　　10. [✓] [✗]　　15. [A] [B] [C] [D] [E] [F]

16. [A] [B] [C] [D] [E]　21. [A] [B] [C]　26. [A] [B] [C]　31. [A] [B] [C]
17. [A] [B] [C] [D] [E]　22. [A] [B] [C]　27. [A] [B] [C]　32. [A] [B] [C]
18. [A] [B] [C] [D] [E]　23. [A] [B] [C]　28. [A] [B] [C]　33. [A] [B] [C]
19. [A] [B] [C] [D] [E]　24. [A] [B] [C]　29. [A] [B] [C]　34. [A] [B] [C]
20. [A] [B] [C] [D] [E]　25. [A] [B] [C]　30. [A] [B] [C]　35. [A] [B] [C]

二、阅读

36. [A] [B] [C] [D] [E] [F]　　41. [A] [B] [C] [D] [E] [F]
37. [A] [B] [C] [D] [E] [F]　　42. [A] [B] [C] [D] [E] [F]
38. [A] [B] [C] [D] [E] [F]　　43. [A] [B] [C] [D] [E] [F]
39. [A] [B] [C] [D] [E] [F]　　44. [A] [B] [C] [D] [E] [F]
40. [A] [B] [C] [D] [E] [F]　　45. [A] [B] [C] [D] [E] [F]

46. [✓] [✗]　　51. [A] [B] [C] [D] [E] [F]　　56. [A] [B] [C] [D] [E]
47. [✓] [✗]　　52. [A] [B] [C] [D] [E] [F]　　57. [A] [B] [C] [D] [E]
48. [✓] [✗]　　53. [A] [B] [C] [D] [E] [F]　　58. [A] [B] [C] [D] [E]
49. [✓] [✗]　　54. [A] [B] [C] [D] [E] [F]　　59. [A] [B] [C] [D] [E]
50. [✓] [✗]　　55. [A] [B] [C] [D] [E] [F]　　60. [A] [B] [C] [D] [E]

HSK는 전략이다!

고수들의 기출 분석으로 7일만에 점수 뒤집기!

- HSK 고수들의 막판 7일! 실전모의고사 시리즈 -

"HSK 1·2급 / 4급 / 6급" 도서는 곧 출간 예정
※ 도서의 이미지 및 구성은 변경될 수 있습니다.

7일만에 HSK 점수를 뒤집는 실전 대비 완벽 커리큘럼

최신 출제경향을
반영한 7일 완성
**모의고사
5회분**

\+

고수들의 정답
노하우가 담긴
**명쾌한
해설집**

\+

학습 취약점을
파악할 수 있는
**학습
자가진단표**

\+

시험 직전 기본기를
잡아주는
**한 장으로 보는
HSK어법**

Book Master :

시대
고시
기획

**도서구입 및 내용문의
1600-3600**

책 출간 이후에도 끝까지 최선을 다하는 시대고시기획!
도서 출간 이후에 발견되는 오류와 바뀌는 시험정보, 기출문제, 도서 업데이트 자료 등을 홈페이지 자료실 및 시대북
통합서비스 앱을 통해 알려 드리고 있습니다. 또한, 도서가 파본인 경우에는 구입하신 곳에서 교환해 드립니다.

편집진행 이지현 · 신기원 │ 표지디자인 이미애 │ 본문디자인 양혜련 · 장성복

합격의 공식 **시대에듀**

HSK 1·2급 고수들의 합격전략 4주 단기완성

합격 공략법 60개로
1·2급 4주 만에 통과하기!

영역별 실전문제 풀이로
실전 감각 UP!

실전모의고사 4회로
시험 완벽 대비!

꼼꼼한 해설편으로
틀린 문제 바로잡기!

휴대용 단어장으로
1·2급 필수 어휘 공략!

HSK 전문 강사진이 공개한
합격 공략법 60개로
1·2급 한 번에 통과하기!

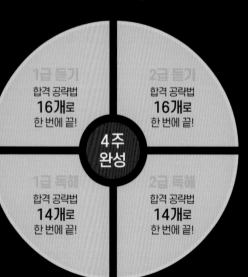

1급 듣기
합격 공략법
16개로
한 번에 끝!

2급 듣기
합격 공략법
16개로
한 번에 끝!

4주
완성

1급 독해
합격 공략법
14개로
한 번에 끝!

2급 독해
합격 공략법
14개로
한 번에 끝!

 시대교육그룹

 (주)시대고시기획
시대교육(주)

고득점 합격 노하우를 집약한
최고의 전략 수험서

www.sidaegosi.com

시대에듀

자격증 · 공무원 · 취업까지
분야별 BEST 온라인 강의

www.sdedu.co.kr

 이슈&상식

한 달간의 주요 시사이슈
논술 · 면접 등 취업 필독서

매달 25일 발간

외국어 · IT · 취미 · 요리
생활 밀착형 교육 연구

실용서 전문 브랜드

꿈을 지원하는 행복…
여러분이 구입해 주신 도서 판매수익금의 일부가
국군장병 1인 1자격 취득 및 학점취득 지원사업과
낙도 도서관 지원사업에 쓰이고 있습니다.

명장명품을 위하여
(주)시대고시기획

발행일 2021년 1월 5일(초판인쇄일 2020 · 10 · 23)
발행인 박영일
책임편집 이해욱
편저 김혜연, 김보름, 이선민, 이지현
발행처 (주)시대고시기획
등록번호 제10-1521호
주소 서울시 마포구 큰우물로 75 [도화동 538 성지B/D] 9F
대표전화 1600-3600
팩스 (02)701-8823
학습문의 www.sidaegosi.com

정가 **20,000원**
ISBN
979-11-254-8360-1

향균+
99.9%

9 791125 483601
13720

HSK

1.2급

고수들의 합격전략

4주 단기완성

해설편

실전테스트 & 영역별 미니모의고사
실전모의고사 정답 & 해설

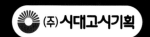

(주)시대고시기획

PROFILE

김혜연
- [현] YBM어학원 강남센터 basis 중국어 대표강사
- [전] 종로 시사중국어학원 HSK3급, 중국어 어법 강사
- [전] 수원 에이블어학원 중국어 대표강사
- 한양대학교 중국어학과 졸업
- 북경외국어대학교 어학연수
- 주요 저서 「신HSK PT 3급」(시사중국어사)

김보름
- [현] YBM어학원 강남센터 부원장
- [전] 문정아중국어연구소 부장
- [전] 원글리쉬어학원/와삭주니어 팀장
- 요녕대학교 중국어학과 학사
- 주요 저서 「basis 중국어 1, 2」(동양북스)

이선민
- [현] 교육업체 LSM 대표
- [현] 기업체 사내교육, 인텐시브 과정 전문 강의
- [전] YBM어학원 강남센터 HSK 대표강사
- [전] 경인여자대학교 중국어강사
- [전] 삼성전자, 현대자동차, SK, LG, 아시아나 등 기업체 사내교육
- [전] 동계아시안게임 통번역
- 중국 길림대학교 법학과 졸업
- 주요 저서 「정반합 신HSK 4급」(동양북스)
- 주요 동영상 강의 「정반합 신HSK 4급」, 「HSK 이거 하나면 끝! 4급, 5급」, 「집중중국어 1권, 2권」 외 다수

이지현
- [현] YBM어학원 강남센터 HSK 4~5급 대표강사
- [전] 신구대학교 국제어학원 HSK강의
- [전] 시사중국어학원 강남캠퍼스 대표강사
- [전] CJ 제일제당, 프레시웨이, (주)아워홈 등 기업체 출강
- [전] 2019 Global K-Wedding Fair 중국어MC
- [전] 2019 광주비엔날레 중국VIP 의전통역
- 한국외국어대학교 교육대학원 중국어교육 석사 재학
- 단국대학교 중국어학과 졸업
- 주요 저서 「SISATIP Step Ⅲ (1권, 2권)」(시사중국어사)
- 주요 동영상 강의 「SISATIP Step Ⅲ (1권, 2권)」 외 다수

MP3 다운로드 안내

※ 별도의 MP3 다운로드 없이 오른쪽 QR코드를 통해 유튜브에서 실시간 MP3를 들으실 수 있습니다.

❶ www.edusd.co.kr에 접속

❷ 홈페이지 상단에 있는 항목 중 "MP3" 클릭

❸ 클릭 후 들어간 페이지에서 "HSK 1·2급 고수들의 합격전략"을 검색한 뒤 파일 다운로드

HSK 1·2급

고수들의 합격전략
4주 단기완성

정답 & 해설

듣기 제1부분 실전 테스트

정답 1. ✓ 2. ✓ 3. ✗ 4. ✓ 5. ✗ 6. ✓ 7. ✗ 8. ✗ 9. ✓ 10. ✗

1

hěn xiǎo
很 小

아주 작다

해설 녹음에서 很小(아주 작다)라고 했으므로 작은 병아리 사진과 일치한다.

어휘 很 hěn 男 아주   小 xiǎo 형 작다

2

dǎ diànhuà
打 电话

전화를 걸다

해설 녹음에서 打电话(전화를 걸다)라고 했으므로 전화기 사진과 일치한다.

어휘 打 dǎ 통 (전화를) 걸다   电话 diànhuà 명 전화

3

mǎi yīfu
买 衣服

옷을 사다

해설 녹음에서 买衣服(옷을 사다)라고 했으므로 옷을 입고 있는 사진과 일치하지 않는다.

어휘 买 mǎi 통 사다   衣服 yīfu 명 옷

4

yīyuàn
医院

병원

해설 녹음에서 医院(병원)이라고 했으므로 병원 사진과 일치한다.

어휘 医院 yīyuàn 명 병원

5

zhuōzi
桌子

탁자

해설 녹음에서 桌子(탁자)라고 했으므로 의자 사진과 일치하지 않는다.

어휘 桌子 zhuōzi 몡 탁자

6

bù xǐhuan
不 喜欢

좋아하지 않다

해설 녹음에서 不喜欢(좋아하지 않다)이라고 했으므로 야채를 싫어하는 사진과 일치한다.

어휘 不 bù 뵘 안/못 喜欢 xǐhuan 됭 좋아하다

7

sān diǎn
三 点

세 시

해설 녹음에서 三点(세 시)이라고 했으므로 아홉 시를 가리키는 사진과 일치하지 않는다.

어휘 点 diǎn 뱡 시

8

bú rè
不 热

덥지 않다

해설 녹음에서 不热(덥지 않다)라고 했으므로 더워 보이는 사진과 일치하지 않는다.

어휘 不 bù 뵘 안/못 热 rè 혱 덥다

9

péngyoumen
朋友 们

친구들

해설 녹음에서 朋友们(친구들)이라고 했으므로 여러 친구들이 있는 사진과 일치한다.

어휘 朋友 péngyou 몡 친구 们 men ～들(복수)

10

mǎi diànnǎo
买 电脑

컴퓨터를 사다

해설 녹음에서 买电脑(컴퓨터를 사다)라고 했으므로 핸드폰을 사는 사진과 일치하지 않는다.

어휘 买 mǎi 통 사다 电脑 diànnǎo 명 컴퓨터

듣기 제2부분 실전 테스트

정답 1. B 2. C 3. A 4. B 5. B 6. C 7. A 8. C 9. A 10. A

1

Wǒ xǐhuan chī shuǐguǒ
我 喜欢 吃 水果 。

나는 과일을 먹는 것을 좋아한다.

B

해설 녹음에 水果(과일)가 들렸으므로 과일 사진인 B가 정답이다.

어휘 我 wǒ 때 나 喜欢 xǐhuan 통 좋아하다 吃 chī 통 먹다 水果 shuǐguǒ 명 과일

2

Wǒ yǒu yí ge nǚ'ér
我 有 一 个 女儿 。

나는 딸 한 명이 있다.

C

해설 녹음에 一个女儿(딸 한 명)이 들렸으므로 여자아이 사진인 C가 정답이다.

어휘 我 wǒ 때 나 有 yǒu 통 있다 一 yī 주 1, 하나 个 ge 양 개, 명 女儿 nǚ'ér 명 딸

3

Wǒ māma shì lǎoshī
我 妈妈 是 老师 。

우리 엄마는 선생님이다.

A

해설 녹음에 老师(선생님)가 들렸으므로 선생님 사진인 A가 정답이다.

어휘 我 wǒ 때 나 妈妈 māma 명 엄마 是 shì 통 ~이다 老师 lǎoshī 명 선생님

4

B

Nà shì tā de xiǎomāo
那 是 他的 小猫 。

그것은 그의 고양이이다.

해설 녹음에 小猫(고양이)가 들렸으므로 고양이 사진인 B가 정답이다.

어휘 那 nà 때 저, 그 是 shì 통 ～이다 他 tā 때 그 的 de 조 ～의 小 xiǎo 형 작다 猫 māo 명 고양이

5

B

Bàba zài kànshū
爸爸 在 看书 。

아빠가 책을 보고 있다.

해설 녹음에 爸爸(아빠)와 看书(책을 보다)가 들렸으므로 남자가 책을 보는 사진인 B가 정답이다.

어휘 爸爸 bàba 명 아빠 在 zài 부 ～하고 있다 看 kàn 통 보다 书 shū 명 책

6

C

Xiànzài shì sān diǎn sì shí fēn
现在 是 三 点 四十 分 。

지금은 3시 40분이다.

해설 녹음에 三点四十分(3시 40분)이 들렸으므로 3시 40분을 가리키는 C가 정답이다.

어휘 现在 xiànzài 명 지금, 현재 是 shì 통 ～이다 三 sān 수 3, 셋 点 diǎn 양 시 四 sì 수 4, 넷 十 shí 수 10, 열 分 fēn 양 분

7

A

Wǒ mǎi le yì tái diànnǎo
我 买 了 一 台 电脑 。

나는 컴퓨터를 한 대 샀다.

해설 녹음에 电脑(컴퓨터)가 들렸으므로 컴퓨터 사진인 A가 정답이다.

어휘 我 wǒ 때 나 买 mǎi 통 사다 了 le 조 ～했다(완료) 电脑 diànnǎo 명 컴퓨터

8

1	2020 JAN					
일	월	화	수	목	금	토
29	30	31	1	2	3	4
5	6	7	8	9	10	11
12	13	14	15	16	17	18
19	20	21	22	23	24	25
26	27	28	29	30	31	1

C

Tā yī yuè qù Zhōngguó
她 一 月 去 中国 。

그녀는 1월에 중국에 간다.

안심Touch

해설 녹음에 그녀가 중국에 가는 시기가 一月(1월)라고 했으므로 1월 달력인 C가 정답이다.

어휘 她 tā 데 그녀 一 yī 주 1, 하나 月 yuè 명 월 去 qù 통 가다 中国 Zhōngguó 지명 중국

9

A

Fànguǎn lǐ méiyǒu rén
饭馆 里 没有 人 。

식당 안에 사람이 없다.

해설 녹음에 饭馆(식당)이 들렸으므로 식당 사진인 A가 정답이다.

어휘 饭馆 fànguǎn 명 식당 里 lǐ 명 안 没有 méiyǒu 통 없다 人 rén 명 사람

10

A

Zhè shì nǐmen de xuéxiào ma
这 是 你们 的 学校 吗 ?

여기가 여러분의 학교입니까?

해설 녹음에 学校(학교)가 들렸으므로 학교 사진인 A가 정답이다.

어휘 这 zhè 데 이것 是 shì 통 ~이다 你们 nǐmen 데 너희들 的 de 조 ~의 学校 xuéxiào 명 학교 吗 ma 조 ~입니까?

듣기 제3부분 실전 테스트

정답 1. A 2. C 3. D 4. E 5. B 6. D 7. A 8. B 9. C 10. E

1

A

Tā shì shéi
男: 她 是 谁 ?
Tā shì wǒ de péngyou   shì zhōngguó rén
女: 她 是 我 的 朋友 , 是 中国 人 。

남: 그녀는 누구야?
여: 그녀는 나의 친구야. 중국 사람이야.

해설 녹음에서 여자가 자신의 친구가 中国人(중국 사람)이라고 했으므로 치파오를 입은 사람이 있는 A가 정답이다.

어휘 她 tā 데 그녀 是 shì 통 ~이다 谁 shéi 데 누구 朋友 péngyou 명 친구 中国人 zhōngguórén 명 중국 사람

2

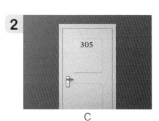

C

Nǐ zhù nǎ ge fángjiān
女: 你 住 哪 个 房间 ?

Wǒ zhù zài hào
男: 我 住 在 305 号 。

여: 너 몇 호에 살아?
남: 나 305호에 살아.

해설 남자가 자신이 305号(305호)에 살고 있다고 했으므로 방문에 305호가 써 있는 C가 정답이다.

어휘 住 zhù 동 살다   哪 nǎ 대 어느   房间 fángjiān 명 방   号 hào 명 호

3

D

Nǐ jīnnián duō dà
男: 你 今年 多 大 ?

Wǒ suì le
女: 我 25 岁 了 。

남: 너 올해 몇 살이야?
여: 나 25살이야.

해설 남자가 여자의 나이를 물었고, 여자는 25岁(25살)라고 대답했으므로 25살 초가 꽂혀 있는 케이크 사진인 D가 정답이다.

어휘 多 duō 형 얼마나   大 dà 형 (나이가) 많다   岁 suì 양 살, 세

4

E

Nǐ wǎnshang zài nǎr chīfàn
女: 你 晚上 在 哪儿 吃饭 ?

Zài jiā chīfàn
男: 在 家 吃饭 。

여: 너 저녁에 어디에서 밥 먹어?
남: 집에서 밥 먹어.

해설 여자가 저녁을 어디에서 먹느냐고 물었고 남자가 在家吃饭(집에서 밥을 먹어)이라고 말했으므로 집 안 사진인 E가 정답이다.

어휘 晚上 wǎnshang 명 저녁   在 zài 개 ~에서   哪儿 nǎr 대 어디   吃 chī 동 먹다   饭 fàn 명 밥   家 jiā 명 집

5

B

Jīntiān shì xīngqī jǐ
男: 今天 是 星期 几 ?

Jīntiān shì xīngqīsān
女: 今天 是 星期三 。

남: 오늘은 무슨 요일이야?
여: 오늘은 수요일이야.

해설 여자가 오늘은 星期三(수요일)이라고 했으므로 수요일 표시가 되어 있는 달력 사진인 B가 정답이다.

어휘 星期 xīngqī 명 주, 요일   几 jǐ 대 몇

안심Touch

6

D

Nǐ zěnme qù tā de jiā
女: 你 怎么 去 他 的 家 ?

Wǒ zuò huǒchē qù
男: 我 坐 火车 去 。

여: 너 그의 집에 어떻게 가?

남: 나 기차를 타고 가.

해설 여자가 그의 집에 어떻게 가느냐고 물었고 남자가 坐火车去(기차를 타고 가)라고 말했으므로 기차 사진인 D가 정답이다.

어휘 怎么 zěnme 대 어떻게   去 qù 동 가다   家 jiā 명 집   坐 zuò 동 타다   火车 huǒchē 명 기차

7

A

Zhè ge dàyī yǒu xiǎohào de ma
男: 这 个 大衣 有 小号 的 吗 ?

Duìbuqǐ   méiyǒu
女: 对不起 , 没有 。

남: 이 코트 작은 사이즈 있어요?

여: 미안합니다. 없습니다.

해설 남자가 大衣(코트)의 작은 사이즈가 있느냐고 물었으므로 코트 사진인 A가 정답이다.

어휘 大衣 dàyī 명 코트   有 yǒu 동 있다   小 xiǎo 형 작다   号 hào 명 호, 사이즈   对不起 duìbuqǐ 미안합니다   没有 méiyǒu 동 없다

8

B

Wǒ jīntiān bù chī wǎnfàn le
女: 我 今天 不 吃 晚饭 了 。

Chī yìdiǎnr ba
男: 吃 一点儿 吧 。

여: 나 오늘 저녁 안 먹을래.

남: 조금만 먹어.

해설 남자와 여자가 식사에 관한 대화를 하고 있고 吃(먹다)가 들렸다. 따라서 음식 사진인 B가 정답이다.

어휘 吃 chī 동 먹다   晚饭 wǎnfàn 명 저녁 식사   一点儿 yìdiǎnr 조금, 약간

9

Yīshēng   Wǒ xiànzài zěnmeyàng
男: 医生 , 我 现在 怎么样 ?

Hǎo duō le
女: 好 多 了 。

C

남: 의사 선생님, 저 지금 어때요?

여: 많이 좋아졌어요.

해설 남자가 여자를 医生(의사 선생님)이라고 불렀으므로 병원 사진인 C가 정답이다.

어휘 医生 yīshēng 명 의사   现在 xiànzài 명 지금, 현재   怎么样 zěnmeyàng 대 어떠하다, 어때

10

E

女: Nǐ jiào shénme míngzi
你 叫 什么 名字 ?

男: Wǒ jiào Lǐ chéngyǔ
我 叫 李 承宇 。

여: 이름이 어떻게 되세요?
남: 저는 이승우입니다.

해설 여자가 남자에게 이름을 묻고 있으므로 면접을 보는 사진인 E가 정답이다.

어휘 叫 jiào 통 부르다   什么 shénme 대 무슨, 무엇   名字 míngzi 명 이름

듣기 제4부분 실전 테스트

정답 1. B   2. A   3. B   4. C   5. A   6. C   7. A   8. A   9. B   10. C

1
Jīntiān shì xīngqī'èr   tāmen míngtiān qù
今天 是 星期二 , 他们 明天 去
kàn diànyǐng
看 电影 。

问: Tāmen xīngqī jǐ qù kàn diànyǐng
他们 星期 几 去 看 电影 ?

오늘은 화요일이다. 그들은 내일 영화를 보러 간다.

질문: 그들은 무슨 요일에 영화를 보러 가는가?

xīngqī'èr	xīngqīsān	xīngqīsì	A 화요일	**B 수요일**	C 목요일
A 星期二	**B 星期三**	C 星期四			

해설 보기가 모두 요일이므로 요일에 관한 질문이 나올 거라고 예상한다. 녹음에서 今天是星期二(오늘은 화요일이다)이라고 했고 이어서 他们明天去看电影(그들은 내일 영화를 보러 간다)이라고 했다. 질문에서 무슨 요일에 영화를 보러 가는지 물었으므로 정답은 B 星期三(수요일)이다.

어휘 今天 jīntiān 명 오늘   是 shì 통 ~이다   星期 xīngqī 명 요일, 주   他们 tāmen 대 그들   明天 míngtiān 명 내일   去 qù 통 가다   看 kàn 통 보다   电影 diànyǐng 명 영화   几 jǐ 대 몇

2
Nǐhǎo   nǐmen zhèr yǒu yǐzi ma
你好 , 你们 这儿 有 椅子 吗 ?

问: Tā xiǎng mǎi shénme
他 想 买 什么 ?

안녕하세요. 여기에 의자가 있나요?

질문: 그는 무엇을 사고 싶은가?

yǐzi	zhuōzi	bēizi	**A 의자**	B 탁자	C 컵
A 椅子	B 桌子	C 杯子			

해설 보기가 모두 사물이다. 녹음에서 你们这儿有椅子吗?(여기에 의자가 있나요?)라고 했고, 질문에서 그가 무엇을 사고 싶어 하는지 물었으므로 정답은 A 椅子(의자)이다.

어휘 这儿 zhèr 대 여기   有 yǒu 통 있다   椅子 yǐzi 명 의자   想 xiǎng 조통 ~하고 싶다   买 mǎi 통 사다   什么 shénme 대 무슨, 무엇   桌子 zhuōzi 명 탁자   杯子 bēizi 명 컵

안심Touch

3

Wǒ jīntiān zhōngwǔ shuìjiào le
我 今天 中午 睡觉 了。

나는 오늘 정오에 잠을 잤다.

Zhōngwǔ tā zuò shénme
问: 中午 他 做 什么 ？

질문: 정오에 그는 무엇을 하는가?

mǎi shū A 买 书	shuìjiào B 睡觉	kàn diànyǐng C 看 电影	A 책을 사다	**B 잠을 자다**	C 영화를 보다

해설 보기가 모두 행동을 나타내므로 동사를 주의해서 듣는다. 녹음에서 我今天中午睡觉了(나는 오늘 정오에 잠을 잤다)라고 했고 질문에서 정오에 그가 무엇을 하는지 물었으므로 정답은 B 睡觉(잠을 자다)이다.

어휘 今天 jīntiān 명 오늘   中午 zhōngwǔ 명 정오   睡觉 shuìjiào 동 잠을 자다   了 le 조 ~했다(완료)   做 zuò 동 하다   什么 shénme 대 무슨, 무엇   买 mǎi 동 사다   书 shū 명 책   看 kàn 동 보다   电影 diànyǐng 명 영화

4

Nǐ de xiǎomāo zài diànnǎo hòumiàn
你 的 小猫 在 电脑 后面 。

네 고양이가 컴퓨터 뒤에 있다.

Xiǎomāo zài nǎr
问: 小猫 在 哪儿 ？

질문: 고양이가 어디에 있는가?

diànshì hòumiàn
A 电视 后面

diànnǎo qiánmiàn
B 电脑 前面

diànnǎo hòumiàn
C 电脑 后面

A 텔레비전 뒤
B 컴퓨터 앞
C 컴퓨터 뒤

해설 보기가 모두 위치를 나타내므로 위치 표현을 주의해서 듣는다. 녹음에서 고양이에 대해 在电脑后面(컴퓨터 뒤에 있다)이라고 했다. 따라서 고양이가 있는 곳으로 알맞은 정답은 C 电脑后面(컴퓨터 뒤)이다. 보기 A 电视后面(텔레비전 뒤)를 보고 모양이 비슷한 한자와 헷갈리지 않도록 주의한다.

어휘 猫 māo 명 고양이   在 zài 동 ~에 있다   电脑 diànnǎo 명 컴퓨터   后面 hòumiàn 명 뒤, 뒤쪽   哪儿 nǎr 대 어디   电视 diànshì 명 텔레비전

5

Wǒ de nǚ'ér jīntiān bú qù xuéxiào
我 的 女儿 今天 不 去 学校 。

내 딸은 오늘 학교에 가지 않는다.

Jīntiān shéi bú qù xuéxiào
问: 今天 谁 不 去 学校 ？

질문: 오늘 누가 학교에 가지 않는가?

nǚ'ér A 女儿	érzi B 儿子	péngyou C 朋友	A 딸	B 아들	C 친구

해설 보기가 모두 사람을 나타낸다. 녹음에서 我的女儿今天不去学校(내 딸은 오늘 학교에 가지 않는다)라고 했으므로 학교에 가지 않는 사람은 A 女儿(딸)이다.

어휘 女儿 nǚ'ér 명 딸   今天 jīntiān 명 오늘   不 bù 부 안/못   去 qù 동 가다   学校 xuéxiào 명 학교   谁 shéi 대 누구   儿子 érzi 명 아들   朋友 péngyou 명 친구

6

Wǒ měitiān sān diǎn qù xuéxí Hànyǔ
我 每天 三 点 去 学习 汉语 。

나는 매일 3시에 중국어를 배우러 간다.

Tā měitiān qù zuò shénme
问: 他 每天 去 做 什么 ？

질문: 그는 매일 무엇을 하러 가는가?

kàn Hànyǔ shū
A 看 汉语 书

mǎi Hànyǔ shū
B 买 汉语 书

xuéxí Hànyǔ
C 学习 汉语

A 중국어 책을 보다
B 중국어 책을 사다
C 중국어를 공부하다

해설 보기가 모두 행동을 나타낸다. 녹음에서 나는 매일 3시에 去学习汉语(중국어를 배우러 간다)라고 했고, 질문에서 그는 매일 무엇을 하러 가는지 물었으므로 정답은 C 学习汉语(중국어를 공부하다)이다.

어휘 每天 měitiān 몡 매일   三 sān 주 3, 셋   点 diǎn 양 시   去 qù 동 가다   学习 xuéxí 동 공부하다   汉语 Hànyǔ 몡 중국어   做 zuò 동 하다   什么 shénme 때 무슨, 무엇   买 mǎi 동 사다

7

Jīn xiānsheng zuò chūzūchē qù yīyuàn
金 先生 坐 出租车 去 医院 。

김 씨는 택시를 타고 병원에 간다.

Jīn xiānsheng zěnme qù yīyuàn
问: 金 先生 怎么 去 医院 ？

질문: 김 씨는 어떻게 병원에 가는가?

zuò chūzūchē
A 坐 出租车

zuò fēijī
B 坐 飞机

zuò huǒchē
C 坐 火车

A 택시를 타다
B 비행기를 타다
C 기차를 타다

해설 보기의 술어가 모두 坐(타다)이다. 따라서 교통수단을 주의해서 듣는다. 녹음에서 坐出租车(택시를 타다)라고 했으므로 정답은 A 坐出租车(택시를 타다)이다.

어휘 先生 xiānsheng 몡 선생, ~씨(성인 남자에 대한 존칭)   坐 zuò 동 타다   出租车 chūzūchē 몡 택시   去 qù 동 가다   医院 yīyuàn 몡 병원   怎么 zěnme 때 어떻게

8

Wǒmen qù tā jiā yào wǔ fēnzhōng
我们 去 他 家 要 五 分钟 。

우리가 그의 집에 가는 데 5분이 걸린다.

Wǒmen qù tā jiā yào jǐ fēnzhōng
问: 我们 去 他 家 要 几 分钟 ？

질문: 우리가 그의 집에 가는 데 몇 분이 걸리는가?

wǔ fēnzhōng
A 五 分钟

shíwǔ fēnzhōng
B 十五 分钟

èr shí fēnzhōng
C 二十 分钟

A 5분
B 15분
C 20분

보기가 모두 시간을 나타낸다. 녹음에서 그의 집에 가는 데 要五分钟(5분이 걸린다)이라고 했으므로 정답은 A 五分钟(5분)이다.

我们 wǒmen 떼 우리   去 qù 통 가다   家 jiā 명 집   要 yào 통 필요하다   五 wǔ 주 5, 다섯   分钟 fēnzhōng 양 분   几 jǐ 떼 몇

9 Wǒ mǎi le qī ge píngguǒ
我 买了 七 个 苹果 。

나는 사과 7개를 샀다.	

Tā mǎi le jǐ ge píngguǒ
问：他 买了 几 个 苹果 ？

질문: 그는 사과 몇 개를 샀는가?

sì ge	**qī ge**	shí ge			
A 四 个	**B 七 个**	C 十 个	A 4개	**B 7개**	C 10개

보기가 모두 개수이므로 숫자를 주의해서 듣는다. 녹음에서 买了七个苹果(사과 7개를 샀다)라고 했으므로 사과를 산 개수는 B 七个(7개)이다.

买 mǎi 통 사다   了 le 조 ~했다(완료)   七 qī 주 7, 일곱   个 ge 양 개   苹果 píngguǒ 명 사과   几 jǐ 떼 몇

10 Jīntiān xiàwǔ wǒmen qù fàndiàn chīfàn
今天 下午 我们 去 饭店 吃饭 。

오늘 오후에 우리는 식당에 가서 밥을 먹는다.

Tāmen qù nǎr chīfàn
问：他们 去 哪儿 吃饭 ？

질문: 그들은 어디에 가서 밥을 먹는가?

jiā	yīyuàn	**fàndiàn**			
A 家	B 医院	**C 饭店**	A 집	B 병원	**C 식당**

보기가 모두 장소이므로 장소를 묻는 질문임을 예상한다. 녹음에서 去饭店吃饭(식당에 가서 밥을 먹는다)이라고 했으므로 그들이 밥을 먹으러 가는 장소는 C 饭店(식당)이다.

今天 jīntiān 명 오늘   下午 xiàwǔ 명 오후   去 qù 통 가다   饭店 fàndiàn 명 식당   吃 chī 통 먹다   饭 fàn 명 밥   哪儿 nǎr 떼 어디

1급 듣기 미니모의고사

정답	1. ✘	2. ✔	3. ✔	4. ✔	5. ✘	6. B	7. A	8. A	9. C	10. C
	11. B	12. C	13. D	14. A	15. E	16. B	17. C	18. A	19. B	20. A

[제1부분]

kànshū
看书

책을 보다

해설 녹음에서 看书(책을 보다)라고 했으므로 텔레비전을 보는 사진과 일치하지 않는다.

어휘 看 kàn 통 보다   书 shū 명 책

hěn lèi
很 累

아주 피곤하다

해설 녹음에서 很累(아주 피곤하다)라고 했으므로 피곤해 보이는 사진과 일치한다.

어휘 很 hěn 부 아주   累 lèi 형 힘들다, 피곤하다

yīshēng
医生

의사

해설 녹음에서 医生(의사)이라고 했으므로 의사 사진과 일치한다.

어휘 医生 yīshēng 명 의사

hěn duō
很 多

아주 많다

해설 녹음에서 很多(아주 많다)라고 했으므로 많은 물건이 있는 사진과 일치한다.

어휘 很 hěn 부 아주   多 duō 형 많다

5

tā de māo
他 的 猫

그의 고양이

해설 녹음에서 猫(고양이)라고 했으므로 강아지 사진과 일치하지 않는다.

어휘 他 tā 때 그   的 de 조 ~의   猫 māo 명 고양이

[제2부분]

6

B

Tā zài Běijīng
她 在 北京 。

그녀는 북경에 있다.

해설 녹음에 北京(북경)이 들렸으므로 만리장성 사진인 B가 정답이다.

어휘 她 tā 때 그녀   在 zài 통 ~에 있다   北京 Běijīng 지명 북경

7

A

Tā hěn gāoxìng
她 很 高兴 。

그녀는 아주 기쁘다.

해설 녹음에 高兴(기쁘다)이 들렸으므로 기뻐하는 사진인 A가 정답이다.

어휘 她 tā 때 그녀   很 hěn 부 아주   高兴 gāoxìng 형 기쁘다

8

A

Jīntiān hěn lěng
今天 很 冷 。

오늘 아주 춥다.

해설 녹음에 冷(춥다)이 들렸으므로 겨울 사진인 A가 정답이다.

어휘 今天 jīntiān 명 오늘   很 hěn 부 아주   冷 lěng 형 춥다

9

Tā jīnnián　　suì
他　今年　30 岁。

그는 올해 30살이다.

C

해설　녹음에 30岁(30살)가 들렸으므로 성인 남자 사진인 C가 정답이다.

어휘　他 tā 떼 그　今年 jīnnián 圀 올해　岁 suì 영 살, 세

10

Tā　hòumiàn　yǒu　sān　ge　rén
她　后面　有　三　个　人。

그녀 뒤에 세 사람이 있다.

C

해설　녹음에 她(그녀)와 三个人(세 사람)이 들렸으므로 여자 뒤에 세 사람이 있는 사진인 C가 정답이다.

어휘　她 tā 떼 그녀　后面 hòumian 圀 뒤, 뒤쪽　有 yǒu 통 있다　三 sān ㊄ 3, 셋　个 ge 영 개, 명　人 rén 圀 사람

[제3부분]

11

Nǐ　shuō　de　nà　ge　fàndiàn　zài　nǎr
男：你　说　的　那　个　饭店　在　哪儿？

Zài　yínháng　hòumiàn
女：在　银行　后面。

남: 네가 말한 그 호텔 어디에 있어?
여: 은행 뒤에 있어.

B

해설　남자가 在哪儿?(어디에 있어?)이라며 호텔의 위치를 물었고 여자가 위치를 알려주었으므로 길을 찾고 있는 사진인 B가 정답이다.

어휘　说 shuō 통 말하다　饭店 fàndiàn 圀 호텔　在 zài 통 ~에 있다　哪儿 nǎr 떼 어디　银行 yínháng 圀 은행　后面 hòumian 圀 뒤, 뒤쪽

12

Wǒ　bù　xiǎng　qù　xuéxiào
女：我　不　想　去　学校。

Qù　ba
男：去　吧。

여: 나 학교에 가기 싫어.
남: 가.

C

해설　여자가 不想去学校(학교에 가기 싫다)라고 했으므로 학교 사진인 C가 정답이다.

어휘　想 xiǎng 쩌통 ~하고 싶다　去 qù 통 가다　学校 xuéxiào 圀 학교

13

男: Zhuōzi shang de píngguǒ ne
桌子　上　的　苹果　呢？

女: Wǒ chī le
我　吃了。

남: 탁자 위에 사과는?
여: 내가 먹었어.

해설 | 남자가 탁자 위의 苹果(사과)가 어디에 있느냐고 물었고 여자는 자신이 吃了(먹었다)라고 했으므로 여자가 사과를 먹는 사진인 D가 정답이다.

어휘 | 桌子 zhuōzi 명 탁자　上 shang 명 ~위에　苹果 píngguǒ 명 사과

14

女: Jīntiān zhēn rè a
今天　真　热　啊！

男: Hē diǎnr shuǐ ba
喝　点儿　水　吧。

여: 오늘 정말 덥다!
남: 물 좀 마셔.

해설 | 여자가 오늘 真热(정말 덥다)라고 했으므로 여자가 더워하는 사진인 A가 정답이다.

어휘 | 今天 jīntiān 명 오늘　真 zhēn 부 정말, 진짜　热 rè 형 덥다　喝 hē 동 마시다　水 shuǐ 명 물

15

男: Zhè ge zì zěnme dú
这　个　字　怎么　读？

女: Wǒ yě bú huì dú
我　也　不　会　读。

남: 이 글자 어떻게 읽어?
여: 나도 읽을 줄 몰라.

해설 | 남자가 这个字(이 글자)를 어떻게 읽느냐고 물었고 여자는 자신도 모른다고 대답했다. 따라서 한자가 써 있는 사진인 E가 정답이다.

어휘 | 字 zì 명 글자　怎么 zěnme 대 어떻게　读 dú 동 읽다　也 yě 부 ~도　会 huì 조동 (배워서) ~할 줄 알다

[제4부분]

16

Wǒ huì zuò cài　wǒ péngyou bú huì zuò
我　会　做菜，我　朋友　不　会　做
cài
菜。

나는 요리를 할 줄 안다. 내 친구는 요리를 할 줄 모른다.

Tā péngyou bú huì shénme
问: 他 朋友 不 会 什么 ？

질문: 그의 친구는 무엇을 할 줄 모르는가?

shuō Hànyǔ
A 说 汉语

zuò cài
B 做 菜

xiě míngzi
C 写 名字

A 중국어를 말하다
B 요리를 하다
C 이름을 쓰다

해설 보기가 모두 행동을 나타내므로 동사를 주의해서 듣는다. 녹음에서 나는 요리를 할 줄 아는데, 我朋友不会做菜(내 친구는 요리를 할 줄 모른다)라고 했으므로 그의 친구가 할 줄 모르는 것은 B 做菜(요리를 하다)이다.

어휘 会 huì 조동 (배워서) ~할 줄 알다   说 shuō 통 말하다   汉语 Hànyǔ 명 중국어   写 xiě 통 쓰다   名字 míngzi 명 이름   做 zuò 통 하다, 만들다   菜 cài 명 요리, 음식   什么 shénme 대 무슨, 무엇

17 Māma shì lǎoshī   tā yǒu   ge xuésheng
妈妈 是 老师， 她 有 70 个 学生 。

엄마는 선생님이다. 그녀는 70명의 학생이 있다.

Māma yǒu duōshao ge xuésheng
问: 妈妈 有 多少 个 学生 ？

질문: 엄마는 몇 명의 학생이 있는가?

wǔ ge   sānshíwǔ ge   qīshí ge
A 五 个   B 三 十 五 个   C 七 十 个

A 5명   B 35명   **C 70명**

해설 보기가 모두 숫자이므로 들리는 숫자를 메모한다. 녹음에서 엄마가 선생님이라고 하면서 她有70个学生(그녀는 70명의 학생이 있다)이라고 했으므로 정답은 C 七十个(70명)이다.

어휘 妈妈 māma 명 엄마   是 shì 통 ~이다   老师 lǎoshī 명 선생님   有 yǒu 통 있다   个 ge 양 개, 명   学生 xuésheng 명 학생   多少 duōshao 대 얼마나

18 Zuótiān Tā mǎi de yīfu hěn piàoliang
昨天 她 买 的 衣服 很 漂亮 。

어제 그녀가 산 옷이 아주 예쁘다.

Nà ge yīfu zěnmeyàng
问: 那 个 衣服 怎么样 ？

질문: 그 옷은 어떤가?

hěn piàoliang
A 很 漂亮

hěn dà
B 很 大

hěn xiǎo
C 很 小

A 아주 예쁘다
B 아주 크다
C 아주 작다

해설 보기가 모두 형용사이므로 상태를 묘사하는 단어를 잘 듣는다. 녹음에서 어제 그녀가 산 옷이 很漂亮(아주 예쁘다)이라고 했으므로 정답은 A 很漂亮(아주 예쁘다)이다.

어휘 昨天 zuótiān 명 어제   买 mǎi 통 사다   衣服 yīfu 명 옷   很 hěn 부 아주   漂亮 piàoliang 형 예쁘다   怎么样 zěnmeyàng 대 어떠하다, 어때   大 dà 형 크다   小 xiǎo 형 작다

19

Tiānqì hěn rè   wǒ xiǎng hē shuǐ
天气 很 热 ， 我 想 喝 水 。

오늘 아주 덥다. 나 물 마시고 싶어.

Tā xiǎng hē shénme
问：她 想 喝 什么 ？

질문: 그녀는 무엇을 마시고 싶어 하는가?

chá
A 茶

shuǐ
B 水

bù xiǎng hē
C 不 想 喝

A 차

B 물

C 마시고 싶지 않다.

해설 보기가 모두 마시는 음료를 나타낸다. 녹음에서 날씨가 덥다고 하면서 我想喝水(나 물 마시고 싶어)라고 했으므로 그녀가 마시고 싶어 하는 것은 B 水(물)이다.

어휘 天气 tiānqì 몡 날씨　很 hěn 图 아주　热 rè 혱 덥다　想 xiǎng 조동 ~하고 싶다　喝 hē 图 마시다　水 shuǐ 몡 물　什么 shénme 때 무슨, 무엇　茶 chá 몡 차

20

Wǒ bú shì yīshēng   wǒ shì Hànyǔ lǎoshī
我 不 是 医生 ， 我 是 汉语 老师 。

나는 의사가 아니고, 중국어 선생님이다.

Tā shì shéi
问：她 是 谁 ？

질문: 그녀는 누구인가?

lǎoshī   xuésheng   yīshēng
A 老师   B 学生   C 医生

A 선생님　　　B 학생　　　C 의사

해설 보기가 모두 직업을 나타낸다. 녹음에서 医生(의사)이 언급되었지만 의사가 아니라고 했고, 이어서 我是汉语老师(나는 중국어 선생님이다)라고 했다. 따라서 정답은 A 老师(선생님)이다.

어휘 是 shì 图 ~이다　医生 yīshēng 몡 의사　汉语 Hànyǔ 몡 중국어　老师 lǎoshī 몡 선생님　谁 shéi 때 누구　学生 xuésheng 몡 학생

독해 제1부분 실전 테스트

정답 1. ✓ 2. ✗ 3. ✓ 4. ✗ 5. ✗ 6. ✓ 7. ✗ 8. ✓ 9. ✓ 10. ✗

1

diànshì
电视

텔레비전

해설 제시된 단어는 电视(텔레비전)이므로 사진과 단어가 일치한다.

어휘 电视 diànshì 명 텔레비전

2

xuésheng
学生

학생

해설 제시된 단어는 学生(학생)이므로 선생님 사진과 일치하지 않는다.

어휘 学生 xuésheng 명 학생

3

lěng
冷

춥다

해설 제시된 단어는 冷(춥다)이므로 추워 보이는 사진과 일치한다.

어휘 冷 lěng 형 춥다

4

tīng
听

듣다

해설 제시된 단어는 听(듣다)이므로 말하는 모습의 사진과 일치하지 않는다.

어휘 听 tīng 동 듣다

안심Touch

5

dà
大

크다

해설   제시된 단어는 大(크다)이므로 작은 병아리 사진과 일치하지 않는다.

어휘   大 dà 〔형〕 크다

6

shǎo
少

적다

해설   제시된 단어는 少(적다)이므로 연필이 한 자루뿐인 사진과 일치한다.

어휘   少 shǎo 〔형〕 적다

7

yuè
8 月

8월

해설   제시된 단어는 8月(8월)인데 사진은 9월이므로 일치하지 않는다.

어휘   月 yuè 〔명〕 월

8

yīshēng
医生

의사

해설   제시된 단어와 사진이 모두 医生(의사)이므로 사진과 지문이 일치한다.

어휘   医生 yīshēng 〔명〕 의사

9

péngyou
朋友

친구

해설   제시된 단어와 사진이 모두 朋友(친구)이므로 사진과 지문이 일치한다.

어휘   朋友 péngyou 〔명〕 친구

10

yǐzi
椅子

의자

해설 제시된 단어는 椅子(의자)인데 사진은 책상이므로 일치하지 않는다.

어휘 椅子 yǐzi 몡 의자

독해 제2부분 실전 테스트

정답 1. A　2. D　3. C　4. E　5. B　6. C　7. B　8. E　9. A　10. D

1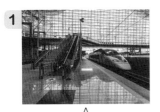

Wǒ zài huǒchēzhàn
我 在 火车站 。

A

나는 기차역에 있다.

해설 문장의 핵심 키워드는 火车站(기차역)이므로 기차역 사진인 A가 정답이다.

어휘 在 zài 통 ~에 있다　火车站 huǒchēzhàn 몡 기차역

2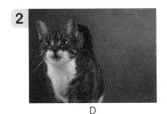

Wǒ de māo zài yǐzi xiàmiàn
我 的 猫 在 椅子 下面 。

D

내 고양이는 의자 아래에 있다.

해설 문장의 핵심 키워드는 猫(고양이)이므로 고양이 사진인 D가 정답이다.

어휘 的 de 조 ~의　猫 māo 몡 고양이　椅子 yǐzi 몡 의자　下面 xiàmian 몡 아래

3

Wǒ xiǎng qù mǎi diǎnr shuǐguǒ
我 想 去 买 点儿 水果 。

C

나는 과일을 좀 사러 가고 싶다.

해설 문장의 핵심 키워드는 水果(과일)이므로 과일 사진인 C가 정답이다.

어휘 想 xiǎng 조동 ~하고 싶다　买 mǎi 통 사다　水果 shuǐguǒ 몡 과일

4

Tiānqì tài rè le　nǐ hē shuǐ ba
天气 太 热 了 , 你 喝 水 吧 。

날씨가 너무 더워. 너 물을 마셔.

해설 문장의 핵심 키워드는 热(덥다)이므로 더워 보이는 E가 정답이다.

어휘 天气 tiānqì 명 날씨　太……了 tài……le 너무 ~하다　热 rè 형 덥다　喝 hē 동 마시다　水 shuǐ 명 물

5

Wéi　nǐ shuìjiào le ma
喂 , 你 睡觉 了 吗 ?

여보세요. 너 잤어?

해설 문장의 시작 부분에서 喂(여보세요)라고 했으므로 통화 중인 사진인 B가 정답이다.

어휘 喂 wèi 감 여보세요　睡觉 shuìjiào 동 잠을 자다

6

Wǒ chīle sān ge píngguǒ
我 吃了 三 个 苹果 。

나는 사과 세 개를 먹었다.

해설 문장의 핵심 키워드는 三个苹果(사과 세 개)이다. 따라서 사과 세 개가 있는 C가 정답이다.

어휘 吃 chī 동 먹다　了 le 조 ~했다(완료)　三 sān 수 3, 셋　个 ge 양 개　苹果 píngguǒ 명 사과

7

Nǚ'ér xiànzài hěn gāoxìng
女儿 现在 很 高兴 。

딸은 지금 아주 기쁘다.

해설 문장의 핵심 키워드는 女儿(딸)과 高兴(기쁘다)이다. 여자아이가 웃고 있는 B가 정답이다.

어휘 女儿 nǚ'ér 명 딸　现在 xiànzài 명 지금, 현재　高兴 gāoxìng 형 기쁘다

8

Wǒ zuò chūzūchē qù xuéxiào
我 坐 出租车 去 学校 。

나는 택시를 타고 학교에 간다.

해설 문장의 핵심 키워드는 坐出租车(택시를 타다)이므로 택시 사진인 E가 정답이다.

어휘 坐 zuò 동 타다   出租车 chūzūchē 명 택시   学校 xuéxiào 명 학교

9

A

Qù yīyuàn de shíhou   xiàyǔ le
去 医院 的 时候 ，下雨 了 。

병원에 갈 때 비가 내렸다.

해설 문장의 핵심 키워드는 下雨(비가 내리다)이므로 우산 사진인 A가 정답이다.

어휘 去 qù 동 가다   医院 yīyuàn 명 병원   的时候 de shíhou ~할 때   下雨 xiàyǔ 동 비가 내리다

10

D

Tāmen xǐhuan mǎi yīfu
她们 喜欢 买 衣服 。

그녀들은 옷 사는 것을 좋아한다.

해설 문장의 핵심 키워드는 她们(그녀들)과 买衣服(옷을 사다)이므로 두 명의 여자가 쇼핑하는 D가 정답이다.

어휘 喜欢 xǐhuan 동 좋아하다   买 mǎi 동 사다   衣服 yīfu 명 옷

독해 제3부분 실전 테스트

정답 1. A   2. E   3. D   4. B   5. C   6. C   7. A   8. D   9. B   10. E

1-5

Bú rènshi
A 不 认识 。

Wǒ hěn lěng   nǐ ne
B 我 很 冷 ，你 呢 ？

Zǎoshang bā diǎn qù
C 早上 八 点 去 。

Méiyǒu
D 没有 。

Zài zhuōzi shàngmian
E 在 桌子 上面 。

A 모르겠어.

B 나 추워. 너는?

C 아침 여덟 시에 가.

D 아니.

E 탁자 위에 있어.

1

Zuò zài māma qiánmiàn de shì shéi
坐 在 妈妈 前面 的 是 谁 ？

엄마 앞에 앉아 있는 사람이 누구예요?

Bú rènshi
（ A 不 认识 。 ）

（ A 모르겠어. ）

해설 문장이 是谁？(누구야?)라고 묻고 있으므로 이어지는 문장은 누구인지 대답하거나 모른다고 대답해야 한다. 따라서 A가 정답이다. 认识(알다)는 주로 '사람, 글자 등을 안다'라고 할 때 사용한다.

어휘 坐 zuò 图 앉다 在 zài 께 ~에서 前面 qiánmian 몡 앞, 앞쪽 是 shì 图 ~이다 谁 shéi 떼 누구 认识 rènshi 图 알다

2

Wǒ de bēizi zài nǎr
我 的 杯子 在 哪儿 ？

내 컵이 어디에 있어?

Zài zhuōzi shàngmian
（ E 在 桌子 上面 。 ）

（ E 탁자 위에 있어. ）

해설 문장이 在哪儿？(어디에 있어?)라고 묻고 있다. 따라서 동사 在(~에 있다)가 있는 E가 정답이다.

어휘 杯子 bēizi 몡 컵 在 zài 图 ~에 있다 哪儿 nǎr 떼 어디 桌子 zhuōzi 몡 탁자 上面 shàngmian 몡 위, 위쪽

3

Nǐ kànjiàn wǒ de xiǎogǒu le ma
你 看见 我 的 小狗 了 吗 ？

너 내 강아지 봤어?

Méiyǒu
（ D 没有 。 ）

（ D 아니. ）

해설 문장이 看见……了吗？(~봤어요?)라고 묻고 있다. 동태조사 了(~했다)는 동작이 이미 일어났음을 나타내므로 과거를 부정하는 말인 D가 정답이다.

어휘 看见 kànjiàn 图 보다, 보이다 小狗 xiǎogǒu 몡 강아지 没有 méiyǒu 囝 ~하지 않았다

4

Nǐ lěng ma
你 冷 吗 ？

너 추워?

Wǒ hěn lěng nǐ ne
（ B 我 很 冷 , 你 呢 ？ ）

（ B 나 추워. 너는? ）

해설 문장이 ……吗？(~해요?)라고 묻고 있다. 핵심 키워드인 冷(춥다)이 동일하게 있는 B가 정답이다.

어휘 冷 lěng 혱 춥다

5

Nǐ jǐ diǎn qù xuéxiào
你 几 点 去 学校 ？

너 몇 시에 학교에 가?

Zǎoshang bā diǎn qù
（ C 早上 八 点 去 。 ）

（ C 아침 여덟 시에 가. ）

해설 문장이 几点去……？(몇 시에 ~에 가요?)라고 묻고 있다. 시간 표현인 早上八点(아침 여덟 시)이 있는 C가 정답이다.

어휘 几 jǐ 떼 몇 点 diǎn 囵 시 去 qù 图 가다 学校 xuéxiào 몡 학교 早上 zǎoshang 몡 아침

6-10

Xiàwǔ sān diǎn
A 下午 三 点。

Tā qù yīyuàn le
B 他 去 医院 了。

Xiàyǔ le   hěn lěng
C 下雨 了， 很 冷。

Méiyǒu   wǒ yí ge rén kàn le
D 没有， 我 一 个 人 看 了。

Wǒ xiǎng chī mǐfàn
E 我 想 吃 米饭。

A 오후 세 시.

B 그는 병원에 갔어.

C 비 와서 아주 추워.

D 아니, 나 혼자 봤어.

E 나 쌀밥 먹고 싶어.

6
Jīntiān tiānqì zěnmeyàng
今天 天气 怎么样 ?

오늘 날씨 어때?

Xià yǔ le   hěn lěng
(C 下 雨 了， 很 冷。)

(C 비 와서 아주. 추워.)

해설 │ 문장이 날씨에 대해 怎么样?(어때?)이라고 묻고 있다. 따라서 날씨에 대한 내용인 下雨(비가 오다)라고 대답한 C
가 정답이다.

어휘 │ 今天 jīntiān 명 오늘 天气 tiānqì 명 날씨 怎么样 zěnmeyàng 대 어떠하다, 어때 下雨 xiàyǔ 동 비가 내리다 冷 lěng 형
춥다

7
Bàba míngtiān shénme shíhou xià fēijī
爸爸 明天 什么 时候 下 飞机 ?

아빠는 내일 언제 비행기에서 내려요?

Xiàwǔ sān diǎn
(A 下午 三 点。)

(A 오후 세 시.)

해설 │ 문장이 什么时候(언제)라고 묻고 있다. 따라서 시간으로 대답한 A가 정답이다.

어휘 │ 明天 míngtiān 명 내일 什么时候 shénme shíhou 언제 下 xià 동 내리다 飞机 fēijī 명 비행기 下午 xiàwǔ 명 오후

8
Zuótiān hé māma kàn diànyǐng le ma
昨天 和 妈妈 看 电影 了 吗 ?

어제 엄마랑 영화를 봤어?

Méiyǒu   wǒ yí ge rén kàn le
(D 没有， 我 一 个 人 看 了。)

(D 아니, 나 혼자 봤어.)

해설 │ 문장이 ……了吗?(~봤어요?)라고 묻고 있다. 핵심 키워드인 동사 看(보다)이 있는 D가 정답이다. 一个人은 '한
명'이라는 뜻도 있지만 '혼자'라는 뜻으로도 쓴다.

어휘 │ 昨天 zuótiān 명 어제 和 hé 개 ~와/과 妈妈 māma 명 엄마 看 kàn 동 보다 电影 diànyǐng 명 영화

안심Touch

9

Tā zěnme méi lái 他 怎么 没 来 ？	그는 왜 안 왔어?
Tā qù yīyuàn le （ B 他 去 医院 了 。 ）	(B 그는 병원에 갔어.)

해설 문장이 怎么(왜)를 이용해서 그가 안 오는 이유를 묻고 있다. 그가 去医院了(병원에 갔다)라고 한 B가 안 온 이유가 되므로 연결되는 문장이다.

어휘 怎么 zěnme 때 어떻게, 왜   来 lái 图 오다   医院 yīyuàn 圆 병원

10

Nǐ xiǎng chī shénme 你 想 吃 什么 ？	너 뭐 먹고 싶어?
Wǒ xiǎng chī mǐfàn （ E 我 想 吃 米饭。 ）	(E 나 쌀밥 먹고 싶어.)

해설 문장이 什么(무엇)를 이용해서 먹고 싶은 음식을 묻고 있다. 동일한 '조동사+동사' 형식인 想吃(먹고 싶다)가 있는 E가 정답이다.

어휘 想 xiǎng 조동 ～하고 싶다   吃 chī 图 먹다   什么 shénme 때 무슨, 무엇   米饭 mǐfàn 圆 쌀밥

독해 제4부분 실전 테스트

정답 1. **A**   2. **B**   3. **D**   4. **C**   5. **E**   6. **B**   7. **C**   8. **D**   9. **E**   10. **A**

1-5

diànshì A 电视	míngtiān B 明天	zuò C 坐
bú kèqi D 不 客气	běn E 本	

A 텔레비전	B 내일	C 타다
D 별말씀을요	E 권	

1

Nǐ zài zuò shénme 男：你 在 做 什么 ？	남: 너 뭐 하고 있어?
Wǒ zài kàn diànshì 女：我 在 看 （ 电视 ）。	여: 나 (텔레비전)을 보고 있어.

해설 빈칸 앞에 동사 술어가 있으므로 빈칸에는 看(보다)과 어울리는 목적어가 들어가야 한다. 따라서 정답은 A 电视(텔레비전)이다.

어휘 在 zài 图 ～하고 있다   做 zuò 图 하다   什么 shénme 때 무슨, 무엇   看 kàn 图 보다   电视 diànshì 圆 텔레비전

2

Míngtiān shì jǐ yuè jǐ hào （ 明天 ）是 几 月 几 号 ？	(내일)은 몇 월 며칠이야?

빈칸 뒤에서 날짜를 묻고 있으므로 시간 정보인 B 明天(내일)이 들어가야 한다.

明天 míngtiān 몡 내일   是 shì 동 ～이다   几 jǐ 대 몇   月 yuè 몡 월   号 hào 몡 일

3

女: 谢谢 老师 。
Xièxie lǎoshī

男: (不 客气) 。
Bú kèqi

여: 감사합니다. 선생님.
남: (별말씀을요).

谢谢(감사합니다)라는 인사말에 알맞은 대답은 D 不客气(별말씀을요)이다.

谢谢 xièxie 동 감사합니다   老师 lǎoshī 몡 선생님   不客气 bú kèqi 별말씀을요, 천만에요

4

我们 (坐) 火车 去 吧 。
Wǒmen zuò huǒchē qù ba

우리 기차를 (타고) 가자.

빈칸 앞에 주어 我们(우리)이 있고 뒤에 명사 火车(기차)가 있으며, 다시 동사 去(가다)가 있다. 동사가 2개인 연동문으로 '기차를 ～하고 가자'라는 뜻이 되도록 C 坐(타다)가 들어가야 한다.

坐 zuò 동 타다   火车 huǒchē 몡 기차

5

这儿 有 三 (本) 书 。
Zhèr yǒu sān běn shū

여기에 책 세 (권)이 있다.

빈칸이 수사와 명사 사이에 있으므로 양사가 들어가야 한다. 명사 书(책)에 어울리는 양사는 E 本(권)이다.

这儿 zhèr 대 여기   本 běn 양 권   书 shū 몡 책

6-10

A 杯 bēi   B 星期 xīngqī   C 会 huì

D 没 méi   E 大 dà

A 잔   B 요일   C ～할 줄 알다
D ～하지 않았다   E 크다

6

今天 是 (星期) 五 。
Jīntiān shì xīngqī wǔ

오늘은 금(요일)이다.

빈칸 앞에 동사 술어 是(～이다)가 있고 뒤에 수사 五(5)가 있다. 문장이 '오늘은 ～이다'를 나타내므로 B 星期(요일)가 들어가야 한다.

今天 jīntiān 몡 오늘   是 shì 동 ～이다   星期 xīngqī 몡 요일

7

男: 你 (会) 做 中国 菜 吗 ？
Nǐ huì zuò zhōngguó cài ma

女: 会 一点儿 。
Huì yìdiǎnr

남: 너 중국 음식을 만들 (줄 알아)?
여: 조금 할 줄 알아.

빈칸 앞에 주어 你(너)가 있고 뒤에 동사 술어 做(하다)가 있으므로 빈칸에는 부사어가 들어가야 한다. 대답 문장에 会(～할 줄 알다)가 있으므로 빈칸에도 조동사 C 会(～할 줄 알다)가 들어가야 한다.

会 huì 조동 (배워서) ～할 줄 알다   做 zuò 동 하다, 만들다   菜 cài 몡 요리, 음식   一点儿 yìdiǎnr 조금, 약간

8

Nǐ mǎi diànnǎo le ma
女: 你 买 电脑 了 吗 ?

Méi mǎi
男: (没) 买 。

여: 너 컴퓨터를 샀어?
남: 사지 (않았어).

해설 빈칸 뒤에 동사 술어 买(사다)가 있다. A가 컴퓨터를 샀느냐고 물었으므로 과거의 부정에 사용하는 D 没(~하지 않았다)가 들어가야 한다.

어휘 买 mǎi 图 사다   电脑 diànnǎo 명 컴퓨터   没 méi 튀 ~하지 않았다

9

Zhè ge yīfu tài dà le
这 个 衣服 太 (大) 了 。

이 옷이 너무 (커).

해설 빈칸 앞에 정도부사 太(너무)가 있으므로 빈칸은 형용사 자리이다. 주어가 衣服(옷)이므로 E 大(크다)가 들어가야 한다.

어휘 衣服 yīfu 명 옷   太……了 tài……le 너무 ~하다   大 dà 형 크다

10

Māma hē le yì bēi shuǐ
妈妈 喝 了 一 (杯) 水 。

엄마는 물 한 (잔)을 마셨다.

해설 빈칸 앞에 수사가 있고 뒤에 명사가 있으므로 빈칸은 양사 자리이다. 명사 水(물)에 사용할 수 있는 양사는 A 杯(잔)이다.

어휘 喝 hē 图 마시다   杯 bēi 양 잔   水 shuǐ 명 물

1급 독해 미니모의고사

정답	1. ✗	2. ✓	3. ✗	4. ✗	5. ✓	6. E	7. D	8. A	9. B	10. C
	11. D	12. B	13. A	14. C	15. E	16. E	17. A	18. B	19. D	20. C

[제1부분]

1

shū
书

책

해설 제시된 단어는 书(책)이므로 텔레비전 사진과 일치하지 않는다.

어휘 书 shū 명 책

2

lǎoshī
老师

선생님

해설 제시된 단어는 老师(선생님)이므로 수업하는 사진과 일치한다.

어휘 老师 lǎoshī 명 선생님

3

yīshēng
医生

의사

해설 제시된 단어는 医生(의사)이므로 요리사 사진과 일치하지 않는다.

어휘 医生 yīshēng 명 의사

4

xiǎo
小

작다

해설 제시된 단어는 小(작다)이므로 야채가 많은 사진과 일치하지 않는다.

어휘 小 xiǎo 형 작다

5 	**gǒu** **狗** 개

해설 제시된 단어는 狗(개)이므로 사진과 일치한다.

어휘 狗 gǒu 몡 개

[제2부분]

6  E	**Nǐ diǎn shénme le** **你 点 什么 了？** 너 무엇을 주문했어?

해설 문장의 핵심 키워드는 点(주문하다)이므로 메뉴판 사진인 E가 정답이다.

어휘 点 diǎn 통 주문하다 什么 shénme 떼 무슨, 무엇

7  D	**Érzi liù diǎn huílái** **儿子 六 点 回来 。** 아들은 여섯 시에 돌아온다.

해설 문장의 핵심 키워드는 六点(6시)이므로 시계가 6시를 가리키는 사진 D가 정답이다.

어휘 儿子 érzi 몡 아들 六 liù 囹 6, 여섯 点 diǎn 얭 시 回来 huílái 통 돌아오다

8  A	**Xuéshengmen zài kànshū** **学生 们 在 看书 。** 학생들은 책을 보고 있다.

해설 문장의 핵심 키워드는 看书(책을 보다)이므로 학생들이 책을 보고 있는 A가 정답이다.

어휘 学生们 xuéshengmen 학생들 在 zài 囝 ~하고 있다 看 kàn 통 보다 书 shū 몡 책

9

Míngtiān xiàwǔ qù kàn diànyǐng   zěnmeyàng
明天 下午 去 看 电影 ， 怎么样 ？

B

내일 오후에 영화를 보러 가는 게 어때?

해설 문장의 핵심 키워드는 看电影(영화를 보다)이므로 영화관 사진인 B가 정답이다.

어휘 明天 míngtiān 몡 내일 下午 xiàwǔ 몡 오후 电影 diànyǐng 몡 영화

10

Nǐ de shū zài zhuōzi shang
你 的 书 在 桌子 上 。

C

네 책은 탁자 위에 있어.

해설 문장의 핵심 키워드는 书(책)와 桌子(탁자)이므로 탁자 사진인 C가 정답이다.

어휘 在 zài 통 ～에 있다 桌子 zhuōzi 몡 탁자 上 shang 몡 ～위에

[제3부분]

11-15

A 0935389485。

Bú shì   tā shì yīshēng
B 不 是， 她 是 医生 。

Zài Běijīng
C 在 北京 。

 Zhèr yǒu sì běn
D 这儿 有 四 本 。

Wǒ bú tài xǐhuan
E 我 不 太 喜欢 。

A 09353894950야.

B 아니, 그녀는 의사야.

C 북경에서 살아.

D 여기에 네 권이 있어.

E 나는 그다지 좋아하지 않아.

11 Nàr yǒu jǐ běn shū
那儿 有 几 本 书 ？

거기에 책이 몇 권 있어?

 Zhèr yǒu sì běn
(D 这儿 有 四 本 。)

(D 여기에 네 권이 있어.)

해설 문장이 有几本书？(책이 몇 권 있어요?)라고 묻고 있다. 따라서 有四本(네 권이 있어)이라고 대답한 D가 정답이다.

어휘 那儿 nàr 떼 거기, 그곳 有 yǒu 통 있다 几 jǐ 떼 몇 本 běn 양 권 书 shū 몡 책 这儿 zhèr 떼 여기

12

Nǐ māma shì lǎoshī ma
你 妈妈 是 老师 吗 ？

너희 어머니는 선생님이셔?

Bú shì   tā shì yīshēng
（ B 不 是， 她 是 医生 。 ）

（ B 아니, 그녀는 의사야. ）

해설 문장이 是……吗?(~예요?)라고 묻고 있다. 같은 동사인 是(~이다)로 대답한 B가 정답이다.

어휘 是 shì 통 ~이다 老师 lǎoshī 명 선생님 医生 yīshēng 명 의사

13

Nǐ de diànhuà shì duōshao
你 的 电话 是 多少 ？

네 전화번호가 몇 번이야?

（ A 0935389485。 ）

（ A 0935389485야. ）

해설 문장이 多少(몇 번이야?)라고 묻고 있다. 전화번호를 묻고 있으므로 번호로 대답한 A가 정답이다.

어휘 电话 diànhuà 명 전화 多少 duōshao 대 얼마

14

Tā zhù zài nǎr
他 住 在 哪儿 ？

너 어디에서 살아?

Zài Běijīng
（ C 在 北京 。 ）

（ C 북경에서 살아. ）

해설 문장이 住在哪儿?(어디에서 살아요?)이라고 하며 사는 곳을 묻고 있다. 장소로 대답한 C가 정답이다.

어휘 住 zhù 통 살다, 거주하다 在 zài 개 ~에서 哪儿 nǎr 대 어디 北京 Běijīng 지명 북경

15

Nǐ xǐhuan zuò cài ma
你 喜欢 做 菜 吗 ？

너 요리하는 것을 좋아해?

Wǒ bú tài xǐhuan
（ E 我 不 太 喜欢 。 ）

（ E 나는 그다지 좋아하지 않아. ）

해설 문장이 ……吗?(~예요?)라고 묻고 있다. 같은 동사 喜欢(좋아하다)으로 대답한 E가 정답이다.

어휘 喜欢 xǐhuan 통 좋아하다 做 zuò 통 하다, 만들다 菜 cài 명 요리, 음식 不太 bú tài 그다지 ~하지 않다

[제4부분]

16-20

ài A 爱	fànguǎn B 饭馆	māo C 猫	A ~하기를 좋아하다 B 식당 C 고양이
nǎ D 哪	huà E 话		D 어느 E 말

16
Nǐ tīng wǒ de huà
你 听 我 的 (话) 。

너 내 (말)을 들어.

해설 빈칸 앞에 관형어를 만드는 的(~의)가 있고 그 앞에 동사 술어 听(듣다)이 있으므로 빈칸은 목적어 자리이다. 따라서 听과 어울리는 E 话(말)가 들어가야 한다.

어휘 听 tīng 통 듣다 的 de 조 ~의 话 huà 명 말

17
Wǒ ài hē zhōngguóchá
我 (爱)喝 中国 茶 。

나는 **중국차를** 마시는 것을 (좋아한다).

해설 빈칸 앞에 주어 我(나)가 있고 뒤에 동사 술어 喝(마시다)가 있다. 빈칸에는 술어를 꾸며주는 단어가 들어갈 수도 있지만 보기 중에서 이곳에 들어갈 알맞은 단어는 A 爱(좋아하다)이다. 爱는 동사를 목적어로 가질 수 있는 동사이다.

어휘 爱 ài 통 ~하기를 좋아하다 喝 hē 통 마시다 茶 chá 명 차

18
Bàba zài nǎr
女：爸爸 在 哪儿 ？
Bàba zài fànguǎn qiánmiàn
男：爸爸 在 (饭馆) 前面 。

여: 아빠가 어디에 있어요?
남: 아빠는 (식당) 앞에 있어.

해설 빈칸 앞에 동사 在(있다)가 있고 뒤에 방향을 나타내는 前面(앞)이 있으므로 빈칸에는 명사가 들어가야 한다. 在와 어울리는 장소 명사인 B 饭馆(식당)이 들어가야 한다.

어휘 爸爸 bàba 명 아빠 在 zài 통 ~에 있다 哪儿 nǎr 대 어디 饭馆 fànguǎn 명 식당 前面 qiánmiàn 명 앞, 앞쪽

19
Nǐ xiǎng mǎi nǎ ge
你 想 买 (哪) 个 ？

너는 (어느) 것을 사고 싶어?

해설 빈칸 앞에 동사 술어 买(사다)가 있고 뒤에 양사 个(개)가 있다. 문장이 물음표로 끝나므로 의문대사 D 哪(어느)가 들어가야 한다.

어휘 想 xiǎng 조동 ~하고 싶다 买 mǎi 통 사다 哪 nǎ 대 어느 个 ge 양 개

20
Nǐ de māo hěn piàoliang
你 的 (猫)很 漂亮 。

네 (고양이)가 아주 예쁘다.

해설 빈칸 앞에 관형어를 만드는 的(~의)가 있고 뒤에 형용사 술어 漂亮(예쁘다)이 있으므로 빈칸은 주어 자리이다. '예쁘다'라고 표현할 수 있는 C 猫(고양이)가 들어가야 한다.

어휘 猫 māo 명 고양이 漂亮 piàoliang 형 예쁘다

듣기

듣기 제1부분 실전 테스트

정답 1. ✗ 2. ✓ 3. ✗ 4. ✓ 5. ✓ 6. ✓ 7. ✗ 8. ✓ 9. ✗ 10. ✗

1

Zhè shì tā de shǒubiǎo
这 是 她 的 手表 。

이것은 그녀의 손목시계다.

해설 녹음에서 手表(손목시계)라고 했으므로 신문 사진과 일치하지 않는다.

어휘 这 zhè 대 이것 是 shì 통 ~이다 她 tā 대 그녀 的 de 조 ~의 手表 shǒubiǎo 명 손목시계

2

Tā zài jiàoshì kànshū
她 在 教室 看书 。

그녀는 교실에서 책을 본다.

해설 녹음에서 在教室看书(교실에서 책을 본다)라고 했으므로 녹음과 사진이 일치한다.

어휘 在 zài 개 ~에서 教室 jiàoshì 명 교실 看 kàn 통 보다 书 shū 명 책

3

Nǐ màn diǎnr kāichē
你 慢 点儿 开车 。

너 좀 천천히 운전해.

해설 녹음에서 开车(운전하다)라고 했으므로 비행기 사진과 일치하지 않는다.

어휘 慢 màn 형 느리다 开车 kāichē 통 운전하다

4

Tā zúqiú tī de zhēn hǎo
他 足球 踢 得 真 好 。

그는 축구를 정말 잘한다.

해설 녹음에서 足球(축구)가 들렸으므로 녹음과 사진이 일치한다.

어휘 足球 zúqiú 명 축구 踢 tī 통 (발로) 차다 真 zhēn 부 정말

5

Wǒ shàngbān qián dōu qù pǎobù
我 上班 前 都 去 跑步 。

나는 출근 전에 조깅하러 간다.

해설 녹음에서 跑步(조깅하다)가 들렸으므로 녹음과 사진이 일치한다.

어휘 上班 shàngbān 동 출근하다　前 qián 명 전　都 dōu 부 모두　去 qù 동 가다　跑步 pǎobù 동 조깅하다

6

Wǒ de shǒujī zài nǎr
我 的 手机 在 哪儿 ?

내 핸드폰 어디에 있지?

해설 녹음에서 手机(핸드폰)가 들렸으므로 녹음과 사진이 일치한다.

어휘 手机 shǒujī 명 핸드폰　在 zài 동 ~에 있다　哪儿 nǎr 대 어디

7

Tā zài xuéxiào gōngzuò
她 在 学校 工作 。

그녀는 학교에서 일한다.

해설 녹음에서 在学校工作(학교에서 일하다)가 들렸으므로 식당 웨이터 사진과 일치하지 않는다.

어휘 在 zài 개 ~에서　学校 xuéxiào 명 학교　工作 gōngzuò 동 일하다

8

Tāmen shì wǒ de hǎo péngyou
他们 是 我 的 好 朋友 。

그들은 나의 좋은 친구다.

해설 녹음에서 그들이 好朋友(좋은 친구)라고 했으므로 녹음과 사진이 일치한다.

어휘 他们 tāmen 대 그들　是 shì 동 ~이다　朋友 péngyou 명 친구

9

Māma mǎi le hěn duō píngguǒ
妈妈 买了 很 多 苹果 。

엄마는 사과를 아주 많이 샀다.

해설 엄마가 많은 苹果(사과)를 샀다고 했으므로 꽃 사진과 일치하지 않는다.

어휘 妈妈 māma 명 엄마　买 mǎi 동 사다　很 hěn 부 아주　多 duō 형 많다　苹果 píngguǒ 명 사과

10

Wàimiàn zài xiàyǔ
外面　在　下雨　。

바깥에 비가 내린다.

해설　녹음에 下雨(비가 내리다)가 들렸으므로 흐린 날씨 사진과 일치하지 않는다.

어휘　外面 wàimiàn 몡 바깥, 밖　在 zài 뮌 ~하고 있다　下雨 xiàyǔ 동 비가 내리다

듣기 제2부분 **실전 테스트**

정답　1. B　2. D　3. C　4. E　5. A　6. A　7. B　8. C　9. E　10. D

1

B

Jīntiān tài rè le
女：今天 太 热 了。
Wǒmen qù yóuyǒng ba
男：我们 去 游泳 吧。

여: 오늘 너무 더워.
남: 우리 수영하러 가자.

해설　여자가 덥다고 하자 남자가 去游泳吧(수영하러 가자)라고 했다. 따라서 남녀가 수영하고 있는 사진인 B가 정답이다.

어휘　今天 jīntiān 몡 오늘　热 rè 혱 덥다　游泳 yóuyǒng 동 수영하다

2

D

Nǐ de nǚ'ér jǐ suì le
男：你 的 女儿 几 岁 了？
Tā jīnnián　suì le
女：她 今年 8 岁 了。

남: 당신의 딸은 몇 살입니까?
여: 그녀는 올해 8살입니다.

해설　남자가 여자에게 딸의 나이를 물었고, 딸이 8岁(8살)라고 했다. 따라서 여자아이 사진인 D가 정답이다.

어휘　女儿 nǚ'ér 몡 딸　几 jǐ 떼 몇　岁 suì 양 살, 세　今年 jīnnián 몡 올해

3

C

Jīntiān de bàozhǐ zài　nǎr
女：今天 的 报纸 在 哪儿？
Zài yǐzi shang
男：在 椅子 上 。

여: 오늘 신문 어디에 있어?
남: 의자 위에 있어.

여자가 报纸(신문)가 어디에 있느냐고 물었으므로 신문 사진인 C가 정답이다.

어휘 报纸 bàozhǐ 몡 신문   在 zài 통 ~에 있다   哪儿 nǎr 때 어디   椅子 yǐzi 몡 의자

4

E

男： Nǐ yǒu shénme chī de ma
你 有 什么 吃 的 吗 ？

女： Wǒ yǒu yí ge píngguǒ
我 有 一 个 苹果 。

남: 너 먹을 거 있어?
여: 나 사과 한 개가 있어.

해설 남자가 먹을 것이 있느냐고 물었고 여자가 一个苹果(사과 한 개)가 있다고 했다. 따라서 사과 한 개 사진인 E가 정답이다.

어휘 有 yǒu 통 있다   苹果 píngguǒ 몡 사과

5

A

女： Nǐmen shì péngyou ma
你们 是 朋友 吗 ？

男： Bú shì, wǒmen jīntiān shì dìyī cì jiànmiàn
不 是, 我们 今天 是 第一 次 见面 。

여: 너희는 친구야?
남: 아니, 우리 오늘 처음 만난 거야.

해설 남자가 我们今天是第一次见面(우리는 오늘 처음 만난 거야)이라고 했으므로 남자 둘이 악수하는 사진인 A가 정답이다.

어휘 你们 nǐmen 때 너희들   是 shì 통 ~이다   朋友 péngyou 몡 친구   第一 dìyī 주 첫 번째   次 cì 양 번   见面 jiànmiàn 통 만나다

6

A

男： Nǐ qù shāngdiàn mǎi le shénme
你 去 商店 买 了 什么 ？

女： Wǒ mǎi le shǒubiǎo
我 买 了 手表 。

남: 너 상점에 가서 뭐 샀어?
여: 나 손목시계를 샀어.

해설 남자가 여자에게 상점에 가서 무엇을 샀느냐고 물었고 여자는 手表(손목시계)를 샀다고 했다. 따라서 시계 사진인 A가 정답이다.

어휘 商店 shāngdiàn 몡 상점   买 mǎi 통 사다   什么 shénme 때 무슨, 무엇   手表 shǒubiǎo 몡 손목시계

7

B

女： Nǐ měitiān jǐ diǎn shuìjiào
你 每天 几 点 睡觉 ？

男： Wǎnshang shíyī diǎn duō
晚上 十一 点 多 。

여: 너 매일 몇 시에 자?
남: 저녁 열한 시 넘어서.

해설 여자가 남자에게 매일 몇 시에 자느냐고 물었고 남자가 十一点多(열한 시 넘어서)라고 했다. 따라서 시계 바늘이 11시를 가리키는 B가 정답이다.

어휘 每天 měitiān 阌 매일   几 jǐ 떼 몇   点 diǎn 양 시   睡觉 shuìjiào 통 잠을 자다   十一 shíyī 쥔 11, 열하나

8

C

男： Zǒuzhe qù tài lèi le   wǒmen zuò chūzūchē qù ba
走着 去 太 累 了 ， 我们 坐 出租车 去 吧 。

女： Hǎo de
好 的 。

남: 걸어가는 거 너무 힘들어. 우리 택시를 타고 가자.
여: 좋아.

해설 남자가 걸어가는 게 너무 힘들다고 하며 我们坐出租车去吧(우리 택시를 타고 가자)라고 했다. 따라서 택시를 잡는 사진인 C가 정답이다.

어휘 累 lèi 혱 힘들다, 피곤하다   坐 zuò 통 타다   出租车 chūzūchē 阌 택시

9

E

女： Fàn zuò hǎo le   xiān qù xǐshǒu
饭 做 好 了 ， 先 去 洗手 。

男： Zhīdào le
知道 了 。

여: 밥 다 됐어. 먼저 가서 손 씻어.
남: 알겠어.

해설 여자가 饭做好了(밥 다 됐어)라고 했으므로 음식이 식탁에 차려 있는 사진인 E가 정답이다.

어휘 饭 fàn 阌 밥   做 zuò 통 하다, 만들다   先 xiān 閈 먼저   洗 xǐ 통 씻다   手 shǒu 阌 손

10

D

男： Nǐ de gēge qù nǎr le
你 的 哥哥 去 哪儿 了 ？

女： Tā qù tī zúqiú le
他 去 踢 足球 了 。

남: 너희 오빠 어디에 갔어?
여: 그는 축구하러 갔어.

해설 남자가 여자에게 여자의 오빠가 어디에 갔느냐고 물었고 이에 여자는 他去踢足球了(그는 축구하러 갔어)라고 했으므로 D가 정답이다.

어휘 知道 zhīdào 통 알다   哥哥 gēge 阌 형, 오빠   去 qù 통 가다   哪儿 nǎr 떼 어디   踢足球 tī zúqiú 축구하다

정답 1. B 2. C 3. A 4. C 5. A 6. B 7. B 8. A 9. C 10. C

1

男: Yǐjing diǎn fēn le hái yǒu
已经 8 点 30 分 了， 还有 30

fēnzhōng jiù shàngkè le
分钟 就 上课 了！

女: Wǒ shēngbìng le bù néng qù
我 生病 了， 不 能 去

shàngkè le
上课 了。

问: Jǐ diǎn kāishǐ shàngkè
几 点 开始 上课 ？

A 8 点 30 分 B 9 点 C 10 点
A diǎn fēn B diǎn C diǎn

남: 벌써 8시 30분이야. 30분 더 있으면 수업이 시작해!

여: 나 병이 났어. 수업을 하러 갈 수 없어.

질문: 몇 시에 수업이 시작하는가?

A 8시 30분   **B 9시**   C 10시

해설 보기가 모두 시간이므로 시간 표현을 주의해서 듣는다. 남자가 지금 시간이 8点30分(8시 30분)이라고 했고, 이어서 还有30分钟就上课了！(30분 더 있으면 수업이 시작해!)라고 했다. 수업이 몇 시에 시작하는지 물었으므로 정답은 B 9点(9시)이다. 듣기 제3부분은 질문을 끝까지 듣는 것이 중요하다. 8点30分(8시 30분)만 듣고 A를 고르지 않도록 주의한다.

어휘 点 diǎn 양 시 分 fēn 양 분 已经 yǐjing 부 이미, 벌써 还 hái 부 더, 또 有 yǒu 동 있다 就 jiù 부 바로, 곧 上课 shàngkè 동 수업하다 生病 shēngbìng 동 병이 나다 不 bù 부 안/못 能 néng 조동 ~할 수 있다 几 jǐ 대 몇 开始 kāishǐ 동 시작하다

2

女: Zhè jiàn hēisè de yīfu zěnmeyàng
这 件 黑色 的 衣服 怎么样 ？

男: Wǒ juéde bǐ hóngsè de hǎokàn
我 觉得 比 红色 的 好看 。

问: Tāmen zuì kěnéng zài nǎr
他们 最 可能 在 哪儿 ？

A 医院 B 学校 C 商店
A yīyuàn B xuéxiào C shāngdiàn

여: 이 검은색 옷 어때?

남: 내 생각에는 빨간색보다 보기 좋은 것 같아.

질문: 그들은 아마 어디에 있는가?

A 병원   B 학교   **C 상점**

해설 보기가 모두 장소이므로 장소를 묻는 질문임을 예상한다. 여자가 这件黑色的衣服怎么样？(이 검은색 옷 어때?) 이라고 물었으므로 옷가게에서 나누는 대화이다. 따라서 이들이 있는 장소로 알맞은 정답은 C 商店(상점)이다.

어휘 这 zhè 대 이 件 jiàn 양 벌 黑色 hēisè 명 검은색 衣服 yīfu 명 옷 怎么样 zěnmeyàng 대 어떠하다, 어때 觉得 juéde 동 ~라고 생각하다 比 bǐ 개 ~보다 红色 hóngsè 명 빨간색 好看 hǎokàn 형 보기 좋다, 예쁘다 最 zuì 부 가장 可能 kěnéng 부 아마 在 zài 동 ~에 있다 哪儿 nǎr 대 어디 医院 yīyuàn 명 병원 学校 xuéxiào 명 학교 商店 shāngdiàn 명 상점

3

男: Nǐ de xuéxiào lí jiā yuǎn bu yuǎn
你 的 学校 离 家 远 不 远 ？

女: Bù yuǎn wǒ qí zìxíngchē jǐ fēnzhōng
不 远 ， 我 骑 自行车 几 分钟
jiù néng dào
就 能 到 。

问: Tā zěnme qù xuéxiào
她 怎么 去 学校 ？

남: 너희 학교는 집에서 멀어?

여: 안 멀어. 자전거를 타고 몇 분이면 도착할 수 있어.

질문: 그녀는 학교에 어떻게 가는가?

A 骑 自行车
qí zìxíngchē

B 开车
kāichē

C 走路
zǒulù

A 자전거를 타다

B 운전하다

C 길을 걷다

해설 보기가 모두 교통수단을 나타내므로 녹음에 어떤 단어가 들리는지 확인한다. 여자가 我骑自行车几分钟就能到 (자전거를 타고 몇 분이면 도착할 수 있어)라고 했으므로 정답은 A 骑自行车(자전거를 타다)이다.

어휘 学校 xuéxiào 몡 학교　离 lí 게 ~에서부터　家 jiā 몡 집　远 yuǎn 휑 멀다　几 jǐ 때 몇　分钟 fēnzhōng 먱 분　就 jiù 튀 곧. 바로　能 néng 조동 ~할 수 있다　到 dào 동 도착하다　怎么 zěnme 때 어떻게　去 qù 동 가다　骑 qí 동 타다　自行车 zìxíngchē 몡 자전거　开 kāi 동 운전하다　车 chē 몡 차　走 zǒu 동 걷다　路 lù 몡 길

4

女: Zuótiān shàngwǔ nǐ qù mǎi dōngxi le
昨天 上午 你 去 买 东西 了
ma
吗 ？

男: Méiyǒu wǒ shàngwǔ yǒu shì suǒyǐ
没有 ， 我 上午 有 事, 所以
xiàwǔ qù le
下午 去 了 。

问: Nán de zuótiān shénme shíhou qù mǎi
男 的 昨天 什么 时候 去 买
dōngxi le
东西 了 ？

여: 어제 오전에 너 물건 사러 갔었어?

남: 아니. 나 오전에 일이 있었어. 그래서 오후에 갔어.

질문: 남자는 어제 언제 물건을 사러 갔는가?

A 上午
shàngwǔ

B 中午
zhōngwǔ

C 下午
xiàwǔ

A 오전　　　　B 정오　　　　C 오후

해설 보기가 모두 시간 명사이므로 동작을 한 때가 언제인지 주의해서 듣는다. 여자의 말에 上午(오전)가 들렸지만, 남자가 오전에 일이 있어서 所以下午去了(그래서 오후에 갔어)라고 말했다. 따라서 남자가 물건을 사러 간 때는 C 下午(오후)이다.

어휘 昨天 zuótiān 몡 어제　去 qù 동 가다　买 mǎi 동 사다　东西 dōngxi 몡 물건　有 yǒu 동 있다　事 shì 몡 일　所以 suǒyǐ 젭 그래서　什么时候 shénme shíhou 언제　上午 shàngwǔ 몡 오전　中午 zhōngwǔ 몡 정오　下午 xiàwǔ 몡 오후

5

男: Nǐ zài jiā de shíhou xǐhuan zuò shénme
你 在 家 的 时候 喜欢 做 什么？

女: Wǒ xǐhuan zài jiā kàn diànyǐng
我 喜欢 在 家 看 电影 。

问: Nǚ de xǐhuan zài jiā kàn shénme
女 的 喜欢 在 家 看 什么？

A diànyǐng 电影   B diànshì 电视   C diànnǎo 电脑

남: 너는 집에 있을 때 뭐 하는 것을 좋아해?
여: 나는 집에서 영화를 보는 것을 좋아해.

질문: 여자는 집에서 무엇을 보는 것을 좋아하는가?

A 영화   B 텔레비전   C 컴퓨터

해설 보기의 세 단어가 발음이 비슷하므로 주의해서 들어야 한다. 여자가 我喜欢在家看电影(나는 집에 보는 것을 좋아해)이라고 했으므로 정답은 A 电影(영화)이다.

어휘 在 zài 통 ～에 있다 家 jiā 몡 집 的时候 de shíhou ～할 때 喜欢 xǐhuan 통 좋아하다 做 zuò 통 하다 什么 shénme 대 무슨, 무엇 看 kàn 통 보다 电影 diànyǐng 몡 영화 电视 diànshì 몡 텔레비전 电脑 diànnǎo 몡 컴퓨터

6

女: Wǎnshang yǒu shíjiān ma Wǒmen qù
晚上 有 时间 吗？ 我们 去
hē kāfēi ba
喝 咖啡 吧 。

男: Kěyǐ wǎnshang jiàn
可以 , 晚上 见 。

问: Tāmen wǎnshang zuò shénme
他们 晚上 做 什么？

A mǎi yīfu 买 衣服

B hē kāfēi 喝 咖啡

C chīfàn 吃饭

여: 저녁에 시간이 있어? 우리 커피 마시러 가자.
남: 그래. 저녁에 보자.

질문: 그들은 저녁에 무엇을 하는가?

A 옷을 사다
B 커피를 마시다
C 밥을 먹다

해설 보기가 모두 행동을 나타낸다. 여자가 남자에게 저녁에 시간이 있는지 물으면서 我们去喝咖啡吧(우리 커피 마시러 가자)라고 했으므로 이들이 저녁에 하는 일은 B 喝咖啡(커피를 마시다)이다.

어휘 晚上 wǎnshang 몡 저녁 有 yǒu 통 있다 时间 shíjiān 몡 시간 去 qù 통 가다 吧 ba 조 ～하자(제안) 可以 kěyǐ 조동 ～할 수 있다 见 jiàn 통 만나다 做 zuò 통 하다 什么 shénme 대 무슨, 무엇 买 mǎi 통 사다 衣服 yīfu 몡 옷 喝 hē 통 마시다 咖啡 kāfēi 몡 커피 吃 chī 통 먹다 饭 fàn 몡 밥

7

男: Duìbuqǐ wǒ hěn máng bù néng
对不起 , 我 很 忙 , 不 能
sòng nǐ qù jīchǎng le
送 你 去 机场 了 。

女: Méi guānxi
没 关系 。

남: 미안해. 나 아주 바빠. 너를 공항에 바래다줄 수 없어.
여: 괜찮아.

안심Touch

Nán de wèi shénme bù néng sòng tā le 问: 男 的 为 什 么 不 能 送 她 了 ?	질문: 남자는 왜 그녀를 바래다줄 수 없는가?
hěn rè A 很 热　　**hěn máng** **B 很 忙**　　hěn lèi C 很 累	A 아주 덥다　　**B 아주 바쁘다**　　C 아주 힘들다

해설 보기가 모두 상태를 나타내므로 녹음에서 남자 또는 여자의 상태가 어떤지 확인한다. 남자가 공항에 바래다줄 수 없는 이유로 我很忙(나는 아주 바빠)이라고 했으므로 정답은 B 很忙(아주 바쁘다)이다.

어휘 对不起 duìbuqǐ 통 미안합니다　不 bù 문 안/못　能 néng 조통 ~할 수 있다　送 sòng 통 배웅하다, 바래다주다　去 qù 통 가다　机场 jīchǎng 명 공항　没关系 méi guānxi 괜찮습니다　为什么 wèishénme 대 왜　很 hěn 문 매우　热 rè 형 덥다　忙 máng 형 바쁘다　累 lèi 형 힘들다

8

Nǐ méi xǐ bēizi Kuài qù xǐ yíxià 女: 你 没 洗 杯子 ? 快 去 洗 一下 。 Zhīdào le 男: 知道 了 。	여: 너 컵을 안 씻었어? 얼른 가서 씻어. 남: 알겠어.
Nǚ de ràng nán de qù zuò shénme 问: 女 的 让 男 的 去 做 什么 ?	질문: 여자는 남자가 무엇을 하도록 시키는가?
xǐ bēizi **A 洗 杯子**　　xǐshǒu B 洗手　　xǐ chē C 洗 车	**A 컵을 씻다**　　B 손을 씻다　　C 세차하다

해설 보기에 모두 洗(씻다)가 있으므로 무엇을 씻는지 주의해서 듣는다. 여자가 남자에게 컵을 안 씻었느냐는 말에 洗杯子(컵을 씻다)가 들렸고 이어 快去洗一下(얼른 가서 씻어)라고 했으므로 여자가 남자에게 시킨 것은 A 洗杯子(컵을 씻다)이다.

어휘 没 méi 문 ~하지 않았다　洗 xǐ 통 씻다　快 kuài 형 빠르다　知道 zhīdào 통 알다　让 ràng 통 시키다　做 zuò 통 하다　什么 shénme 대 무슨, 무엇　杯子 bēizi 명 컵　手 shǒu 명 손　车 chē 명 차

9

Zhōngguó rén xǐhuan chuān báisè de yīfu ma 男: 中国 人 喜欢 穿 白色 的 衣服 吗 ? Bù xǐhuan tāmen xǐhuan chuān hóngsè de yīfu 女: 不 喜欢 , 他们 喜欢 穿 红色 的 衣服 。	남: 중국 사람은 흰색 옷을 입는 것을 좋아해? 여: 안 좋아해. 그들은 빨간색 옷을 입는 것을 좋아해.
Zhōngguó rén xǐhuan chuān shénme yánsè de yīfu 问: 中国 人 喜欢 穿 什么 颜色 的 衣服 ?	질문: 중국 사람은 무슨 색 옷을 입는 것을 좋아하는가?
hēisè A 黑色　　báisè B 白色　　**hóngsè** **C 红色**	A 검은색　　B 흰색　　**C 빨간색**

보기가 모두 색을 나타내므로 녹음에서 어떤 색이 들리는지 확인한다. 남자가 중국 사람이 흰색 옷을 입는 것을 좋아하는지 물었고, 이에 여자가 他们喜欢穿红色的衣服(그들은 빨간색 옷을 입는 것을 좋아해)라고 했으므로 정답은 C 红色(빨간색)이다.

어휘 中国人 zhōngguórén 몡 중국 사람   喜欢 xǐhuan 통 좋아하다   穿 chuān 통 입다   衣服 yīfú 몡 옷   什么 shénme 때 무슨, 무엇   颜色 yánsè 몡 색깔   黑色 hēisè 몡 검은색   白色 báisè 몡 흰색   红色 hóngsè 몡 빨간색

10

Nǐ juéde zhōngguó cài hǎochī ma
女: 你 觉得 中国 菜 好吃 吗 ?

Hǎochī wǒ zuì xǐhuan chī yángròu
男: 好吃 , 我 最 喜欢 吃 羊肉 。

Nán de xǐhuan chī shénme
问: 男 的 喜欢 吃 什么 ?

miàntiáo yú yángròu
A 面条 B 鱼 C 羊肉

여: 너는 중국 음식이 맛있다고 생각하니?
남: 맛있어. 나는 양고기 먹는 것을 제일 좋아해.

질문: 남자는 무엇을 먹는 것을 좋아하는가?

A 국수 B 생선 C 양고기

보기가 모두 음식이다. 여자가 남자에게 중국 음식이 맛있냐고 물었고 이에 남자가 我最喜欢吃羊肉(나는 양고기 먹는 것을 제일 좋아해)라고 했으므로 정답은 C 羊肉(양고기)이다.

어휘 觉得 juéde 통 ~라고 생각하다   中国菜 zhōngguócài 몡 중국요리, 중국 음식   好吃 hǎochī 혱 맛있다   最 zuì 뵈 가장   喜欢 xǐhuan 통 좋아하다   吃 chī 통 먹다   面条 miàntiáo 몡 국수   鱼 yú 몡 생선   羊肉 yángròu 몡 양고기

듣기 제4부분 실전 테스트

정답 1. A 2. A 3. C 4. C 5. B 6. C 7. B 8. A 9. B 10. A

1

Nà ge bīnguǎn de diànhuà nǐ zhīdào
女: 那 个 宾馆 的 电话 , 你 知道
ma
吗 ?

Wǒ zhīdào
男: 我 知道 , 83367722 。

Wǒ xiě yíxià duì ma
女: 我 写 一下 , 83367722 , 对 吗 ?

Duì
男: 对 。

Nà ge bīnguǎn de diànhuà shì duōshao
问: 那 个 宾馆 的 电话 是 多少 ?

A 83367722
B 83359934
C 84475332

여: 그 호텔 전화 너 알아?
남: 나 알아. 83367722야.
여: 나 좀 쓸게. 83367722 맞지?
남: 맞아.

질문: 그 호텔의 전화번호는 몇 번인가?

A 83367722
B 83359934
C 84475332

보기가 모두 숫자이므로 들리는 숫자를 꼭 메모한다. 여자가 남자에게 호텔 전화번호를 물었고 이에 남자가 833367722이라고 했으므로 정답은 A이다.

宾馆 bīnguǎn 명 호텔   电话 diànhuà 명 전화   知道 zhīdào 통 알다   写 xiě 통 쓰다   对 duì 형 맞다   多少 duōshao 대 얼마

2

男：Nǐ zài zhèr zuò shénme
你 在 这儿 做 什么 ？

女：Děng wǒ de zhàngfu
等 我 的 丈夫 。

男：Nǐmen yào yìqǐ chūqù ma
你们 要 一起 出去 吗 ？

女：Shì de wǒmen yào qù mǎi dōngxi
是 的，我们 要 去 买 东西 。

问：Nǚ de zài zuò shénme
女 的 在 做 什么 ？

남: 여기에서 뭐 하세요?
여: 제 남편을 기다려요.
남: 같이 나가시려고요?
여: 네. 저희는 물건을 사러 갈 거예요.

질문: 여자는 무엇을 하고 있는가?

A 等 人
děng rén

B 买 东西
mǎi dōngxi

C 看 电影
kàn diànyǐng

A 사람을 기다리다
B 물건을 사다
C 영화를 보다

보기가 모두 행동을 나타내므로 남자 또는 여자가 무엇을 하는지 주의해서 듣는다. 남자가 여자에게 뭐 하느냐고 물었고 이에 여자가 等我的丈夫(제 남편을 기다려요)라고 했다. 질문에서 여자가 무엇을 하고 있는지 물었으므로 정답은 A 等人(사람을 기다리다)이다. 녹음에서 买东西(물건을 사다)도 언급됐지만 질문에서 묻는 내용이 아니므로 B는 정답이 아니다.

在 zài 개 ~에서 부 ~하고 있다   这儿 zhèr 대 여기   做 zuò 통 하다   什么 shénme 대 무슨, 무엇   等 děng 통 기다리다   丈夫 zhàngfu 명 남편   要 yào 조동 ~하려고 한다   一起 yìqǐ 부 같이, 함께   出去 chūqù 통 나가다   买 mǎi 통 사다   东西 dōngxi 명 물건   看 kàn 통 보다   电影 diànyǐng 명 영화

3

女：Jīntiān nǐ jǐ diǎn xiàbān
今天 你 几 点 下班 ？

男：Wǒ liù diǎn xiàbān
我 六 点 下班 。

女：Xiàbān hòu wǒmen yìqǐ qù mǎi shū ba
下班 后 我们 一起 去 买 书 吧 。

男：Duìbuqǐ wǒ jīntiān hěn lèi xiǎng zǎo diǎnr huíjiā xiūxi
对不起，我 今天 很 累，想 早 点儿 回家 休息 。

问：Nán de xiàbān hòu yào qù nǎr
男 的 下班 后 要 去 哪儿 ？

여: 오늘 몇 시에 퇴근해요?
남: 여섯 시에 퇴근해요.
여: 퇴근 후에 우리 같이 책을 사러 가요.
남: 미안해요. 나 오늘 피곤해서 일찍 집에 가서 쉬고 싶어요.

질문: 남자는 퇴근 후에 어디에 가려고 하는가?

shūdiàn	yīyuàn	jiā		A 서점	B 병원	C 집
A 书店	B 医院	C 家				

해설 보기가 모두 장소를 나타낸다. 여자가 남자에게 퇴근 후에 같이 책을 사러 가자고 했고 이에 남자는 미안하다고 하면서 我今天很累, 想早点儿回家休息(오늘 힘들어서 일찍 집에 가서 쉬고 싶어)라고 했다. 남자가 퇴근 후에 가려는 곳은 C 家(집)이다.

어휘 今天 jīntiān 명 오늘　几 jǐ 대 몇　点 diǎn 양 시　下班 xiàbān 통 퇴근하다　后 hòu 명 후, 뒤　一起 yìqǐ 부 같이, 함께　去 qù 통 가다　买 mǎi 통 사다　书 shū 명 책　对不起 duìbuqǐ 미안합니다　累 lèi 형 힘들다. 피곤하다　想 xiǎng 조통 ～하고 싶다　早 zǎo 형 이르다　回家 huíjiā 통 집으로 돌아가다　休息 xiūxi 통 쉬다, 휴식하다　哪儿 nǎr 대 어디　书店 shūdiàn 명 서점　医院 yīyuàn 명 병원　家 jiā 명 집

4

Nǐ zài zhǎo shénme ne
男: 你 在 找 什么 呢？

Wǒ de shǒubiǎo bú jiàn le
女: 我 的 手表 不 见 了。

Wǒ bāng nǐ zhǎo zhǎo zhè shì nǐ
男: 我 帮 你 找 找，这 是 你
de ma
的 吗？

Bú shì nà shì wǒ bàba de
女: 不 是，那 是 我 爸爸 的。

Nà ge shǒubiǎo shì shéi de
问: 那 个 手表 是 谁 的？

남: 너 뭐 찾고 있어?
여: 내 손목시계가 보이지 않아.
남: 내가 찾는 것을 도와줄게. 이거 네 거야?
여: 아니야, 그것은 아빠 거야.

질문: 그 손목시계는 누구의 것인가?

dìdi	gēge	bàba		A 남동생	B 형/오빠	C 아빠
A 弟弟	B 哥哥	C 爸爸				

해설 보기가 모두 신분/관계를 나타낸다. 여자가 손목시계를 찾고 있고 남자가 이것이 네 것이냐고 물었을 때 여자가 那是我爸爸的(그것은 아빠 거야)라고 했다. 질문에서 그 손목시계가 누구의 것인지 물었으므로 정답은 C 爸爸(아빠)이다.

어휘 在 zài 부 ～하고 있다　找 zhǎo 통 찾다　什么 shénme 대 무슨, 무엇　手表 shǒubiǎo 명 손목시계　见 jiàn 통 보다, 보이다　帮 bāng 통 돕다　这 zhè 대 이, 이것　是 shì 통 ～이다　那 nà 대 저, 저것　谁 shéi 대 누구　弟弟 dìdi 명 남동생　哥哥 gēge 명 형, 오빠　爸爸 bàba 명 아빠

5

Nǐ hǎo nín yào hē shénme
女: 你好，您 要 喝 什么？

Wǒ yào yì bēi kāfēi wǒ de érzi
男: 我 要 一 杯 咖啡，我 的 儿子
yào yì bēi rè niúnǎi
要 一 杯 热 牛奶。

Hái yào shénme
女: 还 要 什么？

Méiyǒu xièxie
男: 没有，谢谢。

여: 안녕하세요. 무엇을 마실 건가요?
남: 저는 커피 한 잔 주시고 제 아들은 따뜻한 우유 한 잔 주세요.
여: 또 뭐 필요하세요?
남: 아니에요. 감사합니다.

Nán de yào hē shénme 问: 男 的 要 喝 什么 ？	질문: 남자는 무엇을 마시려고 하는가?
shuǐ **kāfēi** **niúnǎi** A 水 B 咖啡 C 牛奶	A 물 B 커피 C 우유

해설 보기가 모두 음료이므로 녹음에 어떤 것이 들리는지 확인한다. 여자가 무엇을 마실 건지 물었고 이에 남자가 我要一杯咖啡(저는 커피 한 잔 주세요)라고 말했다. 질문에서 남자가 무엇을 마시려고 하는지 물었으므로 정답은 B 咖啡(커피)이다. 아들이 마시려고 한 牛奶(우유)를 정답으로 고르지 않도록 주의한다.

어휘 要 yào 조통 ~하려고 한다 통 필요하다 喝 hē 통 마시다 什么 shénme 대 무슨, 무엇 杯 bēi 양 잔 儿子 érzi 명 아들 热 rè 형 덥다, 뜨겁다 还 hái 분 더, 또 没有 méiyǒu 통 없다 谢谢 xièxie 감사합니다 水 shuǐ 명 물 咖啡 kāfēi 명 커피 牛奶 niúnǎi 명 우유

6

Jīntiān wǒ xiǎng qǐng nǐ kàn diànyǐng 男: 今天 我 想 请 你 看 电影 。 **Jīntiān wǒ xiǎng xiūxi míngtiān** 女: 今天 我 想 休息， 明天 **zěnmeyàng** 怎么样 ？ **Kěyǐ míngtiān xiàwǔ sān diǎn jiàn ba** 男: 可以， 明天 下午 三 点 见 吧 。 **Hǎo de míngtiān jiàn** 女: 好 的， 明天 见 。	남: 오늘 내가 영화를 보여줄게. 여: 오늘 나 쉬고 싶어. 내일은 어때? 남: 괜찮아. 내일 오후 세 시에 만나자. 여: 알겠어. 내일 봐.
Tāmen shénme shíhou qù kàn diànyǐng 问: 他们 什么 时候 去 看 电影 ？	질문: 그들은 언제 영화를 보러 가는가?
zuótiān **jīntiān** **míngtiān** A 昨天 B 今天 C 明天	A 어제 B 오늘 C 내일

해설 보기가 모두 시간 명사이므로 동작을 하는 시간에 주의해서 듣는다. 영화를 보자는 남자의 말에 여자가 明天怎么样？(내일은 어때?)이라고 했고, 이어 남자가 明天下午三点见吧(내일 오후 세 시에 만나자)라고 했으므로 정답은 C 明天(내일)이다.

어휘 想 xiǎng 조통 ~하고 싶다 请 qǐng 통 대접하다 看 kàn 통 보다 电影 diànyǐng 명 영화 休息 xiūxi 통 쉬다, 휴식하다 怎么样 zěnmeyàng 대 어떠하다, 어때 可以 kěyǐ 조통 ~할 수 있다, 가능하다 点 diǎn 양 시 见 jiàn 통 만나다 吧 ba 조 ~하자(제안) 什么时候 shénme shíhou 언제 昨天 zuótiān 명 어제 今天 jīntiān 명 오늘 明天 míngtiān 명 내일

7

女: Wáng xiānsheng, yǒu rén dǎ diànhuà
王　先生，有人　打　电话
zhǎo nǐ le
找　你　了。

男: Shénme shíhou? Shéi zhǎo wǒ le?
什么　时候？谁　找　我　了？

女: fēnzhōng qián, shì nǐ de nǚ'ér
30　分钟　前，是你的女儿。

男: Hǎo de, wǒ zhīdào le
好的，我　知道　了。

问: Shéi zhǎo Wáng xiānsheng
谁　找　王　先生？

A péngyou B nǚ'ér C qīzi
A 朋友　　B 女儿　　C 妻子

여: 왕 선생님, 누군가 전화로 당신을 찾았어요.
남: 언제요? 누가 절 찾았어요?
여: 30분 전에 당신의 딸이었어요.
남: 네, 알겠어요.

질문: 누가 왕 선생을 찾았는가?

A 친구　　　　**B 딸**　　　　C 부인

해설 보기가 모두 신분/관계를 나타낸다. 여자가 남자에게 누군가 전화로 남자를 찾았다고 하면서 是你的女儿(당신의 딸이었어요)라고 했다. 질문에서 누가 왕 씨를 찾았는지 물었으므로 정답은 B 女儿(딸)이다.

어휘 先生 xiānsheng 몡 선생, ~씨(성인 남자에 대한 존칭)　打电话 dǎ diànhuà 전화를 걸다　找 zhǎo 통 찾다　什么时候 shénme shíhou 언제　谁 shéi 때 누구　分钟 fēnzhōng 양 분　前 qián 몡 전　是 shì 통 ~이다　知道 zhīdào 통 알다　朋友 péngyou 몡 친구　女儿 nǚ'ér 몡 딸　妻子 qīzi 몡 아내, 부인

8

男: Xià ge xīngqī wǒ de gēge yào lái
下　个　星期　我的　哥哥　要　来
Běijīng lǚyóu
北京　旅游。

女: Shì ma? Nǐ yào hǎohǎo zhǔnbèi
是　吗？你　要　好好　准备
yíxià
一下。

男: Shì de, wǒ zài xiǎng, nǎli yǒu
是的，我在　想，哪里　有
hǎochī de, hǎowán de
好吃　的，好玩　的。

女: Wǒ bāng nǐ zhǎo yíxià
我　帮　你　找　一下。

问: Tā de gēge lái Běijīng zuò shénme
他的哥哥来北京做　什么？

A lǚyóu B xuéxí C gōngzuò
A 旅游　　B 学习　　C 工作

남: 다음 주에 우리 형이 북경에 여행하러 올 거야.
여: 그래? 너 준비 잘해야겠다.
남: 맞아. 나는 어디에 맛있는 것이 있고 재미있는 것이 있는지 생각하고 있어.
여: 내가 찾는 것을 도와줄게.

질문: 그의 형은 북경에 무엇을 하러 오는가?

A 여행하다　　　B 공부하다　　　C 일하다

해설 보기가 모두 행동을 나타내므로 누가 무슨 행동을 하는지 주의해서 듣는다. 남자의 첫 마디에 我的哥哥要来北京 旅游(우리 형이 북경에 여행하러 올 거야)라고 했으므로 정답은 A 旅游(여행하다)이다.

어휘 下个星期 xià ge xīngqī 다음 주　要 yào 조동 ~하려고 한다, ~해야 한다　来 lái 통 오다　北京 Běijīng 지명 북경　准备

안심Touch

zhǔnbèi 图 준비하다　在 zài 图 ~하고 있다　想 xiǎng 图 생각하다　哪里 nǎlǐ 图 어디　有 yǒu 图 있다　好吃 hǎochī 图 맛있다　好玩 hǎowán 图 재미있다, 놀기 좋다　帮 bāng 图 돕다　找 zhǎo 图 돕다　做 zuò 图 하다　什么 shénme 图 무슨, 무엇　旅游 lǚyóu 图 여행하다　学习 xuéxí 图 공부하다　工作 gōngzuò 图 일하다

9

女：　Nǐ hǎo，　mǎi diǎnr shénme ？
你 好，买 点儿 什么 ？

男：　Nǐ hǎo，　wǒ xiǎng mǎi diǎnr jīdàn
你 好，我 想 买 点儿 鸡蛋
hé yú
和 鱼 。

女：　Jīntiān jīdàn mài wán le，yú hái
今天 鸡蛋 卖 完 了，鱼 还
yǒu
有 。

男：　Nà wǒ mǎi diǎnr yú
那 我 买 点儿 鱼 。

问：　Nán de mǎi le shénme
男 的 买 了 什么 ？

여: 안녕하세요. 무엇을 사시나요?
남: 안녕하세요. 저는 계란과 생선을 좀 사고 싶어요.
여: 오늘 계란은 다 팔렸어요. 생선은 아직 있어요.
남: 그러면 생선을 좀 살게요.

질문: 남자는 무엇을 샀는가?

A 水果 shuǐguǒ　　B 鱼 yú　　C 鸡蛋 jīdàn

A 과일　　**B 생선**　　C 계란

해설 보기가 모두 음식을 나타낸다. 남자가 계란과 생선을 사려고 했지만 생선만 있다고 해서 那我买点儿鱼(그럼 생선을 좀 살게요)라고 했다. 따라서 남자가 산 것은 B 鱼(생선)이다.

어휘 买 mǎi 图 사다　什么 shénme 图 무슨, 무엇　想 xiǎng 조图 ~하고 싶다　和 hé 图 ~와/과　今天 jīntiān 图 오늘　卖 mài 图 팔다　完 wán 图 다하다　还 hái 图 아직, 여전히　有 yǒu 图 있다　那 nà 图 그러면, 그렇다면　水果 shuǐguǒ 图 과일　鱼 yú 图 생선　鸡蛋 jīdàn 图 계란

10

男：　Nǐ chuān de shì tā sòng nǐ de yīfu
你 穿 的 是 他 送 你 的 衣服
ma
吗 ？

女：　Duì，nǐ juéde zěnmeyàng ？
对，你 觉得 怎么样 ？

男：　Yánsè hěn piàoliang，dànshì yǒudiǎnr
颜色 很 漂亮，但是 有点儿
cháng
长 。

女：　Shì de
是 的 。

问：　Nán de juéde nà jiàn yīfu zěnmeyàng
男 的 觉得 那 件 衣服 怎么样 ？

남: 너 오늘 입은 거 그가 너한테 준 거야?
여: 맞아. 네가 생각하기에 어때?
남: 색이 아주 예쁘다. 하지만 조금 길어.
여: 맞아.

질문: 남자가 생각하기에 그 옷은 어떠한가?

A 很长 hěn cháng　　B 很大 hěn dà　　C 很小 hěn xiǎo

A 아주 길다　　B 아주 크다　　C 아주 작다

해설 보기가 모두 상태를 나타내므로 묘사하는 표현을 주의해서 듣는다. 옷이 어떠냐는 여자의 물음에 남자는 색이 예쁘다고 하면서 但是有点儿长(하지만 조금 길어)이라고 했으므로 알맞은 정답은 A 很长(아주 길다)이다.

어휘 穿 chuān 图 입다   是 shì 图 ~이다   送 sòng 图 보내다, 주다   衣服 yīfu 图 옷   觉得 juéde 图 ~라고 생각하다   怎么样 zěnmeyàng 떼 어떠하다, 어때   颜色 yánsè 图 색깔   漂亮 piàoliang 图 예쁘다   但是 dànshì 圙 그러나, 하지만   有点儿 yǒu diǎnr 團 조금, 약간   很 hěn 團 아주   长 cháng 图 길다   大 dà 图 크다   小 xiǎo 图 작다

2급 듣기 **미니모의고사**

정답	1. **✗**	2. **✓**	3. **✓**	4. **✓**	5. **✗**	6. **✗**	7. **✓**	8. **✓**	9. **✗**	10. **✓**
	11. E	12. D	13. A	14. C	15. B	16. A	17. B	18. D	19. E	20. C
	21. B	22. C	23. A	24. C	25. B	26. A	27. C	28. B	29. A	30. C
	31. A	32. B	33. B	34. C	35. A					

[제1부분]

1

Wǒ xiànzài zài jīchǎng ne
我 现在 在 机场 呢。

나는 지금 공항에 있다.

해설 녹음에서 机场(공항)이 들렸으므로 녹음의 내용과 기차 사진은 일치하지 않는다.

어휘 现在 xiànzài 图 지금, 현재   机场 jīchǎng 图 공항

2

Měitiān zǎoshang hē yì bēi niúnǎi
每天 早上 喝 一 杯 牛奶。

매일 아침에 우유 한 잔을 마신다.

해설 녹음에서 喝一杯牛奶(우유 한 잔을 마신다)라고 했으므로 녹음과 사진이 일치한다.

어휘 每天 měitiān 图 매일   早上 zǎoshang 图 아침   喝 hē 图 마시다   杯 bēi 떙 잔   牛奶 niúnǎi 图 우유

3

Qí zìxíngchē shì hěn hǎo de yùndòng
骑 自行车 是 很 好 的 运动。

자전거를 타는 것은 좋은 운동이다.

해설 녹음에서 骑自行车(자전거를 타다)라고 했으므로 남자가 자전거를 타는 사진과 일치한다.

어휘 骑 qí 图 타다   自行车 zìxíngchē 图 자전거   运动 yùndòng 图 운동

안심Touch

4

Wǒ xǐhuan chànggē
我 喜欢 唱歌 。

나는 노래를 부르는 것을 좋아한다.

해설 녹음에서 唱歌(노래를 부르다)라고 했으므로 녹음과 사진이 일치한다.

어휘 喜欢 xǐhuan 통 좋아하다 唱歌 chànggē 통 노래를 부르다

5

Jiějie jīntiān hěn gāoxìng
姐姐 今天 很 高兴 。

언니는 오늘 아주 기쁘다.

해설 녹음에서 很高兴(아주 기쁘다)이 들렸지만 사진은 슬픈 모습이므로 일치하지 않는다.

어휘 姐姐 jiějie 명 언니/누나 今天 jīntiān 명 오늘 高兴 gāoxìng 형 기쁘다

6

Wǒ kāichē qù huǒchēzhàn
我 开车 去 火车站 。

나는 운전해서 기차역에 간다.

해설 녹음에서 火车站(기차역)이라고 했으므로 배 사진과 일치하지 않는다.

어휘 开车 kāichē 통 운전하다 火车站 huǒchēzhàn 명 기차역

7

Wǒ de péngyou zài bīnguǎn zuò fúwùyuán
我 的 朋友 在 宾馆 做 服务员 。

내 친구는 호텔에서 종업원 일을 한다.

해설 친구가 在宾馆做服务员(호텔에서 종업원 일을 한다)이라고 했으므로 호텔 사진과 일치한다.

어휘 朋友 péngyou 명 친구 在 zài 개 ~에서 宾馆 bīnguǎn 명 호텔 做 zuò 통 하다 服务员 fúwùyuán 명 종업원

8

Míngtiān shì jiějie de shēngrì
明天 是 姐姐 的 生日 。

내일은 언니의 생일이다.

해설 녹음에서 生日(생일)가 들렸으므로 생일 케이크 사진과 일치한다.

어휘 明天 míngtiān 명 내일 是 shì 통 ~이다 姐姐 jiějie 명 언니 的 de 조 ~의 生日 shēngrì 명 생일

9

Tāmen zài gōngsī ménkǒu
他们 在 公司 门口 。

그들은 회사 입구에 있다.

해설 녹음에서 公司门口(회사 입구)가 들렸으므로 교실 사진과 일치하지 않는다.

어휘 在 zài 통 ~에 있다　公司 gōngsī 명 회사　门口 ménkǒu 명 입구

10

Wǒmen yīyuàn lái le jǐ ge xīn yīshēng
我们 医院 来了 几 个 新 医生 。

우리 병원에 몇 명의 의사가 새로 왔다.

해설 녹음에서 医生(의사)이 들렸으므로 의사 사진과 일치한다.

어휘 医院 yīyuàn 명 병원　来 lái 통 오다　新 xīn 형 새롭다　医生 yīshēng 명 의사

[제2부분]

11

E

Nǐ jiā yǒu jǐ ge māo
女: 你 家 有 几 个 猫 ？
Yǒu yí ge hěn kě'ài
男: 有 一 个 , 很 可爱 。

여: 너희 집에 고양이가 몇 마리 있어?
남: 한 마리 있어. 아주 귀여워.

해설 여자가 남자에게 你家有几个猫?(너희 집에 고양이가 몇 마리 있어?)라고 물었으므로 고양이 사진인 E가 정답이다.

어휘 猫 māo 명 고양이　可爱 kě'ài 형 귀엽다

12

D

Míngtiān shì bàba de shēngrì nǐ mǎi le shénme lǐwù ne
男: 明天 是 爸爸 的 生日 , 你 买了 什么 礼物 呢 ?
Wǒ mǎi le shǒubiǎo
女: 我 买了 手表 。

남: 내일이 아빠의 생신이야. 너 무슨 선물을 샀어?
여: 나는 손목시계를 샀어.

해설 남자의 말에 爸爸的生日(아버지의 생신)가 들렸으므로 케이크 사진인 D가 정답이다.

어휘 生日 shēngrì 명 생일　礼物 lǐwù 명 선물　手表 shǒubiǎo 명 손목시계

13

A

女： Nǐ rènshi nà ge zài tiàowǔ de rén ma
你 认识 那 个 在 跳舞 的 人 吗？

男： Rènshi tā shì wǒ gēge de tóngxué
认识 ， 他 是 我 哥哥 的 同学 。

여: 너 저 춤추고 있는 사람을 알아?

남: 알아. 그는 내 형의 반 친구야.

해설 여자가 남자에게 춤추고 있는 사람을 아느냐고 물었고 남자는 안다고 했으므로 남자가 춤추고 있는 사진인 A가 정답이다.

어휘 认识 rènshi 동 알다 跳舞 tiàowǔ 동 춤을 추다 同学 tóngxué 명 학우, 반 친구

14

C

男： Tāmen zài jiàoshì zuò shénme
他们 在 教室 做 什么？

女： Tāmen zài dúshū
他们 在 读书 。

남: 그들은 교실에서 뭐 해?

여: 그들은 공부하고 있어.

해설 남자의 말에 教室(교실)가 들렸고, 여자의 말에 读书(공부하다)가 들렸으므로 학생들이 교실에서 공부하는 사진인 C가 정답이다.

어휘 在 zài 개 ~에서 부 ~하는 중이다 教室 jiàoshì 명 교실 做 zuò 동 하다 什么 shénme 대 무슨, 무엇 读书 dúshū 동 공부하다

15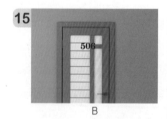

B

女： Nǐ zhù nǎ ge fángjiān
你 住 哪个 房间？

男： Wǒ zhù zài hào
我 住 在 506 号 。

여: 너 어느 방에 살아?

남: 나 506호에 살아.

해설 여자가 남자에게 어느 방에서 묵는지 물었고, 남자는 506号(506호)라고 대답했으므로 506호 표시가 있는 사진인 B가 정답이다.

어휘 住 zhù 동 살다 哪 nǎ 대 어느 房间 fángjiān 명 방

16

A

男： Zuótiān nǐ gěi wǒ de nà běn shū hěn yǒu yìsi
昨天 你 给 我 的 那 本 书 很 有 意思！

女： Nǐ xǐhuan jiù hǎo
你 喜欢 就 好 。

남: 어제 네가 나에게 준 그 책이 아주 재미있었어!

여: 네가 좋으면 됐어.

해설 남자가 那本书很有意思(그 책이 아주 재미있어)라고 했으므로 책 사진인 A가 정답이다.

17

B

女: Jiějie měitiān zěnme qù xuéxiào
姐姐 每天 怎么 去 学校？

男: Tā zuò gōnggòngqìchē qù
她 坐 公共汽车 去。

여: 언니는 매일 어떻게 학교에 가?
남: 그녀는 버스를 타고 가.

해설 여자가 언니는 매일 어떻게 학교에 가느냐고 물었고 남자가 그녀는 坐公共汽车去(버스를 타고 가)라고 말했으므로 버스를 타는 사진인 B가 정답이다.

어휘 每天 měitiān 명 내일   怎么 zěnme 대 어떻게   去 qù 동 가다   学校 xuéxiào 명 학교   坐 zuò 동 타다   公共汽车 gōnggòng qìchē 명 버스

18

D

男: Zhè shì wǒ zhǔnbèi de píngguǒ   míngtiān zǎoshang chī ba
这 是 我 准备 的 苹果 ， 明天 早上 吃 吧。

女: Xièxie nǐ
谢谢 你。

남: 이것은 내가 준비한 사과야. 내일 아침에 먹어.
여: 고마워.

해설 남자의 말에 苹果(사과)가 들렸으므로 사과 사진인 D가 정답이다.

어휘 准备 zhǔnbèi 동 준비하다   苹果 píngguǒ 명 사과   吃 chī 동 먹다   谢谢 xièxie 고맙습니다

19

E

女: Nǐ zěnme le
你 怎么 了？

男: Jīntiān de kǎoshì tài nán le
今天 的 考试 太 难 了。

여: 너 왜 그래?
남: 오늘 시험이 너무 어려웠어.

해설 여자가 남자에게 왜 그러느냐고 물었고 남자는 今天的考试太难了(오늘 시험이 너무 어려웠어)라고 말했다. 따라서 우울해 보이는 남자 사진인 E가 정답이다.

어휘 怎么了 zěnme le 왜 그래? 무슨 일이야?   考试 kǎoshì 명 시험   难 nán 형 어렵다

20

C

男: Jīntiān de tiānqì zhēn hǎo a
今天 的 天气 真 好 啊！

女: Shì a   wǒmen chūqù ba
是 啊， 我们 出去 吧。

남: 오늘 날씨가 정말 좋다!
여: 맞아. 우리 나가자.

남자가 今天的天气真好啊！(오늘 날씨가 정말 좋다!)라고 했으므로 맑은 날씨 사진인 C가 정답이다.

어휘 天气 tiānqì 명 날씨   真 zhēn 부 정말, 진짜   好 hǎo 형 좋다   出去 chūqù 동 나가다

[제3부분]

21

男：你 5 月 4 号 去 奶奶 家 吗 ?
　　Nǐ yuè hào qù nǎinai jiā ma

女：不 是, 我 5 月 10 号 去 。
　　Bú shì wǒ yuè hào qù

问：女 的 几 月 几 号 去 奶奶 家 ?
　　Nǚ de jǐ yuè jǐ hào qù nǎinai jiā

| 남: 너 5월 4일에 할머니 댁에 가니? |
| 여: 아니, 나 5월 10일에 가. |
| 질문: 여자는 몇 월 며칠에 할머니 댁에 가는가? |

A 5 月 4 号
　　yuè hào

B 5 月 10 号
　　yuè hào

C 5 月 24 号
　　yuè hào

A 5월 4일

B 5월 10일

C 5월 24일

해설 보기가 모두 날짜를 나타내므로 언제 무엇을 하는지를 주의해서 듣는다. 남자가 여자에게 5월 4일에 할머니 댁에 가는지 물었고, 여자는 그 날이 아니라 我5月10号去(나 5월 10일에 가)라고 답했으므로 B 5월10号(5월 10일)가 정답이다. 4(sì)와 10(shí)의 발음이 비슷하므로 주의한다.

어휘 去 qù 동 가다   奶奶 nǎinai 명 할머니   家 jiā 명 집   几 jǐ 대 몇   月 yuè 명 월   号 hào 명 일

22

女：这 个 周末 你 要 做 什么 ?
　　Zhè ge zhōumò nǐ yào zuò shénme

男：我 要 和 妈妈 一起 去 旅游 。
　　Wǒ yào hé māma yìqǐ qù lǚyóu

问：周末 男 的 要 做 什么 ?
　　Zhōumò nán de yào zuò shénme

| 여: 이번 주말에 너 뭐 할 거야? |
| 남: 나 엄마와 같이 여행하러 갈 거야. |
| 질문: 주말에 남자는 무엇을 할 것인가? |

A 看 电影
　　kàn diànyǐng

B 游泳
　　yóuyǒng

C 旅游
　　lǚyóu

A 영화를 보다

B 수영하다

C 여행하다

해설 보기가 모두 행동을 나타내므로 동사를 주의해서 듣는다. 여자가 남자에게 주말에 무엇을 할 건지 묻는 말에 남자는 我要和妈妈一起去旅游(나는 엄마와 여행하러 갈 거야)라고 했으므로 남자가 할 행동은 C 旅游(여행하다)이다.

어휘 周末 zhōumò 명 주말   要 yào 조동 ~하려고 한다   做 zuò 동 하다   什么 shénme 대 무슨, 무엇   和 hé 개 ~와/과   妈妈 māma 명 엄마   一起 yìqǐ 부 같이, 함께   旅游 lǚyóu 동 여행하다   看 kàn 동 보다   电影 diànyǐng 명 영화   游泳 yóuyǒng 동 수영하다

23

男: Shǒujī fàng zài nǎr le ？
手机 放 在 哪儿 了 ？

女: Fàng zài chuáng shang le
放 在 床 上 了。

问: Shǒujī zài nǎr
手机 在 哪儿 ？

A 床 上 chuáng shang

B 椅子 上 yǐzi shang

C 桌子 上 zhuōzi shang

남: 핸드폰 어디에 뒀어?
여: 침대 위에 뒀어.

질문: 핸드폰은 어디에 있는가?

A 침대 위
B 의자 위
C 책상 위

해설 보기가 모두 위치를 나타내므로 어디에 있는지를 주의해서 듣는다. 남자가 핸드폰을 어디에 두었는지 묻는 말에 여자가 放在床上了(침대 위에 뒀어)라고 했으므로 핸드폰이 있는 곳은 A 床上(침대 위)이다.

어휘 手机 shǒujī 몡 핸드폰   放 fàng 통 놓다   在 zài 꽤 ～에 통 ～에 있다   哪儿 nǎr 때 어디   床 chuáng 몡 침대   上 shang 몡 ～위에   椅子 yǐzi 몡 의자   桌子 zhuōzi 몡 탁자

24

女: Wǎnshang wǒmen zuò miànbāo ba
晚上 我们 做 面包 吧。

男: Hǎo de nà wǒ qù mǎi diǎnr jīdàn
好的， 那 我 去 买 点儿 鸡蛋。

问: Nán de qù mǎi shénme
男 的 去 买 什么 ？

A 苹果 píngguǒ   B 牛奶 niúnǎi   C 鸡蛋 jīdàn

여: 저녁에 우리 빵 만들자.
남: 알겠어. 그럼 내가 계란을 좀 사러 갈게.

질문: 남자는 무엇을 사러 가는가?

A 사과   B 우유   C 계란

해설 보기가 모두 음식이므로 지문에서 어떤 음식이 들리는지 주의해서 듣는다. 여자가 저녁에 빵을 만들자고 한 말에 남자가 那我去买点儿鸡蛋(그럼 내가 계란 좀 사러 갈게)이라고 했으므로 남자가 사러 가는 것은 C 鸡蛋(계란)이다.

어휘 晚上 wǎnshang 몡 저녁   做 zuò 통 하다, 만들다   面包 miànbāo 몡 빵   吧 ba 조 ～하자(제안)   那 nà 젭 그러면, 그렇다면   买 mǎi 통 사다   一点儿 yìdiǎnr 조금, 약간   鸡蛋 jīdàn 몡 계란   什么 shénme 때 무슨, 무엇   苹果 píngguǒ 몡 사과   牛奶 niúnǎi 몡 우유

25

男: Zài nǐ jiā shéi zǒu de zuì kuài
在 你 家 谁 走 得 最 快 ？

女: Wǒ jiě zǒu de zuì kuài
我 姐 走 得 最 快。

问: Zài nǚrén de jiāli shéi zǒu de zu kuài
在 女人 的 家里 谁 走 得 最 快 ？

A 妹妹 mèimei   B 姐姐 jiějie   C 弟弟 dìdi

남: 너희 집에서 누가 제일 빨리 걸어?
여: 우리 언니가 걷는 게 제일 빨라.

질문: 여자의 집에서 누가 걷는 게 빠른가?

A 여동생   B 언니   C 남동생

보기가 신분/관계를 나타내므로 지문에 언급되는 단어에 주의한다. 남자가 여자에게 집에서 누가 제일 빨리 걷는지 물었고, 여자가 我姐走得最快(우리 언니가 걷는 게 제일 빨라)라고 답했으므로 제일 빠르게 걷는 사람은 B 姐姐(언니)이다.

在 zài 게 ~에   谁 shéi 때 누구   走 zǒu 통 걷다   最 zuì 분 가장, 제일   快 kuài 형 빠르다   妹妹 mèimei 명 여동생   姐姐 jiějie 명 누나, 언니   弟弟 dìdi 명 남동생

26

女:	Zhè ge yào yì tiān chī jǐ cì 这 个 药 一 天 吃 几 次 ?	여: 이 약은 하루에 몇 번 먹나요?
男:	Yì tiān chī yí cì 一 天 吃 一 次 。	남: 하루에 한 번 먹어요.
问:	Yào yì tiān chī jǐ cì 药 一 天 吃 几 次 ?	질문: 약은 하루에 몇 번 먹는가?

yí cì A 一 次	liǎng cì B 两 次	sān cì C 三 次	A 한 번	B 두 번	C 세 번

보기가 횟수를 나타내므로 숫자를 주의해서 듣는다. 여자가 남자에게 약을 하루에 몇 번 먹는지 물었고 남자는 一天吃一次(하루에 한 번 먹어요)라고 했다. 질문에서 약을 하루에 몇 번 먹는지 물었으므로 정답은 A 一次(한 번)이다.

这 zhè 때 이   个 ge 양 개   药 yào 명 약   一天 yì tiān 명 하루   吃 chī 통 먹다   几 jǐ 때 몇   次 cì 양 번   两 liǎng 수 2, 둘

27

男:	Míngtiān wǒmen yìqǐ xuéxí zěnmeyàng 明天 我们 一起 学习 怎么样 ?	남: 내일 우리 같이 공부하자. 어때?
女:	Duìbuqǐ míngtiān wǒ māma yào lái 对不起 ， 明天 我 妈妈 要 来 kàn wǒ 看 我 。	여: 미안해. 내일 우리 엄마가 날 보러 오셔.
问:	Nǚ de māma shénme shíhou lái 女 的 妈妈 什么 时候 来 ?	질문: 여자의 엄마는 언제 오는가?

zuótiān A 昨天	jīntiān B 今天	míngtiān C 明天	A 어제	B 오늘	C 내일

보기가 모두 시간이므로 동작이 일어나는 시간을 주의해서 듣는다. 남자가 여자에게 내일 같이 공부하자고 했고, 여자가 明天我妈妈要来看我(내일 우리 엄마가 날 보러 오셔)라고 말했으므로 여자의 엄마는 내일 온다는 것을 알 수 있다. 따라서 정답은 C 明天(내일)이다.

明天 míngtiān 명 내일   学习 xuéxí 통 공부하다   怎么样 zěnmeyàng 때 어떻다, 어때   对不起 duìbuqǐ 미안합니다   要 yào 조동 ~하려고 한다   来 lái 통 오다   什么时候 shénme shíhòu 언제   昨天 zuótiān 명 어제   今天 jīntiān 명 오늘   明天 míngtiān 명 내일

28

女: Nǐ zěnme qù gōngsī
你 怎么 去 公司 ？

男: Wǒ zuò huǒchē qù
我 坐 火车 去 。

问: Nán de zuò shénme qù gōngsī
男 的 坐 什么 去 公司 ？

A gōnggòngqìchē 公共汽车 B huǒchē 火车 C fēijī 飞机

여: 너 어떻게 회사에 가?
남: 나 기차를 타고 가.

질문: 남자는 무엇을 타고 회사에 가는가?

A 버스 　　 **B 기차** 　　 C 비행기

해설 보기가 교통수단을 나타내므로 녹음에 어떤 단어가 들리는지 주의한다. 여자가 남자에게 회사에 어떻게 가는지 물었고, 남자는 我坐火车去(나 기차를 타고 가)라고 말했다. 따라서 남자가 타고 가는 것은 B 火车(기차)이다.

어휘 怎么 zěnme 때 어떻게　去 qù 동 가다　公司 gōngsī 명 회사　坐 zuò 동 타다　火车 huǒchē 명 기차　公共汽车 gōnggòng qìchē 명 버스　飞机 fēijī 명 비행기

29

男: Zài wǒ jiā hòumiàn de cháguǎn fēicháng
在 我 家 后面 的 茶馆 非常

yǒumíng
有名 。

女: Nà wǒmen wǎnshang qù ba
那 我们 晚上 去 吧 。

问: Tāmen wǎnshang yào qù nǎr
他们 晚上 要 去 哪儿 ？

A cháguǎn 茶馆 B fànguǎn 饭馆 C bīnguǎn 宾馆

남: 우리 집 뒤에 있는 찻집이 엄청 유명해.
여: 그럼 우리 저녁에 가자.

질문: 그들은 저녁에 어디에 갈 것인가?

A 찻집 　　 B 식당 　　 C 호텔

해설 보기가 모두 장소이므로 녹음에 언급되는 장소 단어를 주의해서 듣는다. 남자가 在我家后面的茶馆非常有名(우리 집 뒤에 있는 찻집이 엄청 유명해)이라고 했고, 이에 여자가 저녁에 가자고 했다. 따라서 그들이 저녁에 가는 곳은 A 茶馆(찻집)이다.

어휘 在 zài 동 ~에 있다　后面 hòumiàn 명 뒤, 뒤쪽　茶馆 cháguǎn 명 찻집　非常 fēicháng 부 매우　有名 yǒumíng 형 유명하다　晚上 wǎnshàng 명 저녁　要 yào 조동 ~하려고 한다　去 qù 동 가다　哪儿 nǎr 때 어디　饭馆 fànguǎn 명 식당　宾馆 bīnguǎn 명 호텔

30

女: Tā shì zhèr de lǎobǎn ma
他 是 这儿 的 老板 吗 ？

男: Bú shì tā shì fúwùyuán
不 是, 他 是 服务员 。

问: Tā shì shéi
他 是 谁 ？

A lǎoshī 老师 B lǎobǎn 老板 C fúwùyuán 服务员

여: 그는 여기의 사장님이야?
남: 아니, 그는 종업원이야.

질문: 그는 누구인가?

A 선생님 　　 B 사장 　　 **C 종업원**

해설 보기가 모두 직업을 나타내므로 녹음에 언급되는 단어에 주의한다. 여자가 그가 이곳의 사장님인지 물었고 남자는 아니라고 하며 他是服务员(그는 종업원이야)이라고 했다. 따라서 정답은 C 服务员(종업원)이다.

어휘 他 tā 떼 그　是 shì 됭 ~이다　这儿 zhèr 떼 여기, 이곳　的 de 죄 ~의　老板 lǎobǎn 뗑 사장　服务员 fúwùyuán 뗑 종업원　谁 shéi 떼 누구　老师 lǎoshī 뗑 선생님

[제4부분]

31

女: 明天 你 有 时间 吗 ?
　　Míngtiān nǐ yǒu shíjiān ma

男: 没有 , 我 有 事儿 做 。
　　Méiyǒu wǒ yǒu shìr zuò

女: 有 什么 事儿 ?
　　Yǒu shénme shìr

男: 下 个 星期 有 考试 , 所以 我 要 准备 考试 。
　　Xià ge xīngqī yǒu kǎoshì suǒyǐ wǒ yào zhǔnbèi kǎoshì

问: 明天 男 的 要 做 什么 ?
　　Míngtiān nán de yào zuò shénme

여: 내일 너 시간 있어?
남: 없어. 나 해야 할 일이 있어.
여: 무슨 일?
남: 다음 주에 시험이 있어서 나는 시험 준비를 해야 해.

질문: 내일 남자는 무엇을 해야 하는가?

A 准备 考试
　zhǔnbèi kǎoshì

B 唱歌
　chànggē

C 做 菜
　zuò cài

A 시험 준비를 하다
B 노래를 부르다
C 요리하다

해설 보기가 모두 행동을 나타내므로 녹음에서 동사를 주의해서 듣는다. 여자가 남자에게 내일 시간 있는지 물었고, 남자는 다음 주에 시험이 있다고 하며 我要准备考试(나 시험 준비를 해야 해)이라고 말했으므로 내일 남자가 할 일은 A 准备考试(시험 준비를 하다)이다.

어휘 明天 míngtiān 뗑 내일　有 yǒu 됭 있다　时间 shíjiān 뗑 시간　没有 méiyǒu 됭 없다　事儿 shìr 뗑 일　做 zuò 됭 하다, 만들다　什么 shénme 떼 무슨, 무엇　下个星期 xià ge xīngqī 다음 주　考试 kǎoshì 뗑 시험　所以 suǒyǐ 죄 그래서　要 yào 조동 ~해야 한다　准备 zhǔnbèi 됭 준비하다　唱歌 chànggē 됭 노래를 부르다　菜 cài 뗑 요리, 음식

32

男: 这 些 书 我 都 看 完 了 。
　　Zhè xiē shū wǒ dōu kàn wán le

女: 你 要 卖 吗 ?
　　Nǐ yào mài ma

男: 是 的 , 今天 下午 去 。
　　Shì de jīntiān xiàwǔ qù

女: 那 我 和 你 一起 去 。
　　Nà wǒ hé nǐ yìqǐ qù

남: 이 책들 나 모두 다 봤어.
여: 너 팔 거야?
남: 응. 오늘 오후에 가.
여: 그럼 나 너와 같이 갈래.

Nán de xiàwǔ yào zuò shénme
问：男 的 下午 要 做 什么 ？

질문: 남자는 오후에 무엇을 할 것인가?

mǎi shū
A 买 书

mài shū
B 卖 书

dúshū
C 读书

A 책을 사다
B 책을 팔다
C 공부하다

해설 보기에 모두 书(책)가 있으므로 녹음에서 동사를 주의해서 듣는다. 여자가 남자에게 책을 팔 거냐고 물었고 남자는 그렇다고 하면서 今天下午去(오늘 오후에 가)라고 대답했다. 따라서 남자가 오후에 할 일은 B 卖书(책을 팔다)이다.

어휘 这些 zhèxiē 이것들 书 shū 圀 책 都 dōu 児 모두 看 kàn 동 보다 完 wán 동 다하다 卖 mài 동 팔다 下午 xiàwǔ 圀 오후 和 hé 게 ~와/과 买 mǎi 동 사다 读 dú 동 읽다

33
Zhè jiàn yīfu zěnmeyàng   Shì bú shì
女：这 件 衣服 怎么样 ？ 是 不 是

yǒudiǎnr cháng
有点儿 长 ？

Yánsè hěn hǎokàn   dànshì tài cháng
男：颜色 很 好看 ， 但是 太 长

le
了 。

여: 이 옷 어때? 좀 길지 않아?
남: 색은 아주 예쁜데 너무 길다.
여: 그럼 나 안 살래.
남: 저 옷은? 가서 보자.

Nà wǒ bù mǎi le
女：那 我 不 买 了 。

Nà jiàn yīfu ne   Qù kàn kàn ba
男：那 件 衣服 呢 ？ 去 看 看 吧 。

Zhè jiàn yīfu zěnmeyàng
问：这 件 衣服 怎么样 ？

질문: 이 옷은 어떠한가?

tài hóng le
A 太 红 了

tài cháng le
B 太 长 了

tài dà le
C 太 大 了

A 너무 빨갛다
B 너무 길다
C 너무 크다

해설 보기가 모두 묘사하는 표현이다. 여자가 남자에게 이 옷이 어떤지 물었고 남자는 颜色很好看，但是太长了(색은 아주 예쁜데 너무 길다)라고 말했으므로 이 옷에 대한 설명으로 맞는 것은 B 太长了(너무 길다)이다.

어휘 件 jiàn 향 벌, 건 衣服 yīfu 圀 옷 怎么样 zěnmeyàng 때 어떻다, 어때 有点儿 yǒudiǎnr 児 조금, 약간 长 cháng 형 길다 颜色 yánsè 圀 색깔 但是 dànshì 젭 그러나, 하지만 太……了 tài……le 너무 ~하다 红 hóng 형 빨갛다 大 dà 형 크다

34

男: Dàjiā dōu tīng dǒng le ma
大家 都 听 懂 了 吗 ？

女: Lǎoshī wǒ méi tīng dǒng Zhè ge
老师 ， 我 没 听 懂 。 这 个
wèntí wǒ bú huì zuò
问题 我 不 会 做 。

男: Nǎ ge wèntí
哪 个 问题 ？

女: Xiàkè hòu wǒ zài wèn wèn nǐ
下课 后 我 再 问 问 你 。

问: Tāmen zài nǎr
他们 在 哪儿 ？

남: 여러분 다 알아들었어요?
여: 선생님. 저 못 알아들었어요. 이 문제 저는 못 풀겠어요.
남: 어느 문제?
여: 수업 끝나고 다시 질문할게요.

질문: 그들은 어디에 있는가?

A 医院 yīyuàn   B 宾馆 bīnguǎn   C 学校 xuéxiào

A 병원   B 호텔   **C 학교**

해설 보기가 모두 장소이므로 녹음에 언급되는 장소 명사를 주의해서 듣는다. 남자와 여자의 대화에 老师(선생님), 下课 (수업이 끝나다)가 들렸다. 따라서 이들이 있는 장소는 C 学校(학교)이다.

어휘 大家 dàjiā 몡 여러분 都 dōu 틧 모두, 다 听 tīng 툉 듣다 懂 dǒng 툉 알다, 이해하다 问题 wèntí 몡 문제 会 huì 조툉 (배워서) ~할 줄 알다 做 zuò 툉 하다 哪 nǎ 때 어느 下课 xiàkè 툉 수업이 끝나다 再 zài 틧 다시 问 wèn 툉 묻다 在 zài 툉 ~에 있다 哪儿 nǎr 때 어디 医院 yīyuàn 몡 병원 宾馆 bīnguǎn 몡 호텔 学校 xuéxiào 몡 학교

35

女: Nǐ de érzi shì lǎoshī ma
你 的 儿子 是 老师 吗 ？

男: Tā bú shì lǎoshī wǒ nǚ'ér shì lǎoshī
他 不 是 老师 ， 我 女儿 是 老师 。

女: Nà nǐ érzi ne
那 你 儿子 呢 ？

男: Tā shì yīshēng
他 是 医生 。

问: Shéi shì yīshēng
谁 是 医生 ？

여: 너의 아들이 선생님이야?
남: 그는 선생님이 아니야. 내 딸이 선생님이야.
여: 그럼 너의 아들은?
남: 그는 의사야.

질문: 누가 의사인가?

A 儿子 érzi   B 女儿 nǚ'ér   C 妻子 qīzi

A 아들   B 딸   C 아내

해설 보기가 모두 신분/관계를 나타내므로 녹음에 어떤 단어가 들리는지 주의한다. 여자는 남자의 자녀에 대해 직업을 묻고 있다. 여자가 아들의 직업을 물었을 때 남자가 他是医生(그는 의사야)이라고 했으므로 그의 아들이 의사임을 알 수 있다. 따라서 정답은 A 儿子(아들)이다.

어휘 儿子 érzi 몡 아들 是 shì 툉 ~이다 老师 lǎoshī 몡 선생님 女儿 nǚ'ér 몡 딸 那 nà 쩹 그러면, 그렇다면 呢 ne 区 ~는 요? 医生 yīshēng 몡 의사 谁 shéi 때 누구 妻子 qīzi 몡 아내

독해 제1부분 실전 테스트

정답 1. E   2. C   3. B   4. D   5. A   6. B   7. E   8. D   9. C   10. A

1

E

Bàba měitiān zǎoshang kàn bàozhǐ
爸爸 每天 早上 看 报纸 。

아빠는 매일 아침에 신문을 본다.

해설 문장의 핵심 키워드는 看报纸(신문을 보다)이므로 남자가 신문을 보는 사진인 E와 일치한다.

어휘 爸爸 bàba 명 아빠   每天 měitiān 명 매일   早上 zǎoshang 명 아침   看 kàn 동 보다   报纸 bàozhǐ 명 신문

2

C

Wǒ jiā hòumiàn yǒu ge fànguǎn nà jiā de zhōngguó cài hěn
我 家 后面 有 个 饭馆, 那 家 的 中国 菜 很
hǎochī
好吃 。

우리집 뒤에는 식당이 하나 있다. 그 집의 중국 음식이 아주 맛있다.

해설 문장의 핵심 키워드는 饭馆(식당)과 中国菜(중국 음식)이므로 식당 사진인 C가 일치하는 사진이다.

어휘 后面 hòumian 명 뒤, 뒤쪽   有 yǒu 동 있다   饭馆 fànguǎn 명 식당   中国菜 zhōngguócài 명 중국요리, 중국 음식   好吃 hǎochī 형 맛있다

3

B

Xīngqīliù wǒ bāng māma xǐ yīfu
星期六 我 帮 妈妈 洗 衣服 。

토요일에 나는 엄마가 세탁하는 것을 돕는다.

해설 문장의 핵심 키워드는 洗衣服(세탁하다)이므로 세탁기 사진인 B와 일치한다.

어휘 星期六 xīngqī liù 명 토요일   洗 xǐ 동 씻다, 빨다   衣服 yīfú 명 옷

2급 독해

4

D

Jiějie de fángjiān bú dà   dànshì lǐmiàn yǒu hěn duō shū
姐姐 的 房间 不 大 ， 但是 里面 有 很 多 书 。

언니의 방은 크지 않지만 안에는 책이 아주 많이 있다.

해설 문장의 핵심 키워드는 房间(방)과 很多书(아주 많은 책)이므로 책이 많이 있는 방 사진인 D와 일치한다.

어휘 房间 fángjiān 몡 방 但是 dànshì 젭 그러나 里面 lǐmiàn 몡 안 多 duō 혱 많다 书 shū 몡 책

5

A

Tiānqì hǎo de shíhou tā dōu qù pǎobù
天气 好 的 时候 她 都 去 跑步 。

날씨가 좋을 때면 그녀는 조깅을 하러 간다.

해설 문장의 핵심 키워드는 跑步(조깅하다)이다. 따라서 여자가 조깅하는 사진인 A와 일치한다.

어휘 天气 tiānqì 몡 날씨 的时候 de shíhou ~할 때 都 dōu 빈 모두 去 qù 동 가다 跑步 pǎobù 동 조깅하다

6

B

Nǐ de yǎnjing zhēn shì tài dà le
你 的 眼睛 真 是 太 大 了 。

네 눈은 정말 너무 크다.

해설 문장의 핵심 키워드는 眼睛(눈)이므로 사람 눈 사진인 B와 일치한다.

어휘 眼睛 yǎnjing 몡 눈 太……了 tài……e 너무 ~하다 大 dà 혱 크다

7

E

Wǒ de érzi kāishǐ xué tī zúqiú le
我 的 儿子 开始 学 踢 足球 了 。

내 아들은 축구를 배우기 시작했다.

해설 문장의 핵심 키워드는 踢足球(축구하다)이므로 축구하는 사진인 E와 일치한다.

어휘 儿子 érzi 몡 아들 开始 kāishǐ 동 시작하다 学 xué 동 배우다 踢足球 tī zúqiú 축구하다

8

D

Wàimiàn zài xiàyǔ   nǐ zěnme huíjiā
外面 在 下雨 ， 你 怎么 回家 ？

밖에 비가 내리고 있어. 너 어떻게 집에 가?

해설 문장의 핵심 키워드는 下雨(비가 내리다)이므로 비가 내리고 있는 사진인 D와 일치한다.

어휘 外面 wàimiàn 몡 밖   在 zài 曱 ~하고 있다   下雨 xiàyǔ 통 비가 내리다   怎么 zěnme 때 어떻게

9

Bāngzhù biérén shì yí jiàn kuàilè de shì
帮助　别人　是　一　件　快乐　的　事　。

다른 사람을 돕는 것은 하나의 기쁜 일이다.

C

해설 문장의 핵심 키워드는 帮助别人(다른 사람을 돕다)이므로 어르신을 돕고 있는 사진인 C와 일치한다.

어휘 帮助 bāngzhù 통 돕다   别人 biérén 몡 남, 다른 사람   件 jiàn 양 건, 벌   快乐 kuàilè 혱 기쁘다   事 shì 몡 일

10

Wǒ hé tā shì tóngxué　　wǒ xǐhuan hé tā yìqǐ wán
我　和　她　是　同学　,　我　喜欢　和　她　一起　玩　。

나와 그녀는 반 친구이다. 나는 그녀와 같이 노는 것을 좋아한다.

A

해설 문장의 핵심 키워드는 同学(반 친구)이므로 두 명의 학생이 있는 사진인 A와 일치한다.

어휘 和 hé 깨 ~와/과   同学 tóngxué 몡 학우, 반 친구   喜欢 xǐhuan 통 좋아하다   玩 wán 통 놀다

독해 제2부분 실전 테스트

정답 1. A   2. D   3. B   4. C   5. E   6. B   7. A   8. E   9. D   10. C

1-5

bié A 别	jìn B 近	méiyǒu C 没有
hái D 还	qù E 去	

A ~하지 마라　　B 가깝다　　C 없다
D 또　　　　　　E 가다

1

Jīntiān hěn rè　　bié chuān tài duō
今天　很　热　,　(别)　穿　太　多　。

오늘 아주 덥다. 너무 많이 입(지 마).

해설 빈칸 뒤에 동사 술어가 있으므로 빈칸은 동사 술어를 꾸며주는 단어가 들어가야 한다. 의미상 빈칸 앞은 '날씨가 덥다'를 나타내고, 뒤는 '너무 많이 입다'를 나타내므로 A 别(~하지 마라)가 들어가야 한다.

어휘 今天 jīntiān 몡 오늘   热 rè 혱 덥다   穿 chuān 통 입다   太 tài 曱 너무   多 duō 혱 많다   别 bié 曱 ~하지 마라

2

Tā xǐhuan chànggē　　hái xǐhuan tiàowǔ
他　喜欢　唱歌　,　(还)　喜欢　跳舞　。

그는 노래를 부르는 것을 좋아하고, (또) 춤추는 것을 좋아한다.

빈칸 뒤에 동사 술어가 있고, 앞절과 뒷절의 문장 구조가 '喜欢+목적어'로 동일하다. 따라서 이어주는 말인 D 还(또) 가 들어가야 한다.

喜欢 xǐhuan 동 좋아하다   唱歌 chànggē 동 노래를 부르다   跳舞 tiàowǔ 동 춤을 추다   还 hái 분 또, 더

3

Wǒ de érzi měitiān zǒulù shàngxué	나의 아들은 매일 걸어서 등교한다. 왜냐하면 학교가 집에서
我 的 儿子 每天 走路 上学 ，	아주 (가깝기) 때문이다.
yīnwèi xuéxiào lí wǒ jiā hěn jìn	
因为 学校 离 我 家 很 (近)。	

빈칸 앞에 정도부사 很(아주)이 있으므로 빈칸은 형용사가 들어가야 한다. 빈칸 앞에 개사구 '离+장소'가 있고, 앞절 에서 걸어서 학교에 간다고 했으므로 B 近(가깝다)이 들어가야 한다.

儿子 érzi 명 아들   走 zǒu 동 걷다   路 lù 명 길   上学 shàngxué 동 등교하다   因为 yīnwèi 접 왜냐하면   学校 xuéxiào 명 학교   离 lí 개 ~로부터   近 jìn 형 가깝다

4

Nǐ yǒu méiyǒu shǒubiǎo	너 손목시계가 있어 (없어)?
你 有 (没有) 手表 ？	

빈칸 앞에 동사 술어 有(있다)가 있고, 뒤에 목적어 手表(손목시계)가 있다. 문장 끝에 물음표(?)가 있으므로 의문문 을 만들어야 한다. 의문을 나타내는 吗?(~해요?)나 의문대사가 없으므로 정반의문문을 만들 수 있도록 C 没有(없 다)가 들어가야 한다.

手表 shǒubiǎo 명 손목시계   没有 méiyǒu 동 없다

5

Māma shēntǐ bù hǎo tā qù yīyuàn	
妈妈 身体 不 好 ， 她 (去) 医院	엄마의 몸이 좋지 않다. 그녀는 병원에 (갔다).
le	
了 。	

빈칸 앞에 주어가 있고 뒤에 목적어가 있으므로 빈칸은 동사 술어 자리이다. 장소 명사 医院(병원)을 목적어로 둘 수 있는 E 去(가다)가 들어가야 한다.

身体 shēntǐ 명 몸, 신체   医院 yīyuàn 명 병원   去 qù 동 가다

6-10

kěnéng	huídá	yìsi	A 아마도	B 대답하다	C 의미
A 可能	B 回答	C 意思	D 안/못	E 맛있다	
bù	hǎochī				
D 不	E 好吃				

6

Wǒ bù xiǎng huídá zhè ge wèntí	나는 이 문제를 (대답하고) 싶지 않다.
我 不 想 (回答) 这 个 问题 。	

빈칸 앞에 조동사 想(~하고 싶다)이 있고 뒤에 명사가 있으므로 빈칸에는 동사 술어가 들어가야 한다. 问题(문제)를 목적어로 둘 수 있는 B 回答(대답하다)가 들어가야 한다.

想 xiǎng 조동 ~하고 싶다   问题 wèntí 명 문제   回答 huídá 동 대답하다

7
Tiān yīn le   kěnéng huì xiàyǔ
天 阴 了,(可能)会 下雨。

날이 흐려졌어. (아마도) 비가 내릴 거야.

해설 빈칸 뒤에 조동사가 있으므로 빈칸에는 주어나 부사가 들어갈 수 있다. 문장이 '날이 흐려졌어. ( ) 비가 내릴 거야'
라는 뜻이므로 추측을 나타내는 A 可能(아마도)이 들어가야 한다.

어휘 阴 yīn 혱 흐리다 会 huì 조동 ~할 것이다 下雨 xiàyǔ 동 비가 내리다 可能 kěnéng 튄 아마도

8
Zhèlǐ de cài zhēn hǎochī   wǒ xià cì
这里 的 菜 真 (好吃), 我 下 次
hái xiǎng lái chīfàn
还 想 来 吃饭。

여기 요리 정말 (맛있다). 나 다음 번에 또 밥 먹으러 오고 싶어.

해설 빈칸 앞에 정도부사 真(진짜)이 있으므로 빈칸은 형용사가 들어가야 한다. 주어 菜(음식)에 어울리는 것은 E 好吃(맛
있다)이다.

어휘 菜 cài 몡 요리 真 zhēn 튄 정말, 진짜 下次 xiàcì 몡 다음 번 好吃 hǎochī 혱 맛있다

9
Wǒ yǒu shìr   suǒyǐ bù néng qù mǎi
我 有 事儿 , 所以 (不) 能 去 买
yīfu le
衣服 了。

나 일이 생겼어. 그래서 옷을 사러 갈 수 (없어).

해설 빈칸 앞에 접속사가 있고 뒤에 조동사가 있으므로 빈칸에는 주어나 부사가 들어가야 한다. 앞절이 '나 일이 생겼어'
를 나타내는데, 뒷절에서 '그래서 옷을 사러갈 수 있어'는 논리가 맞지 않으므로 부정부사인 D 不(안/못)가 들어가야
한다.

어휘 事儿 shìr 몡 일 所以 suǒyǐ 젭 그래서 买 mǎi 동 사다 衣服 yīfu 몡 옷 能 néng 조동 ~할 수 있다

10
Māma   zhè shì shénme yìsi
妈妈 , 这 是 什么 (意思)?

엄마, 이것은 무슨 (뜻)이에요?

해설 문장이 의문문이고 빈칸 앞에 의문대사가 있다. 문장의 술어가 是(~이다)이므로 빈칸은 목적어 자리이다. 문맥상 어
울리는 명사는 C 意思(뜻)이다.

어휘 什么 shénme 떼 무슨, 무엇 意思 yìsi 몡 뜻, 의미

독해 제3부분 실전 테스트

정답 1. ✓ 2. ✗ 3. ✓ 4. ✓ 5. ✗ 6. ✗ 7. ✗ 8. ✓ 9. ✓ 10. ✗

1
Tī zúqiú zhēn yǒu yìsi   míngtiān xiàwǔ wǒ hái xiǎng
踢 足球 真 有 意思 , 明天 下午 我 还 想
qù tī zúqiú
去 踢 足球。

축구는 정말 재미있다. 내일 오후에 나는 또
축구를 하러 가고 싶다.

Wǒ xǐhuan tī zúqiú
★ 我 喜欢 踢 足球 。 (✔) ★ 나는 축구를 좋아한다.

해설 제시된 문장의 핵심 키워드는 喜欢踢足球(축구를 좋아하다)이다. 지문에서 踢足球真有意思(축구는 정말 재미있다)라고 했고 내일 또 축구를 하러 가고 싶다고 했으므로 일치하는 내용이다.

어휘 踢足球 tī zúqiú 축구하다 真 zhēn 🄫 진짜, 정말 有意思 yǒu yìsi 🄓 재미있다 明天 míngtiān 🄜 내일 下午 xiàwǔ 🄜 오후 还 hái 🄫 또, 더 想 xiǎng 🄙 ~하고 싶다 去 qù 🄗 가다 喜欢 xǐhuan 🄗 좋아하다

2
Wǒ jiā yǒu Bàba māma mèimei hé wǒ Wǒ
我 家 有 爸爸 、 妈妈 、 妹妹 和 我 。我
méiyǒu gēge hé dìdi
没有 哥哥 和 弟弟 。

우리 집에는 아빠, 엄마, 여동생과 내가 있다.
나는 오빠와 남동생이 없다.

Jiāli yǒu liù ge rén
★ 家里 有 六 个 人 。 (✘) ★ 집에는 여섯 명이 있다.

해설 제시된 문장의 핵심 키워드는 六个人(여섯 명)이다. 지문에서 우리 집에 爸爸、妈妈、妹妹和我(아빠, 엄마, 여동생과 나)가 있다고 했으므로 가족 수가 일치하지 않는다.

어휘 家 jiā 🄜 집 有 yǒu 🄗 있다 爸爸 bàba 🄜 아빠 妈妈 māma 🄜 엄마 妹妹 mèimei 🄜 여동생 和 hé 🄚 ~와/과 我 wǒ 🄛 나 没有 méiyǒu 🄗 없다 哥哥 gēge 🄜 오빠, 형 弟弟 dìdi 🄜 남동생 六 liù 🄦 6, 여섯 个 ge 🄥 개, 명 人 rén 🄜 사람

3
Wéi míngtiān zǎoshang kěnéng xiàyǔ wǒ bú qù
喂 , 明天 早上 可能 下雨 , 我 不 去
pǎobù le wǒmen xīngqīsì zài qù ba
跑步 了 , 我们 星期四 再 去 吧 。

여보세요. 내일 아침에 아마 비가 내릴 거야. 나 조깅하러 안 갈래. 우리 목요일에 다시 가자.

Yīnwèi tiānqì bù hǎo tā bú qù pǎobù
★ 因为 天气 不 好 , 他 不 去 跑步 。
(✔)

★ 왜냐하면 날씨가 좋지 않아서 그는 조깅하러 가지 않는다.

해설 제시된 문장의 핵심 키워드는 不去跑步(조깅하러 가지 않는다)이다. 지문에서 我不去跑步了(나 조깅하러 안 갈래)라고 했으므로 일치하는 내용이다.

어휘 早上 zǎoshang 🄜 아침 可能 kěnéng 🄫 아마 下雨 xiàyǔ 🄗 비가 내리다 跑步 pǎobù 🄗 조깅하다 星期四 xīngqīsì 🄜 목요일 再 zài 🄫 다시 去 qù 🄗 가다 因为 yīnwèi 🄚 왜냐하면 天气 tiānqì 🄜 날씨

4
Zhè ge shǒubiǎo shì wǒ de qùnián shēngrì de shíhou
这 个 手表 是 我 的 , 去年 生日 的 时候 ,
wǒ bàba sòng wǒ de
我 爸爸 送 我 的 。

이 손목시계는 내 거야. 작년 생일에 우리 아빠가 나에게 주신 거야.

Shǒubiǎo shì bàba sòng wǒ de
★ 手表 是 爸爸 送 我 的 。 (✔) ★ 손목시계는 아빠가 나에게 준 것이다.

해설 제시된 문장의 핵심 키워드는 是爸爸送我的(아빠가 나에게 준 것이다)이다. 지문에서 손목시계에 대해 작년 생일에 我爸爸送我的(아빠가 나에게 준 것)라고 했으므로 일치하는 내용이다.

어휘 手表 shǒubiǎo 몡 손목시계　是 shì 통 ~이다　去年 qùnián 몡 작년　生日 shēngrì 몡 생일　的时候 de shíhou ~일 때, ~할 때　爸爸 bàba 몡 아빠　送 sòng 통 주다, 보내다

5
Xiànzài wǔ diǎn le　　hái yǒu shí fēnzhōng diànyǐng jiù
现在 五 点 了 ，还 有 十 分钟 电影 就
yào kāishǐ le　　Nǐ zěnme hái méi dào ne
要 开始 了 。你 怎么 还 没 到 呢 ？

지금 다섯 시야. 십 분 더 있으면 영화가 시작할 거야. 너 왜 아직도 도착하지 않았어?

　　Diànyǐng liù diǎn kāishǐ
★ 电影 六 点 开始 。　　　　　(**✗**)

★ 영화는 여섯 시에 시작한다.

해설 제시된 문장의 핵심 키워드는 六点开始(여섯 시에 시작하다)이다. 지문에서 현재 시각이 다섯 시인데 还有十分钟电影就要开始了(십 분 더 있으면 영화가 시작할 거야)라고 했으므로 일치하지 않는 내용이다.

어휘 现在 xiànzài 몡 지금, 현재　五 wǔ 주 5, 다섯　点 diǎn 양 시　还 hái 부 또, 더　有 yǒu 통 있다　十 shí 주 10, 열　分钟 fēnzhōng 양 분　电影 diànyǐng 몡 영화　开始 kāishǐ 통 시작하다　怎么 zěnme 대 어째서, 왜　到 dào 통 도착하다

6
Suīrán wǒ bú tài gāo　　dànshì wǒ de zhàngfu hěn gāo
虽然 我 不 太 高 ，但是 我 的 丈夫 很 高 ，
suǒyǐ wǒ érzi yě hěn gāo
所以 我 儿子 也 很 高 。

비록 나는 키가 크지 않지만 나의 남편은 키가 아주 크다. 그래서 내 아들도 키가 아주 크다.

　　Tā de érzi bú tài gāo
★ 她 的 儿子 不 太 高 。　　　　(**✗**)

★ 그녀의 아들은 키가 그다지 크지 않다.

해설 제시된 문장의 핵심 키워드는 儿子不太高(아들은 키가 그다지 크지 않다)이다. 지문에서 남편의 키가 크다고 하면서 所以我儿子也很高(그래서 내 아들도 키가 아주 크다)라고 했으므로 일치하지 않는 내용이다.

어휘 虽然 suīrán 젭 비록　不太 bú tài 그다지 ~하지 않다　高 gāo 혱 (키가) 크다　但是 dànshì 젭 그러나, 하지만　丈夫 zhàngfu 몡 남편　所以 suǒyǐ 젭 그래서　儿子 érzi 몡 아들　也 yě 부 ~도

7
Wǒ de mèimei cóng xiǎo jiù kāishǐ xué tiàowǔ le
我 的 妹妹 从 小 就 开始 学 跳舞 了 ，
yǐjing shí duō nián le　　Xiànzài tā tiào de bǐ wǒ hái
已经 十 多 年 了 。现在 她 跳 得 比 我 还
hǎo
好 。

내 여동생은 어릴 때부터 춤을 배우기 시작했다. 벌써 십 년이 넘었다. 지금 그녀는 나보다 더 잘 춘다.

　　Tāmen dōu huì chànggē
★ 她们 都 会 唱歌 。　　　　　(**✗**)

★ 그녀들은 모두 노래를 부를 줄 안다.

해설 제시된 문장의 핵심 키워드는 会唱歌(노래를 부를 줄 안다)이다. 지문에서는 노래가 아닌 춤에 관한 이야기를 하며 我的妹妹从小就开始学跳舞了(내 여동생은 어릴 때부터 춤을 배우기 시작했다)라고 했으므로 일치하지 않는 내용이다.

어휘 妹妹 mèimei 몡 여동생　从 cóng 개 ~에서부터　小 xiǎo 혱 어리다　就 jiù 부 곧, 바로　开始 kāishǐ 통 시작하다　学 xué 통 배우다　跳舞 tiàowǔ 통 춤을 추다　已经 yǐjing 부 이미, 벌써　比 bǐ 개 ~보다　都 dōu 부 모두　会 huì 조동 (배워서) ~할 줄 알다　唱歌 chànggē 통 노래를 부르다

8

Wǒ hěn xǐhuan zuò cài   měitiān dōu gěi jiārén zuò
我 很 喜欢 做 菜， 每天 都 给 家人 做。
Dànshì zuìjìn gōngzuò tài máng le   méiyǒu shíjiān zuò
但是 最近 工作 太 忙 了， 没有 时间 做
cài
菜。

나는 요리하는 것을 아주 좋아해서 매일 가족들에게 만들어준다. 하지만 요즘 일이 너무 바빠서 요리할 시간이 없다.

　　　Wǒ zuìjìn hěn máng
★ 我 最近 很 忙。（ ✓ ）

★ 나는 요즘 아주 바쁘다.

해설 제시된 문장의 핵심 키워드는 最近很忙(요즘 아주 바쁘다)이다. 지문에서 요리할 시간이 없는 것에 대해 最近工作太忙了(요즘 일이 너무 바쁘다)라고 했으므로 일치하는 내용이다.

어휘 喜欢 xǐhuan 통 좋아하다　做 zuò 통 하다, 만들다　菜 cài 명 요리, 음식　每天 měitiān 명 매일　给 gěi 개 ~에게　但是 dànshì 접 그러나, 하지만　最近 zuìjìn 명 요즘, 최근　工作 gōngzuò 명통 일(하다)　忙 máng 형 바쁘다　没有 méiyǒu 통 없다　时间 shíjiān 명 시간

9

Wǒ zǒu de hěn màn   nǐmen bié děng wǒ   Qù
我 走 得 很 慢， 你们 别 等 我。 去
fànguǎn kàn kàn wǒmen chī shénme
饭馆 看 看 我们 吃 什么。

나 느리게 걸어. 너희들 나 기다리지 마. 식당에 가서 우리 무엇을 먹을지 한번 좀 봐 봐.

　　　Tāmen yào qù fànguǎn chīfàn
★ 她们 要 去 饭馆 吃饭。　　（ ✓ ）

★ 그녀들은 식당에 가서 밥을 먹으려고 한다.

해설 제시된 문장의 핵심 키워드는 去饭馆吃饭(식당에 가서 밥을 먹다)이다. 지문에서 你们(너희들)이라고 했으므로 주어가 복수이고, 이어 去饭馆看看我们吃什么(식당에 가서 우리 무엇을 먹을지 한번 좀 봐 봐)라고 했으므로 일치하는 내용이다.

어휘 走 zǒu 통 걷다　慢 màn 형 느리다　你们 nǐmen 대 너희들　别 bié 부 ~하지 마라　等 děng 통 기다리다　去 qù 통 가다　饭馆 fànguǎn 명 식당　看 kàn 통 보다　吃 chī 통 먹다　什么 shénme 대 무슨, 무엇　要 yào 조동 ~하려고 한다

10

Shàng cì kǎoshì tā cuò le hěn duō   Lǎoshī hé
上 次 考试 他 错 了 很 多。 老师 和
tóngxuémen dōu bāngzhù tā le   suǒyǐ tā zhè cì
同学们 都 帮助 他 了， 所以 他 这 次
kǎoshì kǎo de hěn hǎo
考试 考 得 很 好。

지난 시험에 그는 많이 틀렸다. 선생님과 반 친구들이 그를 도와줬고 그래서 그는 이번 시험을 잘 봤다.

　　　Tā zhè cì kǎoshì cuò le hěn duō
★ 他 这 次 考试 错 了 很 多。　（ ✗ ）

★ 그는 이번 시험에서 많이 틀렸다.

해설 제시된 문장의 핵심 키워드는 这次考试(이번 시험)과 错了很多(많이 틀렸다)이다. 지문의 시작 부분에서 上次考试他错了很多(지난 시험에 그는 많이 틀렸다)라고 하고 마지막 부분에서 这次考试考得很好(이번 시험을 잘 봤다)라고 했으므로 일치하지 않는 내용이다.

어휘 上次 shàngcì 명 지난번　考试 kǎoshì 명 시험　错 cuò 형 틀리다　多 duō 형 많다　老师 lǎoshī 명 선생님　和 hé 개 ~와/과　同学们 tóngxuémen 학우들, 반 친구들　都 dōu 부 모두　帮助 bāngzhù 통 돕다　所以 suǒyǐ 접 그래서　这次 zhècì 명 이번　考 kǎo 통 시험을 치다

정답 1. A   2. D   3. E   4. B   5. C   6. B   7. E   8. D   9. A   10. C

1-5

A 我 也 不 知道 , 你 去 问 老师 吧 。
　Wǒ yě bù zhīdào　nǐ qù wèn lǎoshī ba

B 你 来 北京 多 长 时间 了 ？
　Nǐ lái Běijīng duō cháng shíjiān le

C 没 关系 , 下 次 早 点儿 来 。
　Méi guānxi　xià cì zǎo diǎnr lái

D 谁 是 你 的 女儿 ？
　Shéi shì nǐ de nǚ'ér

E 明天 有 考试 , 考 完 再 去 吧 。
　Míngtiān yǒu kǎoshì　kǎo wán zài qù ba

A 나도 몰라. 선생님한테 가서 물어 봐.

B 너 북경에 온 지 얼마나 됐어?

C 괜찮아. 다음 번에는 일찍 와.

D 누가 네 딸이야?

E 내일 시험이 있어. 시험 끝나고 다시 가자.

1　这 个 字 是 什么 意思 ？
　　Zhè ge zì shì shénme yìsi

이 글자 무슨 뜻이야?

（ A 我 也 不 知道 , 你 去 问 老师 吧 。 ）
　　Wǒ yě bù zhīdào　nǐ qù wèn lǎoshī ba

（ A 나도 몰라. 선생님한테 가서 물어 봐. ）

해설 문장이 是什么意思？(무슨 뜻이에요?)라고 묻고 있다. 글자의 뜻을 묻는 물음에는 뜻을 알려주거나 모른다고 대답해야 한다. 따라서 我也不知道(나도 몰라)라고 시작하는 A가 정답이다.

어휘 字 zì 몡 글자　意思 yìsi 몡 뜻, 의미　也 yě 틧 ~도　知道 zhīdào 됭 알다　问 wèn 됭 묻다　老师 lǎoshī 몡 선생님

2　穿 红色 衣服 的 就 是 我 的 女儿 。
　　Chuān hóngsè yīfu de jiù shì wǒ de nǚ'ér

빨간옷을 입고 있는 사람이 바로 내 딸이야.

（ D 谁 是 你 的 女儿 ？ ）
　　Shéi shì nǐ de nǚ'ér

（ D 누가 네 딸이야? ）

해설 문장이 是자문이다. 핵심 키워드인 女儿(딸)이 동일하게 있는 D가 정답이다.

어휘 穿 chuān 됭 입다　红色 hóngsè 몡 빨간색　衣服 yīfu 몡 옷　谁 shéi 때 누구　是 shì 됭 ~이다　女儿 nǚ'ér 몡 딸

3　晚上 去 不 去 踢 足球 ？
　　Wǎnshang qù bu qù tī zúqiú

저녁에 축구하러 갈래?

（ E 明天 有 考试 , 考 完 再 去 吧 。 ）
　　Míngtiān yǒu kǎoshì　kǎo wán zài qù ba

（ E 내일 시험이 있어. 시험 끝나고 다시 가자. ）

해설 문장이 去不去……？(갈래 말래?)라고 묻고 있다. 시험이 있어서 시험 끝나고 再去吧(다시 가자)라고 대답한 E가 연결된다.

어휘 踢足球 tī zúqiú 축구하다　有 yǒu 됭 있다　考试 kǎoshì 몡 시험　再 zài 틧 다시

4

Yǐjing liǎng nián le
已经 两 年 了 。

벌써 2년이 됐어.

Nǐ lái Běijīng duō cháng shíjiān le
(B 你 来 北京 多 长 时间 了 ？)

(B 너 북경에 온 지 얼마나 됐어?)

해설 문장이 기간으로 대답하고 있으므로 기간을 묻는 질문을 연결시켜야 한다. 多长时间了？(얼마나 됐어?)라고 질문하는 B가 연결된다.

어휘 已经 yǐjīng ㉿ 이미, 벌써   两 liǎng ㉿ 둘   来 lái ㉿ 오다   多长时间 duōcháng shíjiān 얼마 동안

5

Duìbuqǐ wǒ de biǎo màn le fēnzhōng suǒyǐ
对不起 ， 我 的 表 慢 了 5 分钟 ， 所以

lái wǎn le
来 晚 了 。

미안해. 내 시계가 5분 느려서 늦었어.

Méi guānxi xià cì zǎo diǎnr lái
(C 没 关系 ， 下 次 早 点儿 来 。)

(C 괜찮아. 다음 번에는 일찍 와.)

해설 문장에 对不起(미안해)가 있으므로 사과에 대한 반응이 이어져야 한다. 没关系(괜찮아)로 시작하는 C가 정답이다.

어휘 对不起 duìbuqǐ 미안합니다   表 biǎo ㉿ 시계   慢 màn ㉿ 느리다   没关系 méi guānxi 괜찮습니다   下次 xiàcì ㉿ 다음 번   早 zǎo ㉿ 이르다   来 lái ㉿ 오다

6-10

Jīchǎng lí zhèr hěn yuǎn wǒmen zěnme qù
A 机场 离 这儿 很 远 ， 我们 怎么 去 ？

Xuéxiào pángbiān yǒu yí ge yīyuàn nǐ kuài qù ba
B 学校 旁边 有 一 个 医院 ， 你 快 去 吧 。

Míngtiān wǎnshang lái wǒ jiā ba wǒ gěi nǐ jièshào
C 明天 晚上 来 我 家 吧 ， 我 给 你 介绍

yí ge péngyou
一 个 朋友 。

Suīrán wàimiàn zài xià dàyǔ
D 虽然 外面 在 下 大雨

Wǒ juéde tài guì qù bié de shāngdiàn kàn kàn ba
E 我 觉得 太 贵 ， 去 别 的 商店 看 看 吧 。

A 공항은 여기에서 멀어. 우리 어떻게 가?
B 학교 옆에 병원이 하나 있어. 너 얼른 가 봐.
C 내일 저녁에 우리 집에 와. 내가 너에게 친구 한 명을 소개시켜줄게.
D 비록 밖에는 비가 많이 내릴지라도
E 내 생각에는 너무 비싸. 다른 상점에 가서 좀 보자.

6

Zhèr yǒu yīyuàn ma Wǒ shēngbìng le
这儿 有 医院 吗 ？ 我 生病 了 。

여기에 병원이 있어? 나 병이 났어.

Xuéxiào pángbiān yǒu yí ge yīyuàn nǐ kuài qù
(B 学校 旁边 有 一 个 医院 ， 你 快 去

ba
吧 。)

(B 학교 옆에 병원이 하나 있어. 너 얼른 가 봐.)

해설 문장이 有……吗？(~이 있어요?)라고 묻고 있다. 보기 B에 같은 술어 有(있다)와 목적어 医院(병원)이 있으므로 B가 정답이다.

어휘 生病 shēngbìng ㉿ 병이 나다   学校 xuéxiào ㉿ 학교   旁边 pángbiān ㉿ 옆   有 yǒu ㉿ 있다   医院 yīyuàn ㉿ 병원

7

Zhè ge shǒujī zěnmeyàng
这 个 手机 怎么样 ？

　　　Wǒ juéde tài guì 　　 qù bié de shāngdiàn kàn kàn
(E 我 觉得 太 贵 ， 去 别 的 商店 看 看
ba
吧 。)

> 이 핸드폰이 어때?

> (E 내 생각에는 너무 비싸. 다른 상점에 가서 좀 보자.)

해설 문장이 怎么样？(~이 어때?)이라고 묻고 있다. 핸드폰이 어떤지 묻는 물음이므로 너무 비싸니 다른 곳에 가 보자고 하는 E가 연결된다.

어휘 手机 shǒujī 명 핸드폰 　 觉得 juéde 동 ~라고 생각하다 　 贵 guì 형 비싸다 　 商店 shāngdiàn 명 상점

8

Dànshì wǒ hěn xiǎng chūqù wánr
但是 我 很 想 出去 玩儿 。

　　　Suīrán wàimiàn zài xià dàyǔ
(D 虽然 外面 在 下 大雨)

> 하지만 나는 나가서 놀고 싶다.

> (D 비록 밖에는 비가 많이 내릴지라도)

해설 문장이 접속사 但是(하지만)로 시작하고 있다. 보기 D의 접속사 虽然은 '虽然A, 但是B (비록 A하지만 B하다)'를 이루므로 D가 정답이다.

어휘 但是 dànshì 접 그러나, 하지만 　 出去 chūqù 동 나가다 　 玩儿 wánr 동 놀다 　 虽然 suīrán 접 비록 ~일지라도 　 外面 wàimiàn 명 밖 　 在 zài 부 ~하고 있다

9

Wǒmen méiyǒu shíjiān le 　 zuò chūzūchē qù ba
我们 没有 时间 了 ， 坐 出租车 去 吧 。

　　　Jīchǎng lí zhèr hěn yuǎn 　 wǒmen zěnme qù
(A 机场 离 这儿 很 远 ， 我们 怎么 去 ？)

> 우리 시간이 없으니까 택시를 타고 가자.

> (A 공항은 여기에서 멀어. 우리 어떻게 가?)

해설 문장이 坐出租车去吧(택시를 타고 가자)라고 가는 방법을 제안하고 있다. 공항이 멀다고 하면서 我们怎么去?(우리 어떻게 가?)라고 질문하는 A가 연결된다.

어휘 坐 zuò 동 타다 　 出租车 chūzūchē 명 택시 　 机场 jīchǎng 명 공항 　 离 lí 개 ~에서부터 　 这儿 zhèr 대 여기 　 远 yuǎn 형 멀다 　 怎么 zěnme 대 어떻게 　 去 qù 동 가다

10

Shì nǐ shàng cì shuō de nà ge rén ma
是 你 上 次 说 的 那 个 人 吗 ？

　　　Míngtiān wǎnshang lái wǒ jiā ba 　 wǒ gěi nǐ
(C 明天 晚上 来 我 家 吧 ， 我 给 你
jièshào yí ge péngyou
介绍 一 个 朋友 。)

> 네가 지난번에 말한 그 사람이야?

> (C 내일 저녁에 우리 집에 와. 내가 네게 친구 한 명을 소개시켜 줄게.)

해설 문장이 是……吗？(~이에요?)를 사용해서 그 사람이 맞는지 묻고 있다. 보기 C에서 我给你介绍一个朋友(내가 네게 친구 한 명을 소개시켜 줄게)라고 했으므로 그 사람이 맞느냐고 묻는 내용에 연결된다.

어휘 上次 shàngcì 지난번 　 说 shuō 동 말하다 　 来 lái 동 오다 　 给 gěi 개 ~에게 　 介绍 jièshào 동 소개하다 　 朋友 péngyou 명 친구

정답 1. D 2. A 3. E 4. C 5. B 6. C 7. B 8. E 9. A 10. D
11. ✗ 12. ✓ 13. ✓ 14. ✗ 15. ✓ 16. C 17. E 18. A 19. B 20. D
21. B 22. E 23. D 24. A 25. C

[제1부분]

1

D

Xīngqītiān wǒ zài jiā shuì le yì tiān
星期天 我 在 家 睡 了 一 天 。

일요일에 나는 집에서 하루종일 잤다.

해설 문장의 핵심 키워드는 睡(자다)이므로 남자가 잠을 자고 있는 사진인 D와 일치한다.

어휘 星期天 xīngqītiān 명 일요일 在 zài 개 ~에서 家 jiā 명 집 睡 shuì 동 (잠을) 자다 一天 yì tiān 명 하루

2

A

Wǒ de hǎo péngyou shì kāi chūzūchē de
我 的 好 朋友 是 开 出租车 的 。

나의 친한 친구는 택시를 운전한다.

해설 문장의 핵심 키워드는 开出租车(택시를 운전하다)이므로 택시 기사 사진인 A와 일치한다.

어휘 开 kāi 동 운전하다 出租车 chūzūchē 명 택시

3

E

Nǐ zhǎo dào Xiǎo Wáng le ma   Tā jīntiān chuānzhe hóngsè de
你 找 到 小 王 了 吗 ？ 他 今天 穿着 红色 的
yīfu
衣服 。

너 샤오왕을 찾았어? 그는 오늘 빨간색 옷을 입고 있어.

해설 문장의 핵심 키워드는 红色的衣服(빨간 옷)이다. 따라서 빨간 옷을 입고 있는 남자의 사진인 E와 일치한다.

어휘 找到 zhǎodào 찾아내다 穿 chuān 동 입다 着 zhe 조 ~하고 있다(지속) 红色 hóngsè 명 빨간색 衣服 yīfu 명 옷

4

C

Nǐ gěi tóngxué dǎ diànhuà wèn míngtiān yǒu méiyǒu kǎoshì
你 给 同学 打 电话 , 问 明天 有 没有 考试 。

너 반 친구에게 전화를 걸어서 내일 시험이 있는지 없는지 물어 봐.

해설 문장의 핵심 키워드는 打电话(전화를 걸다)이므로 여자가 전화하고 있는 사진인 C와 일치한다.

어휘 给 gěi 개 ~에게   同学 tóngxué 명 학우, 반 친구   打电话 dǎ diànhuà 전화를 걸다   问 wèn 동 묻다   考试 kǎoshì 명 시험

5

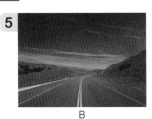

B

Nǐ dào le ma Duìbuqǐ wǒ hái zài lù shang
你 到 了 吗 ? 对不起 , 我 还 在 路 上 。

너 도착했어? 미안해. 나 아직 가는 길이야.

해설 문장의 핵심 키워드는 在路上(가는 길)이므로 길 사진인 B와 일치한다.

어휘 到 dào 동 도착하다   还 hái 부 여전히, 아직도   在 zài 동 ~에 있다   路上 lùshang 명 길 위

[제2부분]

6-10

A 过 (guo)	B 再 (zài)	C 衣服 (yīfu)
D 听 (tīng)	E 告诉 (gàosu)	

A ~한 적이 있다   B 다시   C 옷
D 듣다   E 알리다

6

Wǒ xiǎng mǎi nà jiàn yīfu
我 想 买 那 件 (衣服)。

나는 저 (옷)을 사고 싶다.

해설 빈칸 앞에 '지시대사+양사'가 있으므로 빈칸은 명사가 들어가야 한다. 件은 옷이나 사건을 세는 양사이므로 정답은 C 衣服(옷)이다.

어휘 想 xiǎng 조동 ~하고 싶다   买 mǎi 동 사다   件 jiàn 양 벌, 건   衣服 yīfu 명 옷

7

Míngtiān zài shuō ba wǒ hái méi
明天 (再) 说 吧 , 我 还 没

xiǎng hǎo ne
想 好 呢 。

내일 (다시) 이야기를 하자. 나 아직 다 생각하지 못했어.

해설 빈칸 뒤에 동사 술어가 있으므로 빈칸은 주어나 수식하는 말이 들어가야 한다. 보기 중 동사를 수식할 수 있는 단어는 B 再(다시)이다.

어휘 明天 míngtiān 명 내일   说 shuō 동 말하다   还 hái 부 아직   想 xiǎng 동 생각하다   再 zài 부 다시

8

Wǒ méi gàosu tā zhè jiàn shì
我 没 (告诉) 她 这 件 事 。

나는 이 일을 그녀한테 (알리지) 않았다.

해설 빈칸 앞에 부정부사가 있고 뒤에 목적어가 있으므로 빈칸은 동사 술어 자리이다. 목적어를 2개 가질 수 있는 동사는 E 告诉(알리다)이다.

어휘 事 shì 🅜 일　告诉 gàosu 🅥 말하다, 알리다

9

Wǒ lái guo zhè ge bīnguǎn zhèlǐ de
我 来 (过) 这 个 宾馆 , 这里 的
fúwù hěn hǎo
服务 很 好 。

나는 이 호텔에 와 (본 적이 있다). 여기 서비스가 아주 좋다.

해설 빈칸 앞에 동사 술어가 있고 뒤에 목적어가 있으므로 빈칸에는 동태조사가 들어가야 한다. 따라서 동작의 경험을 나타내는 A 过(~한 적이 있다)가 정답이다.

어휘 来 lái 🅥 오다　宾馆 bīnguǎn 🅜 호텔　服务 fúwù 🅜 서비스　过 guo 🅩 ~한 적이 있다(경험)

10

Wǒmen yǐjing tīng le sān shí duō
我们 已经 (听) 了 三 十 多
fēnzhōng le
分钟 了 。

우리는 이미 30분을 넘게 (듣고) 있다.

해설 빈칸 앞에 부사가 있고 뒤에 동태조사가 있으므로 빈칸은 동사 술어가 들어가야 한다. 따라서 D 听(듣다)이 들어가야 한다.

어휘 已经 yǐjīng 🅑 이미, 벌써　分钟 fēnzhōng 🅟 분　听 tīng 🅥 듣다　了 le 🅩 ~했다(완료)

[제3부분]

11

Wéi wǒ tīng bu qīngchu wǒ zài xǐ yīfu Xǐ
喂 , 我 听 不 清楚 , 我 在 洗 衣服 。 洗
wán hòu zài gěi nǐ dǎ diànhuà
完 后 再给 你 打 电话 。

여보세요. 나 잘 안 들려. 나 세탁 중이야. 다 하고 다시 너에게 전화 걸게.

Tā xǐ wán le yīfu
★ 他 洗 完 了 衣服 。　　　　(✗)

★ 그는 옷을 다 세탁했다.

해설 제시된 문장이 洗完了衣服(옷을 다 세탁했다)라는 뜻이므로 지문에서 그가 세탁을 마쳤는지 동작의 상태를 확인한다. 두 번째 문장에서 我在洗衣服(나는 세탁 중이다)라고 했으므로 일치하지 않는 내용이다.

어휘 喂 wéi 🅖 여보세요　听 tīng 🅥 듣다　清楚 qīngchu 🅗 분명하다, 명확하다　在 zài 🅑 ~하는 중이다　洗 xǐ 🅥 씻다, 빨다
衣服 yīfu 🅜 옷　完 wán 🅥 다하다　后 hòu 🅜 후, 뒤　再 zài 🅑 다시　给 gěi 🅚 ~에게　打 dǎ 🅥 걸다　电话 diànhuà 🅜
전화

12

Wǒ māma hé bàba dōu xǐhuan zuò cài Māma zuò
我 妈妈 和 爸爸 都 喜欢 做 菜。 妈妈 做
de hěn kuài dànshì bàba zuò de bǐ māma màn
得 很 快 , 但是 爸爸 做 得 比 妈妈 慢
yìdiǎnr
一点儿 。

Bàba cài zuò de hěn màn
★ 爸爸 菜 做 得 很 慢 。 　　　(✓)

우리 엄마와 아빠는 모두 요리하는 것을 좋아한다. 엄마는 요리를 빠르게 만들지만 아빠는 엄마보다 만드는 게 조금 느리다.

★ 아빠는 요리를 만드는 게 느리다.

해설 제시된 문장에서 아빠가 요리하는 게 느리다고 했으므로 핵심 키워드 菜做得很慢(요리를 만드는 게 느리다)을 지문과 대조한다. 지문의 마지막 부분에서 但是爸爸做得比妈妈慢一点儿(하지만 아빠는 엄마보다 만드는 게 조금 느리다)이라고 했으므로 일치하는 내용이다.

어휘 妈妈 māma 몡 엄마 和 hé 꿰 ~와/과 爸爸 bàba 몡 아빠 都 dōu 뷘 모두, 다 喜欢 xǐhuan 통 좋아하다 做 zuò 통 하다, 만들다 菜 cài 몡 요리, 음식 很 hěn 뷘 아주 快 kuài 혱 빠르다 但是 dànshì 젭 그러나, 하지만 比 bǐ 꿰 ~보다 慢 màn 혱 느리다 一点儿 yìdiǎnr 조금, 약간

13

Xià ge yuè Xiǎo Lǐ yào qù Zhōngguó lǚyóu tā tèbié
下 个 月 小 李 要 去 中国 旅游 , 她 特别
xiǎng qù Běijīng Yīnwèi tā yí cì yě méi qùguo
想 去 北京 。 因为 她 一 次 也 没 去过
Zhōngguó
中国 。

Xiǎo Lǐ méi qùguo Zhōngguó
★ 小 李 没 去过 中国 。 　　(✓)

다음 달에 샤오리는 중국 여행을 갈 것이다. 그녀는 특히 베이징에 가고 싶어 한다. 왜냐하면 그녀는 한 번도 중국에 가 본 적이 없기 때문이다.

★ 샤오리는 중국에 가 본 적이 없다.

해설 제시된 문장의 핵심 키워드는 没去过中国(중국에 가 본 적이 없다)이다. 지문의 마지막 부분에서 她一次也没去过中国(그녀는 한 번도 중국에 가 본 적이 없다)라고 했으므로 일치하는 내용이다.

어휘 下个月 xià ge yuè 다음 달 要 yào 조통 ~하려고 한다 去 qù 통 가다 中国 Zhōngguó 지명 중국 旅游 lǚyóu 통 여행하다 特别 tèbié 뷘 특히, 아주 想 xiǎng 조통 ~하고 싶다 北京 běijīng 지명 베이징 因为 yīnwèi 젭 왜냐하면 次 cì 양 번 也 yě 뷘 ~도 没 méi 뷘 ~하지 않았다 过 guo 조 ~해 본 적 있다(경험)

14

Nǐ shēntǐ zěnmeyàng Hǎo diǎnr le ma Yào fàng
你 身体 怎么样 ? 好 点儿 了 吗 ? 药 放
zài zhuōzi shang le Chī wán fàn hòu yídìng yào chī
在 桌子 上 了 。 吃 完 饭 后 一定 要 吃 ,
bié wàng le
别 忘 了 。

Yào zài yǐzi shang
★ 药 在 椅子 上 。 　　(✗)

너 몸은 어때? 좀 좋아졌어? 약은 탁자 위에 뒀어. 밥 먹고 반드시 먹어야 해. 잊지 마.

★ 약은 의자 위에 있다.

해설 제시된 문장은 약의 위치를 나타내므로 在椅子上(의자 위에 있다)을 핵심 키워드로 삼고 대조한다. 지문에서 药放在桌子上了(약은 탁자 위에 뒀어)라고 했으므로 일치하지 않는다.

어휘 身体 shēntǐ 몡 몸, 신체 药 yào 몡 약 放 fàng 통 놓다 在 zài 꿰 ~에서 桌子 zhuōzi 몡 탁자 上 shang 몡 ~위에 吃 chī 통 먹다 完 wán 통 다하다 饭 fàn 몡 밥 一定 yídìng 뷘 반드시 要 yào 조통 ~해야 한다 忘 wàng 통 잊다 别 bié 뷘 ~하지 마라 椅子 yǐzi 몡 의자

15

Wǒ jiā lí gōngsī hěn jìn suǒyǐ wǒ měitiān zǒuzhe
我 家 离 公司 很 近， 所以 我 每天 走着

qù shàngbān Shíwǔ fēnzhōng jiù néng dào
去 上班 。 十五 分钟 就 能 到 。

우리 집은 회사에서 가깝다. 그래서 나는 매일 걸어서 출근한다. 15분이면 도착할 수 있다.

Tā jiā lí gōngsī bù yuǎn
★ 他 家 离 公司 不 远 。 (✓)

★ 그의 집은 회사에서 멀지 않다.

해설 제시된 문장이 그의 집과 회사 사이의 거리를 나타내므로 不远(멀지 않다)을 핵심 키워드로 삼는다. 지문의 시작 부분에서 我家离公司很近(우리 집은 회사에서 가깝다)이라고 했으므로 일치하는 내용이다.

어휘 家 jiā 명 집 离 lí 개 ~에서부터 公司 gōngsī 명 회사 近 jìn 형 가깝다 所以 suǒyǐ 접 그래서 每天 měitiān 명 매일 走着去 zǒu zhe qù 걸어가다 上班 shàngbān 통 출근하다 分钟 fēnzhōng 양 분 就 jiù 부 바로 能 néng 조통 ~할 수 있다 到 dào 통 도착하다 远 yuǎn 형 멀다

[제4부분]

16-20

Bǐ zuótiān hǎo duō le Xièxie nǐmen lái kàn wǒ
A 比 昨天 好 多 了 。 谢谢 你们 来 看 我 。

Chuáng shang de nà jiàn yīfu shì yào xǐ de ma
B 床 上 的 那 件 衣服 是 要 洗 的 吗 ？

Bú kèqi kuài jìnqù ba míngtiān jiàn
C 不 客气， 快 进去 吧， 明天 见 。

Nǐ jīntiān xiàbān hòu xiǎng zuò shénme
D 你 今天 下班 后 想 做 什么 ？

Nǐ de xiǎogǒu zài nǎr
E 你 的 小狗 在 哪儿 ？

A 어제보다 많이 좋아졌어. 날 보러 와 줘서 고마워.
B 침대 위에 저 옷은 세탁해야 하는 거야?
C 뭘. 얼른 들어가. 내일 보자.
D 너 오늘 퇴근 후에 뭐 하고 싶어?
E 네 강아지가 어디에 있어?

16

Xièxie nǐ sòng wǒ huíjiā
谢谢 你 送 我 回家 。

나 집에 데려다줘서 고마워.

Bú kèqi kuài jìnqù ba míngtiān jiàn
(C 不 客气， 快 进去 吧， 明天 见 。)

(C 뭘. 얼른 들어가. 내일 보자.)

해설 문제의 문장에 谢谢(고마워)가 있으므로 不客气(뭘)라고 대답하는 C가 연결되는 문장이다.

어휘 送 sòng 통 보내다, 배웅하다 回家 huíjiā 통 집으로 돌아가다 不客气 bú kèqi 별말씀을요, 뭘요 进去 jìnqù 통 들어가다

17

Tā zài yǐzi xiàmiàn chī dōngxi ne
它 在 椅子 下面 吃 东西 呢 。

그는 의자 밑에서 먹이를 먹고 있어.

　　　Nǐ de xiǎogǒu zài nǎr
（ E 你 的 小狗 在 哪儿 ？ ）

(E 네 강아지가 어디에 있어?)

해설 문장의 주어가 사물이나 동물을 가리키는 대사 它(그것)이다. 보기 E의 주어가 小狗(강아지)이므로 E가 연결되는 문장이다.

어휘 它 tā 뗴 그것　椅子 yǐzi 몡 의자　下面 xiàmian 몡 아래　小狗 xiǎogǒu 몡 강아지　在 zài 됭 ~에 있다　哪儿 nǎr 뗴 어디

18

Xiànzài shēntǐ zěnmeyàng
现在 身体 怎么样 ？

지금 몸은 어때?

　　Bǐ zuótiān hǎo duō le　Xièxie nǐmen lái kàn
（ A 比 昨天 好 多 了 。 谢谢 你们 来 看
wǒ
我 。 ）

(A 어제보다 많이 좋아졌어. 날 보러 와 줘서 고마워.)

해설 문장에서 건강이 어떤지 의문대사 怎么样？(어때?)을 이용해 묻고 있다. 따라서 好多了(많이 좋아졌다)라고 대답한 A가 연결되는 대답이다.

어휘 身体 shēntǐ 몡 몸, 신체　比 bǐ 꽤 ~보다　昨天 zuótiān 몡 어제　谢谢 xièxie 고맙습니다

19

Bú shì　nà jiàn yǐjing xǐ wán le
不 是 , 那 件 已经 洗 完 了 。

아니야. 그 옷은 이미 다 빨았어.

　　Chuáng shang de nà jiàn yīfu shì yào xǐ de ma
（ B 床 上 的那件衣服是要洗的吗？ ）

(B 침대 위에 저 옷은 빨아야 하는 거야?)

해설 문제의 문장이 不是(아니)로 시작하고 있다. 보기 B가 是……吗？(~이에요?)라고 묻고 있고 같은 동사 洗(빨다)가 있으므로 연결되는 문장이다.

어휘 已经 yǐjing 뷔 이미, 벌써　洗 xǐ 됭 씻다, 빨다　床 chuáng 몡 침대　件 jiàn 양 벌, 건　衣服 yīfu 몡 옷　要 yào 조됭 ~해야 한다

20

Wǒ hěn lèi　xiǎng huíjiā shuìjiào
我 很 累 , 想 回家 睡觉 。

나 힘들어. 집에 가서 자고 싶어.

　　Nǐ jīntiān xiàbān hòu xiǎng zuò shénme
（ D 你 今天 下班 后 想 做 什么 ？ ）

(D 너 오늘 퇴근 후에 뭐 하고 싶어?)

해설 문제의 문장에 조동사 想(~하고 싶다)이 있다. 보기 D에도 조동사 想이 있고, 퇴근 후 무엇을 하고 싶은지 물으니 집에 가서 자고 싶다고 대답하는 내용이므로 서로 연결된다.

어휘 累 lèi 혱 힘들다, 피곤하다　回家 huíjiā 됭 집으로 돌아가다　睡觉 shuìjiào 됭 잠을 자다　下班 xiàbān 됭 퇴근하다　想 xiǎng 조됭 ~하고 싶다　做 zuò 됭 하다　什么 shénme 뗴 무슨, 무엇

21-25

Nǐ mèimei zěnme méi hé nǐ yìqǐ lái ne
A 你 妹妹 怎么 没 和 你 一起 来 呢？

Bù yuǎn zuò gōnggòngqìchē fēnzhōng jiù néng dào
B 不 远 ， 坐 公共汽车 5 分钟 就 能 到 。

Tā shì xīn lái de tóngxué jiào Wáng jūn
C 他 是 新 来 的 同学 ， 叫 王 军 。

Zhè běn shū wǒ yǐjing kàn wán le
D 这 本 书 我 已经 看 完 了 。

Kuài diǎnr huǒchē yào kāi le
E 快 点儿 ， 火车 要 开 了 。

A 네 여동생은 왜 너랑 같이 오지 않았어?
B 멀지 않아. 버스를 타고 5분이면 도착할 수
  있어.
C 그는 새로 온 반 친구야. 왕쥔이라고 해.
D 이 책 나는 이미 다 봤어.
E 빨리 해. 기차가 곧 떠날 거야.

21
Nǐ de xuéxiào lí nǐ jiā yuǎn ma
你 的 学校 离 你 家 远 吗？

네 학교는 집에서 멀어?

Bù yuǎn zuò gōnggòngqìchē fēnzhōng jiù
(B 不 远 ， 坐 公共汽车 5 分钟 就
néng dào
能 到 。)

(B 멀지 않아. 버스를 타고 5분이면 도착할 수
있어.)

해설 문장이 학교에 대해 离你家远吗?(집에서 멀어요?)라고 묻고 있다. 보기 B에 같은 형용사 远(멀다)이 사용되었으므
로 연결되는 내용이다.

어휘 学校 xuéxiào 명 학교   离 lí 개 ~에서부터   远 yuǎn 형 멀다   坐 zuò 동 타다   公共汽车 gōnggòng qìchē 명 버스   分钟
fēnzhōng 양 분   就 jiù 부 바로   能 néng 조동 ~할 수 있다   到 dào 동 도착하다

22
Zhīdào le mǎshàng lái
知道 了 ， 马上 来 。

알겠어. 곧 가.

Kuài diǎnr huǒchē yào kāi le
(E 快 点儿 ， 火车 要 开 了 。)

(E 빨리 해. 기차가 곧 떠날 거야.)

해설 문장에 특별한 단어가 없기 때문에 전체적인 뜻을 파악해야 한다. 알겠다면서 곧 가겠다는 내용과 어울리는 것은 快
点儿(빨리 해)이라고 채근하는 내용이다. 정답은 E이다.

어휘 知道 zhīdào 동 알다   马上 mǎshàng 부 곧, 바로   快 kuài 형 빠르다   火车 huǒchē 명 기차   开 kāi 동 운전하다

23
Zhème kuài Yǒu yìsi ma
这么 快？ 有 意思 吗？

이렇게 빨리? 재미있어?

Zhè běn shū wǒ yǐjing kàn wán le
(D 这 本 书 我 已经 看 完 了 。)

(D 이 책 나는 이미 다 봤어.)

해설 문장이 有意思吗?(재미있어?)라고 묻고 있다. 有意思와 어울리는 말은 보기 D의 주어인 这本书(이 책)이므로 D
가 정답이다.

어휘 有意思 yǒu yìsi 형 재미있다   本 běn 양 권   书 shū 명 책   完 wán 동 다하다   已经 yǐjīng 부 이미, 벌써

24

Wǒ chūmén de shíhou　　tā hái zài shuìjiào
我　出门　的　时候　，她　还　在　睡觉　。

내가 외출할 때 그녀는 여전히 자고 있었어.

　　　Nǐ mèimei zěnme méi hé nǐ yìqǐ lái ne
（A 你　妹妹　怎么　没　和　你　一起　来　呢 ？）

(A 네 여동생은 왜 너랑 같이 오지 않았어?)

해설 문장에 인칭대사 她(그녀)가 있으므로 보기 A의 你妹妹(네 여동생)를 가리키는 말이 된다. 의미상 '네 여동생은 왜 같이 안 왔느냐'는 물음에 '그녀는 여전히 자고 있었다'라는 대답이 연결되므로 정답은 A이다.

어휘 出门 chūmén 통 외출하다　还 hái 부 여전히　在 zài 부 ~하고 있다　睡觉 shuìjiào 통 잠을 자다　妹妹 mèimei 명 여동생
怎么 zěnme 대 어째서, 왜　和 hé 개 ~와/과　一起 yìqǐ 부 같이

25

Tā shì shéi　　Nǐ rènshi tā ma
他　是　谁 ？你　认识　他　吗 ？

그는 누구야? 너 알아?

　　　Tā shì xīn lái de tóngxué　　jiào Wáng jūn
（C 他　是　新　来　的　同学　，叫　王　军　。）

(C 그는 새로 온 반 친구야. 왕쥔이라고 해.)

해설 문장이 他是谁？(그는 누구야?)라고 묻고 있다. 따라서 他是……(그는 ~이야)이라고 그에 대해 소개하는 문장인 C가 연결되는 내용이다.

어휘 谁 shéi 대 누구　认识 rènshi 통 알다　新 xīn 형 새롭다　来 lái 통 오다　同学 tóngxué 명 학우, 반 친구

듣기

제1부분	1. ✓	2. ✗	3. ✗	4. ✓	5. ✗
제2부분	6. A	7. B	8. B	9. A	10. C
제3부분	11. B	12. E	13. A	14. F	15. D
제4부분	16. C	17. B	18. A	19. A	20. B

독해

제1부분	21. ✗	22. ✓	23. ✓	24. ✗	25. ✓
제2부분	26. D	27. F	28. A	29. C	30. B
제3부분	31. C	32. D	33. A	34. E	35. B
제4부분	36. F	37. B	38. A	39. E	40. C

듣기 제1부분

1

dǎ diànhuà
打 电话

전화를 하다

해설 녹음에서 打电话(전화를 하다)라고 했으므로 여자가 전화하고 있는 사진과 일치한다.

어휘 打 dǎ 동 걸다 电话 diànhuà 명 전화

2

kāichē
开车

운전하다

해설 녹음에서 开车(운전하다)라고 했으므로 자전거를 타고 있는 사진과 일치하지 않는다.

어휘 开 kāi 동 운전하다 车 chē 명 차

3

bàba hé nǚ'ér
爸爸 和 女儿

아빠와 딸

해설 녹음에서 爸爸和女儿(아빠와 딸)이라고 했지만 사진에는 아빠와 아들이 있으므로 일치하지 않는다.

어휘 爸爸 bàba 명 아빠 和 hé 개 ~와/과 女儿 nǚ'ér 명 딸

4

hē chá
喝 茶

차를 마시다

해설 녹음에서 喝茶(차를 마시다)라고 했으므로 여자가 차를 마시는 사진과 일치한다.

어휘 喝 hē 동 마시다 茶 chá 명 차

5

hěn lěng
很 冷

아주 춥다

해설 녹음에서 冷(춥다)이라고 했는데 사진에는 우산이 있으므로 일치하지 않는다.

어휘 很 hěn 冨 아주   冷 lěng 휑 춥다

듣기 제2부분

6

A

Wǒ sān diǎn qù jiàn péngyou
我 三 点 去 见 朋友 。

나는 3시에 친구를 만나러 간다.

해설 녹음에 친구를 만나러 가는 시간으로 三点(3시)이 들렸으므로 3시를 가리키는 사진인 A가 정답이다.

어휘 我 wǒ 떼 나   三 sān 주 3, 셋   点 diǎn 양 시   去 qù 통 가다   见 jiàn 통 만나다   朋友 péngyou 명 친구

7

B

Tā zài fànguǎn gōngzuò
他 在 饭馆 工作 。

그는 식당에서 일을 한다.

해설 녹음에서 在饭馆工作(식당에서 일을 한다)라고 했으므로 요리사 사진인 B가 정답이다.

어휘 他 tā 떼 그   在 zài 개 ~에서   饭馆 fànguǎn 명 식당   工作 gōngzuò 통 일하다

8

B

Tiānqì hěn lěng
天气 很 冷 。

날씨가 아주 춥다.

해설 녹음에 很冷(아주 춥다)이 들렸으므로 눈이 내리는 사진인 B가 정답이다.

어휘 天气 tiānqì 명 날씨   很 hěn 冨 아주   冷 lěng 휑 춥다

9

A

Tā kāichē qù xuéxiào
她 开车 去 学校 。

그녀는 운전해서 학교에 간다.

해설 녹음에 开车(운전하다)가 들렸으므로 여자가 운전하고 있는 사진인 A가 정답이다.

어휘 她 tā 団 그녀   开车 kāichē 통 운전하다   去 qù 통 가다   学校 xuéxiào 명 학교

10

C

Érzi xǐhuan shuìjiào
儿子 喜欢 睡觉 。

아들은 잠을 자는 것을 좋아한다.

해설 녹음에 睡觉(잠을 자다)가 들렸으므로 남자아이가 자고 있는 사진인 C가 정답이다.

어휘 儿子 érzi 명 아들   喜欢 xǐhuan 통 좋아하다   睡觉 shuìjiào 통 잠을 자다

듣기 제3부분

11

B

Qǐng hē chá
男：请 喝 茶 。

Zhè shì shénme chá
女：这 是 什么 茶 ？

남: 차를 드세요.
여: 이것은 무슨 차입니까?

해설 남자가 차를 마시라고 권하고 있으므로 찻잔 사진인 B가 정답이다.

어휘 请 qǐng 통 ~하세요   喝 hē 통 마시다   茶 chá 명 차   这 zhè 団 이것   是 shì 통 ~이다   什么 shénme 団 무슨, 무엇

12

E

Xiàwǔ liù diǎn wǒmen qù mǎi yīfu   zěnmeyàng
女：下午 六 点 我们 去 买 衣服 ， 怎么样 ？

Hǎo de   liù diǎn jiàn
男：好 的 ， 六 点 见 。

여: 오후 6시에 우리 옷을 사러 가자. 어때?
남: 좋아. 6시에 만나.

해설 여자가 남자에게 去买衣服(옷을 사러 가자)라고 제안하고 있으므로 사람들이 옷을 고르는 사진인 E가 정답이다.

어휘 下午 xiàwǔ 명 오후   六 liù 수 6, 여섯   点 diǎn 양 시   我们 wǒmen 団 우리   去 qù 통 가다   买 mǎi 통 사다   衣服 yīfu 명 옷   怎么样 zěnmeyàng 団 어떠하다, 어때   见 jiàn 통 만나다

13

A

Nǐ shì nǎ guó rén
男: 你 是 哪 国 人 ？

Wǒ shì zhōngguó rén
女: 我 是 中国 人 。

남: 너는 어느 나라 사람이야?
여: 나는 중국 사람이야.

해설 남자가 여자에게 어느 나라 사람이냐고 물었고 여자가 中国人(중국 사람)이라고 말했으므로 치파오를 입은 여자 사진인 A가 정답이다.

어휘 你 nǐ 때 너   是 shì 통 ~이다   哪 nǎ 때 어느   国 guó 명 나라   人 rén 명 사람   我 wǒ 때 나   中国人 zhōngguórén 명 중국 사람

14

F

Wǒ xiǎng huíjiā shuìjiào
女: 我 想 回家 睡觉 。

Wǒ yě shì
男: 我 也 是 。

여: 나 집에 가서 자고 싶어.
남: 나도 그래.

해설 여자가 想回家睡觉(집에 가서 자고 싶어)라고 했으므로 여자가 잠을 자는 사진인 F가 정답이다.

어휘 想 xiǎng 조통 ~하고 싶다   回家 huíjiā 통 집으로 돌아가다   睡觉 shuìjiào 통 잠을 자다   也 yě 부 ~도

15

D

Nǐ kànjiàn wǒ de gǒu le ma
男: 你 看见 我 的 狗 了 吗 ？

Méiyǒu
女: 没有 。

남: 너 우리 개를 봤어?
여: 아니.

해설 남자가 자신의 개를 봤느냐고 묻고 있으므로 개의 사진인 D가 정답이다.

어휘 看见 kànjiàn 통 보다, 보이다   的 de 조 ~의   狗 gǒu 명 개   了 le 조 ~했다(완료)   吗 ma 조 입니까?

듣기 제4부분

16

Wǒ xué le qī nián Hànyǔ
我 学 了 七 年 汉语 。

나는 중국어를 7년 배웠다.

tā xué le jǐ nián Hànyǔ
问: 他 学 了 几 年 汉语 ？

질문: 그는 중국어를 몇 년 배웠는가?

A **sān nián** 三 年	B **wǔ nián** 五 年	C **qī nián** 七 年

A 3년	B 5년	**C 7년**

해설 보기가 모두 시간을 나타낸다. 녹음에서 七年(7년)이 들렸고, 질문에서 그가 중국어를 배운 기간을 묻고 있으므로 정답은 C 七年(7년)이다.

어휘 我 wǒ 때 나   学 xué 통 배우다   了 le 조 ~했다(완료)   七 qī 수 7, 일곱   年 nián 명 년   汉语 Hànyǔ 명 중국어   他 tā 때 그   几 jǐ 때 몇

17 **Lǎoshī huíjiā le**
老师 回家 了 。

선생님은 집으로 돌아갔다.

Lǎoshī qù nǎr le
问：老师 去 哪儿 了 ？

질문: 선생님은 어디에 갔는가?

A **shāngdiàn** 商店	B **jiā** 家	C **xuéxiào** 学校

A 상점	**B 집**	C 학교

해설 보기가 모두 장소를 나타내므로 장소를 주의해서 듣는다. 녹음에서 回家了(집에 돌아갔다)가 들렸고, 질문에서 선생님이 어디에 갔는지 물었으므로 정답은 B 家(집)이다.

어휘 老师 lǎoshī 명 선생님   回家 huíjiā 통 집으로 돌아가다   了 le 조 ~했다(완료)   哪儿 nǎr 때 어디   商店 shāngdiàn 명 상점   家 jiā 명 집   学校 xuéxiào 명 학교

18 **Wǒ xiǎng mǎi sān ge yǐzi**
我 想 买 三 个 椅子 。

나는 의자를 세 개 사고 싶다.

Tā xiǎng mǎi shénme
问：他 想 买 什么 ？

질문: 그는 무엇을 사고 싶어 하는가?

A **yǐzi** 椅子	B **zhuōzi** 桌子	C **diànshì** 电视

A 의자	B 탁자	C 텔레비전

해설 보기가 모두 사물이므로 녹음에 그대로 언급되는 것을 확인한다. 녹음에서 三个椅子(의자 세 개)가 들렸고, 질문에서 그가 사고 싶어 하는 것을 물었으므로 정답은 A 椅子(의자)이다.

어휘 我 wǒ 때 나   想 xiǎng 조동 ~하고 싶다   买 mǎi 통 사다   三 sān 수 3, 셋   个 ge 양 개   椅子 yǐzi 명 의자   什么 shénme 때 무슨, 무엇   桌子 zhuōzi 명 탁자   电视 diànshì 명 텔레비전

19 **Māma chī zǎofàn qián dōu hē shuǐ**
妈妈 吃 早饭 前 都 喝 水 。

엄마는 아침을 먹기 전에는 물을 마신다.

Māma shénme shíhou hē shuǐ
问：妈妈 什么 时候 喝 水 ？

질문: 엄마는 언제 물을 마시는가?

A **zǎofàn qián**
早饭 前

B **wǔfàn qián**
午饭 前

C **wǎnfàn qián**
晚饭 前

A 아침 식사 전

B 점심 식사 전

C 저녁 식사 전

해설 보기가 모두 시기를 나타내므로 행동을 언제 하는지 주의해서 듣는다. 녹음에서 吃早饭前(아침을 먹기 전)이 들렸고, 질문에서 엄마가 물을 마시는 때를 물었으므로 정답은 A 早饭前(아침 식사 전)이다.

어휘 妈妈 māma 몡 엄마   吃 chī 통 먹다   早饭 zǎofàn 몡 아침 식사   前 qián 몡 전   都 dōu 뷔 모두   喝 hē 통 마시다   水 shuǐ 몡 물   什么时候 shénme shíhou 언제   午饭 wǔfàn 몡 점심 식사   晚饭 wǎnfàn 몡 저녁 식사

20	Nǐ de píngguǒ hěn dà 你 的 苹果 很 大。 Píngguǒ zěnmeyàng 问: 苹果 怎么样 ?	네 사과가 아주 크다. 질문: 사과는 어떠한가?
	duō 　　　　 dà 　　　　 xiǎo A 多 　　　 B 大 　　　 C 小	A 많다 　　　　 B 크다 　　　　 C 작다

해설 보기가 모두 형용사이므로 묘사하는 내용을 주의해서 듣는다. 녹음에서 사과에 대해 很大(아주 크다)라고 했으므로 정답은 B 大(크다)이다.

어휘 你 nǐ 떼 너   的 de 죄 ~의   苹果 píngguǒ 몡 사과   很 hěn 뷔 아주   大 dà 혱 크다   怎么样 zěnmeyàng 떼 어떠하다, 어때   多 duō 혱 많다   小 xiǎo 혱 작다

독해 제1부분

21		píngguǒ 苹果 사과

해설 제시된 단어가 苹果(사과)이므로 배 사진과 일치하지 않는다.
어휘 苹果 píngguǒ 몡 사과

22		dà 大 크다

해설 제시된 단어는 大(크다)인데 코끼리가 크므로 지문과 사진이 일치한다.
어휘 大 dà 혱 크다

23		chī 吃 먹다

24

huǒchē
火车

기차

해설 제시된 단어는 火车(기차)이므로 택시 사진과 일치하지 않는다.

어휘 火车 huǒchē 명 기차

25

érzi
儿子

아들

해설 제시된 단어는 儿子(아들)이므로 남자아이 사진과 일치한다.

어휘 儿子 érzi 명 아들

독해 제2부분

26

D

Wéi   nǐ dào nǎr le
喂 ， 你 到 哪儿 了 ？

여보세요. 너 어디에 도착했어?

해설 문장의 핵심 키워드는 喂(여보세요)이므로 남자가 전화하고 있는 사진인 D와 일치한다.

어휘 喂 wèi 갑 여보세요 你 nǐ 대 너 到 dào 동 도착하다 哪儿 nǎr 대 어디 了 le 조 ~했다(완료)

27

F

Zuótiān xià dàyǔ le
昨天 下 大雨 了 。

어제 비가 많이 내렸다.

해설 문장의 핵심 키워드는 下大雨(비가 많이 내리다)이므로 우산 사진인 F와 일치한다.

어휘 昨天 zuótiān 명 어제 下 xià 동 내리다 大雨 dàyǔ 명 큰비

28

A

Māma　　zhè ge zì zěnme dú
妈妈 ， 这 个 字 怎么 读 ？

엄마. 이 글자 어떻게 읽어요?

해설 문장의 핵심 키워드는 妈妈(엄마)와 读(읽다)이므로 엄마와 아이가 공부하고 있는 사진인 A와 일치한다.

어휘 妈妈 māma 몡 엄마　这 zhè 떼 이것　个 ge 양 개　字 zì 몡 글자　怎么 zěnme 떼 어떻게　读 dú 동 읽다

29

C

Nǐ xiǎng kàn shénme diànyǐng
你 想 看 什么 电影 ？

너는 무슨 영화가 보고 싶어?

해설 문장의 핵심 키워드는 看电影(영화를 보다)이므로 남자가 영화를 보고 있는 C가 정답이다.

어휘 你 nǐ 떼 너　想 xiǎng 조동 ~하고 싶다　看 kàn 동 보다　什么 shénme 떼 무슨, 무엇　电影 diànyǐng 몡 영화

30

B

Zhè ge　yīfu yǒudiǎnr dà
这 个 衣服 有点儿 大 。

이 옷은 좀 크다.

해설 문장의 핵심 키워드는 衣服(옷)이므로 옷을 입고 있는 사진인 B가 정답이다.

어휘 这 zhè 떼 이것　个 ge 양 개　衣服 yīfu 몡 옷　有点儿 yǒu diǎnr 분 조금, 약간　大 dà 혱 크다

독해 제3부분

31-35

Zuò chūzūchē qù
A 坐 出租车 去 。

Bù duō
B 不 多 。

Wǔ ge yuè
C 五 个 月 。

Xiǎng chī zhōngguó cài
D 想 吃 中国 菜 。

Shì bàba de
E 是 爸爸 的 。

Hǎo de　xièxie
F 好 的, 谢谢 !

A 택시를 타고 가요.

B 많지 않아.

C 5개월이요.

D 중국 음식을 먹고 싶어.

E 아빠의 것이에요.

F 네, 고마워요!

31

Tā xué le jǐ ge yuè
他 学 了 几 个 月 ?

그는 몇 개월 배웠습니까?

Wǔ ge yuè
(C 五 个 月 。)

(C 5개월이요.)

해설 문장이 几个月?(몇 개월?)라고 묻고 있으므로 기간과 관련된 문장을 찾는다. 五个月(5개월)라고 대답한 C가 연결된다.

어휘 他 tā 대 그   学 xué 동 배우다   了 le 조 ~했다(완료)   几 jǐ 대 몇   个 ge 양 개   月 yuè 명 월

32

Nǐ xiǎng chī shénme cài
你 想 吃 什么 菜 ?

너 무슨 음식이 먹고 싶어?

Xiǎng chī zhōngguó cài
(D 想 吃 中国 菜 。)

(D 중국 음식을 먹고 싶어.)

해설 문장이 어떤 음식을 먹고 싶은지 묻고 있으므로 같은 동사인 想吃(먹고 싶다)로 대답한 D가 연결된다.

어휘 你 nǐ 대 너   想 xiǎng 조동 ~하고 싶다   吃 chī 동 먹다   什么 shénme 대 무슨, 무엇   菜 cài 명 요리, 음식   中国 Zhōngguó 지명 중국

33

Māma zěnme qù shāngdiàn
妈妈 怎么 去 商店 ?

엄마는 어떻게 상점에 가요?

Zuò chūzūchē qù
(A 坐 出租车 去 。)

(A 택시를 타고 가요.)

해설 문장이 怎么去?(어떻게 가요?)라고 묻고 있으므로 가는 방법을 설명한 문장을 찾는다. 坐出租车去(택시를 타고 가요)라고 대답한 A가 연결된다.

어휘 妈妈 māma 명 엄마   怎么 zěnme 대 어떻게   去 qù 동 가다   商店 shāngdiàn 명 상점   坐 zuò 동 타다   出租车 chūzūchē 명 택시

34

Yǐzi shang de shū shì shéi de
椅子 上 的 书 是 谁 的 ?

의자 위의 책은 누구의 것이에요?

Shì bàba de
(E 是 爸爸 的 。)

(E 아빠의 것이에요.)

해설 문장이 의자 위의 책에 대해 是谁的?(누구의 것이에요?)라고 묻고 있으므로 같은 형식 是爸爸的(아빠의 것이에요)라고 대답한 E가 연결된다.

어휘 椅子 yǐzi 명 의자   上 shang 명 ~위에   的 de 조 ~의, ~의 것   书 shū 명 책   是 shì 동 ~이다   谁 shéi 대 누구   爸爸 bàba 명 아빠

35

Nǐmen xuéxiào de lǎoshī duō bu duō
你们 学校 的 老师 多 不 多 ?

너희 학교에 선생님이 많아 안 많아?

Bù duō
(B 不 多 。)

(B 많지 않아.)

문장이 정반의문문의 형식 多不多？(많아 안 많아?)로 묻고 있다. 따라서 같은 형용사를 사용해 不多(많지 않아)라고 대답한 B가 정답이다.

어휘 你们 nǐmen 때 너희 学校 xuéxiào 몡 학교 的 de 죄 ~의 老师 lǎoshī 몡 선생님 多 duō 혱 많다 不 bù 뷔 안/못

독해 제4부분

36-40

A 和 hé	B 几 jǐ	C 前面 qiánmiàn
D 名字 míngzi	E 是 shì	F 多 duō

A ~와/과	B 몇	C 앞
D 이름	E 네	F 많다

36
Zhèr yǒu hěn duō shuǐguǒ
这儿 有 很 （ 多 ） 水果 。

여기에 아주 (많은) 과일이 있다.

해설 빈칸 앞에 정도부사 很(아주)이 있으므로 형용사가 들어가야 한다. 따라서 F 多(많다)가 들어가야 한다.

어휘 这儿 zhèr 때 여기 有 yǒu 통 있다 很 hěn 뷔 아주 水果 shuǐguǒ 몡 과일 多 duō 혱 많다

37
Shāngdiàn lǐ yǒu jǐ ge rén
男: 商店 里 有 （ 几 ） 个 人 ？
Méiyǒu
女: 没有 。

남: 상점 안에 (몇) 명의 사람이 있어?
여: 없어.

해설 빈칸 뒤에 '양사+명사'가 있으므로 빈칸은 수사 또는 지시대사가 들어가야 한다. 그런데 문장이 의문문이므로 의문대사인 B 几(몇)가 들어가야 한다.

어휘 商店 shāngdiàn 몡 상점 里 lǐ 몡 안 有 yǒu 통 있다 个 ge 양 개, 명 人 rén 몡 사람 没有 méiyǒu 통 없다 几 jǐ 때 몇

38
Nǐ hé shéi xuéxí Hànyǔ
你 （ 和 ） 谁 学习 汉语 ？

너는 누구 (와) 중국어를 공부해?

해설 빈칸 앞에 주어가 있고 뒤에 명사가 있으므로 빈칸은 개사 자리이다. 문맥상 A 和(~와/과)가 들어가야 한다.

어휘 你 nǐ 때 너 谁 shéi 때 누구 学习 xuéxí 통 공부하다 汉语 Hànyǔ 몡 중국어 和 hé 개 ~와/과

39
Nǐ shì lǎoshī ma
女: 你 是 老师 吗 ？
Bù shì wǒ shì xuésheng
男: 不 （ 是 ）， 我 是 学生 。

여: 당신은 선생님입니까?
남: (아니요). 나는 학생입니다.

해설 빈칸 앞에 부정부사 不(안/못)가 있다. 상대방이 是……吗？(~이에요?)라고 물었으므로 是 또는 不是라고 대답해야 한다. 따라서 정답은 E 是(네)이다.

어휘 你 nǐ 때 너 是 shì 통 ~이다 老师 lǎoshī 몡 선생님 吗 ma 죄 ~입니까? 学生 xuésheng 몡 학생

40 Nǐ zuò zài wǒ   qiánmiàn   ba
你 坐 在 我 (前面) 吧 。

너 내 (앞)에 앉아.

해설 빈칸 앞에 '술어+보어'인 坐在(~에 앉다)가 있고 대사 我(나)가 있다. 在 뒤에는 장소가 와야 하므로 장소의 의미를 나타내기 위해서 C 前面(앞)이 들어가야 한다.

어휘 你 nǐ 대 너   坐 zuò 동 앉다   在 zài 개 ~에서   我 wǒ 대 나   吧 ba 조 ~해라(명령)   前面 qiánmian 명 앞, 앞쪽

듣기

제1부분	1. ✗	2. ✓	3. ✗	4. ✓	5. ✗
제2부분	6. B	7. A	8. C	9. B	10. A
제3부분	11. A	12. B	13. F	14. D	15. E
제4부분	16. A	17. C	18. B	19. A	20. C

독해

제1부분	21. ✓	22. ✓	23. ✗	24. ✗	25. ✓
제2부분	26. B	27. C	28. A	29. D	30. F
제3부분	31. D	32. A	33. E	34. B	35. C
제4부분	36. F	37. A	38. B	39. C	40. E

듣기 제1부분

1

chūzūchē
出租车

택시

해설 녹음에서 出租车(택시)라고 했으므로 기차 사진과 일치하지 않는다.

어휘 出租车 chūzūchē 몡 택시

2

Běijīng
北京

북경

해설 녹음에서 北京(북경)이라고 했고 만리장성은 북경에 있으므로 녹음과 사진이 일치한다.

어휘 北京 Běijīng 지명 북경

3

wǔ běn shū
五 本 书

책 다섯 권

해설 녹음에서 五本书(책 다섯 권)라고 했으므로 책 네 권의 사진과 일치하지 않는다.

어휘 五 wǔ 囝 5, 다섯 本 běn 양 권 书 shū 몡 책

4

shuǐguǒ
水果

과일

해설 녹음에서 水果(과일)라고 했으므로 과일 사진과 일치한다.

어휘 水果 shuǐguǒ 몡 과일

5

bú shuìjiào
不　睡觉

잠을 자지 않다

해설 녹음에서 不睡觉(잠을 자지 않는다)라고 했으므로 잠을 자는 사진과 일치하지 않는다.

어휘 不 bù 🖪 안/못　睡觉 shuìjiào 🖲 잠을 자다

듣기 제2부분

6

Wǒ ài kàn diànshì
我 爱 看 电视 。

나는 텔레비전을 보는 것을 좋아한다.

B

해설 녹음에서 看电视(텔레비전을 보다)가 들렸으므로 텔레비전을 보는 사진인 B가 정답이다.

어휘 我 wǒ 📗 나　爱 ài 🖲 ~하기를 좋아하다　看 kàn 🖲 보다　电视 diànshì 📓 텔레비전

7

Bàba jǐ diǎn xià fēijī
爸爸 几 点 下 飞机 ？

아빠는 몇 시에 비행기에서 내려요?

A

해설 녹음에 下飞机(비행기에서 내리다)가 들렸으므로 공항 사진인 A가 정답이다.

어휘 爸爸 bàba 📓 아빠　几 jǐ 📗 몇　点 diǎn 📖 시　下 xià 🖲 내리다　飞机 fēijī 📓 비행기

8

Zhè ge yīfu hěn piàoliang
这 个 衣服 很 漂亮 。

이 옷이 아주 예쁘다.

C

해설 녹음에서 衣服(옷)가 들렸으므로 셔츠 사진인 C가 정답이다.

어휘 这 zhè 📗 이　个 ge 📖 개　衣服 yīfu 📓 옷　很 hěn 🖪 아주　漂亮 piàoliang 🖻 예쁘다

9

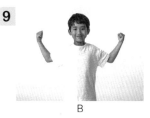

B

Wǒ de érzi jīnnián shí suì le
我 的 儿子 今年 十 岁 了。

내 아들은 올해 10살이다.

> **해설** 녹음에서 儿子(아들), 十岁(열 살)라고 했으므로 남자아이 사진인 B가 정답이다.

> **어휘** 我 wǒ 때 나 的 de 조 ~의 儿子 érzi 몡 아들 今年 jīnnián 몡 올해 十 shí 준 10, 열 岁 suì 양 살, 세

10

A

Tā sì yuè huí Zhōngguó
他 四 月 回 中国 。

그는 4월에 중국으로 돌아간다.

> **해설** 녹음에서 四月(4월)라고 했으므로 4월달 달력인 A가 정답이다.

> **어휘** 他 tā 때 그 四 sì 준 4, 넷 月 yuè 몡 월 回 huí 동 돌아가다 中国 Zhōngguó 지명 중국

듣기 제3부분

11

A

　　　Zǎoshang chī shénme le
男: 早上 吃 什么 了 ?
　　　Chī le zhōngguó cài
女: 吃了 中国 菜 。

남: 아침에 뭐 먹었어?
여: 중국 음식을 먹었어.

> **해설** 여자가 吃了中国菜(중국 음식을 먹었어)라고 했으므로 중국 음식 사진인 A가 정답이다.

> **어휘** 早上 zǎoshang 몡 아침 吃 chī 동 먹다 什么 shénme 때 무슨, 무엇 了 le 조 ~했다(완료) 中国菜 zhōngguócài 몡 중국 음식

12

B

　　　Nǐ zěnme qù huǒchēzhàn
女: 你 怎么 去 火车站 ?
　　　Zuò chūzūchē qù
男: 坐 出租车 去 。

여: 너 기차역에 어떻게 가?
남: 택시를 타고 가.

> **해설** 여자가 남자에게 기차역에 어떻게 가느냐고 물었고 남자가 坐出租车去(택시를 타고 가)라고 말했다. 따라서 남자가 택시를 타고 있는 사진인 B가 정답이다.

> **어휘** 你 nǐ 때 나 怎么 zěnme 때 어떻게 去 qù 동 가다 火车站 huǒchēzhàn 몡 기차역 坐 zuò 동 타다 出租车 chūzūchē 몡 기차

13

男: <ruby>下<rt>Xià</rt></ruby> <ruby>大雨<rt>dàyǔ</rt></ruby> ， <ruby>快<rt>kuài</rt></ruby> <ruby>回家<rt>huíjiā</rt></ruby> <ruby>吧<rt>ba</rt></ruby> 。

女: <ruby>我<rt>Wǒ</rt></ruby> <ruby>不<rt>bù</rt></ruby> <ruby>回家<rt>huíjiā</rt></ruby> 。

F

남: 비가 많이 와. 얼른 집에 가자.

여: 나 집에 안 돌아가.

해설 남자가 下大雨(비가 많이 와)라고 하며 빨리 집에 가자고 했다. 따라서 비가 오는 사진인 F가 정답이다.

어휘 下 xià 图 내리다　大雨 dàyǔ 명 큰비　快 kuài 형 빠르다　回家 huíjiā 图 집으로 돌아가다　吧 ba 조 ~하자(제안)　我 wǒ 때 나　不 bù 위 안/못

14

女: <ruby>你<rt>Nǐ</rt></ruby> <ruby>在<rt>zài</rt></ruby> <ruby>学习<rt>xuéxí</rt></ruby> <ruby>吗<rt>ma</rt></ruby> ？

男: <ruby>是<rt>Shì</rt></ruby> <ruby>的<rt>de</rt></ruby> 。

D

여: 너 공부하고 있어?

남: 응.

해설 여자가 남자에게 在学习吗?(공부하고 있어?)라고 물었고 남자가 그렇다고 했다. 따라서 공부하고 있는 남자 사진인 D가 정답이다.

어휘 你 nǐ 때 너　在 zài 위 ~하고 있다　学习 xuéxí 图 공부하다　吗 ma 조 ~입니까?

15

男: <ruby>昨天<rt>Zuótiān</rt></ruby> <ruby>几<rt>jǐ</rt></ruby> <ruby>点<rt>diǎn</rt></ruby> <ruby>睡觉<rt>shuìjiào</rt></ruby> <ruby>了<rt>le</rt></ruby> ？

女: <ruby>八<rt>Bā</rt></ruby> <ruby>点<rt>diǎn</rt></ruby> <ruby>睡<rt>shuì</rt></ruby> <ruby>了<rt>le</rt></ruby> 。

E

남: 어제 몇 시에 잤어?

여: 8시에 잤어.

해설 남자가 몇 시에 잤느냐고 물었고 여자는 八点(8시)이라고 했다. 따라서 8시를 가리키는 시계 사진인 E가 정답이다.

어휘 昨天 zuótiān 명 어제　几 jǐ 때 몇　点 diǎn 양 시　睡觉 shuìjiào 图 잠을 자다　了 le 조 ~했다(완료)　八 bā 주 8, 여덟

16
Wǒ huì zuò cài le
我 会 做 菜 了。

Tā huì zuò shénme le
问：他 会 做 什么 了？

cài
A 菜

chá
B 茶

shuǐ
C 水

나는 요리를 할 줄 알게 되었다.

질문: 그는 무엇을 할 줄 알게 되었는가?

A 요리   B 차   C 물

해설 보기가 모두 음식이다. 녹음에서 做菜(요리를 하다)가 들렸고, 질문에서 그가 무엇을 할 줄 알게 됐는지 물었으므로 정답은 A 菜(요리)이다.

어휘 我 wǒ 대 나　会 huì 조동 (배워서) ~할 줄 알다　做 zuò 통 하다, 만들다　菜 cài 명 요리, 음식　了 le 조 ~하게 되었다(변화)　什么 shénme 대 무슨, 무엇　茶 chá 명 차　水 shuǐ 명 물

17
Xià ge xīngqīsì wǒ hé māma qù Zhōngguó
下 个 星期四 我 和 妈妈 去 中国 。

tāmen xīngqī jǐ qù Zhōngguó
问：他们 星期 几 去 中国 ？

xīngqīèr
A 星期二

xīngqīsān
B 星期三

xīngqīsì
C 星期四

다음 주 목요일에 나는 엄마와 중국에 간다.

질문: 그들은 무슨 요일에 중국에 가는가?

A 화요일   B 수요일   C 목요일

해설 보기가 모두 요일이므로 녹음에 무엇이 언급되는지 듣는다. 녹음에서 下个星期四(다음 주 목요일)가 들렸고 질문에서 그들이 언제 중국에 가는지 물었으므로 C 星期四(목요일)가 정답이다.

어휘 星期 xīngqī 명 주, 요일　我 wǒ 대 나　和 hé 개 ~와/과　妈妈 māma 명 엄마　去 qù 통 가다　中国 Zhōngguó 지명 중국　他们 tāmen 대 그들　几 jǐ 대 몇

18
Wǒ hěn xiǎng shuìjiào
我 很 想 睡觉 。

Tā xiǎng zuò shénme
问：他 想 做 什么 ？

gōngzuò
A 工作

shuìjiào
B 睡觉

chīfàn
C 吃饭

나는 잠을 자고 싶다.

질문: 그는 무엇을 하고 싶은가?

A 일하다   B 잠을 자다   C 밥을 먹다

해설 보기가 모두 행동을 나타낸다. 녹음에서 想睡觉(잠을 자고 싶다)가 들렸으므로 정답은 B 睡觉(잠을 자다)이다.

어휘 我 wǒ 대 나　很 hěn 부 아주　想 xiǎng 조동 ~하고 싶다　睡觉 shuìjiào 통 잠을 자다　做 zuò 통 하다　什么 shénme 대 무슨, 무엇　工作 gōngzuò 통 일하다　吃饭 chīfàn 통 밥을 먹다

19

Wǒ de tóngxué zuótiān méi lái
我 的 同学 昨天 没 来 。

Tā de tóngxué shénme shíhou méi lái
问：他 的 同学 什么 时候 没 来 ？

zuótiān	jīntiān	míngtiān
A 昨天	B 今天	C 明天

내 친구는 어제 오지 않았다.

질문: 그의 친구는 언제 오지 않았는가?

A 어제　　　　　B 오늘　　　　　C 내일

해설 보기가 모두 시간을 나타내므로 녹음에서 그대로 들리는 것에 주의한다. 녹음에서 내 친구는 昨天没来(어제 오지 않았다)라고 했으므로 정답은 A 昨天(어제)이다.

어휘 我 wǒ 떼 나 的 de 조 ~의 同学 tóngxué 몡 학우, 반 친구 昨天 zuótiān 몡 어제 没 méi 閂 ~하지 않았다 来 lái 동 오다 什么时候 shénme shíhou 언제 今天 jīntiān 몡 오늘 明天 míngtiān 몡 내일

20

Wǒ shì dàxuéshēng
我 是 大学生 。

tā shì shéi
问：他 是 谁 ？

lǎoshī	yīshēng	xuésheng
A 老师	B 医生	C 学生

나는 대학생이다.

질문: 그는 누구인가?

A 선생님　　　　　B 의사　　　　　C 학생

해설 보기가 모두 신분을 나타낸다. 녹음에서 大学生(대학생)이 들렸으므로 정답은 C 学生(학생)이다.

어휘 我 wǒ 떼 너 是 shì 동 ~이다 大学生 dàxuéshēng 몡 대학생 他 tā 떼 그 谁 shéi 떼 누구 老师 lǎoshī 몡 선생님 医生 yīshēng 몡 의사

독해 제1부분

21

dà
大

크다

해설 제시된 단어가 大(크다)이므로 배 사진과 일치한다.

어휘 大 dà 형 크다

22

māo
猫

고양이

제시된 단어가 猫(고양이)이므로 고양이 사진과 일치한다.

猫 māo 명 고양이

23

xiě
写

쓰다

제시된 단어가 写(쓰다)이므로 음악을 듣는 사진과 일치하지 않는다.

写 xiě 동 쓰다

24

nǚ'ér
女儿

딸

제시된 단어가 女儿(딸)이므로 남자아이 사진과 일치하지 않는다.

女儿 nǚ'ér 명 딸

25

fànguǎn
饭馆

식당

제시된 단어가 饭馆(식당)이므로 식당 사진과 일치한다.

饭馆 fànguǎn 명 식당

독해 제2부분

26

Tā yǒu hěn duō péngyou
他 有 很 多 朋友 。

그는 친구가 아주 많다.

B

문장의 핵심 키워드는 很多朋友(많은 친구)이다. 따라서 남자가 여러 명의 친구와 사진을 찍고 있는 B와 일치한다.

他 tā 대 그 有 yǒu 동 있다 很 hěn 부 아주 多 duō 형 많다 朋友 péngyou 명 친구

27

C

Tài rè le kuài huíqù ba
太 热 了， 快 回去 吧。

너무 덥다. 얼른 돌아가자.

해설 문장의 핵심 키워드는 热(덥다)이므로 햇빛이 강해 보이는 사진인 C와 일치한다.

어휘 太……了 tài……le 너무 ~하다 热 rè 혱 덥다 快 kuài 혱 빠르다 回去 huíqù 동 돌아가다 吧 ba 조 ~해라(명령)

28

A

Shí èr yuè èr shí wǔ hào wǒ bú qù xuéxiào
十二 月 二十五 号 我 不 去 学校 。

12월 25일에 나는 학교에 가지 않는다.

해설 문장의 핵심 키워드는 十二月二十五号(12월 25일)이므로 달력에 12월 25일 표시가 있는 A와 일치한다.

어휘 月 yuè 명 월 号 hào 명 일 我 wǒ 때 나 不 bù 분 안/못 去 qù 동 가다 学校 xuéxiào 명 학교

29

D

Tā xiànzài zhù zài Běijīng
她 现在 住 在 北京 。

그녀는 현재 북경에 산다.

해설 문장의 핵심 키워드는 北京(북경)이므로 자금성 사진인 D와 일치한다.

어휘 她 tā 때 그녀 现在 xiànzài 명 지금, 현재 住 zhù 동 살다 在 zài 개 ~에서 北京 Běijīng 지명 북경

30

F

Wǒ bù xǐhuan kàn zhè běn shū
我 不 喜欢 看 这 本 书 。

나는 이 책을 보는 것을 좋아하지 않는다.

해설 문장의 핵심 키워드는 看书(책을 보다)이므로 책을 읽고 있는 남자 사진인 F와 일치한다.

어휘 我 wǒ 때 나 不 bù 분 안/못 喜欢 xǐhuan 동 좋아하다 看 kàn 동 보다 这 zhè 때 이 本 běn 양 권 书 shū 명 책

31-35

Hěn dà
A 很 大 。

Tā bú zài zhèr
B 她 不 在 这儿 。

Shì de
C 是 的 。

Bù néng nǐ kāi ba
D 不 能 , 你 开 吧 。

Bú shì wǒ zài xuéxiào gōngzuò
E 不 是 , 我 在 学校 工作 。

Hǎo de xièxie
F 好 的 , 谢谢 !

A 아주 커.
B 그녀는 여기에 없어.
C 응.
D 할 수 없어. 네가 운전해.
E 아니요, 저는 학교에서 일해요.
F 네, 고마워요!

31
Xiànzài nǐ néng kāichē ma
现在 你 能 开车 吗 ?

너 지금 운전할 수 있어?

Bù néng nǐ kāi ba
(D 不 能 , 你 开 吧 。)

(D 할 수 없어. 네가 운전해.)

해설 문장이 能开车吗?(운전할 수 있어?)라고 묻고 있다. 같은 동사 开(운전하다)와 조동사 能(~할 수 있다)이 사용된 D가 연결되는 문장이다.

어휘 现在 xiànzài 명 지금, 현재   你 nǐ 대 너   能 néng 조동 ~할 수 있다   开车 kāichē 동 운전하다   吗 ma 조 ~입니까?

32
Zuótiān mǎi de yīfu zěnmeyàng
昨天 买 的 衣服 怎么样 ?

어제 산 옷 어때?

Hěn dà
(A 很 大 。)

(A 아주 커.)

해설 문장이 옷에 대해 怎么样?(어때?)이라고 묻고 있다. 따라서 형용사 大(크다)로 대답한 A가 정답이다.

어휘 昨天 zuótiān 명 어제   买 mǎi 동 사다   衣服 yīfu 명 옷   怎么样 zěnmeyàng 대 어떠하다, 어때   很 hěn 부 아주   大 dà 형 크다

33
Nǐ zài yīyuàn gōngzuò ma
你 在 医院 工作 吗 ?

당신은 병원에서 일해요?

Bú shì wǒ zài xuéxiào gōngzuò
(E 不 是 , 我 在 学校 工作 。)

(E 아니요, 저는 학교에서 일해요.)

해설 문장이 在……工作吗?(~에서 일해요?)라고 묻고 있다. 따라서 在……工作(~에서 일해요)라고 대답한 E가 연결된다.

어휘 你 nǐ 대 너   在 zài 개 ~에서   医院 yīyuàn 명 병원   工作 gōngzuò 동 일하다   吗 ma 조 ~입니까?

1급 실전모의고사 2

34

Shéi shì nǐ de lǎoshī 谁 是 你 的 老师 ？	누가 네 선생님이야?
Tā bú zài zhèr (B 她 不 在 这儿 。)	(B 그녀는 여기에 없어.)

해설 문장이 谁是……?(누가 ~이야?)라고 묻고 있으므로 구체적인 사람을 가리키는 대답이 와야 한다. 보기 중 사람을 가리키는 대답은 없지만 不在这儿(여기에 없어)이라고 대답한 B가 연결된다.

어휘 谁 shéi 떼 누구 是 shì 동 ~이다 你 nǐ 떼 너 的 de 조 ~의 老师 lǎoshī 명 선생님 她 tā 떼 그녀 在 zài 동 ~에 있다 这儿 zhèr 떼 여기

35

Nǐ shí'èr diǎn chī wǔfàn ma 你 十二 点 吃 午饭 吗 ？	너 12시에 점심을 먹어?
Shì de (C 是 的 。)	(C 응.)

해설 문장이 吗?(~이야?)를 이용해서 묻고 있다. 열두 시에 점심을 먹는지 확인하는 내용이므로 是的(응)라고 대답한 C가 연결되는 문장이다.

어휘 你 nǐ 떼 너 十 shí 준 10, 열 二 èr 준 2, 둘 点 diǎn 양 시 吃 chī 동 먹다 午饭 wǔfàn 명 점심 식사 吗 ma 조 ~입니까?

독해 제4부분

36-40

méi A 没	de B 的	kāi C 开	A ~하지 않았다	B ~의 것	C 운전하다
míngzi D 名字	duìbuqǐ E 对不起	kànjiàn F 看见	D 이름	E 미안합니다	F 보다

36

Nǐ kànjiàn Xiǎo Wáng le ma 男：你 (看见) 小 王 了 吗 ？ Méiyǒu 女：没有 。	남: 너 샤오왕을 (봤어)? 여: 아니.

해설 빈칸 앞에 주어가 있고 뒤에 명사가 있으므로 빈칸은 동사 술어 자리이다. 보기 중 F 看见(보다)이 들어가야 한다.

어휘 你 nǐ 떼 너 看见 kànjiàn 동 보다, 보이다 了 le 조 ~했다(완료) 吗 ma 조 ~입니까?

37

女: 早上 几 个 人（没）来？
<small>Zǎoshang jǐ ge rén méi lái</small>

男: 三 个 人 。
<small>Sān ge rén</small>

여: 아침에 몇 사람이 오지 (않았어)?
남: 세 사람.

해설 빈칸 뒤에 동사 술어 来(오다)가 있고 앞에 주어 人(사람)이 있으므로 빈칸에는 부사가 들어가야 한다. 보기 중 부정부사 A 没(~하지 않았다)가 들어가야 한다.

어휘 早上 zǎoshang 명 아침   几 jǐ 때 몇   个 ge 양 명   人 rén 명 사람   没 méi 부 ~하지 않았다   来 lái 동 오다   三 sān 수 3, 셋

38

哪 个 是 你（的）？
<small>Nǎ ge shì nǐ de</small>

어느 것이 너의 (것)이니?

해설 빈칸 앞에 동사 술어 是(~이다)과 대사 你(너)가 있다. 是자문(A是B)에서 주어와 목적어는 유사한 개념이어야 한다. 주어가 사물이므로 목적어도 사물이 되도록 B 的(~의 것)가 들어가야 한다.

어휘 哪 nǎ 때 어느   个 ge 양 개   是 shì 동 ~이다   你 nǐ 때 너   的 de 조 ~의 것

39

我 会（开）车 了 。
<small>Wǒ huì kāi chē le</small>

나 (운전)할 수 있어.

해설 빈칸 앞에 조동사가 있고 뒤에 목적어가 있으므로 빈칸은 동사 술어 자리이다. 따라서 C 开(운전하다)가 들어가야 한다.

어휘 我 wǒ 때 나   会 huì 조동 (배워서) ~할 줄 알다   开车 kāichē 동 운전하다

40

男:（对不起）, 我 不 能 吃 。
<small>Duìbuqǐ wǒ bù néng chī</small>

女: 没 关系 。
<small>Méi guānxi</small>

남: (미안해). 나 먹을 수 없어.
여: 괜찮아.

해설 빈칸에는 단답형 문장이 들어가야 한다. 상대방이 没关系(괜찮아)라고 대답했으므로 사과하는 말인 E 对不起(미안합니다)가 들어가야 한다.

어휘 对不起 duìbuqǐ 미안합니다   我 wǒ 때 나   不 bù 부 안/못   能 néng 조동 ~할 수 있다   吃 chī 동 먹다   没关系 méi guānxi 괜찮습니다

듣기

제1부분 1. ✓ 2. ✗ 3. ✓ 4. ✓ 5. ✗ 6. ✗ 7. ✓ 8. ✗ 9. ✓ 10. ✗

제2부분 11. E 12. C 13. F 14. B 15. A 16. E 17. B 18. C 19. A 20. D

제3부분 21. A 22. B 23. B 24. C 25. A 26. C 27. A 28. B 29. A 30. C

제4부분 31. B 32. A 33. A 34. C 35. A

독해

제1부분 36. F 37. B 38. E 39. A 40. C

제2부분 41. A 42. D 43. C 44. B 45. F

제3부분 46. ✗ 47. ✓ 48. ✗ 49. ✗ 50. ✓

제4부분 51. C 52. D 53. A 54. B 55. F 56. A 57. E 58. D 59. B 60. C

듣기 **제1부분**

1

Zhè jiā fànguǎn de yángròu fēicháng hǎochī
这 家 饭馆 的 羊肉 非常 好吃 。

이 식당의 양고기는 매우 맛있다.

해설 녹음에서 羊肉(양고기)가 들렸으므로 고기를 먹는 사진과 일치한다.

어휘 饭馆 fànguǎn 몡 식당   羊肉 yángròu 몡 양고기   非常 fēicháng 뵘 매우   好吃 hǎochī 휑 맛있다

2

Qiánmiàn yǒu sān ge zìxíngchē
前面 有 三 个 自行车 。

앞에 자전거 세 대가 있다.

해설 녹음에서 三个自行车(자전거 세 대)라고 했으므로 버스 한 대 사진과 일치하지 않는다.

어휘 前面 qiánmiàn 몡 앞, 앞쪽   有 yǒu 동 있다   三 sān 주 3, 셋   个 ge 양 개   自行车 zìxíngchē 몡 자전거

3

Rènshi nǐ hěn gāoxìng
认识 你 很 高兴 。

만나서 반갑습니다.

해설 녹음의 문장이 처음 만났을 때 나누는 인사이므로 악수하는 상황과 일치한다.

어휘 认识 rènshi 동 알다   你 nǐ 대 너   很 hěn 뵘 아주   高兴 gāoxìng 휑 기쁘다

4

Zuótiān wǎnshang wǒ xǐ le hěn duō yīfu
昨天 晚上 我 洗了 很 多 衣服 。

어제 저녁에 나는 많은 옷을 빨았다.

해설 녹음에서 洗衣服(옷을 빨다)가 들렸으므로 빨래하는 사진과 일치한다.

어휘 昨天 zuótiān 몡 어제   晚上 wǎnshang 몡 저녁   洗 xǐ 동 씻다, 빨다   多 duō 휑 많다   衣服 yīfu 몡 옷

5

Jīntiān tā bú tài máng
今天 他 不太 忙 。

오늘 그는 그다지 바쁘지 않다.

해설 녹음에서 不太忙(그다지 바쁘지 않다)이라고 했으므로 바쁘게 일하는 사진과 일치하지 않는다.

어휘 今天 jīntiān 명 오늘   忙 máng 형 바쁘다

6

Xuésheng zài xuéxí Hànyǔ
学生 在 学习 汉语 。

학생은 중국어를 공부하고 있다.

해설 녹음에서 学习汉语(중국어를 공부한다)라고 했는데 사진은 영어를 공부하는 모습이므로 일치하지 않는다.

어휘 学生 xuésheng 명 학생   在 zài 부 ~하고 있다   学习 xuéxí 동 공부하다   汉语 Hànyǔ 명 중국어

7

Wǒmen yìqǐ qù dǎ lánqiú ba
我们 一起 去 打 篮球 吧 。

우리 같이 농구하러 가자.

해설 녹음에서 打篮球(농구하다)가 들렸으므로 농구하는 사진과 일치한다.

어휘 我们 wǒmen 대 우리   一起 yìqǐ 부 같이   去 qù 동 가다   打篮球 dǎ lánqiú 농구하다

8

Xīngqīliù wǒ hé māma kàn diànshì le
星期六 我 和 妈妈 看 电视 了 。

토요일에 나는 엄마와 텔레비전을 봤다.

해설 녹음에서 看电视(텔레비전을 보다)가 들렸으므로 영화관 사진과 일치하지 않는다.

어휘 星期六 xīngqī liù 명 토요일   和 hé 개 ~와/과   看 kàn 동 보다   电视 diànshì 명 텔레비전

9

Yǐzi shàngmian yǒu yí ge shūbāo
椅子 上面 有 一个 书包 。

의자 위에 책가방 한 개가 있다.

해설 녹음에서 椅子上面(의자 위)에 一个书包(책가방 한 개)가 있다고 했으므로 사진과 일치한다.

어휘 椅子 yǐzi 명 의자   上面 shàngmian 명 위, 위쪽   有 yǒu 동 있다   书包 shūbāo 명 책가방

10

Wǒ gēge měitiān huíjiā hòu de dìyī jiàn shì jiù shì xǐshǒu
我 哥哥 每天 回家 后 的 第一 件 事 就 是 洗手 。

나의 형이 매일 집에 돌아와서 가장 먼저 하는 일은 손을 씻는 것이다.

해설 녹음에서 형이 매일 집에 돌아온 뒤 처음 하는 일이 洗手(손을 씻다)라고 했으므로 텔레비전을 보는 사진과 일치하지 않는다.

어휘 我哥哥 gēge 몡 형, 오빠　每天 měitiān 몡 매일　第一 dìyī 주 첫 번째　件 jiàn 양 건, 벌　事 shì 몡 일　就 jiù 튄 곧, 바로　是 shì 통 ~이다　洗 xǐ 통 씻다　手 shǒu 몡 손

듣기 제2부분

11

Nǐ zuótiān zěnme huíjiā de
女: 你 昨天 怎么 回家 的 ？

Wǒ zuò gōnggòngqìchē huíqù de
男: 我 坐 公共汽车 回去 的 。

E

여: 너 어제 어떻게 집에 갔어?
남: 나는 버스를 타고 갔어.

해설 여자가 남자에게 어떻게 집에 갔는지 물었고 남자가 我坐公共汽车回去的(나는 버스를 타고 갔어)라고 했으므로 버스를 타고 있는 사진인 E가 정답이다.

어휘 怎么 zěnme 때 어떻게　回家 huíjiā 통 집으로 돌아가다　坐 zuò 통 타다　公共汽车 gōnggòng qìchē 몡 버스

12

Māma nǐ kànjiàn wǒ de shǒubiǎo le ma
男: 妈妈 ， 你 看见 我 的 手表 了 吗 ？

Fàng zài nǐ de zhuōzi shang le
女: 放 在 你 的 桌子 上 了 。

C

남: 엄마 제 손목시계를 봤어요?
여: 네 탁자 위에 올려놨어.

해설 남자가 엄마에게 자신의 손목시계를 봤는지 물었고 여자는 放在你的桌子上了(네 탁자 위에 올려놨어)라고 대답했다. 따라서 C가 일치하는 사진이다.

어휘 看见 kànjiàn 통 보이다　手表 shǒubiǎo 몡 손목시계　放 fàng 통 놓다　在 zài 개 ~에서　桌子 zhuōzi 몡 탁자

13

F

Nǐ de érzi duō dà le
女: 你 的 儿子 多 大 了？

Jīnnián tā wǔ suì le
男: 今年 他 五 岁 了。

여: 당신의 아들은 몇 살입니까?
남: 올해 그는 다섯 살입니다.

해설 여자가 남자의 아들의 나이를 물었고 남자는 五岁(다섯 살)라고 대답했다. 따라서 일치하는 사진은 F이다.

어휘 儿子 érzi 몡 아들   多 duō 혱 얼마나   大 dà 혱 (나이가) 많다   今年 jīnnián 몡 올해   岁 suì 뎡 살, 세

14

B

Nǐ xiǎng chī shénme cài
男: 你 想 吃 什么 菜？

Wǒmen chī yángròu ba
女: 我们 吃 羊肉 吧。

남: 너 무슨 음식 먹고 싶어?
여: 우리 양고기 먹자.

해설 여자가 我们吃羊肉吧(우리 양고기 먹자)라고 했으므로 고기 사진인 B가 정답이다.

어휘 想 xiǎng 조동 ~하고 싶다   吃 chī 동 먹다   什么 shénme 대 무슨, 무엇   菜 cài 몡 요리, 음식   羊肉 yángròu 몡 양고기

15

A

Kuài shuìjiào ba   yǐjīng shíèr diǎn le
女: 快 睡觉 吧，已经 十二 点 了。

Míngtiān wǒ yǒu kǎoshì   nǐ xiān shuì ba
男: 明天 我 有 考试，你 先 睡 吧。

여: 얼른 자. 벌써 12시야.
남: 내일 나 시험이 있어. 너 먼저 자.

해설 남자가 明天我有考试(내일 나 시험이 있어)이라고 대답했으므로 공부하는 모습인 A가 정답이다.

어휘 睡觉 shuìjiào 동 잠을 자다   已经 yǐjīng 뷔 이미, 벌써   有 yǒu 동 있다   考试 kǎoshì 몡 시험   先 xiān 뷔 먼저

16

E

Xià ge xīngqīyī wǒmen qù dǎ lánqiú   zěnmeyàng
男: 下 个 星期一 我们 去 打 篮球，怎么样？

Hǎo   wǒ xǐhuan dǎ lánqiú
女: 好，我 喜欢 打 篮球。

남: 다음 주 월요일에 우리 같이 농구하러 가는 게 어때?
여: 좋아. 나 농구하는 것을 좋아해.

해설 남자가 여자에게 농구하러 가자고 했고 여자가 好(좋다)라고 대답했으므로 농구하는 사진인 E가 정답이다.

어휘 星期 xīngqī 몡 주, 요일   打篮球 dǎ lánqiú 농구하다   喜欢 xǐhuan 동 좋아하다

17

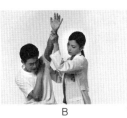

B

女: Nǐ de shēntǐ bú tài hǎo nǐ měitiān yídìng yào duànliàn
你 的 身体 不 太 好 , 你 每天 一定 要 锻炼
shēntǐ
身体。

男: Zhīdào le xièxie
知道 了, 谢谢 。

여: 몸이 좋지 않으세요. 반드시 매일 운동해야 해요.
남: 알겠습니다. 감사합니다.

해설 여자가 남자에게 몸이 좋지 않다고 하면서 你每天一定要锻炼身体(반드시 매일 운동해야 해요)라고 했으므로 일치하는 사진은 B이다.

어휘 身体 shēntǐ 몡 몸, 신체 一定 yídìng 뷔 반드시 要 yào 조동 ~해야 한다 锻炼 duànliàn 동 단련하다

18

C

男: Zhè jǐ tiān nǐ zěnme zhème máng
这 几 天 你 怎么 这么 忙 ?

女: Wǒ zài zhǔnbèi kǎoshì ne
我 在 准备 考试 呢 。

남: 요며칠 너 왜 이렇게 바빠?
여: 나 시험을 준비하고 있어.

해설 남자가 여자에게 요새 왜 바쁘냐고 물었고 여자가 我在准备考试呢(나 시험을 준비하고 있어)라고 대답했다. 따라서 공부하는 모습인 C가 정답이다.

어휘 这 zhè 대 이 几 jǐ 대 몇 天 tiān 몡 날, 일 怎么 zěnme 대 어째서 忙 máng 혱 바쁘다 在 zài 뷔 ~하고 있다 准备 zhǔnbèi 동 준비하다

19

A

女: Nǐ hǎo wǒ shì xīn lái de jiào Lìlì Rènshi nǐ hěn
你 好 , 我 是 新 来 的 , 叫 丽丽 。 认识 你 很
gāoxìng
高兴 。

男: Nǐ hǎo huānyíng lái wǒmen gōngsī jiàndào nǐ hěn
你 好 , 欢迎 来 我们 公司 , 见到 你 很
gāoxìng
高兴 。

여: 안녕하세요. 저는 새로 왔습니다. 리리라고 합니다. 만나서 반갑습니다.
남: 안녕하세요. 우리 회사에 온 것을 환영합니다. 만나서 반가워요.

해설 여자가 자신을 소개하고 있고 남자는 환영하고 있다. 따라서 두 사람이 이야기하고 있는 사진인 A가 정답이다.

어휘 新 xīn 혱 새롭다 来 lái 동 오다 认识 rènshi 동 알다 高兴 gāoxìng 혱 기쁘다 欢迎 huānyíng 동 환영하다 公司 gōngsī 몡 회사

20

D

男：Nǐ xiǎng hē shénme   Hóngchá háishi kāfēi
男：你 想 喝 什么 ？ 红茶 还是 咖啡 ？

女：Gěi wǒ yì bēi hóngchá ba
女：给 我 一 杯 红茶 吧 。

남: 너 뭐 마시고 싶어? 홍차 아니면 커피?

여: 홍차 한 잔 줘.

해설 | 남자가 여자에게 무엇을 마시고 싶은지 물었고 여자가 给我一杯红茶吧(홍차 한 잔 줘)라고 했다. 따라서 D가 일치하는 사진이다.

어휘 | 想 xiǎng 조동 ~하고 싶다 喝 hē 통 마시다 什么 shénme 대 무슨, 무엇 红茶 hóngchá 명 홍차 还是 háishi 접 아니면 咖啡 kāfēi 명 커피 给 gěi 통 주다 杯 bēi 양 잔

듣기 제3부분

21

男：Nǐ zhǔnbèi jǐ hào huíguó
男：你 准备 几 号 回国 ？

女：Zài guò liǎng tiān   xīngqītiān huíguó
女：再 过 两 天 , 星期天 回国 。

问：Nǚ de shénme shíhou huíguó
问：女 的 什么 时候 回国 ？

남: 너 며칠에 돌아올 거야?

여: 이틀 뒤에. 일요일에 귀국해.

질문: 여자는 언제 귀국하는가?

A 星期天 xīngqītiān   B 明天 míngtiān   C 星期四 xīngqīsì

A 일요일   B 내일   C 목요일

해설 | 보기가 모두 날짜를 나타내므로 행동을 언제하는지 주의해서 듣는다. 남자가 여자에게 며칠에 돌아올 것인지 물었고 여자는 星期天回国(일요일에 귀국해)라고 대답했다. 질문에서 여자가 언제 귀국하는지 물었으므로 정답은 A 星期天(일요일)이다.

어휘 | 准备 zhǔnbèi 통 준비하다 回国 huíguó 통 귀국하다 再 zài 부 다시 过 guò 통 지내다, 보내다 两 liǎng 수 둘 星期天 xīngqītiān 명 일요일 什么时候 shénme shíhou 언제 明天 míngtiān 명 내일 星期四 xīngqīsì 명 목요일

22

女：Wǒ yào qù shūdiàn mǎi shū
女：我 要 去 书店 买书 。

男：Bāng wǒ mǎi yì běn Hànyǔ shū ba
男：帮 我 买 一 本 汉语 书 吧 。

问：Nǚ de qù nǎr
问：女 的 去 哪儿 ？

여: 나 책을 사러 서점에 갈 거야.

남: 나 대신 중국어 책 한 권 사다 줘.

질문: 여자는 어디에 가려고 하는가?

A 商店 shāngdiàn   B 书店 shūdiàn   C 咖啡店 kāfēi diàn

A 상점   B 서점   C 커피숍

해설 | 보기가 모두 장소이다. 여자가 我要去书店买书(책을 사러 서점에 갈 거야)라고 했고, 질문에서 여자가 어디에 가려고 하는지 물었으므로 정답은 B 书店(서점)이다.

어휘 要 yào 조통 ~하려고 한다   去 qù 통 가다   书店 shūdiàn 명 서점   买 mǎi 통 사다   书 shū 명 책   本 běn 양 권   汉语 Hànyǔ 명 중국어   哪儿 nǎr 대 어디   商店 shāngdiàn 명 상점   咖啡店 kāfēidiàn 명 커피숍

23

男: Zuótiān nǐ zěnme méi lái shàngkè
昨天 你 怎么 没 来 上课 ?

女: Wǒ shēngbìng le   zài jiā xiūxi le
我 生病 了 , 在 家 休息 了 。

问: Nǚ de zěnme le
女 的 怎么 了 ?

남: 어제 너 왜 수업에 오지 않았어?
여: 나 병이 났어. 집에서 쉬었어.

질문: 여자는 왜 그런가?

A kàn diànyǐng le
看 电影 了

B shēngbìng le
生病 了

C jiàn péngyou le
见 朋友 了

A 영화를 봤다
B 병이 났다
C 친구를 만났다

해설 보기가 모두 행동을 나타내므로 누가 어떤 행동을 하는지 주의해서 듣는다. 남자가 여자에게 수업에 오지 않은 이유를 물었고 여자는 我生病了(나 병이 났어)라고 대답했다. 따라서 정답은 B 生病了(병이 났다)이다.

어휘 昨天 zuótiān 명 어제   怎么 zěnme 대 어째서, 왜   上课 shàngkè 통 수업하다   生病 shēngbìng 통 병이 나다   休息 xiūxi 통 쉬다   看 kàn 통 보다   电影 diànyǐng 명 영화   见 jiàn 통 보다   朋友 péngyou 명 친구

24

女: Nǐ hǎoxiàng bù gāoxìng   yǒu shénme
你 好像 不 高兴 , 有 什么
shì ma
事 吗 ?

男: Wǒ juéde xuéxí Yīngyǔ méi yìsi
我 觉得 学习 英语 没 意思 。

问: Nán de juéde zuò shénme méi yìsi
男 的 觉得 做 什么 没 意思 ?

여: 너 기뻐 보이지 않아. 무슨 일이 있어?
남: 나는 영어 공부하는 게 재미없어.

질문: 남자는 무엇을 하는 것이 재미없다고 느끼는가?

A gōngzuò
工作

B dǎgōng
打工

C xué Yīngyǔ
学 英语

A 일을 하다
B 아르바이트를 하다
C 영어를 공부하다

해설 보기가 모두 행동을 나타낸다. 남자가 我觉得学习英语没意思(영어 공부하는 게 재미없어)라고 말했으므로 남자가 영어를 공부하는 것을 재미없다고 생각한다는 것을 알 수 있다. 따라서 정답은 C 学英语(영어를 공부하다)이다.

어휘 好像 hǎoxiàng 부 아마 ~인 것 같다   高兴 gāoxìng 형 기쁘다   有 yǒu 통 있다   事 shì 명 일   觉得 juéde 통 ~라고 생각하다   学习 xuéxí 통 공부하다   英语 Yīngyǔ 명 영어   没意思 méi yìsi 형 재미없다   工作 gōngzuò 통 일하다   打工 dǎgōng 통 아르바이트를 하다

25

男: Jīntiān wǎnshang wǒ yào qù yùndòng
今天 晚上 我 要 去 运动 。

女: Wǒ hé nǐ yìqǐ qù ba
我 和 你 一起 去 吧 。

问: Tāmen shénme shíhou qù yùndòng
他们 什么 时候 去 运动 ?

남: 오늘 저녁에 나 운동 갈 거야.

여: 나 너랑 같이 갈래.

질문: 그들은 언제 운동하러 가는가?

A jīnwǎn 今晚	B míngwǎn 明晚	C zuówǎn 昨晚	**A 오늘 저녁**	B 내일 저녁	C 어제 저녁

해설 보기가 모두 시간을 나타낸다. 남자가 여자에게 今天晚上我要去运动(오늘 저녁에 나 운동 갈 거야)이라고 했고 여자가 같이 간다고 했다. 질문에서 이들이 언제 운동하러 가는지 물었으므로 정답은 A 今晚(오늘 저녁)이다.

어휘 今天 jīntiān 몡 오늘 晚上 wǎnshang 몡 저녁 运动 yùndòng 통 운동하다 和 hé 게 ~와/과 什么时候 shénme shíhou 언제 明晚 míngwǎn 몡 내일 저녁 昨晚 zuówǎn 몡 어제 저녁

26

女: Nǐ zǒu de tài kuài le màn yìdiǎnr
你 走 得 太 快 了 , 慢 一点儿 。

男: Wǒ dào nàbiān děng nǐ
我 到 那边 等 你 。

问: Tāmen zài zuò shénme
他们 在 做 什么 ?

여: 너 너무 빨리 걸어. 조금만 천천히 가.

남: 나 저쪽에서 널 기다릴게.

질문: 그들은 무엇을 하고 있는가?

A tiàowǔ 跳舞	B chànggē 唱歌	C **zǒulù 走路**	A 춤을 추다	B 노래를 부르다	C **길을 걷다**

해설 보기가 모두 행동을 나타낸다. 여자가 你走得太快了(너 너무 빨리 걸어)라고 했으므로 그들이 걷고 있음을 알 수 있다. 질문에서 그들이 무엇을 하는지 물었으므로 정답은 C 走路(길을 걷다)이다.

어휘 走 zǒu 통 걷다 太……了 tài……le 너무 ~하다 快 kuài 혱 빠르다 慢 màn 혱 느리다 到 dào 통 도착하다 等 děng 통 기다리다 做 zuò 통 하다 什么 shénme 때 무슨, 무엇 跳舞 tiàowǔ 통 춤을 추다 唱歌 chànggē 통 노래를 부르다 走 zǒu 통 걷다 路 lù 몡 길

27

男: Wā zhèr de dōngxi mài de hěn
哇 , 这儿 的 东西 卖 得 很
piányi
便宜 。

女: Wǒ yě zhème juéde
我 也 这么 觉得 。

问: Tāmen zài nǎr
他们 在 哪儿 ?

남: 와. 여기 물건 아주 싸게 판다.

여: 나도 그렇게 생각해.

질문: 그들은 어디에 있는가?

A shāngdiàn 商店	B xuéxiào 学校	C gōngsī 公司	A 상점	B 학교	C 회사

해설 보기가 모두 장소를 나타낸다. 남자가 这儿的东西卖得很便宜(여기 물건 아주 싸게 판다)라고 했으므로 이들이 물건을 파는 장소에 있음을 알 수 있다. 따라서 정답은 A 商店(상점)이다.

어휘 这儿 zhèr 团 여기   东西 dōngxi 団 물건   卖 mài 통 팔다   便宜 piányi 蔨 싸다   也 yě 冒 ~도   这么 zhème 団 이렇게, 이
러한   觉得 juéde 통 ~라고 생각하다   在 zài 통 ~에 있다   哪儿 nǎr 团 어디   商店 shāngdiàn 団 상점   学校 xuéxiào 団
학교   公司 gōngsī 団 회사

28

女: Nǐ shénme shíhou lái Shànghǎi gōngzuò
　你 什么 时候 来 上海 工作
　de
　的 ？

男: Wǒ qiánnián lái de
　我 前年 来 的 。

问: Nán de lái Shànghǎi duō cháng shíjiān
　男 的 来 上海 多 长 时间
　le
　了 ？

A yì nián 一 年　　B liǎng nián 两 年　　C sān nián 三 年

여: 너 언제 상해에 와서 일한 거야?

남: 나 재작년에 왔어.

질문: 남자는 상해에 온 지 얼마나 되었는가?

A 1년　　**B 2년**　　C 3년

해설 보기가 모두 기간을 나타낸다. 여자가 남자에게 언제 상해에 일하러 왔는지 물었고 여자는 我前年来的(나 재작년
에 왔어)라고 했다. 따라서 정답은 B 两年(2년)이다.

어휘 什么时候 shénme shíhou 언제   来 lái 통 오다   上海 Shànghǎi 지명 상해   工作 gōngzuò 통 일하다   前年 qiánnián 団 재
작년   年 nián 団 년   两 liǎng 준 2, 둘

29

男: Wàimiàn xià dàxuě le nǐ dài yǔsǎn
　外面 下 大雪 了， 你 带 雨伞
　qù ba
　去 吧 。

女: Hǎo de xièxie
　好 的， 谢谢 。

问: Wàimiàn tiānqì zěnmeyàng
　外面 天气 怎么样 ？

A xiàxuě 下雪　　B xià yǔ 下雨　　C yīntiān 阴天

남: 밖에 눈이 많이 내렸어. 너 우산 가져가.

여: 알겠어. 고마워.

질문: 바깥 날씨는 어떠한가?

A 눈이 내리다　　B 비가 내리다　　C 흐리다

해설 보기가 모두 날씨를 나타낸다. 남자가 外面下大雪了(밖에 눈이 많이 내렸어)라고 했으므로 바깥 날씨로 알맞은 것
은 A 下雪(눈이 내리다)이다.

어휘 外面 wàimiàn 団 밖   下雪 xiàxuě 통 눈이 내리다   带 dài 통 지니다, 휴대하다   雨伞 yǔsǎn 団 우산   天气 tiānqì 団 날씨
怎么样 zěnmeyàng 団 어떠하다, 어때   下雨 xiàyǔ 통 비가 내리다   阴天 yīntiān 団 흐린 날

30

女: Yīshēng wǒ de tuǐ yǒudiǎnr téng
　医生， 我 的 腿 有点儿 疼 。

男: Kàn kàn ba
　看 看 吧 。

여: 의사 선생님, 제 다리가 좀 아파요.

남: 좀 봅시다.

Nán de shì zuò shénme de 问: 男 的 是 做 什么 的 ？	질문: 남자는 무슨 일을 하는 사람인가?
lǎobǎn A 老板　　B 学生　　xuésheng　　C 医生 yīshēng	A 사장님　　B 학생　　C 의사

해설 보기가 모두 직업을 나타낸다. 여자가 남자를 医生(의사 선생님)이라고 불렀으므로 남자가 의사임을 알 수 있다. 따라서 정답은 C 医生(의사)이다.

어휘 医生 yīshēng 뗑 의사　腿 tuǐ 뗑 다리　有点儿 yǒu diǎnr 뛴 조금, 약간　疼 téng 휑 아프다　老板 lǎobǎn 뗑 사장님　学生 xuésheng 뗑 학생

듣기 제4부분

31

Bàba nǐ mǎi shuǐguǒ le ma 女: 爸爸 你 买 水果 了 吗 ？	
Mǎi le shí jīn xīguā　　zěnme le 男: 买了 十 斤 西瓜 ， 怎么 了 ？	여: 아빠 과일을 샀어요?
Gāngcái wǒ mǎi le sān ge píngguǒ 女: 刚才 我 买了 三 个 苹果 ， hàipà nǐ yě mǎi le 害怕 你 也 买 了 。	남: 수박 10근을 샀어. 왜? 여: 방금 제가 사과 3개를 샀는데 아빠도 샀을까 봐요. 남: 너 여기에 놓아.
Nǐ fàng zài zhèr ba 男: 你 放 在 这儿 吧 。	
Nǚ de mǎi le jǐ ge píngguǒ 问: 女 的 买了 几 个 苹果 ？	질문: 여자는 몇 개의 사과를 샀는가?
shí ge A 十 个　　B 三 个 sān ge　　shísān ge C 十三 个	A 10개　　**B 3개**　　C 13개

해설 보기가 모두 개수를 나타낸다. 남자가 자신이 5kg짜리 수박을 샀다고 했고 이어 여자가 我买了三个苹果(제가 사과 3개를 샀는데)라고 말했다. 질문에서 여자가 사과 몇 개를 샀는지 물었으므로 정답은 B 三个(3개)이다.

어휘 买 mǎi 뗭 사다　水果 shuǐguǒ 뗑 과일　斤 jīn 뗑 근　西瓜 xīguā 뗑 수박　刚才 gāngcái 뗑 방금　三 sān 주 3, 셋　个 ge 뗭 개　苹果 píngguǒ 뗑 사과　害怕 hàipà 뗭 두려워하다　也 yě 뛴 ~도　放 fàng 뗭 놓다

32

Nǐ mǎi diànyǐng piào le ma 男: 你 买 电影 票 了 吗 ？	
Hái méiyǒu 女: 还 没有 。	남: 너 영화표를 샀어? 여: 아직 안 샀어.
Nà wǒ zài wǎngshàng mǎi ba 男: 那 我 在 网上 买 吧 。	남: 그럼 내가 인터넷에서 살게. 여: 좋아, 고마워.
Hǎo de　　xièxie 女: 好 的 ， 谢谢 。	

Tāmen yíhuìr yào zuò shénme 问：他们 一会儿 要 做 什么 ？	질문: 그들은 잠시 후 무엇을 하려고 하는가?

kàn diànyǐng
A 看 电影

yùndòng
B 运动

shàngwǎng
C 上网

A 영화를 보다
B 운동하다
C 인터넷을 하다

해설 보기가 모두 행동을 나타낸다. 남자가 你买电影票了吗？(너 영화표를 샀어?)라며 영화표를 샀는지 묻고 있다. 질문에서 그들이 무엇을 하려는지 물었으므로 정답은 A 看电影(영화를 보다)이다.

어휘 买 mǎi 통 사다 电影票 diànyǐng piào 명 영화표 还 hái 부 아직 在 zài 개 ~에서 网上 wǎngshàng 명 인터넷 做 zuò 통 하다 什么 shénme 대 무슨, 무엇 看 kàn 통 보다 电影 diànyǐng 명 영화 运动 yùndòng 통 운동하다 上网 shàngwǎng 통 인터넷을 하다

33

Jīntiān wǎnshang qù lǚyóu ba
女：今天 晚上 去 旅游 吧？

Duì a wǒmen hěn cháng shíjiān
男：对 啊， 我们 很 长 时间

méi qù
没 去。

Nà wǒ kāichē guòlái dài nǐ yìqǐ qù
女：那 我 开车 过来 带 你 一起 去。

Hǎo nǐ bié chídào le
男：好， 你 别 迟到 了。

Tāmen zěnme qù lǚyóu
问：他们 怎么 去 旅游？

여: 오늘 저녁에 수영하러 갈 거지?
남: 맞아. 우리 오랜 시간 가지 않았잖아.
여: 그럼 내가 운전해서 너를 데리고 같이 갈게.
남: 좋아. 너 늦지 마.

질문: 그들은 어떻게 수영하러 가는가?

kāichē   zǒulù   zuò chūzūchē
A 开车   B 走路   C 坐 出租车

A 운전하다   B 길을 걷다   C 택시를 타다

해설 보기가 모두 교통수단을 나타낸다. 여자가 남자에게 수영하러 갈 거냐고 물었고 이어 那我开车过来带你一起去 (그럼 내가 운전해서 너를 데리고 같이 갈게)라고 했다. 질문에서 그들이 어떻게 가는지 물었으므로 정답은 A 开车 (운전하다)이다.

어휘 游泳 yóuyǒng 통 수영하다 对 duì 형 맞다 长 cháng 형 길다 时间 shíjiān 명 시간 那 nà 접 그러면 开车 kāichē 통 운전하다 带 dài 통 데리다 别 bié 부 ~하지 마라 迟到 chídào 통 지각하다 怎么 zěnme 대 어떻게 走 zǒu 통 걷다 路 lù 명 길 坐 zuò 통 타다 出租车 chūzūchē 명 택시

34

男: Nǐ rènshi Nà ge nán háizi ma
你 认识 那 个 男 孩子 吗 ？

女: Bú rènshi dànshì wǒ hǎoxiàng zài
不 认识 ， 但是 我 好像 在
nǎli jiànguo tā
哪里 见过 他 。

男: Tā shì wǒmen gōngsī pángbiān de kāfēi
他 是 我们 公司 旁边 的 咖啡
diàn fúwùyuán
店 服务员 。

女: Wǒ chángcháng qù nàr mǎi kāfēi
我 常常 去 那儿 买 咖啡 。

问: Nà ge nán háir zài nǎr gōngzuò
那 个 男 孩儿 在 哪儿 工作 ？

남: 너 저 남자를 알아?
여: 몰라. 하지만 어디에서 만난 적이 있는 것 같아.
남: 그는 우리 회사 옆 커피숍의 종업원이야.
여: 나 자주 그곳에 가서 커피를 사.

질문: 그 남자는 어디에서 일을 하는가?

A fànguǎn 饭馆	B gōngsī 公司	C kāfēi diàn 咖啡店
A 식당	B 회사	C 커피숍

해설 보기가 모두 장소이므로 녹음에서 어떤 장소가 언급되는지 주의해서 듣는다. 남자와 여자는 한 남자에 관해 이야기 하면서 남자가 他是我们公司旁边的咖啡店服务员(그는 우리 회사 옆 커피숍의 종업원이야)이라고 말했다. 따라 서 그 남자가 일하는 장소는 C 咖啡店(커피숍)이다.

어휘 孩子 háizi 몡 아이　但是 dànshì 젭 그러나, 하지만　好像 hǎoxiàng 뷔 아마 ~인 것 같다　在 zài 꼐 ~에서　哪里 nǎlǐ 떼 어 디　见 jiàn 툉 만나다　过 guo 조 ~한 적이 있다　公司 gōngsī 몡 회사　旁边 pángbiān 몡 옆　咖啡店 kāfēidiàn 몡 커피숍 服务员 fúwùyuán 몡 종업원　常常 chángcháng 뷔 종종, 자주　男孩儿 nánháir 몡 남자아이　工作 gōngzuò 툉 일하다　饭 馆 fànguǎn 몡 식당　公司 gōngsī 몡 회사

35

女: Gāngcái zài jiàoshì lǐ tiàowǔ de rén shì
刚才 在 教室 里 跳舞 的 人 是
shéi
谁 ？

男: Shì wǒmen bān de tóngxué
是 我们 班 的 同学 。

女: Jiù shì shàng yí cì chàng de hěn hǎo
就 是 上 一 次 唱 得 很 好
de Xiǎo Zhāng ma
的 小 张 吗 ？

男: Shì de jiù shì tā
是 的 ， 就 是 他 。

问: Xiǎo Zhāng gāngcái zuò shénme le
小 张 刚才 做 什么 了 ？

여: 방금 교실에서 춤을 추던 사람 누구야?
남: 우리 반 친구야.
여: 지난 번에 노래를 잘 불렀던 그 샤오장이야?
남: 맞아. 바로 그야.

질문: 샤오장은 방금 무엇을 했는가?

A tiàowǔ 跳舞	B chànggē 唱歌	C xuéxí 学习
A 춤을 추다	B 노래를 부르다	C 공부하다

해설 보기가 모두 행동을 나타내므로 누가 어떤 행동을 하는지 주의해서 듣는다. 여자가 刚才在教室里跳舞的人是谁？(방금 교실에서 춤을 추던 사람이 누구야?)라고 물었고 그 사람이 小张(샤오장)이라고 했다. 질문에서 샤오장이 방금 무엇을 했는지 물었으므로 정답은 A 跳舞(춤을 추다)이다.

어휘 刚才 gāngcái 명 방금　在 zài 개 ~에서　教室 jiàoshì 명 교실　里 lǐ 명 안　跳舞 tiàowǔ 통 춤을 추다　是 shì 통 ~이다
谁 shéi 때 누구　班 bān 명 반　同学 tóngxué 명 학우, 반 친구　唱 chàng 통 부르다　就 jiù 뷔 곧, 바로　做 zuò 통 하다
什么 shénme 때 무슨, 무엇　唱歌 chànggē 통 노래를 부르다　学习 xuéxí 통 공부하다

독해　제1부분

36

F

Wǒ gěi nǐmen jièshào yíxià,　zhè wèi shì wǒmen xīn lái de tóngxué
我 给 你们 介绍 一下 , 这 位 是 我们 新 来 的 同学 。

내가 너희에게 소개를 좀 할게. 이분은 우리의 새로 온 반 친구야.

해설 문장의 핵심 키워드는 介绍(소개하다)이므로 소개시켜 주는 모습인 F와 일치한다.

어휘 给 gěi 개 ~에게　介绍 jièshào 통 소개하다　位 wèi 양 분　新 xīn 형 새롭다　同学 tóngxué 명 학우, 반 친구

37

B

Tā zài kāihuì　nǐ yíhuìr zài lái ba
她 在 开会 , 你 一会儿 再 来 吧 。

그녀는 회의하고 있어요. 이따가 다시 오세요.

해설 문장의 핵심 키워드는 在开会(회의하고 있다)이다. 따라서 회의하는 모습인 B와 일치한다.

어휘 在 zài 뷔 ~하고 있다　开会 kāihuì 통 회의하다　一会儿 yíhuìr 명 이따가　再 zài 뷔 다시

38

E

Wǒ māma bù xǐhuan hē kāfēi　tā xǐhuan hē chá
我 妈妈 不 喜欢 喝 咖啡 , 她 喜欢 喝 茶 。

우리 엄마는 커피 마시는 것을 좋아하지 않는다. 그녀는 차 마시는 것을 좋아한다.

해설 문장의 핵심 키워드는 她喜欢喝茶(그녀는 차 마시는 것을 좋아하다)이다. 따라서 차를 마시는 사진인 E와 일치한다.

어휘 妈妈 māma 명 엄마　喜欢 xǐhuan 통 좋아하다　喝 hē 통 마시다　咖啡 kāfēi 명 커피　茶 chá 명 차

39

A

Pǎobù shì yí ge hěn hǎo de yùndòng
跑步 是 一 个 很 好 的 运动 。

조깅은 아주 좋은 운동이다.

> 해설 | 문장의 핵심 키워드는 跑步(조깅하다)이므로 뛰고 있는 사진인 A와 일치한다.

> 어휘 | 跑步 pǎobù 图 조깅하다   是 shì 图 ~이다   好 hǎo 웹 좋다   运动 yùndòng 명 운동

40

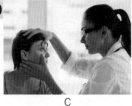

C

Yīshēng   wǒ de yǎnjing bù shūfu
医生 ， 我 的 眼睛 不 舒服 。

의사 선생님, 제 눈이 불편해요.

> 해설 | 문장의 핵심 키워드는 医生(의사 선생님)이다. 의사가 진찰하는 모습인 C와 일치한다.

> 어휘 | 医生 yīshēng 명 의사   的 de 죄 ~의   眼睛 yǎnjing 명 눈   舒服 shūfu 웹 편하다, 편안하다

독해 제2부분

41-45

shuìjiào A 睡觉	kuài B 快	nǎr C 哪儿	A 잠을 자다	B 빠르다	C 어디
jiàn D 件	guì E 贵	lí F 离	D 건, 벌	E 비싸다	F ~에서부터

41
Dōu shí yī diǎn le   qù   shuìjiào   ba
都 十一 点 了 ， 去 （ 睡觉 ） 吧 。

11시가 다 되었어. 가서 (자).

> 해설 | 빈칸 앞에 동사 술어가 있으므로 빈칸은 목적어 또는 술어2의 자리이다. 앞에서 都十一点了(11시가 다 됐어)라고 한 것은 시간이 늦었다는 뜻이다. 따라서 A 睡觉(잠을 자다)가 들어가야 한다.

> 어휘 | 都 dōu 图 모두, 다   十一 shíyī 준 11, 열하나   点 diǎn 양 시   去 qù 图 가다   睡觉 shuìjiào 图 잠을 자다

42
Nà   jiàn   shìqing shì wǒ tóngxué gàosu wǒ
那 （ 件 ） 事情 是 我 同学 告诉 我
de
的 。

그 (한 건의) 일은 내 반 친구가 나한테 알려준 것이다.

> 해설 | 빈칸 앞에 지시대사가 있고 뒤에 명사가 있으므로 빈칸은 양사 자리이다. 명사 事情(일)에 사용할 수 있는 양사는 D 件(건)이다.

> 어휘 | 那 nà 대 그   事情 shìqing 명 일   告诉 gàosu 图 알리다   件 jiàn 양 건, 벌

43

Gēge　　nǐ kànjiàn xiǎogǒu qù　nǎr
哥哥 ， 你 看见 小狗 去 （ 哪儿 ）
le ma
了 吗 ？

오빠, 너 강아지가 (어디)에 갔는지 봤어?

해설　빈칸 앞에 동사가 있고 문장이 의문문이다. 따라서 빈칸에는 의문대사가 들어가야 한다. 동사 去 뒤에는 장소를 사용하므로 C 哪儿(어디)이 들어가야 한다.

어휘　看见 kànjiàn 동 보다, 보이다　小狗 xiǎogǒu 명 강아지　去 qù 동 가다　哪儿 nǎr 대 어디

44

Zhè ge wèntí tā zuò de hěn　kuài
这 个 问题 她 做 得 很 （ 快 ）。

이 문제를 그녀는 아주 (빠르게) 푼다.

해설　빈칸 앞에 정도부사가 있으므로 빈칸은 형용사 자리이다. 주어가 问题(문제)이고 술어가 做(하다)이므로 빈칸에는 B 快(빠르다)가 들어가야 한다.

어휘　问题 wèntí 명 문제　做 zuò 동 하다　很 hěn 부 아주　快 kuài 형 빠르다

45

　　Huǒchēzhàn　lí　zhèr yuǎn bu yuǎn
女： 火车站 （ 离 ）这儿 远 不 远 ？
　　Bù yuǎn　　hěn kuài jiù dào
男：不 远 ， 很 快 就 到 。

여: 기차역은 여기(에서부터) 멀어요 안 멀어요?
남: 멀지 않아요, 곧 도착해요.

해설　빈칸 앞에 주어가 있고 뒤에 장소를 나타내는 지시대사가 있다. 따라서 거리를 나타내는 개사 F 离(에서부터)가 들어가야 한다.

어휘　火车站 huǒchēzhàn 명 기차역　这儿 zhèr 대 여기　远 yuǎn 형 멀다　就 jiù 부 곧, 바로　到 dào 동 도착하다　离 lí 개 ~에서부터

독해 **제3부분**

46

Lǐ lǎoshī shuō xià xīngqī wǒmen yào qù Shànghǎi lǚyóu
李 老师 说 下 星期 我们 要 去 上海 旅游 ，
wǒmen tīng le dōu hěn kāixīn
我们 听 了 都 很 开心 。

이 선생님이 다음 주에 우리가 상해로 여행을 간다고 말씀하셨다. 우리는 듣고 모두 기뻤다.

　　Wǒmen yǐjing dào Shànghǎi le
★ 我们 已经 到 上海 了 。　　（ ✗ ）

★ 우리는 이미 상해에 도착했다.

해설　제시된 문장의 핵심 키워드는 已经到上海了(이미 상해에 도착했다)이다. 지문에서 下星期我们要去上海旅游(다음 주에 우리가 상해에 여행을 간다)라고 했으므로 일치하지 않는 내용이다.

어휘　说 shuō 동 말하다　下星期 xià xīngqī 다음 주　要 yào 조동 ~하려고 한다　旅游 lǚyóu 동 여행하다　都 dōu 부 모두　开心 kāixīn 형 기쁘다　已经 yǐjing 부 이미, 벌써　到 dào 동 도착하다

47

Chī yíxià， nǐ juéde zěnmeyàng？ Wǒ juéde bù
吃 一下 ， 你 觉得 怎么样 ？ 我 觉得 不
hǎochī
好吃 。

한번 좀 먹어봐. 네 생각엔 어때? 나는 맛없다고 생각해.

Tā juéde bù hǎochī
★ 他 觉得 不 好吃 。　　　　　（ ✓ ）

★ 그는 요리가 맛없다고 생각한다.

해설 제시된 문장의 핵심 키워드는 不好吃(맛없다)이다. 지문에서 동일하게 我觉得不好吃(나는 맛없다고 생각해)이라고 했으므로 일치하는 내용이다.

어휘 吃 chī 통 먹다　觉得 juéde 통 ~라고 느끼다, 생각하다　好吃 hǎochī 형 맛있다

48

Jīntiān bàba gōngzuò tài lèi le， zài chuáng shang
今天 爸爸 工作 太 累 了 ， 在 床 上
xiūxi
休息 。

오늘 아빠는 일이 너무 힘들어서 침대에서 쉬고 있다.

Bàba zài yǐzi shang
★ 爸爸 在 椅子 上 。　　　　　（ ✗ ）

★ 아빠는 의자에 있다.

해설 제시된 문장의 핵심 키워드는 在椅子上(의자 위에 있다)이다. 지문에서 아빠가 在床上休息(침대에서 쉬고 있다)라고 했으므로 일치하지 않는 내용이다.

어휘 爸爸 bàba 명 아빠　工作 gōngzuò 명 일　累 lèi 형 힘들다, 피곤하다　在 zài 개 ~에서　床 chuáng 명 침대　休息 xiūxi 통 쉬다, 휴식하다　椅子 yǐzi 명 의자

49

Zhè jiā mài de dōngxi yǒudiǎnr guì
这 家 卖 的 东西 有点儿 贵 。

이 가게가 파는 물건은 좀 비싸다.

Zhè jiā shāngdiàn de dōngxi bú guì
★ 这 家 商店 的 东西 不 贵 。　　（ ✗ ）

★ 이 상점의 물건은 비싸지 않다.

해설 제시된 문장의 핵심 키워드는 不贵(비싸지 않다)이다. 지문에서 물건이 有点儿贵(좀 비싸다)라고 했으므로 일치하지 않는 내용이다. 贵만 보고 일치라고 판단하지 말고 부정부사가 있는지 확인해서 일치 여부를 판단해야 한다.

어휘 卖 mài 통 팔다　东西 dōngxi 명 물건　有点儿 yǒu diǎnr 부 조금, 약간　贵 guì 형 비싸다　商店 shāngdiàn 명 상점

50

Zhè shì wǒ de fángjiān， pángbiān shì wǒ dìdi de，
这 是 我 的 房间 ， 旁边 是 我 弟弟 的 ，
nà ge dà fángjiān shì yéye nǎinai de
那 个 大 房间 是 爷爷 奶奶 的 。

이것은 내 방이다. 옆은 내 남동생의 것이다. 저 큰 방은 할아버지와 할머니의 방이다.

Yéye hé nǎinai zhù zài yí ge fángjiān
★ 爷爷 和 奶奶 住 在 一 个 房间 。（ ✓ ）

★ 할아버지는 할머니와 한 방에 살고 계신다.

해설 제시된 문장의 핵심 키워드는 住在一个房间(한 방에서 살다)이다. 지문에서 那个大房间是爷爷奶奶的(저 큰 방은 할아버지와 할머니의 방이다)라고 했으므로 일치하는 내용이다.

어휘 房间 fángjiān 명 방　旁边 pángbiān 명 옆　爷爷 yéye 명 할아버지　奶奶 nǎinai 명 할머니　住 zhù 통 살다, 머무르다

독해 제4부분

51-55

A 没关系，下次再说吧。(Méi guānxi, xià cì zài shuō ba)
B 这个问题你来做一下。(Zhè ge wèntí nǐ lái zuò yíxià)
C 不是买的，是我妈妈送我的。(Bú shì mǎi de, shì wǒ māma sòng wǒ de)
D 你怎么了？好点儿了吗？(Nǐ zěnme le? Hǎo diǎnr le ma?)
E 他在哪儿呢？你看见他了吗？(Tā zài nǎr ne? Nǐ kànjiàn tā le ma?)
F 这块手表怎么样？(Zhè kuài shǒubiǎo zěnmeyàng?)

A 괜찮아. 다음에 다시 이야기를 하자.
B 이 문제 네가 한번 풀어 봐.
C 산 거 아니야. 엄마가 나한테 주신 거야.
D 너 무슨 일이야? 좀 괜찮아졌어?
E 그는 어디에 있어? 너 그를 봤어?
F 이 손목시계 어때?

51 这件衣服很漂亮，你什么时候买的？(Zhè jiàn yīfu hěn piàoliang, nǐ shénme shíhou mǎi de?)

이 옷 아주 예쁘다. 너 언제 산 거야?

(C 不是买的，是我妈妈送我的。) (Bú shì mǎi de, shì wǒ māma sòng wǒ de)

(C 산 거 아니야. 엄마가 나한테 주신 거야.)

해설 문장은 옷이 예쁘다고 하면서 你什么时候买的？(너 언제 산 거야?)라고 묻고 있다. 따라서 동일한 동사 买(사다)를 사용해서 不是买的(산 것이 아니야)라고 대답한 C가 연결되는 문장이다.

어휘 衣服 yīfu 명 옷　漂亮 piàoliang 형 예쁘다　什么时候 shénme shíhou 언제　买 mǎi 동 사다　送 sòng 동 주다, 보내다

52 谢谢你们来看我，我后天可以去上班。(Xièxie nǐmen lái kàn wǒ, wǒ hòutiān kěyǐ qù shàngbān)

날 보러 와 줘서 고마워. 나 모레 출근할 수 있어.

(D 你怎么了？好点儿了吗？) (Nǐ zěnme le? Hǎo diǎnr le ma?)

(D 너 무슨 일이야? 좀 괜찮아졌어?)

해설 문장이 谢谢(고마워)라고 시작하면서 모레 출근할 수 있다는 내용이므로 아픈 상황에서 대답하는 말임을 알 수 있다. 따라서 好点儿了吗？(좀 괜찮아졌어?)라고 걱정하는 내용인 D가 연결되는 문장이다.

어휘 后天 hòutiān 명 모레　可以 kěyǐ 조동 ~할 수 있다　上班 shàngbān 동 출근하다　怎么了 zěnme le 왜 그래? 무슨 일이야?

53 今天晚上有事，我不能去。(Jīntiān wǎnshang yǒu shì, wǒ bù néng qù)

오늘 저녁에 일이 있어서 나 갈 수 없어.

(A 没关系，下次再说吧。) (Méi guānxi, xià cì zài shuō ba)

(A 괜찮아. 다음에 다시 이야기를 하자.)

해설 문장이 我不能去(나 갈 수 없어)라고 하여 갈 수 없다고 말하는 내용이므로 没关系(괜찮아)라고 시작하는 A가 연결되는 문장이다.

어휘 晚上 wǎnshang 명 저녁　有 yǒu 동 있다　事 shì 명 일　不 bù 부 안/못　能 néng 조동 ~할 수 있다　去 qù 동 가다　下次 xiàcì 명 다음 번　再 zài 부 다시　说 shuō 동 말하다

54
Zhè ge wèntí wǒ zhēn de bú huì zuò
这 个 问题 我 真 的 不 会 做 。

이 문제 저 정말 못 풀겠어요.

Zhè ge wèntí nǐ lái zuò yíxià
(B 这 个 问题 你 来 做 一下 。)

(B 이 문제 네가 한번 풀어 봐.)

해설 문제의 문장이 这个问题(이 문제)로 시작한다. 따라서 같은 주어로 시작하는 B가 연결되는 문장이다.

어휘 问题 wèntí 명 문제　会 huì 조동 (배워서) ~할 줄 알다　做 zuò 동 하다

55
Hěn hǎokàn wǒ yě xiǎng mǎi
很 好看 , 我 也 想 买 。

아주 예쁘다. 나도 사고 싶어.

Zhè kuài shǒubiǎo zěnmeyàng
(F 这 块 手表 怎么样 ？)

(F 이 손목시계 어때?)

해설 문장이 어떤 것에 대해 好看(예쁘다)이라고 말하고 있다. 따라서 怎么样？(어때?)이라고 질문하는 내용인 F가 연결되는 문장이다.

어휘 好看 hǎokàn 형 보기 좋다, 예쁘다　也 yě 부 ~도　想 xiǎng 조동 ~하고 싶다　买 mǎi 동 사다　块 kuài 양 조각, 덩어리　手表 shǒubiǎo 명 손목시계　怎么样 zěnmeyàng 대 어떠하다, 어때

56-60

Wǒ yě bù zhīdào nǐ wèn wèn lǎoshī ba
A 我 也 不 知道 , 你 问 问 老师 吧 。

Tā jīntiān kěnéng bù lái shàngxué
B 她 今天 可能 不 来 上学 。

Wǒmen qù bié de dìfang kàn kàn ba
C 我们 去 别 的 地方 看 看 吧 。

Nà wèi xiānsheng shì shéi
D 那 位 先生 是 谁 ？

Wǒ zài dǎ lánqiú děng huìr gěi nǐ dǎ diànhuà
E 我 在 打 篮球 , 等 会儿 给 你 打 电话 。

A 나도 몰라. 네가 선생님한테 물어 봐.
B 그녀는 오늘 아마 등교하지 않을 거야.
C 우리 다른 곳에 가 보자.
D 저 남자 분은 누구야?
E 나 농구하고 있어. 잠시 후에 너에게 전화할게.

56
Míngtiān yǒu kǎoshì ma
明天 有 考试 吗 ？

내일 시험이 있어?

Wǒ yě bù zhīdào nǐ wèn wèn lǎoshī ba
(A 我 也 不 知道 , 你 问 问 老师 吧 。)

(A 나도 몰라. 네가 선생님한테 물어 봐.)

해설 문장이 내일 시험이 있는지 사실 관계를 묻고 있다. 핵심 키워드가 일치하는 보기를 찾을 수 없지만 보기 A에서 我也不知道(나도 몰라)라고 말하며 선생님에게 물어보라고 했으므로 의미가 연결된다. 또한 考试(시험)과 老师(선생님)도 서로 관련이 있는 단어이다.

어휘 有 yǒu 동 있다　考试 kǎoshì 명 시험　也 yě 부 ~도　知道 zhīdào 동 알다　问 wèn 동 묻다

57

Wéi　　nǐ zài zuò shénme
喂 ， 你 在 做 什么 ？

여보세요. 너 뭐하고 있어?

Wǒ zài dǎ lánqiú 　 děng huìr gěi nǐ dǎ diànhuà
（ E 我 在 打 篮球 ， 等 会儿 给 你 打 电话 。 ）

（ E 나 농구하고 있어. 잠시 후에 너에게 전화 할게. ）

해설 문장이 在做什么？(무엇을 하고 있어?)라고 묻고 있다. 따라서 진행을 나타내는 부사 在로 대답한 E가 정답이다.

어휘 在 zài 🔒 ~하고 있다　做 zuò 🔒 하다　什么 shénme 🔒 무슨, 무엇　打篮球 dǎ lánqiú 농구하다　等 děng 🔒 기다리다　给 gěi 🔒 ~에게　打电话 dǎ diànhuà 전화를 걸다

58

Wǒ yě bù zhīdào
我 也 不 知道 。

나도 몰라.

Nà wèi xiānsheng shì shéi
（ D 那 位 先生 是 谁 ？ ）

（ D 저 남자 분은 누구아? ）

해설 문장이 '나도 모른다'라는 뜻이므로 어떤 대상에 대해 아는지 묻는 것에 대한 대답임을 알 수 있다. 따라서 저 남자 가 누구냐고 질문하는 D가 연결되는 문장이다.

어휘 也 yě 🔒 ~도　知道 zhīdào 🔒 알다　位 wèi 🔒 분, 명　先生 xiānsheng 🔒 선생, ~씨(성인 남자에 대한 존칭)　是 shì 🔒 ~ 이다　谁 shéi 🔒 누구

59

Tā shēngbìng le
她 生病 了 。

그녀는 병이 났어.

Tā jīntiān kěnéng bù lái shàngxué
（ B 她 今天 可能 不 来 上学 。 ）

（ B 그녀는 오늘 아마 등교하지 않을 거야. ）

해설 문장의 핵심 키워드는 生病(병이 나다)이다. 따라서 이에 대한 결과로 등교하지 않을 거라고 말하는 B가 연결되는 문장이다. 生病(병이 나다)과 不来上学(등교하지 않다)는 원인과 결과로 의미가 연결된다.

어휘 生病 shēngbìng 🔒 병이 나다　可能 kěnéng 🔒 아마도　来 lái 🔒 오다　上学 shàngxué 🔒 등교하다

60

Jīntiān lái kàn shū de rén zhēn duō
今天 来 看 书 的 人 真 多 。

오늘 책 보러 온 사람이 진짜 많다.

Wǒmen qù bié de dìfang kàn kàn ba
（ C 我们 去 别 的 地方 看 看 吧 。 ）

（ C 우리 다른 곳에 가 보자. ）

해설 문장의 핵심 키워드는 人多(사람이 많다)이므로 이에 대한 반응으로서 다른 곳에 가 보자고 하는 C가 의미가 연결 된다. 人多(사람이 많다)와 去别的地方(다른 곳에 가다)은 원인과 결과로 연결지을 수 있다.

어휘 来 lái 오다　看 kàn 🔒 보다　书 shū 🔒 책　真 zhēn 🔒 진짜, 정말　多 duō 🔒 많다　别 bié 🔒 별개의, 다른　地方 dìfang 🔒 곳, 장소

듣기

제1부분	1. ✘	2. ✔	3. ✘	4. ✘	5. ✔	6. ✔	7. ✔	8. ✘	9. ✘	10. ✔
제2부분	11. B	12. C	13. F	14. A	15. E	16. E	17. C	18. B	19. A	20. D
제3부분	21. B	22. A	23. B	24. C	25. A	26. C	27. B	28. C	29. A	30. A
제4부분	31. A	32. C	33. C	34. B	35. A					

독해

제1부분	36. C	37. A	38. B	39. F	40. E					
제2부분	41. D	42. A	43. F	44. B	45. C					
제3부분	46. ✘	47. ✘	48. ✔	49. ✔	50. ✘					
제4부분	51. F	52. C	53. A	54. D	55. B	56. C	57. B	58. E	59. D	60. A

실전모의고사 2

듣기 제1부분

1

Wǒ jīntiān qī diǎn xiàbān
我 今天 七点 下班 。

오늘 나는 7시에 퇴근한다.

해설 녹음에서 七点下班(7시에 퇴근한다)이라고 했는데 사진의 시계는 6시를 가리키므로 녹음과 사진이 일치하지 않는다.

어휘 今天 jīntiān 몡 내일 七 qī ㊄ 7, 일곱 点 diǎn 먱 시 下班 xiàbān 통 퇴근하다

2

Wǒ shēngbìng le bù néng qù yóuyǒng le
我 生病 了， 不 能 去 游泳 了。

나 병이 났어. 수영하러 갈 수 없어.

해설 녹음에서 生病了(병이 났다)라고 했으므로 여자가 아파 보이는 사진과 일치한다.

어휘 生病 shēngbìng 통 병이 나다 不 bù 띔 안/못 能 néng 조통 ~할 수 있다 游泳 yóuyǒng 통 수영하다

3

Wǒ zài jiā kànshū
我 在家 看书 。

나는 집에서 책을 본다.

해설 녹음에서 책을 보는 장소로 家(집)를 말했으므로 교실 사진과 일치하지 않는다.

어휘 在 zài 게 ~에서 家 jiā 몡 집 看 kàn 통 보다 书 shū 몡 책

4

Míngtiān bú xiàyǔ
明天 不 下雨 。

내일은 비가 오지 않는다.

해설 녹음에서 不下雨(비가 오지 않는다)라고 했으므로 비가 오는 사진과 일치하지 않는다. 下雨만 듣고 성급하게 일치로 정답을 고르지 않도록 주의한다.

어휘 明天 míngtiān 몡 내일 下雨 xiàyǔ 통 비가 내리다

5

Tā zuò chūzūchē qù mǎi dōngxi
他 坐 出租车 去 买 东西 。

그는 택시를 타고 물건을 사러 간다.

해설 녹음에서 坐出租车(택시를 타다)가 들렸으므로 택시 사진과 일치한다.

어휘 坐 zuò 통 타다 出租车 chūzūchē 명 택시 买 mǎi 통 사다 东西 dōngxi 명 물건

6

Wǒ hé tóngxué yìqǐ huíjiā
我 和 同学 一起 回家 。

나는 반 친구와 같이 집에 돌아간다.

해설 녹음에서 和同学一起(반 친구와 같이)가 들렸으므로 여학생 둘이서 걷는 모습과 일치한다.

어휘 和 hé 개 ~와/과 同学 tóngxué 명 학우, 반 친구 一起 yìqǐ 부 같이 回家 huíjiā 통 집으로 돌아가다

7

Gēge bǐ mèimei pǎo de kuài
哥哥 比 妹妹 跑 得 快 。

오빠는 여동생보다 빨리 달린다.

해설 녹음에서 哥哥(오빠), 妹妹(여동생), 跑(달리다)가 들렸으므로 남자아이와 여자아이가 달리는 사진과 일치한다.

어휘 哥哥 gēge 명 형, 오빠 比 bǐ 개 ~보다 妹妹 mèimei 명 여동생 跑 pǎo 통 뛰다 快 kuài 형 빠르다

8

Wǎnshang chī miàntiáo zěnmeyàng
晚上 吃 面条 怎么样 ?

저녁에 국수 먹는 게 어때?

해설 녹음에서 吃面条(국수를 먹다)가 들렸으므로 쌀밥 사진과 일치하지 않는다.

어휘 晚上 wǎnshang 명 저녁 吃 chī 통 먹다 面条 miàntiáo 명 국수

9

Bàba ài chī píngguǒ
爸爸 爱 吃 苹果 。

아빠는 사과 먹는 것을 좋아한다.

해설 녹음에서 吃苹果(사과를 먹다)가 들렸으므로 수박 사진과 일치하지 않는다.

어휘 爸爸 bàba 명 아빠 爱 ài 통 ~하기를 좋아하다 吃 chī 통 먹다 苹果 píngguǒ 명 사과

10

Wǒ xiǎng gěi māma mǎi yīfu
我 想 给 妈妈 买 衣服 。

나는 엄마에게 옷을 사 드리고 싶다.

해설 녹음에서 买衣服(옷을 사다)가 들렸으므로 옷을 사는 사진과 일치한다.

어휘 想 xiǎng 조동 ~하고 싶다   给 gěi 개 ~에게   妈妈 māma 명 엄마   买 mǎi 동 사다   衣服 yīfu 명 옷

듣기 **제2부분**

11

B

Nǐ xiǎng qù nǎr lǚyóu
女： 你 想 去 哪儿 旅游 ？
Wǒ xiǎng qù Běijīng lǚyóu
男： 我 想 去 北京 旅游 。

여: 너 어디로 여행을 가고 싶어?
남: 나는 북경으로 여행을 가고 싶어.

해설 여자가 남자에게 어디에 여행가고 싶은지 물었고 남자는 我想去北京旅游(나는 북경으로 여행을 가고 싶어)라고 대답했다. 따라서 만리장성 사진인 B가 정답이다. 만리장성은 북경에 있다.

어휘 想 xiǎng 조동 ~하고 싶다   去 qù 동 가다   哪儿 nǎr 대 어디   旅游 lǚyóu 동 여행하다   北京 Běijīng 지명 북경

12

C

Huǒchēzhàn lí zhèr yuǎn ma
男： 火车站 离 这儿 远 吗 ？
Bù yuǎn zǒu shí fēnzhōng jiù dào le
女： 不 远 ， 走 十 分钟 就 到 了 。

남: 기차역이 여기에서 멀어요?
여: 멀지 않아요. 10분 걸으면 도착해요.

해설 남자가 火车站离这儿远吗?(기차역이 여기에서 멀어요?)라고 물었고 여자가 이에 대해 답해주고 있다. 따라서 길을 물어보는 남자 사진인 C가 정답이다.

어휘 火车站 huǒchēzhàn 명 기차역   离 lí 개 ~로부터   这儿 zhèr 대 여기   远 yuǎn 형 멀다   走 zǒu 동 걷다   就 jiù 부 곧, 바로   到 dào 동 도착하다

13

F

Nǐ xǐhuan chànggē ma
女： 你 喜欢 唱歌 吗 ？
Wǒ hěn xǐhuan chànggē nǐ ne
男： 我 很 喜欢 唱歌 ， 你 呢 ？

여: 너 노래 부르는 거 좋아해?
남: 나 노래 부르는 거 아주 좋아해. 너는?

해설 남녀의 대화에 모두 唱歌(노래를 부르다)가 들렸다. 따라서 노래를 부르는 사진인 F가 정답이다.

어휘 喜欢 xǐhuan 图 좋아하다   唱歌 chànggē 图 노래를 부르다

14

A

男: <ruby>你<rt>Nǐ</rt></ruby> <ruby>的<rt>de</rt></ruby> <ruby>朋友<rt>péngyou</rt></ruby> <ruby>在<rt>zài</rt></ruby> <ruby>等<rt>děng</rt></ruby> <ruby>你<rt>nǐ</rt></ruby>。

女: <ruby>是<rt>Shì</rt></ruby> <ruby>吗<rt>ma</rt></ruby>？ <ruby>他<rt>Tā</rt></ruby> <ruby>来<rt>lái</rt></ruby> <ruby>得<rt>de</rt></ruby> <ruby>这么<rt>zhème</rt></ruby> <ruby>早<rt>zǎo</rt></ruby>！

남: 네 친구가 널 기다리고 있어.

여: 그래? 그가 이렇게 일찍 왔어!

해설 남자가 여자에게 你的朋友在等你(네 친구가 너를 기다리고 있어)라고 말했으므로 의자에 앉아 있는 남자의 사진인 A가 정답이다.

어휘 朋友 péngyou 명 친구   在 zài 부 ～하고 있다   等 děng 图 기다리다   来 lái 图 오다   这么 zhème 대 이렇게   早 zǎo 형 (때가) 이르다

15

E

女: <ruby>我<rt>Wǒ</rt></ruby> <ruby>买<rt>mǎi</rt></ruby> <ruby>电影票<rt>diànyǐngpiào</rt></ruby> <ruby>了<rt>le</rt></ruby>。

男: <ruby>几<rt>Jǐ</rt></ruby> <ruby>点<rt>diǎn</rt></ruby> <ruby>的<rt>de</rt></ruby>？

여: 나 영화표를 샀어.

남: 몇 시 거야?

해설 여자의 말에 电影票(영화표)가 들렸으므로 영화표 사진인 E가 정답이다.

어휘 买 mǎi 图 사다   电影票 diànyǐng piào 명 영화표   几 jǐ 대 몇   点 diǎn 양 시

16

E

男: <ruby>我<rt>Wǒ</rt></ruby> <ruby>不<rt>bú</rt></ruby> <ruby>太<rt>tài</rt></ruby> <ruby>喜欢<rt>xǐhuan</rt></ruby> <ruby>下雨<rt>xiàyǔ</rt></ruby> <ruby>天<rt>tiān</rt></ruby>。

女: <ruby>我<rt>Wǒ</rt></ruby> <ruby>也<rt>yě</rt></ruby> <ruby>是<rt>shì</rt></ruby>。

남: 나는 비오는 날을 그다지 좋아하지 않아.

여: 나도.

해설 남자의 말에 下雨天(비 오는 날)이 들렸다. 따라서 비가 내리는 사진인 E가 정답이다.

어휘 不太 bú tài 그다지 ～하지 않다   喜欢 xǐhuan 图 좋아하다   下雨 xiàyǔ 图 비가 내리다   天 tiān 명 날, 일   也 yě 부 ～도

17

女: <ruby>请<rt>Qǐng</rt></ruby> <ruby>给<rt>gěi</rt></ruby> <ruby>我<rt>Wǒ</rt></ruby> <ruby>一<rt>yì</rt></ruby> <ruby>杯<rt>bēi</rt></ruby> <ruby>咖啡<rt>kāfēi</rt></ruby>。

男: <ruby>好<rt>Hǎo</rt></ruby> <ruby>的<rt>de</rt></ruby>。

C

여: 커피 한 잔을 주세요.

남: 알겠습니다.

해설 여자가 请给我一杯咖啡(커피 한 잔을 주세요)라고 했으므로 커피를 마시고 있는 여자 사진인 C가 정답이다.

어휘 给 gěi 동 주다 杯 bēi 양 잔 咖啡 kāfēi 명 커피

18

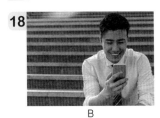
B

男: Wǒ de shǒujī chū wèntí le, nǐ néng bāng wǒ kàn kàn ma
我 的 手机 出 问题 了, 你 能 帮 我 看 看 吗?

女: Wǒ bāng nǐ kàn kàn ba
我 帮 你 看 看 吧。

남: 내 핸드폰이 문제가 생겼어. 날 도와서 한번 봐 줄 수 있어?
여: 내가 한번 볼게.

해설 남자가 我的手机出问题了(내 핸드폰이 문제가 생겼어)라고 했으므로 핸드폰을 보고 있는 남자 사진인 B가 정답이다.

어휘 手机 shǒujī 명 핸드폰 出 chū 동 나오다 问题 wèntí 명 문제 能 néng 조동 ~할 수 있다 帮 bāng 동 돕다

19

A

女: Wǎnshang nǐ xiǎng chī shénme
晚上 你 想 吃 什么?

男: Wǒ xiǎng chī niúròu
我 想 吃 牛肉。

여: 저녁에 너 뭐 먹고 싶어?
남: 나 소고기가 먹고 싶어.

해설 남자가 我想吃牛肉(나 소고기가 먹고 싶어)라고 했으므로 고기 사진인 A가 정답이다.

어휘 想 xiǎng 조동 ~하고 싶다 吃 chī 동 먹다 什么 shénme 대 무슨, 무엇 牛肉 niúròu 명 소고기

20

D

男: Zhè shǒubiǎo shì shéi gěi nǐ mǎi de
这 手表 是 谁 给 你 买 的?

女: Shì wǒ bàba gěi wǒ mǎi de
是 我 爸爸 给 我 买 的。

남: 이 손목시계는 누가 네게 사준 거야?
여: 우리 아빠가 내게 사준 거야.

해설 남자의 말에 手表(손목시계)가 들렸으므로 손목시계 사진인 D가 정답이다.

어휘 手表 shǒubiǎo 명 손목시계 谁 shéi 대 누구 给 gěi 개 ~에게 买 mǎi 동 사다

21

男：Nǐ shénme shíhou qù Běijīng
你 什么 时候 去 北京 ？

女：5 月 10 号 。
　　yuè　hào

问：Nǚ de jǐ yuè jǐ hào qù Běijīng
女 的 几 月 几 号 去 北京 ？

남: 너 언제 북경에 가?

여: 5월 10일에.

질문: 여자는 몇 월 며칠에 북경에 가는가?

A 5 月 4 号
　yuè　hào

B 5 月 10 号
　yuè　　hào

C 5 月 24 号
　yuè　　hào

A 5월 4일

B 5월 10일

C 5월 24일

해설 보기가 모두 날짜를 나타내므로 녹음에 언급되는 날짜에 주의한다. 남자가 여자에게 북경에 언제 가는지 물었고 여자가 5月 10号(5월 10일)라고 말했다. 질문에서 여자가 언제 북경에 가는지 물었으므로 정답은 B 5月10号(5월 10일)이다.

어휘 什么时候 shénme shíhou 언제　去 qù 통 가다　北京 Běijīng 지명 북경　月 yuè 명 월　号 hào 명 일　几 jǐ 대 몇

22

女：Nǐ zhīdào wǒ de shǒujī zài nǎr ma
你 知道 我 的 手机 在 哪儿 吗 ？

男：Zài chuáng shang
在 床 上 。

问：Shǒujī zài nǎr
手机 在 哪儿 ？

여: 너 내 핸드폰이 어디에 있는지 알아?

남: 침대 위에 있어.

질문: 핸드폰은 어디에 있는가?

A 床 上
　chuáng shang

B 椅子 上
　yǐzi　shang

C 桌子 上
　zhuōzi shang

A 침대 위

B 의자 위

C 탁자 위

해설 보기가 모두 '~의 위'라는 위치를 나타낸다. 여자가 자신의 핸드폰이 어디에 있는지 물었고 남자는 在床上(침대 위에 있어)이라고 말했다. 따라서 핸드폰이 있는 곳은 A 床上(침대 위)이다.

어휘 知道 zhīdào 통 알다　手机 shǒujī 명 핸드폰　在 zài 통 ~에 있다　哪儿 nǎr 대 어디　床 chuáng 명 침대　上 shang 명 ~위에　椅子 yǐzi 명 의자　桌子 zhuōzi 명 탁자

23

男: Wǎnshang yǒu shíjiān ma   Wǒmen
晚上 有 时间 吗 ? 我们

yìqǐ qù yóuyǒng ba
一起 去 游泳 吧 。

女: Wǒ yǒu hěn duō shìqing yào zuò   bù
我 有 很 多 事情 要 做 , 不

néng qù
能 去 。

问: Nán de xiǎng hé nǚ de yìqǐ zuò
男 的 想 和 女 的 一起 做

shénme
什么 ?

A kàn diànyǐng B yóuyǒng C lǚyóu
A 看 电影 B 游泳 C 旅游

남: 저녁에 시간이 있어? 우리 같이 수영하러 가자.
여: 나 해야 할 일이 많아서 갈 수 없어.

질문: 남자는 여자와 같이 무엇을 하고 싶어 하는가?

A 영화를 보다 **B 수영하다** C 여행하다

해설 보기가 모두 행동을 나타내므로 누가 무엇을 하는지 주의해서 듣는다. 남자가 我们一起去游泳吧(우리 같이 수영하러 가자)라고 했으므로 정답은 B 游泳(수영하다)이다.

어휘 晚上 wǎnshang 명 저녁 有 yǒu 동 있다 时间 shíjiān 명 시간 一起 yìqǐ 부 같이, 함께 去 qù 동 가다 游泳 yóuyǒng 동 수영하다 事情 shìqing 명 일 要 yào 조동 ~해야 한다 做 zuò 동 하다 想 xiǎng 조동 ~하고 싶다 和 hé 개 ~와/과 看 kàn 동 보다 电影 diànyǐng 명 영화 旅游 lǚyóu 동 여행하다

24

女: Wǒ yào qù mǎi jīdàn   nǐ hé wǒ
我 要 去 买 鸡蛋 , 你 和 我

yìqǐ qù ba
一起 去 吧 。

男: Wǒ xiǎng shuìjiào   nǐ yí ge rén qù
我 想 睡觉 , 你 一个 人 去

ba
吧 。

问: Nǚ de yào qù mǎi shénme
女 的 要 去 买 什么 ?

A píngguǒ B niúnǎi C jīdàn
A 苹果 B 牛奶 C 鸡蛋

여: 나 계란 사러 갈 거야. 너 나랑 같이 가자.
남: 나 자고 싶어. 너 혼자 가.

질문: 여자는 무엇을 사러 갈 것인가?

A 사과 B 우유 **C 계란**

해설 보기가 모두 음식 재료를 나타낸다. 여자가 我要去买鸡蛋(나 계란 사러 갈 거야)이라고 했다. 질문에서 여자가 무엇을 사러 갈 것인지 물었으므로 정답은 C 鸡蛋(계란)이다.

어휘 要 yào 조동 ~하려고 한다 买 mǎi 동 사다 和 hé 개 ~와/과 睡觉 shuìjiào 동 잠을 자다 什么 shénme 대 무슨, 무엇 苹果 píngguǒ 명 사과 牛奶 niúnǎi 명 우유

25

男: Nǐ de mèimei tiàowǔ tiào de zhēn hǎo
你 的 妹妹 跳舞 跳 得 真 好 ！

女: Tā cóng xiǎo dào xiànzài yìzhí zài xué
她 从 小 到 现在 一直 在 学
tiàowǔ
跳舞 。

问: Nán de juéde shéi tiào de hǎo
男 的 觉得 谁 跳 得 好 ？

남: 네 여동생은 춤을 정말 잘 춘다!

여: 그녀는 어릴 때부터 지금까지 계속 춤을 배우고 있어.

질문: 남자는 누가 춤을 잘 춘다고 생각하는가?

mèimei	jiějie	dìdi
A 妹妹	B 姐姐	C 弟弟

| A 여동생 | B 누나 | C 남동생 |

해설 보기가 모두 신분/관계를 나타낸다. 남자가 你的妹妹跳舞跳得真好！(네 여동생은 춤을 정말 잘 춘다!)라고 했다. 질문에서 남자는 누가 춤을 잘 춘다고 생각하는지 물었으므로 정답은 A 妹妹(여동생)이다.

어휘 跳舞 tiàowǔ 동 춤을 추다 从 cóng 개 ~에서부터 小 xiǎo 형 어리다 到 dào 개 ~까지 现在 xiànzài 명 지금, 현재 一直 yìzhí 부 줄곧, 계속 在 zài 부 ~하고 있다 学 xué 동 배우다 觉得 juéde 동 ~라고 느끼다, 생각하다 谁 shéi 대 누구 妹妹 mèimei 명 여동생 姐姐 jiějie 명 누나, 언니 弟弟 dìdi 명 남동생

26

女: Zhè ge yǐzi búcuò dànshì tài guì
这 个 椅子 不错 ， 但是 太 贵
le
了 。

男: Nà wǒmen qù bié de shāngdiàn kàn
那 我们 去 别 的 商店 看
kàn ba
看 吧 。

问: Tāmen kěnéng zài nǎr
他们 可能 在 哪儿 ？

여: 이 의자 괜찮다. 하지만 너무 비싸.

남: 그러면 우리 다른 상점에 가서 좀 보자.

질문: 그들은 아마 어디에 있는가?

gōngsī	jīchǎng	shāngdiàn
A 公司	B 机场	C 商店

| A 회사 | B 공항 | C 상점 |

해설 보기가 모두 장소이다. 여자가 남자에게 의자가 괜찮은데 비싸다고 말했고 이어 남자가 那我们去别的商店看看吧(그럼 우리 다른 상점에 가서 보자)라고 했다. 질문에서 그들이 있는 장소를 물었으므로 정답은 C 商店(상점)이다.

어휘 椅子 yǐzi 명 의자 不错 búcuò 형 좋다, 괜찮다 但是 dànshì 접 하지만 贵 guì 형 비싸다 别 bié 형 별개의, 다른 商店 shāngdiàn 명 상점 可能 kěnéng 부 아마도 在 zài 동 ~에 있다 哪儿 nǎr 대 어디 公司 gōngsī 명 회사 机场 jīchǎng 명 공항

27

男：Tiān hēi le, wàimiàn zài xiàxuě,
天 黑 了, 外面 在 下雪,

wǒ sòng nǐ huíqù ba
我 送 你 回去 吧。

女：Méi shì, wǒ jiā lí zhèr bú tài
没 事, 我 家 离 这儿 不 太

yuǎn
远 。

问：Wàimiàn tiānqì zěnmeyàng
外面 天气 怎么样 ？

A 下雨 xiàyǔ   **B 下雪 xiàxuě**   C 晴天 qíngtiān

남: 날이 어두워졌어. 밖에는 눈이 오고 있어. 내가 너를 데려 다 줄게.
여: 괜찮아. 우리 집 여기에서 멀지 않아.

질문: 바깥 날씨는 어떠한가?

A 비가 내리다   **B 눈이 내리다**   C 맑다

해설 보기가 모두 날씨를 나타내므로 녹음에 언급되는 날씨 표현에 주의한다. 남자가 外面在下雪(밖에는 눈이 오고 있어)라고 했다. 질문에서 바깥 날씨가 어떤지 물었으므로 정답은 B 下雪(눈이 내리다)이다.

어휘 黑 hēi 형 검다, 어둡다   外面 wàimiàn 명 밖   在 zài 부 ~하고 있다   下雪 xiàxuě 동 눈이 내리다   送 sòng 동 보내다, 배웅하다   离 lí 개 ~에서부터   远 yuǎn 형 멀다   天气 tiānqì 명 날씨   怎么样 zěnmeyàng 대 어떠하다, 어때   下雨 xiàyǔ 동 비가 내리다   晴天 qíngtiān 명 맑은 날씨

28

女：Nǐ gōngzuò le yì tiān, xiūxi ba
你 工作 了 一 天, 休息 吧。

男：Wǒ bú lèi, yào kàn diànshì
我 不 累, 要 看 电视 。

问：Nán de yào zuò shénme
男 的 要 做 什么 ？

A 休息 xiūxi

B 看书 kànshū

C 看 电视 kàn diànshì

여: 너 하루종일 일했어. 쉬어.
남: 나 안 힘들어. 텔레비전을 볼 거야.

질문: 남자는 무엇을 할 것인가?

A 쉬다
B 책을 보다
C 텔레비전을 보다

해설 보기가 모두 행동을 나타낸다. 여자가 남자에게 쉬라고 했는데 남자는 要看电视(텔레비전을 볼 거야)이라고 했다. 질문에서 남자가 무엇을 할 것인지 물었으므로 정답은 C 看电视(텔레비전을 보다)이다.

어휘 工作 gōngzuò 동 일하다   休息 xiūxi 동 쉬다   累 lèi 형 힘들다, 피곤하다   看 kàn 동 보다   电视 diànshì 명 텔레비전   做 zuò 동 하다   什么 shénme 대 무슨, 무엇   书 shū 명 책

29

男: Yǐjing jiǔ diǎn le māma zěnme hái
已经 九 点 了， 妈妈 怎么 还

méi huílái ne
没 回来 呢 ？

女: Tā zài wàimiàn hé péngyou men hē
她 在 外面 和 朋友 们 喝

kāfēi
咖啡 。

问: Māma zài wàimiàn zuò shénme
妈妈 在 外面 做 什么 ？

남: 벌써 아홉 시야. 엄마는 왜 아직도 돌아오지 않아?

여: 그녀는 밖에서 친구들과 커피를 마시고 있어.

질문: 엄마는 밖에서 무엇을 하고 있는가?

hē kāfēi
A 喝 咖啡

mǎi dōngxi
B 买 东西

yóuyǒng
C 游泳

A 커피를 마시다

B 물건을 사다

C 수영하다

해설 보기가 모두 행동을 나타낸다. 남자는 엄마가 왜 아직 돌아오지 않는지 물었고 이에 여자는 她在外面和朋友们喝咖啡(그녀는 밖에서 친구들과 커피를 마시고 있어)라고 대답했다. 질문에서 엄마가 밖에서 무엇을 하고 있는지 물었으므로 정답은 A 喝咖啡(커피를 마시다)이다.

어휘 怎么 zěnme 団 어째서, 왜 还 hái 団 여전히, 아직도 外面 wàimiàn 圆 밖 和 hé 团 ~와/과 朋友们 péngyoumen 圆 친구들 喝 hē 동 마시다 咖啡 kāfēi 圆 커피 买 mǎi 동 사다 东西 dōngxi 圆 물건 游泳 yóuyǒng 동 수영하다

30

女: Nǐ de érzi Hànzì xiě de hěn hǎo
你 的 儿子 汉字 写 得 很 好，

Hànyǔ shuō de zěnmeyàng
汉语 说 得 怎么样 ？

男: Tā cóng suì jiù xuéxí Hànyǔ
他 从 5 岁 就 学习 汉语，

suǒyǐ shuō de fēicháng hǎo
所以 说 得 非常 好 。

问: Nán de érzi Hànyǔ shuō de
男 的 儿子 汉语 说 得

zěnmeyàng
怎么样 ？

여: 네 아들은 한자를 잘 쓴다. 중국어를 말하는 것은 어때?

남: 그는 5살 때부터 중국어를 배웠어. 그래서 말을 매우 잘해.

질문: 남자의 아들은 중국어를 하는 정도가 어떠한가?

hěn hǎo   bù hǎo   bú huì
A 很 好   B 不 好   C 不 会

A 잘한다   B 못한다   C 할 줄 모른다

해설 보기가 모두 상태를 나타낸다. 여자가 남자의 아이를 칭찬했고 이에 남자는 자신의 아이에 대해 他从5岁就学习汉语，所以说得非常好(그는 5살 때부터 중국어를 배웠어. 그래서 말을 매우 잘해)라고 했다. 따라서 정답은 A 很好(잘한다)이다.

어휘 儿子 érzi 圆 아들 汉字 Hànzì 圆 한자 写 xiě 동 쓰다 说 shuō 동 말하다 就 jiù 団 곧, 바로 学习 xuéxí 동 공부하다 汉语 Hànyǔ 圆 중국어 所以 suǒyǐ 젭 그래서 不 bù 団 안/못 好 hǎo 혱 좋다 会 huì (배워서) ~할 줄 알다

31

女: Zhè ge xīngqīwǔ yìqǐ qù chànggē ba
这 个 星期五 一起 去 唱歌 吧。

男: Wǒ hěn xiǎng qù， dànshì wǒ yào
我 很 想 去， 但是 我 要

zhǔnbèi kǎoshì
准备 考试。

女: Nà xīngqīliù zěnmeyàng
那 星期六 怎么样？

男: Xīngqīliù yě méiyǒu shíjiān
星期六 也 没有 时间。

问: Nán de yào zuò shénme
男 的 要 做 什么？

A zhǔnbèi kǎoshì
准备 考试

B chànggē
唱歌

C zuò cài
做 菜

여: 이번 주 금요일에 같이 노래를 부르러 가자.
남: 나도 가고 싶어. 하지만 나는 시험을 준비해야 돼.
여: 그럼 토요일은 어때?
남: 토요일에도 시간이 없어.

질문: 남자는 무엇을 해야 하는가?

A 시험을 준비하다
B 노래를 부르다
C 요리를 하다

해설 보기가 모두 행동을 나타낸다. 여자가 남자에게 노래를 부르러 가자고 했고 이에 남자는 거절하며 我要准备考试 (나는 시험을 준비해야 돼)라고 말했다. 따라서 남자가 해야 할 일은 A 准备考试(시험을 준비하다)이다.

어휘 星期 xīngqī 몡 주, 요일 要 yào 조동 ~해야 한다 也 yě 凰 ~도 没有 méiyǒu 통 없다 时间 shíjiān 몡 시간 做 zuò 통 하다 什么 shénme 때 무슨, 무엇 准备 zhǔnbèi 통 준비하다 考试 kǎoshì 몡 시험 唱歌 chànggē 통 노래를 부르다 做 zuò 통 하다 菜 cài 몡 요리, 음식

32

男: Érzi qù nǎr le
儿子 去 哪儿 了？

女: Tā qù xuéxiào le
他 去 学校 了。

男: Jīntiān bú shì xīngqītiān ma Tā wèi
今天 不 是 星期天 吗？ 他 为

shénme qù xuéxiào le
什么 去 学校 了？

女: Hé tóngxué yìqǐ dúshū
和 同学 一起 读书。

问: Érzi qù zuò shénme le
儿子 去 做 什么 了？

A mǎi shū B mài shū C dúshū
买 书 卖 书 读书

남: 아들은 어디에 갔어요?
여: 학교에 갔어요.
남: 오늘 일요일 아니에요? 학교에 왜 갔어요?
여: 반 친구와 같이 공부해요.

질문: 아들은 학교에 가서 무엇을 하는가?

A 책을 사다 B 책을 팔다 C 공부하다

보기가 모두 행동을 나타내고 목적어가 书(책)로 동일하다. 남자가 아들이 학교에 왜 갔는지 물었고 여자가 和同学
一起读书(반 친구와 같이 공부해요)라고 말했으므로 정답은 C 读书(공부하다)이다.

儿子 érzi 뎽 아들   去 qù 됨 가다   哪儿 nǎr 데 어디   学校 xuéxiào 뎽 학교   为什么 wèishénme 데 왜   和 hé 게 ~와/과
同学 tóngxué 뎽 학우, 반 친구   买 mǎi 됨 사다   书 shū 뎽 책   卖 mài 됨 팔다   读书 dúshū 됨 책을 읽다, 공부하다

33

女：Nǐ kàn zhè ge zhuōzi zěnmeyàng
你 看 ， 这 个 桌子 怎么样 ？

男：Wǒ juéde tài dà le　Zài nǐ hòubian
我 觉得 太 大 了 。 在 你 后边
de zěnmeyàng
的 怎么样 ？

女：Hǎokàn dànshì yǒudiǎnr guì
好看 ， 但是 有点儿 贵 。

男：Nà wǒmen qù bié de shāngdiàn ba
那 我们 去 别 的 商店 吧 。

问：Nán de juéde zhè ge zhuōzi zěnmeyàng
男 的 觉得 这 个 桌子 怎么样 ？

여: 너 봐 봐. 이 탁자는 어때?
남: 내 생각에는 너무 커. 네 뒤에 있는 것이 어때?
여: 보기 좋다. 하지만 조금 비싸.
남: 그럼 우리 다른 상점에 가 보자.

질문: 남자가 생각하기에 이 의자는 어떠한가?

A tài piányi le
太 便宜 了

B tài guì le
太 贵 了

C tài dà le
太 大 了

A 너무 싸다
B 너무 비싸다
C 너무 크다

보기가 모두 상태를 나타낸다. 여자가 남자에게 이 탁자가 어떤지 물었고 남자는 我觉得太大了(내 생각에는 너무
커)라고 했다. 따라서 정답은 C 太大了(너무 크다)이다.

桌子 zhuōzi 뎽 탁자   怎么样 zěnmeyàng 데 어떠하다, 어때   觉得 juéde 됨 ~라고 생각하다   大 dà 혱 크다   后边
hòubian 뎽 뒤, 뒤쪽   有点儿 yǒu diǎnr 몜 조금, 약간   贵 guì 혱 비싸다   商店 shāngdiàn 뎽 상점   太……了 tài……le 너무
~하다   便宜 piányi 혱 싸다, 저렴하다

34

男：Dàjiā dōu tīng dǒng le ma
大家 都 听 懂 了 吗 ？

女：Lǎoshī wǒ hái yǒu yí ge wèntí
老师 ， 我 还 有 一 个 问题 ，
qīzi shì shénme yìsi
"妻子" 是 什么 意思 ？

男：Nǐ māma jiù shì nǐ bàba de qīzi
你 妈妈 就 是 你 爸爸 的 妻子 。

女：Zhīdào le xièxie lǎoshī
知道 了 ， 谢谢 老师 。

问：Tāmen zuì kěnéng zài nǎr
他们 最 可能 在 哪儿 ？

남: 모두들 알아 들었어요?
여: 선생님, 저 질문이 하나 있어요. '아내'가 무슨 뜻이에요?
남: 엄마가 바로 아빠의 아내예요.
여: 알겠어요. 감사합니다. 선생님.

질문: 그들은 아마 어디에 있는가?

				A 병원	B 학교	C 호텔
A	**yīyuàn** 医院	B	**xuéxiào** 学校	C	**bīnguǎn** 宾馆	

해설 보기가 모두 장소를 나타낸다. 여자가 남자를 老师(선생님)라고 불렀으므로 여자와 남자는 학생과 선생님의 관계임을 알 수 있다. 따라서 이들이 있는 장소는 B 学校(학교)이다.

어휘 大家 dàjiā 몡 모두, 여러분　都 dōu 뫼 모두　懂 dǒng 통 이해하다　问题 wèntí 몡 문제　妻子 qīzi 몡 아내　知道 zhīdào 통 알다　可能 kěnéng 뫼 아마도　医院 yīyuàn 몡 병원　学校 xuéxiào 몡 학교　宾馆 bīnguǎn 몡 호텔

35

女： Nà ge rén shì shéi
那 个 人 是 谁？

男： Shì Wáng lǎoshī de érzi
是 王 老师 的 儿子。

女： Nǐ gěi wǒ jièshào yíxià hǎo ma
你 给 我 介绍 一下， 好 吗？

男： Hǎo de
好 的。

问： Nà ge rén shì shéi de érzi
那 个 人 是 谁 的 儿子？

여: 저 사람은 누구야?
남: 왕 선생님의 아들이야.
여: 네가 나에게 소개시켜 줄래?
남: 알겠어.

질문: 저 사람은 누구의 아들인가?

A	**lǎoshī** 老师	B	**érzi** 儿子	C	**yīshēng** 医生
A 선생님		B 아들		C 의사	

해설 보기가 모두 신분/관계를 나타낸다. 여자가 저 사람이 누구인지 물었고, 이에 남자는 是王老师的儿子(왕 선생님의 아들이야)라고 대답했다. 질문에서 저 사람이 누구의 아들인지 물었으므로 정답은 A 老师(선생님)이다.

어휘 谁 shéi 때 누구　儿子 érzi 몡 아들　给 gěi 깨 ~에게　介绍 jièshào 통 소개하다　老师 lǎoshī 몡 선생님　医生 yīshēng 몡 의사

독해 **제1부분**

36

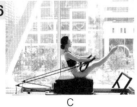
C

Jiějie qǐ de hěn zǎo tā yí ge xīngqī yùndòng liǎng sān cì
姐姐 起 得 很 早， 她 一 个 星期 运动 两 三 次。

언니는 일찍 일어난다. 그녀는 일주일에 두세 번 운동을 한다.

해설 문장의 핵심 키워드는 运动(운동하다)이므로 운동하는 모습인 C가 정답이다.

어휘 起 qǐ 통 일어나다　早 zǎo 혱 이르다　一个星期 yí ge xīngqī 일주일　运动 yùndòng 통 운동하다　次 cì 양 번

37

Xià ge xīngqīliù shì wǒ de shēngrì
下 个 星期六 是 我 的 生日 。

다음 주 토요일은 내 생일이다.

해설 문장의 핵심 키워드는 生日(생일)이므로 케이크 사진인 A가 정답이다.

어휘 星期 xīngqī 명 주, 요일 生日 shēngrì 명 생일

38

Bàba měitiān chī zǎofàn de shíhou xǐhuan kàn bàozhǐ
爸爸 每天 吃 早饭 的 时候 , 喜欢 看 报纸 。

아빠는 매일 아침 식사를 할 때 신문 보는 것을 좋아한다.

해설 문장의 핵심 키워드는 看报纸(신문을 보다)이므로 남자가 신문을 보는 모습인 B가 정답이다.

어휘 每天 měitiān 명 매일 早饭 zǎofàn 명 아침 식사 的时候 de shíhou ~할 때 喜欢 xǐhuan 동 좋아하다 看 kàn 동 보다
报纸 bàozhǐ 명 신문

39

Nǐ zài nǎ ge jiàoshì shàngkè
你 在 哪 个 教室 上课 ?

너 어느 교실에서 수업 해?

해설 문장의 핵심 키워드는 教室(교실)이므로 교실 사진인 F가 정답이다.

어휘 在 zài 개 ~에서 哪 nǎ 대 어느 教室 jiàoshì 명 교실 上课 shàngkè 동 수업하다

40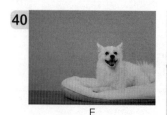

Kàn nà ge xiǎogǒu tā zhēn kě'ài
看 那 个 小狗 , 它 真 可爱 。

저 강아지 봐 봐. 정말 귀엽다.

해설 문장의 핵심 키워드는 小狗(강아지)이므로 강아지 사진인 E가 정답이다.

어휘 小狗 xiǎogǒu 명 강아지 真 zhēn 부 진짜, 정말 可爱 kě'ài 형 귀엽다

41-45

A 但是 dànshì	B 阴 yīn	C 已经 yǐjing
D 得 de	E 贵 guì	F 帮 bāng

A 하지만	B 흐리다	C 이미
D 보어를 연결함	E 비싸다	F 돕다

41
Nǐ jīntiān de kǎoshì kǎo de zěnmeyàng
你 今天 的 考试 考 (得) 怎么样 ?

너 오늘 시험 본 (것이) 어땠어?

해설 빈칸 앞에 동사 술어가 있고 뒤에 상태를 묻는 의문대사가 있다. 문장이 오늘 시험을 본 정도를 묻고 있으므로 보어를 연결하는 조사 D 得(보어를 연결함)가 들어가야 한다.

어휘 考试 kǎoshì 명 시험 考 kǎo 통 (시험을) 보다 怎么样 zěnmeyàng 때 어떻다, 어때?

42
Wǒ xǐhuan chī zhōngguó cài dànshì
我 喜欢 吃 中国 菜 , (但是)
wǒ méi qùguo Zhōngguó
我 没 去过 中国 。

나는 중국 음식을 먹는 것을 좋아한다. (하지만) 중국에 가 본 적은 없다.

해설 빈칸이 주어 앞에 위치하고 있으므로 빈칸에는 접속사나 부사가 들어가야 한다. 앞에서 중국 음식을 좋아한다고 했고 뒷부분에서는 중국에 가 본 적이 없다고 했으므로, 전환의 의미를 나타내는 접속사 A 但是(하지만)가 들어가야 한다.

어휘 喜欢 xǐhuan 통 좋아하다 吃 chī 통 먹다 中国菜 zhōngguócài 명 중국요리, 중국 음식 去 qù 통 가다 过 guo 조 ~해 본 적이 있다 但是 dànshì 접 그러나, 하지만

43
Zhè ge zì wǒ bú huì dú nǐ néng
这 个 字 我 不 会 读 , 你 能
bāng wǒ dú yíxià ma
(帮) 我 读 一下 吗 ?

이 글자 나 읽을 줄 몰라. 너 날 (도와서) 한번 읽어 줄 수 있어?

해설 빈칸 앞에 조동사가 있고 뒤에 대사와 동사가 있다. 따라서 빈칸은 我(나)를 목적어로 두는 동사 술어의 자리이다. 의미상 부탁하는 뜻이 되도록 F 帮(돕다)이 들어가야 한다.

어휘 字 zì 명 글자 不 bù 부 안/못 会 huì 조동 (배워서) ~할 줄 알다 读 dú 통 읽다 能 néng 조동 ~할 수 있다 帮 bāng 통 돕다

44
Tiān yīn le yào xiàyǔ le kuài
天 (阴) 了 , 要 下雨 了 , 快
huíqù ba
回去 吧 。

날이 (흐려졌어). 곧 비가 내릴 거야. 얼른 돌아가자.

해설 빈칸 앞에 주어가 天(날)이므로 형용사 술어가 들어가야 한다. 뒤에 下雨(비가 내리다)가 있으므로 날씨와 어울리는 단어인 B 阴(흐리다)이 들어가야 한다.

어휘 天 tiān 명 날, 일 下雨 xiàyǔ 통 비가 내리다 快 kuài 형 빠르다 回去 huíqù 통 돌아가다 阴 yīn 형 흐리다

45

Fúwùyuán wǒmen yǐjing děng le sì shí
服务员 , 我们 （ 已经 ） 等 了 四十

duō fēnzhōng le cài zěnme hái bù lái
多 分钟 了 , 菜 怎么 还 不 来

ne
呢 ？

저기요. 우리 (벌써) 40분 넘게 기다리고 있어요. 음식이 왜 아직도 안 나와요?

해설 빈칸 앞에 주어가 있고 뒤에 동사 술어가 있으므로 빈칸에는 술어를 꾸며주는 단어가 들어가야 한다. 빈칸 뒤에 기다린 시간이 있으므로 부사 C 已经(이미)이 들어가야 한다.

어휘 服务员 fúwùyuán 몡 종업원　等 děng 통 기다리다　菜 cài 몡 요리, 음식　怎么 zěnme 때 어째서　还 hái 휘 여전히, 아직도
来 lái 통 오다　已经 yǐjing 휘 이미, 벌써

독해 제3부분

46

Wàimiàn xiàyǔ le bié chūqù le wǒmen míngtiān
外面 下雨 了 , 别 出去 了 , 我们 明天

zài chūqù mǎi yīfu ba
再 出去 买 衣服 吧 。

밖에 비가 온다. 나가지 말자. 우리 내일 다시 옷을 사러 나가자.

Tài wǎn le tāmen méiyǒu chūqù wán
★ 太 晚 了 , 他们 没有 出去 玩 。 （ ✗ ）

★ 너무 늦어서 그들은 나가 놀지 않았다.

해설 제시된 문장의 핵심 키워드는 太晚了(너무 늦었다)이다. 그런데 지문에서는 外面下雨了, 别出去了(밖에 비가 온다. 나가지 말자)라고 했다. 늦어서가 아니라 비가 와서 나가지 않는 것이므로 일치하지 않는 내용이다.

어휘 下雨 xiàyǔ 통 비가 내리다　别 bié 휘 ~하지 마라　再 zài 휘 다시　出去 chūqù 통 나가다　晚 wǎn 혱 늦다　玩 wán 통 놀다

47

Jīntiān shì yuè hào guò liǎng tiān jiù shì wǒ
今天 是 9 月 3 号 , 过 两 天 就 是 我

bàba de shēngrì le wǒ xiǎng gěi tā mǎi yí ge
爸爸 的 生日 了 , 我 想 给 他 买 一 个

shǒubiǎo
手表 。

오늘은 9월 3일이다. 이틀이 지나면 아빠의 생일이다. 나는 그에게 손목시계를 사 주고 싶다.

Jīntiān shì bàba de shēngrì
★ 今天 是 爸爸 的 生日 。 （ ✗ ）

★ 오늘은 아빠의 생일이다.

해설 제시된 문장의 핵심 키워드는 今天(오늘)이다. 지문에서 过两天就是我爸爸的生日了(이틀이 지나면 아빠의 생일이다)라고 했으므로 일치하지 않는 내용이다.

어휘 今天 jīntiān 몡 오늘　是 shì 통 ~이다　过 guò 통 보내다, 지내다　两 liǎng 주 2, 둘　天 tiān 몡 날　生日 shēngrì 몡 생일
给 gěi 개 ~에게　手表 shǒubiǎo 몡 손목시계

48

Zhè ge Hànzì shì shénme yìsi　wǒ bù zhīdào　nǐ
这 个 汉字 是 什么 意思， 我 不 知道， 你

néng bu néng gěi wǒ shuō yíxià
能 不 能 给 我 说 一下 ？

이 한자가 무슨 뜻인지 나는 몰라. 네가 나한 테 말해줄 수 있어?

Tā bú rènshi zhè ge Hànzì
★ 她 不 认识 这 个 汉字 。　　　（ ✓ ）

★ 그녀는 이 한자를 모른다.

해설 제시된 문장의 핵심 키워드는 不认识(모른다)이다. 지문에서 这个汉字是什么意思, 我不知道(이 한자가 무슨 뜻 인지 나는 모른다)라고 했으므로 일치하는 내용이다.

어휘 汉字 Hànzì 명 한자　意思 yìsi 명 뜻, 의미　知道 zhīdào 통 알다　能 néng 조동 ~할 수 있다　说 shuō 통 말하다　认识 rènshi 통 알다

49

Jīntiān wǒ dìdi shēngbìng le　tā méi
今天 我 弟弟 生病 了， 他 没

qù shàngkè　tā zài jiā shuìjiào ne
去 上课， 他 在 家 睡觉 呢 。

오늘 내 남동생은 병이 났다. 그는 수업하러 가지 않았다. 그는 집에서 잠을 자고 있다.

Dìdi jīntiān zài jiā
★ 弟弟 今天 在 家 。　　　（ ✓ ）

★ 남동생은 오늘 집에 있다.

해설 제시된 문장의 핵심 키워드는 在家(집에 있다)이다. 지문에서 남동생이 병이 났다고 하면서 他在家睡觉呢(그는 집 에서 잠을 자고 있다)라고 했으므로 일치하는 내용이다.

어휘 弟弟 dìdi 명 남동생　生病 shēngbìng 통 병이 나다　上课 shàngkè 통 수업하다　在 zài 통 ~에 있다 개 ~에서　家 jiā 명 집 睡觉 shuìjiào 통 잠을 자다

50

Māma měi cì mǎi yú　dìdi dōu hěn gāoxìng
妈妈 每 次 买 鱼， 弟弟 都 很 高兴，

yīnwèi dìdi tèbié xǐhuan chī yú
因为 弟弟 特别 喜欢 吃 鱼 。

엄마가 매번 생선을 사면 남동생은 기뻐한다. 왜냐하면 남동생은 생선 먹는 것을 특히 좋아 하기 때문이다.

Dìdi bú ài chī yú
★ 弟弟 不 爱 吃 鱼 。　　　（ ✗ ）

★ 남동생은 생선 먹는 것을 좋아하지 않는다.

해설 제시된 문장의 핵심 키워드는 不爱吃鱼(생선 먹는 것을 좋아하지 않는다)이다. 지문에서 弟弟特别喜欢吃鱼(남동 생은 생선 먹는 것을 특히 좋아한다)라고 했으므로 일치하지 않는 내용이다.

어휘 每次 měicì 명 매번　鱼 yú 명 생선　高兴 gāoxìng 형 기쁘다　因为 yīnwèi 접 왜냐하면　特别 tèbié 부 특별히, 유달리　喜 欢 xǐhuan 통 좋아하다　爱 ài 통 ~하기를 좋아하다

2급 실전모의고사 2

51-55

A
Duìbuqǐ wǒ xiànzài gěi tā dǎ diànhuà tā kěnéng
对不起， 我 现在 给 他 打 电话， 他 可能
zài lù shang
在 路 上 。

B
Tā qù chī wǔfàn le   nǐ yíhuìr zài dǎ ba
他 去 吃 午饭 了， 你 一会儿 再 打 吧。

C
Wǒmen xiànzài xiǎng huíjiā xiūxi
我们 现在 想 回家 休息 。

D
Dànshì yánsè hǎokàn   wǒ hěn xiǎng mǎi
但是 颜色 好看， 我 很 想 买 。

E
Tā zài nǎr ne   Nǐ kànjiàn tā le ma
他 在 哪儿 呢 ？ 你 看见 他 了 吗 ？

F
Zhè xiē píngguǒ sānshíwǔ kuài wǔ
这 些 苹果 三十五 块 五 。

A 죄송합니다. 제가 지금 그에게 전화를 걸어 볼게요. 그는 아마 오는 중일 거예요.
B 그는 점심을 드시러 가셨어요. 이따가 다시 걸어주세요.
C 우리는 지금 집에 돌아가서 쉬고 싶다.
D 하지만 색이 예뻐. 나는 너무 사고 싶어.
E 그는 어디에 있어? 너 그를 봤어?
F 이 사과들은 35.5위안입니다.

51
Wǒ méiyǒu língqián   gěi nǐ wǔshí de ba
我 没有 零钱， 给 你 五十 的 吧 。

저는 잔돈이 없어요. 50위안을 드릴게요.

(F
Zhè xiē píngguǒ sānshíwǔ kuài wǔ
这 些 苹果 三十五 块 五 。)

(F 이 사과들은 35.5위안입니다.)

해설 문장에 零钱(잔돈)과 五十的(50위안)가 있으므로 돈에 관한 내용이다. 따라서 사과 가격에 대해 설명하는 F가 연결된다.

어휘 没有 méiyǒu 동 없다　零钱 língqián 명 잔돈　给 gěi 동 주다　苹果 píngguǒ 명 사과

52
Jīntiān gōngzuò fēicháng máng   dàjiā dōu hěn lèi
今天 工作 非常 忙， 大家 都 很 累 。

오늘 일이 너무 바빠서 모두가 다 피곤하다.

(C
Wǒmen xiànzài xiǎng huíjiā xiūxi
我们 现在 想 回家 休息 。)

(C 우리는 지금 집에 가서 쉬고 싶다.)

해설 문장에서 大家都很累(모두가 다 피곤하다)라고 했으므로 想回家休息(집에 가서 쉬고 싶다)라고 말한 C가 연결되는 내용이다.

어휘 工作 gōngzuò 명 일　忙 máng 형 바쁘다　大家 dàjiā 명 모두　累 lèi 형 힘들다, 피곤하다　想 xiǎng 조동 ~하고 싶다　休息 xiūxi 동 쉬다

53
Tā zěnme hái méi dào
他 怎么 还 没 到 ？

그는 왜 아직 도착하지 않나요?

(A
Duìbuqǐ   wǒ xiànzài gěi tā dǎ diànhuà   tā
对不起， 我 现在 给 他 打 电话， 他
kěnéng zài lù shang
可能 在 路 上 。)

(A 죄송합니다. 제가 지금 그에게 전화를 걸어 볼게요. 그는 아마 오는 중일 거예요.)

해설 문장이 怎么(왜)를 사용해서 도착하지 않는 이유를 묻고 있다. 질책하는 말이므로 对不起(죄송합니다)라고 사과하면서 전화해보겠다고 하는 A가 연결되는 문장이다.

어휘 怎么 zěnme 떼 어째서   还 hái 児 여전히, 아직도   到 dào 통 도착하다   现在 xiànzài 몡 지금   给 gěi 께 ~에게   打电话 dǎ diànhuà 전화를 걸다   可能 kěnéng 児 아마도

54
Zhè ge shūbāo tài guì le
这 个 书包 太 贵 了。

이 책 가방은 너무 비싸.

　　　　Dànshì yánsè hǎokàn　　wǒ hěn xiǎng mǎi
(D 但是 颜色 好看 ， 我 很 想 买 。)

(D 하지만 색이 예뻐. 나는 너무 사고 싶어.)

해설 문장이 书包(책 가방)에 대해 설명하는 내용이다. 보기 D가 颜色好看(색이 예쁘다), 想买(사고 싶다)라고 말하고 있으므로 책 가방에 대한 내용으로 연결된다.

어휘 书包 shūbāo 몡 책가방   贵 guì 혱 비싸다   但是 dànshì 젭 그러나, 하지만   颜色 yánsè 몡 색깔   想 xiǎng 조통 ~하고 싶다
买 mǎi 통 사다

55
Wéi　　Wáng yīshēng zài ma　　Wǒ shì tā de qīzi
喂 ， 王 医生 在 吗 ？ 我 是 他 的 妻子 。

여보세요. 왕 의사 선생님 계신가요? 저는 그의 아내입니다.

　　　　Tā qù chī wǔfàn le　　nǐ yíhuìr zài dǎ ba
(B 他 去 吃 午饭 了 ， 你 一会儿 再 打 吧 。)

(B 그는 점심을 드시러 가셨어요. 이따가 다시 걸어주세요.)

해설 문장이 喂(여보세요)로 시작하므로 전화하는 상황임을 알 수 있다. 보기 B에 동사 打(걸다)가 있어서 통화하는 내용이므로 정답은 B이다.

어휘 喂 wéi 갑 여보세요   医生 yīshēng 몡 의사   在 zài 통 ~에 있다   妻子 qīzi 몡 아내   午饭 wǔfàn 몡 점심 식사   再 zài 児 다시   打 dǎ 통 (전화를) 걸다

56-60

A
Zhèr yǒu méiyǒu kāfēi diàn
这儿 有 没有 咖啡 店 ？

B
Wǒmen yìqǐ qù lǚyóu ba
我们 一起 去 旅游 吧 。

C
Xià cì bú yào zhù zhèr le
下 次 不 要 住 这儿 了 。

D
Hǎo　　kàn qiánmiàn　　yī èr sān
好 ， 看 前面 ， 一 、 二 、 三 。

E
Wǒ bù zhīdào mǎi nǎ ge hǎo
我 不 知道 买 哪个 好 。

A 여기에 커피숍이 있어?
B 우리 같이 여행하러 가자.
C 다음 번에는 여기에 머물지 말자.
D 좋아요. 앞을 보세요. 하나, 둘, 셋.
E 나는 어느 것을 사야 좋을지 모르겠어.

56
Zhè ge bīnguǎn yìdiǎnr yě bù hǎo
这 个 宾馆 一点儿 也 不 好 。

이 호텔은 하나도 좋지 않아.

　　　　Xià cì bú yào zhù zhèr le
(C 下 次 不 要 住 这儿 了 。)

(C 다음 번에는 여기에 머물지 말자.)

해설 문장의 핵심 키워드는 宾馆(호텔)이다. 보기 C에 住(머무르다)가 있으므로 내용이 서로 연결된다.

어휘 宾馆 bīnguǎn 명 호텔 一点儿 yìdiǎnr 수 조금, 약간 下次 xiàcì 명 다음 번 不要 búyào 부 ~하지 마라 住 zhù 동 살다, 머무르다

57 Wǒmen qù Běijīng zěnmeyàng 我们 去 北京 怎么样 ?	우리 북경에 가는 게 어때?
Wǒmen yìqǐ qù lǚyóu ba (B 我们 一起 去 旅游 吧 。)	(B 우리 같이 여행하러 가자.)

해설 문제의 문장에서 북경에 가는 게 어떤지 묻고 있다. 따라서 여행하러 가자고 제안하는 내용인 B가 연결된다.

어휘 北京 Běijīng 지명 북경 怎么样 zěnmeyàng 대 어떠하다, 어때 一起 yìqǐ 부 같이, 함께 旅游 lǚyóu 동 여행하다

58 Wǒ xǐhuan hóngsè de dànshì hóngsè de bǐ hēisè de guì 我 喜欢 红色 的 , 但是 红色 的 比 黑色 的 贵 。	나는 빨간색을 좋아한다. 하지만 빨간색은 검은색보다 비싸다.
Wǒ bù zhīdào mǎi nǎ ge hǎo (E 我 不 知道 买 哪 个 好 。)	(E 나는 어느 것을 사야 좋을지 모르겠다.)

해설 문장에서 红色(빨간색)의 물건을 좋아하지만 黑色(검은색)의 것보다 비싸다고 말하고 있다. 따라서 두 가지 선택지를 고민하는 내용인 E가 연결되는 문장이다.

어휘 红色 hóngsè 명 빨간색 但是 dànshì 접 그러나 比 bǐ 개 ~보다 黑色 hēisè 명 검은색 贵 guì 형 비싸다 知道 zhīdào 동 알다 买 mǎi 동 사다 哪 nǎ 대 어느

59 Zhǔnbèi hǎo le ma Dàjiā kāixīn yìdiǎnr 准备 好 了 吗 ? 大家 开心 一点儿 。	준비 다 됐어요? 모두 좀 더 기쁘게.
Hǎo kàn qiánmiàn yī èr sān (D 好 , 看 前面 , 一 、 二 、 三 。)	(D 좋아요. 앞을 보세요. 하나, 둘, 셋.)

해설 문장은 사진을 찍고 있는 상황으로 准备好了吗?(준비 다 됐어요?)라고 묻고 있다. 이에 好(좋아요)라고 대답하면서 앞을 보라고 하는 내용인 D가 연결되는 문장이다.

어휘 准备 zhǔnbèi 동 준비하다 开心 kāixīn 형 기쁘다 看 kàn 동 보다 前面 qiánmiàn 명 앞, 앞쪽

60 Yǒu xuéxiào lǐ jiù yǒu yí ge 有 , 学校 里 就 有 一 个 。	있어. 학교 안에 하나 있어.
Zhèr yǒu méiyǒu kāfēi diàn (A 这儿 有 没有 咖啡 店 ?)	(A 여기에 커피숍이 있어?)

해설 문제의 문장이 有(있어)로 시작하므로 질문하는 문장을 찾아야 한다. 보기 A가 有没有……?(있어?)라고 물었으므로 연결되는 문장이다.

어휘 有 yǒu 동 있다 学校 xuéxiào 명 학교 里 lǐ 명 안 这儿 zhèr 대 여기, 이곳 没有 méiyǒu 동 없다 咖啡店 kāfēidiàn 명 커피숍

좋은 책을 만드는 길
독자님과 함께하겠습니다.

도서에 궁금한 점, 아쉬운 점, 만족스러운 점이
있으시다면 어떤 의견이라도 말씀해 주세요.
시대고시기획은 독자님의 의견을 모아 더 좋은 책으로 보답하겠습니다.

www.sidaegosi.com

HSK 1·2급 고수들의 합격전략 4주 단기완성

초판1쇄 발행	2021년 01월 05일(인쇄 2020년 10월 23일)
발 행 인	박영일
책 임 편 집	이해욱
저 자	김혜연, 김보름, 이선민, 이지현
편 집 진 행	이지현, 신기원
표지디자인	이미애
편집디자인	양혜련, 장성복
발 행 처	(주)시대고시기획
출 판 등 록	제 10-1521호
주 소	서울시 마포구 큰우물로 75 [도화동 538 성지 B/D] 9F
전 화	1600-3600
팩 스	02-701-8823
홈 페 이 지	www.sidaegosi.com
I S B N	979-11-254-8360-1 (13720)
정 가	20,000원

본 도서는 항균잉크로 인쇄하였습니다.

항균⁺ 99.9% 안심도서

HSK 1·2급 고수들의 합격전략

4주 단기완성

필수어휘
300
단어장

 (주)시대고시기획

필수 어휘 300

HSK 1·2급 단어장

단어장 활용법

1. 단어장은 1급 어휘 150개(001~150), 2급 어휘 150개(151~300)로 구성되어 있습니다.

2. 30일 동안 매일 10개 단어를 학습합니다.

3. 각 단어의 뜻과 예문을 확인한 뒤 한어병음과 한자를 3번씩 쓰며 암기합니다.

001 □ ài 爱	몡 사랑 통 사랑하다, ~하는 것을 좋아하다 예)爱 看 电视 텔레비전을 보는 것을 좋아하다
ài	
爱	

4. 어려운 단어는 체크(✔)하고 복습합니다.

001 ☑

001 □	ài 爱	몡 사랑 통 사랑하다, ~하는 것을 좋아하다 ài kàn diànshì 예)爱 看 电视 텔레비전을 보는 것을 좋아하다
	ài	
	爱	

002 □	bā 八	쉬 8, 여덟 Bā diǎn 예)八 点 여덟 시
	bā	
	八	

003 □	bàba 爸爸	몡 아빠 Bàba ài chī píngguǒ 예)爸爸 爱 吃 苹果 。 아빠는 사과를 먹는 것을 좋아한다.
	bàba	
	爸爸	

004 □	bēizi 杯子	몡 잔, 컵 zhè ge bēizi 예)这 个 杯子 이 컵
	bēizi	
	杯子	

005 □	Běijīng 北京	몡 베이징, 북경 Tā zài Běijīng 예)她 在 北京 。 그녀는 북경에 있다.
	Běijīng	
	北京	

006 □

běn

本

양 권

예) 五 本 书 (wǔ běn shū) 다섯 권의 책

běn

本

---

007 □

bù

不

부 동사, 형용사 앞에 쓰여 부정을 나타냄

예) 不 喜欢 (Bù xǐhuan) 좋아하지 않다

bù

不

---

008 □

bú kèqi

不客气

사양하지 않다, 천만에요.

예) 不 客气 。 (Bú kèqi) 천만에요.

bú kèqi

不客气

---

009 □

cài

菜

명 음식, 요리

예) 做 菜 (zuò cài) 요리를 하다

cài

菜

---

010 □

chá

茶

명 차

예) 喝 茶 (hē chá) 차를 마시다

chá

茶

011 □	chī 吃	⑧ 먹다 예) 吃 水果 (chī shuǐguǒ) 과일을 먹다	
chī			
吃			

012 □	chūzūchē 出租车	⑲ 택시 예) 坐 出租车 (zuò chūzūchē) 택시를 타다	
chūzūchē			
出租车			

013 □	dǎ diànhuà 打电话	⑧ 전화를 걸다 예) 打 电话 找 你 (dǎ diànhuà zhǎo nǐ) 전화해서 너를 찾다	
dǎ diànhuà			
打电话			

014 □	dà 大	⑲ 크다 예) 很 大 (hěn dà) 아주 크다	
dà			
大			

015 □	de 的	㉺ ~의/~한 예) 他 的 猫 (tā de māo) 그의 고양이	
de			
的			

016 □ | diǎn
点 | 똉 시
예) sān diǎn
三 点   세 시

diǎn

点

---

017 □ | diànnǎo
电脑 | 똉 컴퓨터
예) mǎi diànnǎo
买 电脑   컴퓨터를 사다

diànnǎo

电脑

---

018 □ | diànshì
电视 | 똉 텔레비전
예) kàn diànshì
看 电视   텔레비전을 보다

diànshì

电视

---

019 □ | diànyǐng
电影 | 똉 영화
예) kàn diànyǐng
看 电影   영화를 보다

diànyǐng

电影

---

020 □ | dōngxi
东西 | 똉 물건
예) mǎi dōngxi
买 东西   물건을 사다

dōngxi

东西

안심Touch

021 ☐	dōu 都	閏 모두, 다
		Dàjiā dōu tīng dǒng le ma 예) 大家 都 听 懂 了 吗? 모두들 다 알아들었어요?
	dōu	
	都	

022 ☐	dú 读	통 읽다, 공부하다
		dú shū 예) 读 书 공부하다
	dú	
	读	

023 ☐	duìbuqǐ 对不起	미안합니다
		Duìbuqǐ wǒ hěn máng 예) 对不起, 我 很 忙。 미안해요. 제가 바빠요.
	duìbuqǐ	
	对不起	

024 ☐	duō 多	혱 (수량이) 많다
		hěn duō 예) 很 多 아주 많다
	duō	
	多	

025 ☐	duōshao 多少	떼 얼마, 몇
		Duōshao qián 예) 多少 钱? 얼마예요?
	duōshao	
	多少	

026 □	érzi 儿子	몡 아들 예) wǒ de érzi 我 的 儿子　내 아들
	érzi	
	儿子	

027 □	èr 二	쉬 둘 예) shí èr 十二　열둘, 12
	èr	
	二	

028 □	fàndiàn 饭店	몡 호텔, 여관, 식당 예) qù fàndiàn chīfàn 去 饭店 吃饭　식당에 가서 밥을 먹다
	fàndiàn	
	饭店	

029 □	fēijī 飞机	몡 비행기 예) zuò fēijī 坐 飞机　비행기를 타다
	fēijī	
	飞机	

030 □	fēnzhōng 分钟	얭 분(시각) 예) Zǒu shí fēnzhōng jiù dào le 走 十 分钟 就 到 了 。　10분만 가면 도착해요.
	fēnzhōng	
	分钟	

안심Touch

031 ☐	gāoxìng 高兴	혱 기쁘다, 즐겁다 예) 她 很 高兴 。 그녀는 아주 기쁘다.
	gāoxìng	
	高兴	

032 ☐	gè 个	양 개, 명 예) 两 个 人 두 사람
	gè	
	个	

033 ☐	gōngzuò 工作	명 동 일(하다) 예) 他 在 学校 工作 。 그는 학교에서 일한다.
	gōngzuò	
	工作	

034 ☐	gǒu 狗	명 개 예) 我 的 狗 나의 개
	gǒu	
	狗	

035 ☐	Hànyǔ 汉语	명 중국어 예) 学习 汉语 중국어를 공부하다
	Hànyǔ	
	汉语	

036 □	hǎo 好	휑 좋다, 안녕하다 예) Tiānqì hěn hǎo 天气 很 好 。 날씨가 아주 좋다.
	hǎo	
	好	

037 □	hào 号	몡 일, 번호 예) Wǒ zhù zài hào 我 住 在 506 号 。 나는 506호에 산다.
	hào	
	号	

038 □	hē 喝	통 마시다 예) hē chá 喝 茶 차를 마시다
	hē	
	喝	

039 □	hé 和	쩝 ~와/과 예) hé péngyou yìqǐ qù 和 朋友 一起 去 친구와 함께 가다
	hé	
	和	

040 □	hěn 很	囝 매우, 아주 예) Tā hěn gāoxìng 她 很 高兴 。 그녀는 아주 기쁘다.
	hěn	
	很	

041 ☐	hòumiàn 后面	몡 뒤, 뒤쪽 Tā hòumiàn yǒu sān ge rén 예) 她 后面 有 三 个 人 。 그녀의 뒤에 세 사람이 있다.
	hòumiàn	
	后面	

042 ☐	huí 回	동 되돌아가다 huí jiā 예) 回 家 집에 가다
	huí	
	回	

043 ☐	huì 会	조동 ~을 할 줄 알다, ~할 것이다 Wǒ bú huì zuò 예) 我 不 会 做。 나는 할 줄 모른다.
	huì	
	会	

044 ☐	jǐ 几	대 몇 Nǐ de nǚ'ér jǐ suì le 예) 你 的 女儿 几 岁 了 ? 네 딸은 몇 살이야?
	jǐ	
	几	

045 ☐	jiā 家	몡 집 양 가정, 가게 · 기업 등을 세는 단위 wǒ de jiā 예) 我 的 家 우리 집
	jiā	
	家	

046 ☐	jiào 叫	⑧ 부르다, (이름을) ~라고 하다 예) Nǐ jiào shénme míngzi 你 叫 什么 名字 ? 이름이 뭐예요?
	jiào	
	叫	

047 ☐	jīntiān 今天	⑲ 오늘 예) Jīntiān hěn lěng 今天 很 冷 。 오늘 아주 춥다.
	jīntiān	
	今天	

048 ☐	jiǔ 九	㉓ 9, 아홉 예) jiǔ diǎn 九 点 아홉 시
	jiǔ	
	九	

049 ☐	kāi 开	⑧ 열다, 운전하다 예) kāi chē 开 车 운전하다
	kāi	
	开	

050 ☐	kàn 看	⑧ 보다, (눈으로만) 읽다 예) kàn shū 看 书 책을 보다
	kàn	
	看	

안심Touch

051 □	kànjiàn 看见	동 보다, 보이다
		Nǐ kànjiàn wǒ de gǒu le ma 예) 你 看见 我 的 狗 了 吗 ？ 내 개를 봤어?
	kànjiàn	
	看见	

052 □	kuài 块	양 덩어리, 조각, 위안(화폐 단위)
		Yígòng shí kuài qián 예) 一共 十 块 钱 。 전부 10위안이에요.
	kuài	
	块	

053 □	lái 来	동 오다
		Tā hái méi lái 예) 他 还 没 来 。 그는 아직 안 왔다.
	lái	
	来	

054 □	lǎoshī 老师	명 선생님
		Wǒ māma shì lǎoshī 예) 我 妈妈 是 老师 。 우리 엄마는 선생님이다.
	lǎoshī	
	老师	

055 □	le 了	조 동작의 완료, 변화를 나타냄
		Wǒ mǎi le yì tái diànnǎo 예) 我 买了 一 台 电脑 。 나는 컴퓨터를 샀다.
	le	
	了	

056 ☐

lěng

冷

형 춥다

Jīntiān hěn lěng
예) 今天 很 冷 。 오늘 아주 춥다.

lěng

冷

---

057 ☐

lǐ

里

명 속, 안

fànguǎn lǐ
예) 饭馆 里   식당 안

lǐ

里

---

058 ☐

liù

六

수 6, 여섯

Liù diǎn jiàn
예) 六 点 见 。 여섯 시에 보자.

liù

六

---

059 ☐

māma

妈妈

명 엄마, 어머니

Wǒ māma shì lǎoshī
예) 我 妈妈 是 老师 。 우리 엄마는 선생님이다.

māma

妈妈

---

060 ☐

ma

吗

조 문장 끝에 쓰여 의문을 표시함

Shì ma
예) 是 吗 ? 그래?

ma

吗

안심Touch

061 □	mǎi 买	(동) 사다 예) 买 电脑 컴퓨터를 사다 ^{mǎi diànnǎo}	
	mǎi		
	买		

062 □	māo 猫	(명) 고양이 예) 那 是 他 的 小猫 。 그것은 그의 고양이다. ^{Nà shì tā de xiǎomāo}	
	māo		
	猫		

063 □	méi guānxi 没关系	관계가 없다, 괜찮다, 문제없다 예) 没 关系 。 괜찮아. ^{Méi guānxi}	
	méi guānxi		
	没关系		

064 □	méi(yǒu) 没 (有)	(동) 없다, ~하지 않았다 예) 我 没 听 懂 。 나 못 알아들었어. ^{Wǒ méi tīng dǒng}	
	méiyǒu		
	没有		

065 □	mǐfàn 米饭	(명) 밥, 쌀밥 예) 吃 米饭 쌀밥을 먹다 ^{chī mǐfàn}	
	mǐfàn		
	米饭		

066 □	míngzi 名字	몡 이름, 사물의 명칭 Nǐ jiào shénme míngzi 예) 你 叫 什么 名字 ? 이름이 뭐예요?
	míngzi	
	名字	

067 □	míngtiān 明天	몡 내일 Míngtiān jiàn 예) 明天 见 。 내일 보자.
	míngtiān	
	明天	

068 □	nǎ 哪	때 어느, 어떤 Nǐ zhù nǎ ge 예) 你 住 哪 个 房间? 어느 방에서 지내요?
	nǎ	
	哪	

069 □	nǎr 哪儿	때 어디, 어느 곳 Wǒ de shǒujī zài nǎr 예) 我 的 手机 在 哪儿 ? 제 핸드폰은 어디에 있어요?
	nǎr	
	哪儿	

070 □	nà 那	때 저것, 그것 Nà shì tā de xiǎomāo 예) 那 是 他 的 小猫 。 그것은 그의 고양이이다.
	nà	
	那	

안심Touch

071 ☐	ne 呢	조 의문문의 끝에 쓰여 의문을 나타냄 예) ^{Nà jiàn yīfu ne} 那 件 衣服 呢？ 그 옷은?
	ne	
	呢	

072 ☐	néng 能	조동 ~할 수 있다 (능력) 예) ^{Bù néng qù} 不 能 去。 갈 수 없다.
	néng	
	能	

073 ☐	nǐ 你	대 너, 당신 예) ^{Nǐ ne} 你 呢？ 너는?
	nǐ	
	你	

074 ☐	nián 年	명 해, 년 예) ^{Wǒ xué le qī nián Hànyǔ} 我 学 了 七 年 汉语 。 나는 7년간 중국어를 배웠다.
	nián	
	年	

075 ☐	nǚ'ér 女儿	명 딸 예) ^{Wǒ yǒu yí ge nǚ'ér} 我 有 一 个 女儿 。 나는 딸이 한 명 있다.
	nǚ' ér	
	女儿	

076 ☐ péngyou
朋友
명 친구
péngyou men
예) 朋友 们   친구들

péngyou

朋友

---

077 ☐ piàoliang
漂亮
형 아름답다, 예쁘다
Yīfu hěn piàoliang
예) 衣服 很 漂亮。 옷이 아주 예쁘다.

piàoliang

漂亮

---

078 ☐ píngguǒ
苹果
명 사과
Wǒ yǒu yí ge píngguǒ
예) 我 有 一 个 苹果 。 나는 사과 한 개가 있어.

píngguǒ

苹果

---

079 ☐ qī
七
수 7, 일곱
Wǒ qī diǎn xiàbān
예) 我 七 点 下班 。 나는 7시에 퇴근한다.

qī

七

---

080 ☐ qiánmiàn
前面
명 앞, 전면
Qiánmiàn yǒu sān ge zìxíngchē
예) 前面 有 三 个 自行车 。 앞에 자전거 세 대가 있다.

qiánmiàn

前面

안심Touch

081 □	qián 钱	몡 돈, 화폐 예) Wǒ méiyǒu qián 我 没有 钱 。 나는 돈이 없어.
	qián	
	钱	

082 □	qǐng 请	동 요청하다, 초빙하다, 초대하다 Qǐng hē chá 예) 请 喝 茶 。 차를 드세요.
	qǐng	
	请	

083 □	qù 去	동 가다 Tā qù xuéxiào le 예) 他 去 学校 了 。 그는 학교에 갔다.
	qù	
	去	

084 □	rè 热	혱 덥다, 뜨겁다 bú rè 예) 不 热 덥지 않다
	rè	
	热	

085 □	rén 人	몡 사람, 인간 Nǐ shì nǎ guó rén 예) 你 是 哪 国 人 ? 너는 어느 나라 사람이야?
	rén	
	人	

086 □ **认识** rènshi

동 알다, 인식하다

예) Hěn gāoxìng rènshi nǐ
很 高兴 认识 你 。　만나서 반갑습니다.

rènshi

认识

---

087 □ **三** sān

수 3, 셋

예) sān diǎn
三 点　세 시

sān

三

---

088 □ **商店** shāngdiàn

명 상점

예) Nǐ qù shāngdiàn mǎi shénme le
你 去 商店 买 什么 了 ?　가게에 가서 뭐 샀어?

shāngdiàn

商店

---

089 □ **上** shàng

명 위 동 오르다, 가다

예) Fàng zài chuáng shang le
放 在 床 上 了 。　침대 위에 두세요.

shàng

上

---

090 □ **上午** shàngwǔ

명 오전

예) Wǒ shàngwǔ yǒu shì
我 上午 有 事 。　나는 오전에 일이 있어.

shàngwǔ

上午

안심Touch

091 □	**shǎo** 少	형 적다, 부족하다 hěn shǎo 예) 很 少　아주 적다
	shǎo	
	少	

092 □	**shéi** 谁	때 누구, 아무 Tā shì shéi 예) 他 是 谁 ?　그는 누구야?
	shéi	
	谁	

093 □	**shénme** 什么	때 무엇, 어떤, 무슨 Zhè shì shénme chá 예) 这 是 什么 茶 ?　이것은 무슨 차예요?
	shénme	
	什么	

094 □	**shí** 十	수 10, 열 shí yī diǎn 예) 十一 点　열한 시
	shí	
	十	

095 □	**shíhou** 时候	명 시간, 기간, 때 zài jiā de shíhou 예) 在 家 的 时候　집에 있을 때
	shíhou	
	时候	

096 □

shì

是

동 ~이다, 네(응답의 말)

예) 他 是 谁 ？ 그는 누구야?
　　Tā shì shéi

shì

是

---

097 □

shū

书

명 책

예) 看书　책을 보다
　　kànshū

shū

书

---

098 □

shuǐ

水

명 물

예) 喝 点儿 水 吧 。 물을 좀 드세요.
　　Hē diǎnr shuǐ ba

shuǐ

水

---

099 □

shuǐguǒ

水果

명 과일

예) 我 喜欢 吃 水果 。 나는 과일을 먹는 것을 좋아한다.
　　Wǒ xǐhuan chī shuǐguǒ

shuǐguǒ

水果

---

100 □

shuìjiào

睡觉

동 자다

예) 儿子 喜欢 睡觉 。 아들은 잠 자는 것을 좋아한다.
　　Érzi xǐhuan shuìjiào

shuìjiào

睡觉

안심Touch

101 □	shuō 说	⑧ 말하다 shuōhuà 예) 说话　말하다	
	shuō		
	说		

102 □	sì 四	㉔ 4, 넷 Tā sì yuè huí Zhōngguó 예) 他 四 月 回 中国 。　그는 4월에 중국에 돌아간다.	
	sì		
	四		

103 □	suì 岁	⑱ 세, 살 (나이를 세는 단위) Tā jīnnián suì 예) 他 今年 30 岁 。　그는 올해 30세이다.	
	suì		
	岁		

104 □	tā 他	⑩ 그 Nà shì tā de xiǎomāo 예) 那 是 他 的 小猫 。　그것은 그의 고양이이다.	
	tā		
	他		

105 □	tā 她	⑩ 그녀 Tā yī yuè qù Zhōngguó 예) 她 一 月 去 中国 。　그녀는 1월에 중국에 간다.	
	tā		
	她		

106 □	tài 太	(부) 너무, 매우, 대단히 예) Jīntiān tài rè le 今天 太 热 了。 오늘 너무 덥다.
	tài	
	太	

107 □	tiānqì 天气	(명) 날씨 예) Tiānqì hěn lěng 天气 很 冷 。 날씨가 아주 춥다.
	tiānqì	
	天气	

108 □	tīng 听	(동) 듣다 예) tīng dǒng 听 懂 알아듣다
	tīng	
	听	

109 □	tóngxué 同学	(명) 동창, 학우, 반 친구 예) wǒ de tóngxué 我 的 同学 우리 반 친구
	tóngxué	
	同学	

110 □	wèi 喂	(감) 야, 어이, 여보세요 예) Wèi nǐ zài nǎr 喂 ， 你 在 哪儿 ？ 여보세요, 너 어디야?
	wèi	
	喂	

안심Touch

111 □	wǒ 我	(대) 나, 저 Zhè shì wǒ de shū 예) 这 是 我 的 书 。 이것은 내 책이다.
	wǒ	
	我	
112 □	wǒmen 我们	(대) 우리(들) Wǒmen qù hē kā fēi ba 예) 我们 去 喝 咖啡 吧 。 우리 커피 마시러 가자.
	wǒmen	
	我们	
113 □	wǔ 五	(수) 5, 다섯 wǔ běn shū 예) 五 本 书 책 다섯 권
	wǔ	
	五	
114 □	xǐhuan 喜欢	(동) 좋아하다 bù xǐhuan 예) 不 喜欢 좋아하지 않다
	xǐhuan	
	喜欢	
115 □	xià 下	(명) 밑, 아래, 나중, 다음 xià ge xīngqī 예) 下 个 星期 다음 주
	xià	
	下	

116 ☐   xiàwǔ   下午

(명) 오후

예) 今天 下午 去 。   오늘 오후에 간다.
jīntiān xiàwǔ qù

xiàwǔ

下午

---

117 ☐   xiàyǔ   下雨

(동) 비가 내리다

예) 外面 在 下雨 。   밖에 비가 오고 있다.
Wàimiàn zài xiàyǔ

xiàyǔ

下雨

---

118 ☐   xiānsheng   先生

(명) 선생, 씨 (성인 남자에 대한 존칭)

예) 金 先生   김 선생님
Jīn xiānsheng

xiānsheng

先生

---

119 ☐   xiànzài   现在

(명) 지금, 현재

예) 我 现在 在 机场 呢 。   나는 지금 공항에 있어.
Wǒ xiànzài zài jīchǎng ne

xiànzài

现在

---

120 ☐   xiǎng   想

(동) 생각하다 [조동] ~하고 싶다

예) 我 想 睡觉 。   나는 잠을 자고 싶어.
Wǒ xiǎng shuìjiào

xiǎng

想

안심Touch

121 ☐	xiǎo 小	혱 작다, 어리다 예) 很 小　아주 작다 _{hěn xiǎo}
	xiǎo	
	小	

122 ☐	xiǎojie 小姐	몡 아가씨 예) 那 个 小姐　그 아가씨 _{nà ge xiǎojie}
	xiǎojie	
	小姐	

123 ☐	xiē 些	양 약간, 조금 예) 这 些 书 我 都 看 完 了 。　이 책들을 다 봤다. _{Zhè xiē shū wǒ dōu kàn wán le}
	xiē	
	些	

124 ☐	xiě 写	동 글씨를 쓰다 예) 我 写 一下。　제가 좀 쓸게요. _{Wǒ xiě yíxià}
	xiě	
	写	

125 ☐	xièxie 谢谢	동 감사합니다, 고맙습니다 예) 谢谢 你 。　고맙습니다. _{Xièxie nǐ}
	xièxie	
	谢谢	

126 □ xīngqī
星期

명 요일, 주

예) 下 个 星期 有 考试 。 다음 주에 시험이 있다.
Xià ge xīngqī yǒu kǎoshì

xīngqī

星期

---

127 □ xuésheng
学生

명 학생

예) 我 是 大学生 。 나는 대학생이다.
Wǒ shì dàxuésheng

xuésheng

学生

---

128 □ xuéxí
学习

명 동 공부(하다)

예) 学习 汉语 중국어를 공부하다
xuéxí Hànyǔ

xuéxí

学习

---

129 □ xuéxiào
学校

명 학교

예) 他 在 学校 工作 。 그는 학교에서 일한다.
Tā zài xuéxiào gōngzuò

xuéxiào

学校

---

130 □ yī
一

수 1. 하나

예) 一 杯 咖啡 커피 한 잔
yì bēi kāfēi

yī

一

131 □ (yì)diǎnr 조금
(一)点儿
예) Nǐ màn diǎnr kāichē
你 慢 点儿 开车 。 좀 천천히 운전해.

yìdiǎnr

一点儿

---

132 □ yīfu 옐 옷, 의복
衣服
예) mǎi yīfu
买 衣服 옷을 사다

yīfu

衣服

---

133 □ yīshēng 옐 의사
医生
예) Tā shì yīshēng
他 是 医生 。 그는 의사이다.

yīshēng

医生

---

134 □ yīyuàn 옐 병원
医院
예) Wǒ tóuténg qù yīyuàn
我 头疼 , 去 医院 。 나는 머리가 아파서 병원에 간다.

yīyuàn

医院

---

135 □ yǐzi 옐 의자
椅子
예) Yǐzi shàngmian yǒu yí ge shūbāo
椅子 上面 有 一 个 书包 。 의자 위에 책 가방이 있다.

yǐzi

椅子

136 □	yǒu 有	⑤ 있다, 가지고 있다 예) Wǒ yǒu yí ge nǚ'ér 我 有 一 个 女儿 。 나는 딸이 한 명 있다.
	yǒu	
	有	

137 □	yuè 月	⑲ 월, 달 예) Wǒ 5 yuè 10 hào qù 我 5 月 10 号 去 。 나는 5월 10일에 간다.
	yuè	
	月	

138 □	zàijiàn 再见	또 뵙겠습니다. 잘 가. 예) Zài jiàn 再 见 。 잘 가.
	zàijiàn	
	再见	

139 □	zài 在	⑤ 존재하다, 있다 예) Wǒ de shǒujī zài nǎr 我 的 手机 在 哪儿 ? 내 핸드폰이 어디에 있지?
	zài	
	在	

140 □	zěnme 怎么	⑩ 어떻게, 왜 예) Zhè ge zì zěnme dú 这 个 字 怎么 读 ? 이 글자 어떻게 읽어?
	zěnme	
	怎么	

Day 15

141 **怎么样** zěnmeyàng 때 어떠하다
예) 天气 怎么样? 날씨가 어때? *Tiānqì zěnmeyàng*

zěnmeyàng

怎么样

142 **这** zhè 때 이, 이것
예) 这 是 我 的 书。 이것은 내 책이다. *Zhè shì wǒ de shū*

zhè

这

143 **中国** Zhōngguó 지명 중국
예) 他 四 月 回 中国。 그는 4월에 중국에 돌아간다. *Tā sì yuè huí Zhōngguó*

Zhōngguó

中国

144 **中午** zhōngwǔ 명 점심, 정오
예) 我 今天 中午 睡觉 了。 나는 오늘 점심에 잤다. *Wǒ jīntiān zhōngwǔ shuìjiào le*

zhōngwǔ

中午

145 **住** zhù 동 살다, 거주하다, 숙박하다
예) 我 住 在 506 号。 저는 506호에 살아요. *Wǒ zhù zài hào*

zhù

住

146 ☐ zhuōzi
桌子
⑲ 탁자, 테이블
예) 这 个 桌子 怎么样 ？ 이 탁자 어때?
Zhè ge zhuōzi zěnmeyàng

zhuōzi

桌子

147 ☐ zì
字
⑲ 글자, 문자
예) 这 个 字 怎么 读 ？ 이 글자 어떻게 읽어?
Zhè ge zì zěnme dú

zì

字

148 ☐ zuótiān
昨天
⑲ 어제
예) 昨天 几 点 睡觉 了 ？ 어제 몇 시에 잤어?
Zuótiān jǐ diǎn shuìjiào le

zuótiān

昨天

149 ☐ zuò
坐
⑤ 앉다, 타다
예) 她 坐 公共汽车 去 。 그녀는 버스를 타고 간다.
Tā zuò gōnggòngqìchē qù

zuò

坐

150 ☐ zuò
做
⑤ 만들다, 하다
예) 我 会 做 菜 了 。 나는 요리를 할 줄 알게 됐다.
Wǒ huì zuò cài le

zuò

做

151 ☐	ba 吧	㉠ 문장 끝에 쓰여 청유 · 명령의 어기를 나타냄 예) Zǒu ba 走 吧 。 가자.
	ba	
	吧	

152 ☐	bái 白	㉫ 희다, 하얗다 예) bái sè 白色 흰색
	bái	
	白	

153 ☐	bǎi 百	㉜ 100, 백 예) liǎng bǎi kuài 两 百 块 이백 위안
	bǎi	
	百	

154 ☐	bāngzhù 帮助	㉦ 돕다, 원조하다 예) bāngzhù biérén 帮助 别人 다른 사람을 돕다
	bāngzhù	
	帮助	

155 ☐	bàozhǐ 报纸	㉫ 신문사 예) Jīntiān de bàozhǐ zài nǎr 今天 的 报纸 在 哪儿 ？ 오늘 신문 어디에 있어?
	bàozhǐ	
	报纸	

156 ☐

bǐ
比

⑧ 비교하다 ㉠ ~보다

예) Gēge bǐ mèimei pǎo de kuài
哥哥 比 妹妹 跑 得 快 。 오빠가 여동생보다 빨리 뛴다.

bǐ

比

---

157 ☐

bié
别

㉯ ~하지 마라 ⑱ 별개의, 다른

예) Nǐ bié chídào le
你 别 迟到 了 。 지각하지 마.

bié

别

---

158 ☐

bīnguǎn
宾馆

⑱ 호텔

예) zhù zài bīnguǎn
住 在 宾馆 호텔에 묵다

bīnguǎn

宾馆

---

159 ☐

cháng
长

⑱ 길다

예) Shì bú shì yǒudiǎnr cháng
是 不 是 有点儿 长 ？ 좀 긴 거 아니에요?

cháng

长

---

160 ☐

chànggē
唱歌

⑧ 노래를 부르다

예) Wǒ hěn xǐhuan chànggē
我 很 喜欢 唱歌 。 나는 노래 부르는 것을 좋아한다.

chànggē

唱歌

161 ☐	chū 出	⑧ 나가다, 출석하다 Nǐmen yào yìqǐ chūqù ma 예) 你们 要 一起 出去 吗？ 너희 같이 나갈래?
	chū	
	出	

162 ☐	chuān 穿	⑧ 입다, 신다, 뚫다 chuān yīfu 예) 穿 衣服 옷을 입다
	chuān	
	穿	

163 ☐	cì 次	⑱ 번, 횟수 Zhè ge yào yì tiān chī jǐ cì 예) 这 个 药 一 天 吃 几 次？ 이 약은 하루에 몇 번 먹어요?
	cì	
	次	

164 ☐	cóng 从	㉙ ~부터 cóng xiǎo dào xiànzài 예) 从 小 到 现在 어려서부터 지금까지
	cóng	
	从	

165 ☐	cuò 错	⑲ 틀리다, 나쁘다 méi cuò 예) 没 错 틀림없다
	cuò	
	错	

166 ☐

dǎ lánqiú

打篮球

⑧ 농구를 하다

　　　 Wǒmen yìqǐ qù dǎ lánqiú ba
예) 我们 一起 去 打 篮球 吧 。　같이 농구하러 가자.

dǎ lánqiú

打篮球

---

167 ☐

dàjiā

大家

⑲ 모두, 여러분

　　 Dàjiā hǎo
예) 大家 好 ！　여러분, 안녕하세요!

dàjiā

大家

---

168 ☐

dào

到

⑧ 도착하다 ㉑ ~에, ~까지

　　 Zǒu shí fēnzhōng jiù dào le
예) 走 十 分钟 就 到 了 。　10분만 가면 도착한다.

dào

到

---

169 ☐

de

得

㉓ 동사나 형용사 뒤에 쓰여 보어를 연결시키는 역할을 함

　　 pǎo de kuài
예) 跑 得 快　빨리 뛴다

de

得

---

170 ☐

děng

等

⑧ 기다리다

　　 Nǐ de péngyou zài děng nǐ
예) 你 的 朋友 在 等 你 。　네 친구가 너를 기다린다.

děng

等

171 ☐	dìdi 弟弟	몡 아우, 남동생 예) 我 弟弟 내 남동생	
	dìdi		
	弟弟		

172 ☐	dìyī 第一	宁 첫 번째, 최초 예) 我们 今天 是 第一 次 见面 。 우리는 오늘 처음 만났어요.	
	dìyī		
	第一		

173 ☐	dǒng 懂	동 알다, 이해하다 예) 大家 都 听 懂 了 吗 ? 모두들 알아들었어요?	
	dǒng		
	懂		

174 ☐	duì 对	혱 맞다, 옳다 예) 他 说 得 对 。 그가 말하는 게 맞다.	
	duì		
	对		

175 ☐	duì 对	개 ~에게, ~에 대하여 예) 对 身体 很 好 몸에 아주 좋다	
	duì		
	对		

176 ☐	fángjiān 房间	⑲ 방 예) Nǐ zhù nǎ ge fángjiān 你 住 哪 个 房间 ? 어느 방에서 지내요?
	fángjiān	
	房间	

177 ☐	fēicháng 非常	⑭ 대단히, 매우 예) fēicháng yǒumíng 非常 有名 매우 유명하다
	fēicháng	
	非常	

178 ☐	fúwùyuán 服务员	⑲ 종업원 예) Tā shì fúwùyuán 他 是 服务员 。 그는 종업원이다.
	fúwùyuán	
	服务员	

179 ☐	gāo 高	⑱ 높다, (키가) 크다 예) hěn gāo 很 高 아주 높다
	gāo	
	高	

180 ☐	gàosù 告诉	⑧ 알리다, 말하다 예) Wǒ gàosu nǐ 我 告诉 你。 내가 알려줄게.
	gàosù	
	告诉	

안심Touch

181 □	gēge 哥哥	몡 형, 오빠 Nǐ de gēge qù nǎr le 예) 你 的 哥哥 去 哪儿 了 ? 너희 형 어디에 갔어?
	gēge	
	哥哥	

182 □	gěi 给	통 주다 깨 ~을 위하여, ~에게 gěi tā dǎ diànhuà 예) 给 她 打 电话 그녀에게 전화하다
	gěi	
	给	

183 □	gōnggòng qìchē 公共汽车	몡 버스 Tā zuò gōnggòngqìchē qù 예) 她 坐 公共汽车 去 。 그녀는 버스를 타고 간다.
	gōnggòng qìchē	
	公共汽车	

184 □	gōngsī 公司	몡 회사 Tāmen zài gōngsī ménkǒu 예) 他们 在 公司 门口 。 그들은 회사 입구에 있다.
	gōngsī	
	公司	

185 □	guì 贵	혱 비싸다 Dōngxi hěn guì 예) 东西 很 贵 。 물건이 비싸다.
	guì	
	贵	

186 □	guo 过	㉜ 동사 뒤에 놓여 과거의 경험을 나타냄 Wǒ kànguo nà běn shū 예) 我 看过 那 本 书 。 나는 그 책을 본 적이 있다.
	guo	
	过	

187 □	hái 还	㉬ 아직, 더, 또 Tā hái méi lái 예) 他 还 没 来 。 그는 아직 오지 않았다.
	hái	
	还	

188 □	háizi 孩子	㉱ 아동, 아이 nán háizi 예) 男 孩子 남자아이
	háizi	
	孩子	

189 □	hǎochī 好吃	㉫ 맛있다, 맛나다 fēicháng hǎochī 예) 非常 好吃 매우 맛있다
	hǎochī	
	好吃	

190 □	hēi 黑	㉫ 검다, 까맣다 hēi sè 예) 黑色 검은색
	hēi	
	黑	

안심Touch

191 ☐	hóng 红	옝 붉다, 빨갛다 hóngsè 예) 红色 빨간색
	hóng	
	红	

192 ☐	huǒchēzhàn 火车站	옝 기차역 Wǒ kāichē qù huǒchēzhàn 예) 我 开车 去 火车站 。 나는 운전해서 기차역에 간다.
	huǒchēzhàn	
	火车站	

193 ☐	jīchǎng 机场	옝 공항 Wǒ xiànzài zài jīchǎng ne 예) 我 现在 在 机场 呢 。 나는 지금 공항에 있다.
	jīchǎng	
	机场	

194 ☐	jīdàn 鸡蛋	옝 계란, 달걀 mǎi jīdàn 예) 买 鸡蛋 계란을 사다
	jīdàn	
	鸡蛋	

195 ☐	jiàn 件	양 일, 옷을 세는 단위 Zhè jiàn yīfu zěnmeyàng 예) 这 件 衣服 怎么样 ? 이 옷은 어때?
	jiàn	
	件	

196 ☐ jiàoshì
教室

⑲ 교실
예) ^{Tā zài jiàoshì kànshū} 她 在 教室 看书 。 그녀는 교실에서 책을 본다.

jiàoshì

教室

197 ☐ jiějie
姐姐

⑲ 누나, 언니
예) ^{Jiějie jīntiān hěn gāoxìng} 姐姐 今天 很 高兴 。 누나는 오늘 아주 기쁘다.

jiějie

姐姐

198 ☐ jièshào
介绍

⑧ 소개하다
예) ^{Wǒ lái jièshào yíxià} 我 来 介绍 一下 。 제가 소개를 좀 하겠습니다.

jièshào

介绍

199 ☐ jìn
进

⑧ (바깥에서 안으로) 들다
예) ^{Qǐng jìn} 请 进 。 들어오세요.

jìn

进

200 ☐ jìn
近

⑱ 가깝다
예) ^{hěn jìn} 很 近 아주 가깝다

jìn

近

201 ☐	jiù 就	(부) 곧, 바로 Zǒu shí fēnzhōng jiù dào le 예) 走 十 分钟 就 到 了 。　10분 정도 가면 바로 도착해요.
	jiù	
	就	

202 ☐	juéde 觉得	(동) ~라고 여기다, 느끼다 Nǐ juéde zěnmeyàng 예) 你 觉得 怎么样 ?　너는 어떻게 생각해?
	juéde	
	觉得	

203 ☐	kāfēi 咖啡	(명) 커피 Qǐng gěi Wǒ yì bēi kāfēi 예) 请 给 我 一 杯 咖啡 。　커피 한 잔 주세요.
	kāfēi	
	咖啡	

204 ☐	kāishǐ 开始	(동) 시작하다 Jǐ diǎn kāishǐ shàngkè 예) 几 点 开始 上课 ?　몇 시에 수업 시작해요?
	kāishǐ	
	开始	

205 ☐	kǎoshì 考试	(명)(동) 시험(을 보다) Jīntiān de kǎoshì tài nán le 예) 今天 的 考试 太 难 了 。　오늘 시험 너무 어렵다.
	kǎoshì	
	考试	

206 □ **kěnéng**
可能

(부) 아마도, 아마

Jīntiān kěnéng huì xiàyǔ
예) 今天 可能 会 下雨 。 오늘 아마 비가 올 거야.

kěnéng

可能

207 □ **kěyǐ**
可以

(조동) ~할 수 있다, ~해도 좋다

Bù kěyǐ
예) 不 可以 。 안 돼.

kěyǐ

可以

208 □ **kè**
课

(명) 수업, 강의

xià kè
예) 下课 수업이 끝나다

kè

课

209 □ **kuài**
快

(형) (속도가) 빠르다

Wǒ jiě zǒu de zuì kuài
예) 我 姐 走 得 最 快 。 우리 누나가 가장 빨리 걸어.

kuài

快

210 □ **kuàilè**
快乐

(형) 즐겁다, 유쾌하다

Xīn nián kuàilè
예) 新 年 快乐 。 새해 복 많이 받으세요.

kuàilè

快乐

43

안심Touch

211 □	lèi 累	웽 지치다, 피곤하다 hěn lèi 예) 很 累 아주 피곤하다
	lèi	
	累	

212 □	lí 离	깨 ~에서, ~로부터 Huǒchēzhàn lí zhèr yuǎn ma 예) 火车站 离 这儿 远 吗 ? 기차역이 여기에서 멀어요?
	lí	
	李	

213 □	liǎng 两	쉬 2, 둘 liǎng jiàn yīfu 예) 两 件 衣服 옷 두 벌
	liǎng	
	两	

214 □	líng 零	쉬 0, 공 wǔ líng wǔ hào 예) 五 零 五 号 505호실
	líng	
	零	

215 □	lù 路	뗑 길, 도로 Wǒ zài lùshang 예) 我 在 路上。 나 가는 길이야.
	lù	
	路	

216 ☐

lǚyóu

旅游

(명) (동) 여행(하다)

예) 我 想 去 北京 旅游 。 나는 북경에 여행가고 싶어.
Wǒ xiǎng qù Běijīng lǚyóu

lǚyóu

旅游

---

217 ☐

mài

卖

(동) 팔다, 판매하다

예) 你 要 卖 吗 ? 팔 거예요?
Nǐ yào mài ma

mài

卖

---

218 ☐

màn

慢

(형) 느리다

예) 你 慢 点儿 开车 。 천천히 운전해.
Nǐ màn diǎnr kāichē

màn

慢

---

219 ☐

máng

忙

(형) 바쁘다

예) 今天 她 不 太 忙 。 오늘 그녀는 너무 바쁘다.
Jīntiān tā bú tài máng

máng

忙

---

220 ☐

měi

每

(대) 매, ~마다

예) 每天 매일
měitiān

měi

每

45

221 □	mèimei 妹妹	명 여동생
		예) Gēge bǐ mèimei pǎo de kuài 哥哥 比 妹妹 跑 得 快 。 오빠가 여동생보다 빨리 뛴다.
	mèimei	
	妹妹	

222 □	mén 门	명 문, 출입구
		예) kāimén 开门 문을 열다
	mén	
	门	

223 □	miàntiáo 面条	명 국수
		예) Wǎnshang chī miàntiáo zěnmeyàng 晚上 吃 面条 怎么样 ? 저녁에 국수 먹는 거 어때?
	miàntiáo	
	面条	

224 □	nán 男	명 남자, 남성
		예) nán de 男 的 남자
	nán	
	男	

225 □	nín 您	대 당신, 귀하 (你를 높여 부르는 말)
		예) nín de míngzi 您 的 名字 귀하의 이름
	nín	
	您	

226 ☐

niúnǎi

牛奶

몡 우유

예) Měitiān zǎoshang hē yì bēi niúnǎi
每天 早上 喝 一 杯 牛奶 。 매일 아침 우유 한 컵을 마셔요.

niúnǎi

牛奶

---

227 ☐

nǚ

女

몡 여자

예) nǚ de
女 的 여자

nǚ

女

---

228 ☐

pángbiān

旁边

몡 옆

예) pángbiān de rén
旁边 的 人 옆 사람

pángbiān

旁边

---

229 ☐

pǎobù

跑步

동 달리다 몡 구보, 달리기

예) Tā qù pǎobù le
他 去 跑步 了 。 그는 조깅하러 갔어.

pǎobù

跑步

---

230 ☐

piányi

便宜

혱 (값이) 싸다

예) Dōngxi hěn piányi
东西 很 便宜 。 물건 값이 싸요.

piányi

便宜

231 ☐	piào 票	몡 표, 증명서 Wǒ mǎi diànyǐngpiào le 예) 我 买 电影票 了 。 나는 영화표를 샀다.	
	piào		
	票		

232 ☐	qīzi 妻子	몡 아내 wǒ qīzi 예) 我 妻子 내 아내	
	qīzi		
	妻子		

233 ☐	qǐchuáng 起床	통 일어나다, 기상하다 Tā hái méi qǐchuáng 예) 他 还 没 起床 。 그는 아직 일어나지 않았어.	
	qǐchuáng		
	起床		

234 ☐	qiān 千	㑳 천 sānqiān yuán 예) 三千 元 3,000위안	
	qiān		
	千		

235 ☐	qiānbǐ 铅笔	몡 연필 mǎi qiānbǐ 예) 买 铅笔 연필을 사다	
	qiānbǐ		
	铅笔		

236 □	qíng 晴	⑱ 맑다, 개어 있다 예) 晴^{qíngtiān}天　맑은 날

| | qíng | |
| | 晴 | |

237 □	qùnián 去年	⑲ 작년 예) 我 <u>去年</u> 来过 这儿 一 次 。　작년에 여기 한 번 온 적이 있다.

| | qùnián | |
| | 去年 | |

238 □	ràng 让	⑤ ～하게 하다, 양보하다 예) 让 她 休息 一下 。　그녀를 좀 쉬게 해라.

| | ràng | |
| | 让 | |

239 □	rì 日	⑲ 낮, 하루, 일 예) 今天 9 月 29 日 。　오늘은 9월 29일이다.

| | rì | |
| | 日 | |

240 □	shàngbān 上班	⑤ 출근하다 예) 我 今天 不 上班 。　나는 오늘 출근 안 해.

| | shàngbān | |
| | 上班 | |

241 □	shēntǐ 身体	몡 신체, 몸, 건강
		Wǒ shēntǐ hěn hǎo 예) 我 身体 很 好 。 나는 건강이 좋다.

	shēntǐ	
	身体	

242 □	shēngbìng 生病	통 병이 나다, 발병하다
		Wǒ shēngbìng le 예) 我 生病 了 。 나 병이 났어.

	shēngbìng	
	生病	

243 □	shēngrì 生日	몡 생일, 생신
		Míngtiān shì jiějie de shēngrì 예) 明天 是 姐姐 的 生日 。 내일은 누나의 생일이야.

	shēngrì	
	生日	

244 □	shíjiān 时间	몡 시간, 기간, 때
		Míngtiān nǐ yǒu shíjiān ma 예) 明天 你 有 时间 吗 ? 내일 시간이 있어?

	shíjiān	
	时间	

245 □	shìqing 事情	몡 일, 사건
		Wǒ yǒu hěn duō shìqing yào zuò 예) 我 有 很 多 事情 要 做 。 나는 할 일이 많아.

	shìqing	
	事情	

246 □	shǒubiǎo **手表**	몡 손목시계 Zhè shì tā de shǒubiǎo 예) 这 是 她 的 手表 。　이것은 그녀의 손목시계이다.
	shǒubiǎo	
	手表	

247 □	shǒujī **手机**	몡 휴대폰, 핸드폰 Wǒ de shǒujī zài nǎr 예) 我 的 手机 在 哪儿 ？　내 핸드폰 어디에 있어?
	shǒujī	
	手机	

248 □	shuōhuà **说话**	통 말하다, 이야기하다 Tā shuōhuà shuō de hěn màn 예) 他 说话 说 得 很 慢 。　그는 말을 천천히 한다.
	shuōhuà	
	说话	

249 □	sòng **送**	통 보내다, 주다, 선물하다 sòng lǐwù 예) 送 礼物　선물을 주다
	sòng	
	送	

250 □	suīrán A, dànshì B **虽然A，但是B**	쩝 비록 A하지만 B하다 Suīrán xiàyǔ dànshì bù lěng 예) 虽然 下雨 ， 但是 不 冷 。　비록 비가 오지만 춥지 않다.
	suīrán A, dànshì B	
	虽然A，但是B	

251 □	tā 它	때) 그, 그것(사람 이외의 것을 가리킴) Tā shì shéi de xiǎomāo 예) 它 是 谁 的 小猫 ？ 그것은 누구의 고양이야?
	tā	
	它	

252 □	tī zúqiú 踢足球	동) 축구를 하다 Tā zúqiú tī de zhēn hǎo 예) 他 足球 踢 得 真 好 。 그는 축구를 정말 잘한다.
	tī zúqiú	
	踢足球	

253 □	tí 题	명) 제목, 문제 huídá wèn tí 예) 回答 问题 문제에 대답하다
	tí	
	题	

254 □	tiàowǔ 跳舞	명) 동) 춤(을 추다) Tā hěn huì tiàowǔ 예) 她 很 会 跳舞 。 그녀는 춤을 잘 춘다.
	tiàowǔ	
	跳舞	

255 □	wài 外	명) 밖, 바깥 Wàimiàn zài xiàyǔ 예) 外面 在 下雨 。 밖에 비가 온다.
	wài	
	外	

256 ☐ wán
完

⑤ 다하다, 끝나다, 완성하다

예) Zhè xiē shū wǒ dōu kàn wán le
这 些 书 我 都 看 完 了 。 이 책을 다 봤어.

wán

完

257 ☐ wán
玩

⑤ 놀다

예) Wǒmen chūqù wán r ba
我们 出去 玩儿 吧 。 우리 나가서 놀자.

wán

玩

258 ☐ wǎnshang
晚上

⑱ 저녁, 밤

예) Jīntiān wǎnshang wǒ yào qù yùndòng
今天 晚上 我 要 去 运动 。 오늘 저녁에 나 운동 갈 거야.

wǎnshang

晚上

259 ☐ wǎng
往

⑪ ~쪽으로, ~을 향해

예) Wǎng qián zǒu
往 前 走 。 앞으로 가세요.

wǎng

往

260 ☐ wèi shénme
为什么

⑭ 무엇 때문에, 왜

예) Tā wèi shénme qù xuéxiào le
他 为 什么 去 学校 了 ？ 그는 왜 학교에 갔어?

wèishénme

为什么

53

261 ☐	wèn 问	⑧ 묻다, 질문하다 예) Xiàkè hòu wǒ zài wèn wèn nǐ 下课后我再问问你。 수업 끝난 후 다시 물어볼게.
	wèn	
	问	

262 ☐	wèntí 问题	⑨ 문제, 질문 예) Zhè ge wèntí wǒ bú huì zuò 这个问题我不会做。 이 문제 나는 풀 줄 몰라.
	wèntí	
	问题	

263 ☐	xīguā 西瓜	⑨ 수박 예) Wǒ mǎi le yí ge xīguā 我买了一个西瓜。 나는 수박 하나를 샀다.
	xīguā	
	西瓜	

264 ☐	xīwàng 希望	⑨ ⑧ 희망(하다) 예) Wǒ xīwàng míngnián néng qù lǚyóu 我希望明年能去旅游。 내년에 여행갈 수 있기를 바래.
	xīwàng	
	希望	

265 ☐	xǐ 洗	⑧ 씻다, 빨다 예) xǐ yīfu 洗衣服 옷을 세탁하다
	xǐ	
	洗	

266 ☐	xiǎoshí 小时	몡 시간 예) 一 个 小时　한 시간 <small>yí ge xiǎoshí</small>
	xiǎoshí	
	小时	

267 ☐	xiào 笑	동 웃다 예) 来 , 笑 一 笑 。　자, 웃으세요. <small>lái xiào yí xiào</small>
	xiào	
	笑	

268 ☐	xīn 新	혱 새롭다, 새로운 예) 我 是 新 来 的 , 叫 丽丽 。　저는 새로 왔고 리리라고 해요. <small>Wǒ shì xīn lái de jiào Lì lì</small>
	xīn	
	新	

269 ☐	xìng 姓	몡 성 동 ~을 성으로 하다 예) 我 姓 张 。　제 성은 장 씨예요. <small>Wǒ xìng Zhāng</small>
	xìng	
	姓	

270 ☐	xiūxi 休息	몡 동 휴식(하다) 예) 今天 我 想 休息 。　오늘 저는 쉬고 싶어요. <small>Jīntiān wǒ xiǎng xiūxi</small>
	xiūxi	
	休息	

55

271 ☐	xuě 雪	몡 눈 Wàimiàn xià dà xuě le 예) 外面 下 大雪 了 。 밖에 눈이 많이 와요.
	xuě	
	雪	

272 ☐	yánsè 颜色	몡 색채, 색 Yánsè hěn piàoliang 예) 颜色 很 漂亮 。 색이 예쁘다.
	yánsè	
	颜色	

273 ☐	yǎnjing 眼睛	몡 눈의 통칭 Zuìjìn wǒ de yǎnjing yǒudiǎnr téng 예) 最近 我 的 眼睛 有点儿 疼 。 요즘 눈이 좀 아파요.
	yǎnjing	
	眼睛	

274 ☐	yángròu 羊肉	몡 양고기 Zhè jiā fànguǎn de yángròu fēicháng hǎochī 예) 这 家 饭馆 的 羊肉 非常 好吃 。 이 식당의 양고기가 매우 맛있다.
	yángròu	
	羊肉	

275 ☐	yào 药	몡 약 Zhè ge yào yì tiān chī jǐ cì 예) 这 个 药 一 天 吃 几 次 ？ 이 약은 하루에 몇 번 먹어요?
	yào	
	药	

276 □	yào 要	⑧ 원하다 [조동] ~해야 한다, 하려고 하다 Zhè ge zhōumò nǐ yào zuò shénme 예) 这 个 周末 你 要 做 什么 ?　이번 주말에 무엇을 할 거예요?
	yào	
	要	

277 □	yě 也	⑨ ~도, 역시 Wǒ yě shì 예) 我 也 是 。　저도요.
	yě	
	也	

278 □	yìqǐ 一起	⑨ 같이, 함께 Wǒ yào hé māma yìqǐ qù lǚyóu 예) 我 要 和 妈妈 一起 去 旅游 。 저는 엄마와 함께 여행 가려고 해요.
	yìqǐ	
	一起	

279 □	yíxià 一下	⑨ 시험삼아 해보다, 좀 ~해보다 Děng yíxià 예) 等 一下 。　잠시 기다려주세요.
	yíxià	
	一下	

280 □	yǐjing 已经	⑨ 이미, 벌써 Yǐjing diǎn fēn le 예) 已经 8点 30 分 了 。　벌써 8시 30분이에요.
	yǐjing	
	已经	

281 ☐	yìsi 意思	圐 생각, 재미 예) hěn yǒu yìsi 很 有 意思 아주 재미있다
	yìsi	
	意思	

282 ☐	yīnwèi A, suǒyǐ B 因为A，所以B	웹 A 때문에 그래서 B 하다 예) Yīnwèi shēntǐ bù hǎo, suǒyǐ bú qù shàngkè 因为 身体 不 好 ， 所以 不 去 上课 。 몸이 안 좋아서 수업에 안 가요.
	yīnwèi A, suǒyǐ B	
	因为A，所以B	

283 ☐	yīn 阴	圀 흐리다 예) yīntiān 阴天 흐린 날씨
	yīn	
	阴	

284 ☐	yóuyǒng 游泳	圐동 수영(하다) 예) Wǒmen yìqǐ qù yóuyǒng ba 我们 一起 去 游泳 吧 。 우리 같이 수영하러 가자.
	yóuyǒng	
	游泳	

285 ☐	yòubiān 右边	圐 오른쪽 예) Zài nǐ yòubiān 在 你 右边 。 네 오른쪽에 있어.
	yòubiān	
	右边	

286 □

yú

鱼

명 물고기

Nà wǒ mǎi diǎnr yú
예) 那 我 买 点儿 鱼 。　그럼 제가 생선을 좀 살게요.

yú

鱼

287 □

yuǎn

远

형 멀다

Huǒchēzhàn lí zhèr yuǎn ma
예) 火车站 离 这儿 远 吗 ？　기차역이 여기에서 멀어요?

yuǎn

远

288 □

yùndòng

运动

명 운동

Qí zìxíngchē shì hěn hǎo de yùndòng
예) 骑 自行车 是 很 好 的 运动 。
자전거 타는 것은 좋은 운동이에요.

yùndòng

运动

289 □

zài

再

부 다시, 또

Xiàkè hòu wǒ zài wèn wèn nǐ
예) 下课 后 我 再 问 问 你 。　수업 끝난 후 다시 물어볼게요.

zài

再

290 □

zǎoshang

早上

명 아침

Zǎoshang chī shénme le
예) 早上 吃 什么 了 ？　아침에 뭐 먹었어?

zǎoshang

早上

291 □	zhàngfu 丈夫	명 남편 예) 她 的 丈夫 그녀의 남편 <small>tā de zhàngfu</small>
	zhàngfu	
	丈夫	

292 □	zhǎo 找	동 찾다, 구하다 예) 你 在 找 什么 呢 ? 무엇을 찾으세요? <small>Nǐ zài zhǎo shénme ne</small>
	zhǎo	
	找	

293 □	zhe 着	조 ~하고 있다, ~해 있다 예) 坐着 看 电视 吧 。 앉아서 텔레비전을 봐. <small>Zuòzhe kàn diànshì ba</small>
	zhe	
	着	

294 □	zhēn 真	부 정말, 참으로 예) 今天 的 天气 真 好 啊 ! 오늘 날씨가 정말 좋아요! <small>Jīntiān de tiānqì zhēn hǎo a</small>
	zhēn	
	真	

295 □	zhèngzài 正在	부 마침, ~하고 있다 예) 他们 正在 上课 。 그들은 수업하고 있다. <small>Tāmen zhèngzài shàngkè</small>
	zhèngzài	
	正在	

296 ☐	zhīdào 知道	동) 알다, 이해하다 예) ^{Zhīdào} 知道 ^{le} 了 。 알겠어요.
	zhīdào	
	知道	

297 ☐	zhǔnbèi 准备	동) 준비하다 예) ^{Nǐ yào zhǔnbèi kǎoshì} 你 要 准备 考试 。 나 시험 준비해야 해.
	zhǔnbèi	
	准备	

298 ☐	zǒu 走	동) 걷다, 걸어가다 예) ^{Wǒ jiě zǒu de zuì kuài} 我 姐 走 得 最 快 。 우리 누나가 가장 빨리 걷는다.
	zǒu	
	走	

299 ☐	zuì 最	부) 가장, 제일 예) ^{Wǒ zuì xǐhuan tī zúqiú} 我 最 喜欢 踢 足球 。 나는 축구하는 것을 가장 좋아해.
	zuì	
	最	

300 ☐	zuǒbiān 左边	명) 왼쪽 예) ^{Zuǒbiān nà ge hóngsè de shì wǒ de} 左边 那 个 红色 的 是 我 的 。 왼쪽에 그 빨간색이 내 거야.
	zuǒbiān	
	左边	

MEMO

I wish you the best of luck!